Likutey Tefilot

The Power of Prayer

A General Introduction to
The Fiftieth Gate

by Avraham Greenbaum

BRESLOV RESEARCH INSTITUTE
Jerusalem / New York

על הטוב יזכרו

הר"ר אלימלך הכהן זילביגער הי"ו
והר' חיים מנחם קרמר הי"ו

ע"י הר' יצחק ליב הלוי בל הי"ו

Contents

I: Reb Noson's Prayers

"Let this be written for a later generation, and a people yet to be created will praise God."
(Psalms 102:19)

What is prayer, and *how* does one pray? The daily prayer services are mandatory. The work is to recite the words sincerely with full concentration. But for many of us, travelling this road is like journeying on a long-established highway which the bandits already know very well. At every turn they lie in wait for us, ready to rob us of today's prayers, and with them, our connection with God. The bandits are our own bad habits: we tend to repeat the words automatically... we mumble and stumble... our mind wanders...

Still, we have to try: reciting the daily prayers is an obligation. But in order to forge a deep connection with God, we also have to strike out on a new path, one which the bandits know nothing about. This new pathway is made up of our own personal prayers, the prayers we offer to God from our own hearts in our own words at private moments (see *Likutey Moharan* II:97). But

how? Even at times when we most feel the need for intimate connection with our Maker, we may find ourselves inadequate and lost for words.

Likutey Tefilot — an anthology of prayers written by Reb Noson of Breslov (1780-1844) — is far more than a collection of one man's prayers. A towering classic of Torah literature, *Likutey Tefilot* is a radiant teaching about the *how* of prayer: how should we talk to God? How should we approach Him with our own private prayers? Sincere, direct and truly eloquent, the prayers in *Likutey Tefilot* show us the way to build an intimate personal connection with God — by voicing our innermost feelings, needs and aspirations in every phase of our spiritual and material lives.

Not only are the prayers in *Likutey Tefilot* a teaching about how to pray. They are a heritage left to us by Reb Noson for us to use in our own devotions. His prayers never fail to provide us with the right words when we most need them. Reb Noson himself applied to *Likutey Tefilot* the verse in the Psalms (102:19): "Let this be written for a later generation, and a people yet to be created will praise God."

A new way which is really the old way

Reb Noson was the closest disciple of the outstanding Chassidic luminary, Rebbe Nachman of Breslov (1772-1810). Rebbe Nachman taught that prayer is our main way of becoming connected with God — both through our formal and our informal prayers. "Prayer is the gate through which we enter to God and come to know Him" (*Likutey Moharan* II:84). Our very life comes to us from prayer, as it is written: "Prayer to the God of my *life*" (Psalms 42:9). Through prayer, we draw blessing and vitality into all the worlds (see *Likutey Moharan* I:9).

Rebbe Nachman pointed out that the origins of prayer lie in the private expression of the heart offered by each individual in his own words in his native language. The Rambam (Maimonides) speaks of this at the beginning of the section of his Code dealing with prayer (*Hilchot Tefilah* 1:2-4). He states that this was the main form of prayer prior to the introduction of a set order of prayer by the Men of the Great Assembly (392-310 B.C.E.). Even according to the Law, the original form is still foremost. Although we continue to follow the order of prayer instituted by the Men of the Great Assembly — the *Siddur* — neverthe-

less the original form is still most beneficial (*Rabbi Nachman's Wisdom* #229).

Throughout the Bible and Midrash we find examples of the great Tzaddikim offering prayers to God in their own words — the Patriarchs and Matriarchs, Moshe, Chanah, Shmuel, David, Shlomo, Chizkiah, Daniel, Mordechai and Esther, to name but a few. From the period after the Great Assembly, the Talmud (*Berachot* 17a) brings many examples of the private prayers of various Tannaim and Amoraim, as well as short prayers for all kinds of situations, from entering or leaving a city to going for medical treatment and measuring one's harvest. Said the Rabbis: "Would that a person were to pray the entire day" (*Berachot* 21a).

In post-Talmudic times, many of the Gaonim and later sages wrote their own private prayers and poems, some of which have found their way into the liturgy. The outstanding Kabbalistic Master, Rabbi Yitzchak Luria, the ARI (1534-72) composed many prayers, as did his disciples. Two centuries later, the founder of the Chassidic movement, Rabbi Yisrael, the Baal Shem Tov (1698-1760), and his disciples, placed special emphasis on personal prayer.

Rebbe Nachman, who was the Baal Shem Tov's great-grandson, stated that his whole mission in the world was to teach the path of prayer (*Likutey Moharan* II:93). Rebbe Nachman said to his followers: "Give me your hearts, and I will take you on a new path, which is really the old path that our fathers always walked on" (*Tovot Zichronot* #5).

The Power of Prayer

Personal prayer has pride of place in Rebbe Nachman's writings. He recommended it for everyone, regardless of their spiritual level, high or low. While emphasizing the exaltedness of the set prayer services, Rebbe Nachman also taught that everyone should make it a daily habit to spend up to an hour in a place where he can be alone, whether in the forests or meadows, or in the privacy of his own home. There he should speak to God in his own words in his own native language, pouring out his very heart and soul and asking Him for everything he needs, both spiritually and materially. He should examine his various involvements, his behavior and personality, and plead for God's help in developing and improving himself. This practice is called

hisbodidus, which literally means "making oneself alone."

"God is good to all" (Psalms 145:9). Rebbe Nachman tells us that the Hebrew words also mean "God is good for everything" — expressing the faith that God is the source of everything we need, whether it be our livelihood, health, or anything else. This being the case, we should give first priority to asking God for what we need, rather than devoting our energies exclusively to worldly means. When it comes to worldly means — take the medicines used in healing, for example — they may or may not be readily available, and even if they are, they may or may not help: we can never know. But God is always available, and nothing prevents Him from helping in any way He wants. For "Who is like HaShem our God in all our calling out to Him?" (Deuteronomy 4:7; see *Likutey Moharan* I:14,11).

Especially when it comes to our spiritual development, prayer is the key to all progress. Torah literature offers guidance about every aspect of *Avodat HaShem*, the service of God. Yet the specific advice given for achieving various levels is, in most cases, extremely hard to follow. This being so, the best general advice is to pray

to God about everything and ask Him to help us advance.

In our efforts to lift ourselves spiritually, we usually find ourselves battling against all kinds of obstacles, some of them external, others internal. The internal obstacles, thrown up by the *yetzer hara*, the evil urge, which we all have, can be the hardest. The *yetzer hara* is deeply embedded within us, giving rise to an endless stream of contrary thoughts, feelings and impulses. Rebbe Nachman taught that there is no way to escape the attacks of the *yetzer hara* except through talking to God, each one on his own level. We should pour out our hearts to God, telling Him about all our problems, pain and frustration. We should appeal to Him to draw us closer to His service and release us from the *yetzer*.

Even if we fall down time and time again, we should still not give up. We should stubbornly persist with our prayers, no matter what. In the end we will succeed. Even if we feel that our hearts have become closed up and insensitive because of our various problems and difficulties, we should still not allow ourselves to become discouraged. Even a single word or cry we let out

from amidst our trials and problems is very precious to God.

"From the smallest to the greatest," declared Rebbe Nachman "it is impossible to fulfil oneself as a Jew except through *hisbodidus*" (*Likutey Moharan* II:100). The main weapon of a Jew is prayer: every single word brings him closer to victory (*ibid.* I:2).

The Ideal Student

Even after studying these teachings, we may still be left wondering how to carry them out in practice. God is so exalted and awesome: how does one approach God and speak to Him? What does one talk *about*?

To help us answer these questions, we can find no better guide than *Likutey Tefilot*, which gives us a detailed record of how Rebbe Nachman's closest disciple actually followed his teachings. By Rebbe Nachman's own testimony, Reb Noson understood him better than all his other followers (*Tzaddik* p.3, *Avanehah Barzel* p.24 #10 etc)., and he absorbed and carried out his master's teachings with all his heart.

Reb Noson came from a wealthy family. Born in 1780, he was raised in the Ukrainian

town of Nemirov and was an outstanding Talmudic student. He married the daughter of the distinguished Halakhic authority, Rabbi David Zvi Ohrbach. With the controversy between the Chassidim and their opponents, the *Misnagdim*, at its height, Reb Noson's father-in-law made every effort to inculcate in him a hostility to the Chassidic approach. Nevertheless, Reb Noson's thirst for spiritual guidance and inspiration led him to the courts of a succession of Chassidic leaders — only to experience bitter frustration.

It was just before the High Holidays in 1802 that Rebbe Nachman moved to the nearby town of Breslov. Despite fierce opposition from his family, Reb Noson soon went to visit him, and within a very short time he knew that he had at last found his mentor. Rebbe Nachman was then just 30 years old, Reb Noson 22.

For the next eight years, until Rebbe Nachman's death in 1810, Reb Noson imbibed and followed his teachings, most of which he personally transcribed. Thereafter Reb Noson labored incessantly, printing and distributing Rebbe Nachman's writings, discussing them with his own students, and explaining them at length in his prolific writings. Reb Noson played

the decisive role in the development and spread of what has become the Breslov movement.

From the very beginning of their association, Rebbe Nachman taught Reb Noson the pathway of personal prayer. Early on Reb Noson went to speak to the Rebbe in privacy and poured out his heart about his problems and difficulties — the opposition he was experiencing from his family, and the obstacles he was encountering from within himself. Rebbe Nachman comforted him, and then put his arm round his shoulders and said: "More than this, it is very good to talk your heart out to God just the way you talk to a true friend."

Rebbe Nachman's words penetrated Reb Noson like burning fire. He saw in a flash that this was the way he could attain everything he needed in his spiritual quest. He would tell God about his negative thoughts and all the other obstacles holding him back, and he would ask God to show him love and kindness and help him fulfil himself as a Jew.

Immediately after this encounter, Reb Noson went straight to the empty synagogue, where he began speaking to God. Afterwards, when he returned home, he thought out carefully

when and where he could best express himself to God without being disturbed. From then on he made it a regular practice to tell God about everything he was going through, crying out from the depths of his heart (*Kochvey Ohr* p.13 #4).

Not long after Reb Noson became his follower, Rebbe Nachman spelled out the meaning of the pathway of hisbodidus in a profound Torah discourse touching on the ultimate meaning of the creation and the role of the Jew within it (*Likutey Moharan* I:52). On hearing this teaching, Reb Noson became so impassioned that he wanted to run through the streets and into the market place crying out to all the people, "Why don't you think about your souls?" But Rebbe Nachman took hold of him by his coat and said: "Stay here. You won't achieve anything" (*Kochvey Ohr* p.19 #12).

Still, Reb Noson himself followed the path of hisbodidus assiduously, and in his later life he did find ways to communicate its power and meaning to the wider world, through his many discussions in the course of his own writings, and especially through *Likutey Tefilot*. (For full details of Reb Noson's life, see his biography, "Through Fire and Water" [Breslov Research Institute].)

Turning the Lessons into Prayers

"The main thing is not study but practice" (*Avot* 1:17). In making this statement, our Sages wanted to impress upon us that for all its importance, Torah study alone is not enough. The primary purpose of a Jew is not to cultivate the intellect for its own sake. It is to carry out the teachings of the Torah in practice, in real life situations. This is the hard part. For some people it is easier to master a thousand pages of the Talmud than to change a single bad habit.

This is what gives prayer the pivotal role for those seeking to follow the Torah pathway sincerely. Prayer is called "the work we have to do in our hearts" (*Ta'anit* 2a). The reason is that after studying Torah and discovering what we are *supposed* to do, the next stage is to overcome the opposition of the *yetzer hara* and get ourselves to actually *do* it!

This can help us understand Rebbe Nachman's teaching that one should turn every Torah lesson one hears into a prayer:

"After studying or hearing a Torah teaching from a true Tzaddik, one should then make a prayer out of it. He should ask God to help him achieve everything discussed in the teaching. He

should tell God how far away he is from the levels described in the lesson, and plead with Him to help him attain them. If he uses his intelligence and really wants the truth, God will lead him on the path of truth, and he will understand how to find sweet words and convincing arguments to persuade God to bring him to serve Him genuinely. The conversations we have with God rise to a very lofty place, especially when we make prayers out of Torah teachings: this creates the greatest delight in Heaven" (*Likutey Moharan* II:25).

Likutey Tefilot

After teaching this lesson, Rebbe Nachman told Reb Noson: "It would be good to write the prayers for yourself" (*Rabbi Nachman's Wisdom* #145). Rebbe Nachman passed away in 1810. For the first few years thereafter, Reb Noson put most of his efforts into printing the Rebbe's main works. Then, in 1815 he set himself to fulfil the Rebbe's wish to turn his lessons into prayers. *Likutey Tefilot* is the fruit of that endeavor.

Rebbe Nachman had taught the value of having a private room for one's devotions, but the only way Reb Noson could fulfil this was by

erecting a partition in his kitchen. With his family on one side, Reb Noson would sit on the other, studying Torah and writing his prayers and other works.

Rebbe Nachman's main lessons are collected in *Likutey Moharan* (literally, "Gleanings of Our Master, Rabbi Nachman"). The work falls into two parts, containing a total of four hundred and eleven teachings of varying length. About a hundred of them are major discourses running to several pages. Reb Noson composed prayers relating to all the major lessons in *Likutey Moharan* as well as many of the shorter teachings. (Indices in *Likutey Tefilot* and *Likutey Moharan* show which prayer corresponds to which lesson, and vice versa.)

In his Introduction to *Likutey Tefilot* (see front of book pp. *xv-xxix*) Reb Noson says of Rebbe Nachman's instruction to turn the lessons into prayers:

"The Rebbe never explained exactly what he meant by this. However, from his various statements we inferred that he meant what he said quite literally. We should try to study each of his awesome and holy teachings with a view

to understanding the *practical* guidance contained in it....

"Having drawn out the practical points contained in a given teaching, we should then look into ourselves and see how far we are from the spiritual levels discussed in it. We should pray and beseech God over and over again to have compassion on us and steadily bring us nearer to Him, until eventually we succeed in fulfilling the entire teaching. We should pour out our prayers to God on each of the individual points discussed in the teaching, and beg Him to help us fulfil them to perfection and attain all the levels described."

This is exactly how Reb Noson composed his prayers. Initially he wrote them for himself, in accordance with Rebbe Nachman's recommendation that when a particularly beautiful prayer flows forth in hisbodidus, it is a good idea to write it down so as to be able to say it a second time.

After about two years, Reb Noson copied out a number of his prayers and gave them to some of Rebbe Nachman's other followers. Seeing their great power and beauty, the other Chassidim pressed Reb Noson to copy the rest of his

prayers so that they would be able to recite them after studying the Rebbe's lessons. Reb Noson agreed. Although he had originally written his prayers in the first person singular, when he copied them he changed this to the plural (*Nevey Tzaddikim* p.117f).

The Printing of *Likutey Tefilot*

At first it did not occur to Reb Noson to print the prayers and distribute them more widely. The first initiative to print any of them came from his son, Rabbi Shachnah: in 1821 he printed an edition of the *Tikkun HaKlali* — the Ten Psalms which Rabbi Nachman had revealed as the "General Remedy" (see *Rabbi Nachman's Tikkun*). Without his father's knowledge, Rabbi Shachna included the prayer Reb Noson had composed for recital after the Ten Psalms. Only now did Reb Noson himself consider printing his other prayers.

They were published in stages beginning in 1822, when twenty-two were printed. That year Reb Noson left Russia to journey to the Holy Land. On his return the following year he printed another sixty-two prayers. Then in 1827 he brought out a new edition consisting of two

parts, corresponding to the two parts of *Likutey Moharan*. This contained 158 of the 210 prayers that we have today. Even as this edition was being printed, Reb Noson was still composing the remaining prayers. They were printed in a separate volume in 1848. The entire work was printed in a single volume in 1876. Since then it has appeared in over eight separate editions and repeated reprintings in many different formats (*Nevey Tzaddikim* pp. 118- 31).

Another work closely related to *Likutey Tefilot* is *Likutey Tefilot ve-Tachanunim* by Reb Noson's outstanding pupil, Rabbi Nachman of Tcherin (d.1894). The latter found that although Reb Noson usually included in any given prayer all the different themes contained in the corresponding discourse in *Likutey Moharan*, occasionally some of the themes were not covered. Accordingly Rabbi Nachman of Tcherin wrote supplementary prayers on the missing topics, as well as on a number of lessons in *Likutey Moharan*, *Sichot HaRan* and *Chayey Moharan* not covered by Reb Noson.

Likutey Tefilot ve-Tachanunim was first published in 1876. Recent editions of *Likutey Tefilot* include Rabbi Nachman of Tcherin's additions.

(In this translation, the relevant passages from *Likutey Tefilot ve-Tachanunim* have been introduced in their appropriate places within the text of Reb Noson's prayers.)

The Greatness of *Likutey Tefilot*

This brief resume of the history of the writing and printing of *Likutey Tefilot* has given no indication of the furious storms that raged around Reb Noson for most of his adult life. His family's opposition to his association with Rebbe Nachman had only been the start. The Rebbe himself was, during his lifetime, the object of bitter persecution by those who found his relentless passion for truth a threat to their own interests. Then, after his passing in 1810, the Breslover Chassidim in general, and Reb Noson in particular, became targets of what turned into a fanatical hate-campaign in which their opponents, under the leadership of a prominent Rabbinic figure, stopped short at nothing.

From the mid 1820s onwards, the Torah culture of the Jews of Russia was in any case under pernicious assault from the Tzarist regime. Reb Noson's enemies made repeated attempts to involve the Russian authorities. Their aim of

having him executed, or at least sent into exile, was thwarted, but they did succeed in getting him arrested and confined to his town for several years. They persuaded the authorities to enter his home and confiscate his writings, including many prayers. On more than one occasion they physically attacked Breslover Chassidim, and they used the traditional device of *cherem* — excommunication — in an attempt to discourage other Jews from intermarrying or having any economic dealings with them.

The pain cut into Reb Noson's heart like a knife. But while his Torah discourses, prayers and letters reflect his bitter trials in various ways, his vision remained clear and his faith unfaltering throughout. We see him constantly turning to God, but we find not a word of complaint. Reb Noson's main concern was not his enemies — even for the worst of them he could find words of charity. Their persecution, far from casting him down, elevated him to the greatest heights of nobility and surrender to God. What was nearest to Reb Noson's heart was the plight of his brothers and sisters, the embattled Jewish People. If only the healing light of the Tzaddik could be revealed.

"Let this be written for a later generation, and a people yet to be created will praise God" (Psalms 102:19). Reb Noson's spiritual quest had begun in his earliest years. From the moment he attached himself to Rebbe Nachman, he suffered incessant obstacles and challenges from within and without. His prayers in *Likutey Tefilot* were certainly born out of his struggles. But these are not the pleadings of a person asking for relief and a comfortable life. Reb Noson's cry is for God to lift him and bring him to His service. This is what makes these prayers a heritage for the whole Jewish People: they are the prayers of every soul, yearning for the radiant joy of closeness to God.

After Reb Noson printed *Likutey Tefilot*, the Chassidim told him: "You are fit to be the Prayer Leader" (the hero of Rebbe Nachman's story of the Prayer Leader — see *Rabbi Nachman's Stories* pp. 278-353). "No," replied Reb Noson, "The Rebbe himself is the Prayer Leader. But if I am also one of the King's men, I am the King's Bard, because I can find merit even in someone who has transgressed the entire Torah eight hundred times" (*Siach Sarfey Kodesh* I:591).

One of the arguments of Reb Noson's opponents was that in order to compose prayers

one must have *ru'ach hakodesh* — holy spirit. In fact, Reb Noson shows in his Introduction to *Likutey Tefilot* that *ru'ach hakodesh* is not necessary (see p. xxvi-xxvii). On the other hand, Rabbi Nachman of Tulchin, Reb Noson's other leading pupil, related that once Reb Noson was praying at Rebbe Nachman's graveside, and recited one of the prayers from *Likutey Tefilot* (II:36). Afterwards, as he was leaving, he said in a tone of surprise: "They [the *misnagdim*] ask if the prayers contain *ru'ach hakodesh*. In fact they are higher than ru'ach hakodesh. They are drawn from the Fiftieth Gate!" (*Kochvey Ohr* p. 77 #25).

Reb Noson said that many people had already attained *Gan Eden* through his prayers (*ibid.*). He told his own students to recite them regularly, and once he said: "Now that these prayers have come out into the world, people will have to account for themselves for every day that they did not say them."

In his Introduction to *Likutey Tefilot* (below p. xxv), Reb Noson writes as follows:

" Anyone who wants to take the Rebbe's advice and follow the path of prayer to eternal life will certainly find the prayers in this work very satisfying. There are no other prayers in the

world where you can find yourself the way you can in these prayers. They cover all facets of human character and personality and every aspect of life, as you will see for yourself. Fortunate is the person who recites them regularly."

II: Suggestions for using *Likutey Tefilot*

Someone once asked Reb Noson why he added a prayer to be said after reciting the Ten Psalms instituted by Rebbe Nachman as the *Tikkun HaKlali*, the General Remedy. Reb Noson replied: "I composed the prayer for myself, and whoever wants to say it because he feels something is missing and he needs to do so — let him also say it" (*Siach Sarfey Kodesh* II:632).

The same could be applied to all his prayers in *Likutey Tefilot*. Reb Noson had no intention of compelling anyone to say them. He simply offered them to people who feel that saying them might enrich their spiritual life. *Likutey Tefilot* is a work to turn to when we have a yearning to reach out to God but we do not know exactly what to say. It is a book to open at quiet times in the home, the office, in a quiet park, out in the countryside, etc.

We may want to read a page or two last thing at night before going to sleep. Some people may like to have *Likutey Tefilot* with them in the synagogue for times when they feel the need to add something to the fixed prayers. Those who

realize the unique power of *Likutey Tefilot* will want to make it a habit to recite a portion every day, whether after the set prayers, after a study period of Chassidut or Mussar, etc. or at some other time.

Is it necessary to recite an entire prayer?

There is no need to feel that one should only open *Likutey Tefilot* if one intends to recite an entire prayer. It is quite in order to recite shorter portions of a prayer if this is all one has the time or inclination for.

Nevertheless, there is great value in reciting the prayers in their entirety when possible. Each of Reb Noson's prayers is a carefully structured, organic whole, exploring a complete array of spiritual feelings and yearnings in relation to its theme. Taking the time to recite a whole prayer from beginning to end can be a powerful way to connect with God.

Improvising

It is perfectly in order to weave one's private prayers in one's own words into the fabric of Reb Noson's prayer. Where relevant to the themes in the prayer, some may wish to improvise and add

their own personal prayers and requests, or add references to specific factors in their own lives and environment, pray for particular members of their family, friends and acquaintances, etc.

Where to begin

Attempting to read *Likutey Tefilot* through from beginning to end is not necessarily the best approach for those coming to it for the first time. Each prayer focusses on its own specific themes, and some may be more in tune with your present needs than others. One way to begin might be by dipping in at random and reading whatever catches your fancy. If the prayer you are reading does not seem to address your present situation, turn to something else.

One of the best ways to approach *Likutey Tefilot* is by reciting the prayers which deal with the themes that are most meaningful to you — e.g. attachment to God, health, livelihood, Torah study, attachment to the Tzaddikim, Tzitzit, Tefilin, etc. Prior to Shabbat or the festivals, or at other seasons of the year, reciting the prayers centering on these themes can immeasurably enrich our spiritual experience of these occasions.

• Index of Topics

To find the prayers that cover the themes you are interested in, use the Index of Topics (pp. *xi-xiii*). This is an alphabetical listing of all the main topics covered in the prayers in this volume. Consult this index to find which prayers deal with the themes you want to pray about. If you cannot find a listing for a given topic, can you think of a synonymous term or related idea that *is* included?

The fact that a number of prayers are referred to under the listing for a particular topic does not mean that this topic is the central theme of all these prayers. In some it may indeed be so, in others it may be subsidiary to the main theme.

• List of Topics in each prayer

Every prayer is headed by a list of the main topics it contains. Note: topics are not necessarily listed in the exact order in which they appear in the prayer, nor does the list indicate which are the central themes of this prayer and which are subsidiary topics.

• **Synopses of the Lessons in *Likutey Moharan***

It is important to realize that each of Reb Noson's prayers in *Likutey Tefilot* is based on one of Rebbe Nachman's lessons in the main collection of his teachings, *Likutey Moharan*. The structure of each prayer and the way its themes are developed are closely related to Rebbe Nachman's treatment in the corresponding lesson.

It is not necessary to have studied the relevant lesson before reciting a prayer. However, as an aid to readers who are not familiar with the lesson in *Likutey Moharan*, a synopsis is printed at the start of each prayer. The synopsis is a guide to the way the main concepts found in the prayer are explained and developed in Rebbe Nachman's original lesson and how key ideas may be understood.

If there is a specific topic you wish to pray about and you turn to a prayer listed under this topic in the Index of Topics, you may refer to the synopsis of the corresponding lesson printed at the start of the prayer in order to find out how the topic you are interested in is treated in the prayer in question.

• Section Headings

Section headings have been introduced in the longer prayers to indicate transitions in the development of the prayer, or the introduction of a fresh topic. If you are interested in finding where a particular topic comes in a given prayer, you may be able to find it by looking for a section heading introducing this subject. However, not all the subjects in every prayer are introduced by their own section heading.

Other suggestions for using *Likutey Tefilot*

• Working on yourself

If you are interested in working on a particular aspect of your relationship to God, such as a certain character trait or a special mitzvah, etc., you could look for all the prayers in *Likutey Tefilot* that deal with this topic and make it a point to recite them all.

If you find a particular prayer, or section of a prayer, that seems to express what you want to say very well, you might consider reciting it regularly — every day, or a few times a week etc. Repeating the same prayer over and over again

can help one see the great depth and power of *Likutey Tefilot*.

• **Praying in conjunction with one's studies**

No matter what area of Torah one is studying, it is possible to find prayers in *Likutey Tefilot* that can help one fulfil what is taught there. Those studying *Likutey Moharan* may wish to recite the prayers in *Likutey Tefilot* corresponding to the lessons they are studying. It was Rebbe Nachman's wish that we turn his lessons into prayers as the way to achieve the spiritual levels they discuss, and this is why *Likutey Tefilot* was written (see above, Turning the Lessons into Prayers pp. 10-12).

Likutey Tefilot was obviously not written to serve as merely a commentary on *Likutey Moharan*, but seeing the way Reb Noson develops the themes of a given lesson in the corresponding prayer does throw much light on Rebbe Nachman's intention in his lesson. The twenty prayers in this volume of *Likutey Tefilot* correspond to the first twenty lessons in *Likutey Moharan*, all of which have been published in translation by the Breslov Research Institute (*Likutey Moharan*, Vols. I-III).

Likutey Tefilot **and** Hisbodidus

Rebbe Nachman taught that in addition to reciting the set prayer services, everyone should make it a daily practice to spend up to an hour in private prayer in his own words in his own native language. This practice is called *hisbodidus*, which literally means "making oneself alone" (see above, The Power of Prayer, pp. 4-7).

Likutey Tefilot is an invaluable guide to how to approach God and speak to Him about our personal issues. Reciting passages from Reb Noson's prayers can be a source of inspiration to us in our own Hisbodidus sessions. Nevertheless, we should not allow our recital of prayers from *Likutey Tefilot* to become a *substitute* for our own Hisbodidus.

After discussing the value of his prayers in the Introduction to *Likutey Tefilot*, Reb Noson himself added *(p.xxiv)*:

"While 'it is good for you to hold onto this [i.e. reciting the prayers], you should also not allow your efforts to flag in the other' (Ecclesiastes 7:18) — namely your own private prayers. Every day you should speak to God in your own words in your native language and express everything in your heart, as discussed many times in the

Rebbe's works. You must make your own prayers out of the Torah teachings, because it is impossible to put in writing all the different things every person needs, especially in view of the constant changes people undergo."

In a letter to his son, R. Yitzchak, Reb Noson wrote:

"With regard to what you wrote about your practice of studying the works of the Rebbe and then reciting the corresponding prayer [from *Likutey Tefilot*], this is excellent. But I also very much want you to get into the habit of talking to your Maker in your own words in your own language. Make your own prayers based on the Rebbe's lessons..." (*Alim LiTerufah #9*).

"And may HaShem hear our cry, listen to our voice and attend to our prayers and help us engage in prayer and supplication at all times, both the set and written prayers, and those which each one of us must say ourselves in our own words out of our own hearts, as the Rebbe told us many times. This is the main thing, as discussed many times in his holy works. This way, with God's help and favor, we will return to Him genuinely and wholeheartedly, until we ascend and merge with Him in the light of the

Infinite, 'to gaze upon the pleasantness of Ha-Shem and to visit in His palace' (Psalms 27:4).

"In the merit of our prayers, God will send us our righteous Mashiach speedily in our days, for the main weapon of the Mashiach is prayer... We must persist with our prayers and supplications no matter what, until HaShem will look down from the Heavens and see and 'restore us after two days [the two destructions] and raise us up on the third day [the rebuilding of the Third Temple] and we will live before Him' (Hosea 6:2) to go before HaShem in the light of life. Amen. Amen" (Reb Noson's Introduction to *Likutey Tefilot*).

III: The Difference between Heartbreak and Depression

"The sacrifice to God is a broken spirit; God will not despise a broken, shattered heart."

(Psalms 51:19)

"After heartbreak comes joy."
(Rabbi Nachman's Wisdom p. 150)

Rebbe Nachman begins his story of "The Master of Prayer" *(Rabbi Nachman's Stories* pp.278-353) describing how the hero of the story, the Prayer Leader, lived far from civilization, but would visit inhabited areas on a regular basis. There he would try to persuade people that the only true purpose of life is to serve God, spending one's days in prayer and songs of praise. Whenever people were willing to join him, he would take them to the place he had chosen, far away from civilization, where their only activities would be praying, singing praises to God, confession, fasting, self-mortification, repentance and similar occupations. Concluding his description of their life, Rebbe Nachman tells us that, "for the people the Prayer Leader attracted to God, fasting and

self-mortification were better and more precious than all worldly enjoyment."

In point of fact, Rebbe Nachman was opposed to fasting and physical self-mortification, which he regarded as unnecessary. He taught that everything can be achieved through prayer (see *Rebbe Nachman's Wisdom* p.324, *Tzaddik* #491 & #492, and *Hishtapchut HaNefesh*, Introduction). But to judge by Reb Noson's prayers in *Likutey Tefilot, spiritual* self-mortification does seem to have a prominent role in the path of prayer taught by Rebbe Nachman. We repeatedly find Reb Noson making lengthy confessions of his sins, often in the most self-denigratory terms.

"See my wretchedness and degradation. Was it for this futile life of mine that You created me? I feel I'm hardly worthy of being called a person at all... (*Likutey Tefilot* I:6). How can I speak before You, lowly servant that I am? ... I have sinned, I have transgressed and rebelled, and I have done what is evil in Your eyes.... I, the lowest, merest creature of all, a putrid drop, a clod of earth and fleeting dust, have rebelled against the God of the Universe, blessed be His Name for ever" (*ibid.* I:4). It would be easy to find numerous passages in a similar vein.

Even for those willing to make the effort to understand Rebbe Nachman's path of prayer, it can be hard to avoid the feeling that there is something morbid about this apparent brooding on one's failures and shortcomings. Isn't there something depressing about it? How does it square with Rebbe Nachman's famous dictum that "It is a great mitzvah to be happy always" (*Likutey Moharan* II:24)? Aren't we supposed to be positive? If *hisbodidus* is the pathway to ultimate happiness, why does it seem to involve so much negativity?

In order to begin to answer these questions, we should recall that the purpose of *hisbodidus* is to deepen our attachment to God. It is not enough to know intellectually that there is a God. We have to bring our knowledge of His presence into our hearts — to put HaShem before us constantly and strive to know Him in all our ways. But it only takes a few moments of reflection on the awesome greatness and majesty of the Infinite God to be struck by a sense of man's frailty and insignificance. How much more so when one turns to God in *hisbodidus* every day, working to keep one's relationship with God uppermost in one's mind. One cannot fail to become

deeply aware of one's own smallness and human weaknesses, and one's total dependence upon God for everything in life.

The key to *hisbodidus* is truth: to acknowledge the truth of our situation in this life and penetrate to the truth in our hearts. The only way to do this is by having the courage to subject ourselves to careful and honest self-examination. We have to *judge* ourselves (*ibid.* I:15). How aware of God *are* we? Given that we are in His presence at all times, do we behave accordingly? Do we lead our lives the way God wants us to?

Rebbe Nachman is emphatic that we should judge ourselves *positively* so as to tip the scales of justice on the side of merit (*ibid.* I:282). But this does not mean that we can turn a blind eye to the negativity within us. That would be self-deception. While we must search for the good in ourselves, we must also examine the traits and activities that keep us far from God. This means confronting our sins.

Evoking the beginnings of spiritual awakening and self-understanding, Rebbe Nachman says: "One must 'speak the truth in his heart' (Psalms 15:2). It is only when he begins to speak with the warmth of heartfelt passion, when

words of truth begin to flow from the depths of the heart and he pours out the truth in his heart before God, that he sees his own insignificance and the greatness of the Creator. Until now, he threw his sins behind his back without caring to glance at them. But now he knows them and feels overwhelmed with shame at the greatness of his transgressions against the Ruler and Controller and Root of all the worlds...

"The closer one is to the King, the greater his shame. The more he knows the glory of the King, the more he is ashamed to face Him. Before repenting, his knowledge was still limited, and for this reason his shame was not apparent on his face, because his sins blunted his intellect and sensitivity as a result of the foolishness within him. (The Rabbis said that a person only transgresses because he is overcome by a foolish spirit — *Sotah* 3). But afterwards, when he repents and removes his foolishness and insensitivity and his understanding grows, he is more ashamed than ever and the shame is revealed on his face..." (*Likutey Moharan* I:38).

If the painful confessions in *Likutey Tefilot* make us feel uncomfortable, part of the reason could be that we ourselves are still inclined to

throw our sins "behind our backs" without wishing to look at them too closely. Subliminally, we may be aware that there is much in ourselves and our past that we still have to come to terms with, and we may not be willing to do so yet.

But until we do confront our sins, they continue to have a power over our personalities and behavior, often in ways we may scarcely be conscious of. Rebbe Nachman expresses this by telling us that "the sins a person commits are engraved upon his very bones (cf. Ezekiel 32:27). The sins themselves exact vengeance from him, holding him back from God. But when he confesses them, the entire accumulation of evil engraved on his bones is lifted. All his sins are forgiven and atonement is granted" (*Likutey Moharan* I:4).

Rebbe Nachman taught that we should make a spiritual accounting every day — this is one of the main aspects of *hisbodidus.* "For deeds done against God's will, set aside a time every day to isolate yourself with a broken heart. Be heartbroken — but not depressed even during this hour. One should then be happy throughout the rest of the day" (*Rabbi Nachman's Wisdom* #43).

It is only when we do confront ourselves honestly in *hisbodidus* that we can be happy for the rest of the day, knowing that we have "come clean" with God and are not trying to run away from the truth. God is full of loving kindness and compassion. But these are qualities that we can only experience when we face Him honestly. The only way to do so is by first acknowledging the sins that have distanced us from Him.

Rebbe Nachman was at pains to distinguish between heartbreak and depression: "Heartbreak is in no way related to sadness and depression... Depression comes from the side of evil and is hated by God. But a broken heart is very dear and precious to God." [Cf. Psalms 51:19: "The sacrifice to God is a broken spirit; God will not despise a broken, shattered heart."]

"It would be very good to be broken-hearted all day. But for the average person, this can easily degenerate into depression. You should therefore set aside some time each day for heartbreak. You should isolate yourself with a broken heart before God for a given time. But the rest of the day you should be joyful" (*Rabbi Nachman's Wisdom* #41).

Rebbe Nachman defines the difference between depression and heartbreak as follows: "Depression is like anger and rage. It is like a complaint against God for not fulfilling one's wishes. But one with a broken heart is like a child pleading before his father. He is like a baby crying and complaining because his father is far away" (*ibid.* #42). Another time the Rebbe said: "When you have a broken heart, you can be standing in a crowd and still turn around and say, 'Master of the World...' " (*ibid.* #231).

"After heartbreak comes joy" (*ibid.* #45). We should not imagine Reb Noson as living in a constant state of sadness and self-denigration. Throughout his prayers in *Likutey Tefilot* we see him boldly and determinedly asking for God to lift him up, confident that He will help him and answer his prayers. We should also remember that what we read in *Likutey Tefilot* reflects Reb Noson in only one part of his day — during his *hisbodidus*, the very time that Rebbe Nachman said we *should* be broken-hearted. The rest of the time, Reb Noson must surely have been positive and joyous, as indeed we see from many of the stories about his life. He was a man of extraordinary zeal, activity and alacrity. He was constantly

busy — writing, printing, publishing, travelling, teaching... He could only have achieved all that he did through positive thinking and joy.

Reb Noson would have been the first to say: don't be depressed. Once somebody came to him and told him that every time he studied the renowned Mussar text, the *Reishit Chokhmah*, it made him depressed. Reb Noson replied: "The author of the *Reishit Chokhmah* never intended that you should become depressed by his work. If you can't study his work without becoming depressed by it, then study something else" (*Siach Sarfey Kodesh* 1- 601).

Surely Reb Noson would have said the same about those who find parts of his own *Likutey Tefilot* depressing. That is surely not what he intended. But if it happens — turn to something more positive!

IV: Guidelines used in this translation

Reb Noson's Style

Reb Noson was a master of language: the Hebrew original of *Likutey Tefilot* is a work of outstanding eloquence and beauty. Few can remain unmoved by the flow of Reb Noson's prayers, as he pours out the innermost feelings and yearnings of a seeker of God with a sincerity and directness that draw the reader in almost unawares until, before he knows it, the tears are rolling from his eyes and his heart is open.

The prayers usually begin with a succession of invocations and descriptions of God that at once give a powerful sense of the awesome majesty of His presence. These are often accompanied by several Biblical verses chosen for the striking expression they give to the main themes of the prayer.

Then, as Reb Noson develops his themes, elaborating his arguments, his confessions, his appeals and entreaties, at each turn he calls upon God's love and mercy. Again and again, he repeats such epithets as *rachum ve-chanun*, "loving and gracious," *Avi she-ba-shamayim*, "my

Father in Heaven," and the like. With his every request, he appeals to God to answer him *be-rachamecha ha-merubim u-ve-chassadecha ha-at-zumim* — "in Your abundant loving kindness and Your tremendous mercy" — and so on. To drive his points home, Reb Noson exploits the full range and power of the Hebrew language, setting forth every shade of what he wants to express in a multiplicity of terms and phrases, yet without ever upsetting the balance of his long, noble sentences.

The entire corpus of Biblical literature and that of the synagogue liturgy — prayers, selichot, piyutim, etc. — were at Reb Noson's beck and call. With the utmost grace, he weaves words, phrases and entire verses into the fabric of his prayers, and so, too, Rabbinic phrases and statements culled from the Talmud, Midrash and Zohar, together with phrases and ideas from Rebbe Nachman's *Likutey Moharan* and his other works.

How near is this translation to the Hebrew?

Reb Noson's eloquent Hebrew presents the translator with extremely difficult problems. His style is so far removed from contemporary

English idiom that a literal translation would be quite unreadable. Even a less literal translation, but one that endeavored to follow each turn of every sentence, giving faithful representation to every single phrase and nuance of the original, would have been tortuously complex and cluttered.

This work does not purport to be a definitive scholarly translation of *Likutey Tefilot*. Its primary purpose is to enable speakers of English to *say* Reb Noson's prayers meaningfully for themselves. To achieve this, it was felt best to aim for a text that would read clearly and easily. Every effort has been made to reflect the full content and the spirit of the original. But in order to avoid "translationese" and twisted English, it has frequently been necessary to paraphrase Reb Noson's words and render them indirectly, rather than translate them directly. In many places, it has been felt best to omit some of the reiterated epithets and invocations, and to give only one word in English where the Hebrew contains a series of near synonyms.

Anyone who knows the original will easily see where factors of personal interpretation and taste have entered. This is inevitable in a rendi-

tion of this nature. Without question, the only way to experience the authentic power and richness of *Likutey Tefilot* is by reading the prayers in the original. For the benefit of those readers with sufficient knowledge of Hebrew, this edition has been printed with facing Hebrew text. However those who use it are asked not to expect to be able to refer to the English and find a direct equivalent for every single word or phrase in the Hebrew.

For the benefit of those with little or no knowledge of Hebrew, here is a list of the main ways in which the English rendition differs from the Hebrew original:

1. First person plural into singular

It appears that when Reb Noson wrote his prayers for himself he wrote them in the first person singular, but when he copied them over for the other Chassidim he changed them from the singular to the plural (see above p.13 and *Nevey Tzaddikim* p.117f). However our current text of *Likutey Tefilot* is not consistent in this regard: quite frequently the prayers shift back and forth between the singular and plural for no apparent reason. For this translation it was decided to use

the first person singular except in places where Reb Noson is clearly offering a prayer for the entire Jewish People.

2. Sentences and Paragraphs

Reb Noson's sentences are usually long and complex. In contemporary English the preference is for shorter, simpler sentences. For this reason, and for the sake of clarity, Reb Noson's long sentences have usually been broken down into a succession of shorter sentences.

In the full Hebrew editions of *Likutey Tefilot*, the paragraphs are very long. Again, the preference in current English is for shorter paragraphs, and this has been followed in the present translation. In order to assist readers who wish to use the translation in conjunction with the facing Hebrew text, the latter has been divided into paragraphs corresponding to the paragraphing of the translation, even though at times this has necessitated splitting Hebrew sentences in the middle.

There were no section headings in the Hebrew original. These have been introduced in the English translation to indicate a shift in

theme and to make such shifts less abrupt. Note that not every change in subject is indicated by a section heading.

3. Elimination of repeated phrases and synonyms

As mentioned above, Reb Noson repeatedly invokes the various names of God, and Divine epithets such as *rachum ve-chanun*, etc. These are entirely in place in the Hebrew, but to have dutifully translated every single one into English would have led to a cluttered and confusing text which would have deterred the majority of readers. Many such invocations and epithets have therefore been omitted in this translation, as have a number of other frequently repeated phrases, and many Hebrew connective words, such as *al ken*, *u-ve-chen*, *she-ne-emar*, *kemo she-katuv* and the like, which seemed redundant in English.

In keeping with the style of Biblical and prayer-book Hebrew, Reb Noson frequently expresses himself in a multiplicity of terms and phrases. In many cases, trying to translate every single one into English would have resulted in little more than a succession of synonyms adding

nothing to the real content of the prayer, and needlessly confusing the reader. In such places it has been felt preferable to give a single, simple English equivalent.

4. Words and concepts with no direct English equivalent

A number of Hebrew words and concepts defy all efforts to find simple, natural-sounding English equivalents. One example is a concept that is central to *Likutey Tefilot* and recurs in various forms countless times: that of *zechut*, often translated as "merit." The spiritual seeker yearns that he should be *zocheh* to such and such a level; in asking to be granted a particular level, he asks God: *tezakeh oti...* How are these words to be translated? "Let me merit such and such"? "Make me worthy of such and such"? The sentiments may sound pious, but is the English really natural?

The underlying idea of *zechut* seems to be the attainment of a level that God grants out of love after the spiritual seeker has done his best to work towards it through steady efforts at self-purification. But is there a simple English word or phrase that expresses all that?

There are many other Hebrew concepts that present similar problems. Throughout this translation, every effort has been made to produce an English text that does full justice to what Reb Noson is saying, yet reads simply and naturally. This has required much paraphrasing, and those who use the Hebrew text are again requested not to expect direct English equivalents of every word in the original.

5. Transliterations

All transliterations of Hebrew words have been given using the Ivrit pronunciation. This includes names of Biblical personages. Thus: Avraham, Yitzchak, Yaakov and Moshe, rather than Abraham, Isaac, Jacob and Moses. One of the names for God used in the translation is HaShem, which literally means the Name.

6. Translations of Biblical Verses

Reb Noson sometimes quotes a Biblical verse whose relevance to his prayer is not evident from the apparent literal meaning of the verse but stems from its meaning according to Rabbinic interpretation. In such cases, the Rabbinic interpretation has been incorporated into the translation of the verse in the text.

No source references have been given for Biblical verses or Rabbinic statements from the Talmud, Midrash, etc. since it was felt that these would have been an unnecessary distraction for readers wishing to recite Reb Noson's prayers as prayers. Those who wish to find the source for a given verse are asked to consult a Bible Concordance.

7. Allusions

Reb Noson occasionally refers to a concept which is incomprehensible without some knowledge of the Kabbalah or Rabbinic lore. It was felt that footnotes would be inappropriate in a work of this nature, but where possible a few unobtrusive words of explanation have been incorporated into the translation.

All of Reb Noson's prayers in *Likutey Tefilot* are built upon Rebbe Nachman's lessons in *Likutey Moharan,* and many of the concepts found in the prayers are only comprehensible in relation to Rebbe Nachman's explanations in the corresponding teaching. Every prayer is accompanied by a synopsis of the corresponding lesson in *Likutey Moharan.* This is intended not so much as an abstract of the lesson as such, but rather as

a guide to the way the main concepts found in Reb Noson's prayer relate to one another, how key ideas may be understood, and how they are explained and developed in Rebbe Nachman's original lesson.

8. *Tefilot ve-Tachanunim*

Rabbi Nachman of Tcherin (d.1894), who was one of Reb Noson's most outstanding pupils, found that, although Reb Noson usually included in any given prayer all the different themes contained in the corresponding lesson in *Likutey Moharan*, occasionally some of the themes were not covered. Accordingly Rabbi Nachman of Tcherin wrote supplementary prayers on the missing topics, as well as on a number of discourses in *Likutey Moharan* not covered by Reb Noson. These were published in a work called *Likutey Tefilot ve-Tachanunim* (see above pp. 14-15).

Recent Hebrew editions of *Likutey Tefilot* have included Rabbi Nachman of Tcherin's additions to each prayer at the foot of the relevant page. In this translation, the relevant passages have been introduced in their appropriate places within the text of Reb Noson's prayers.

V: The Power of Prayer
Rabbinic Teachings

Rabbi Elazar said: Prayer is greater than good deeds... Prayer is greater than sacrifices. Rabbi Chanina said: Whoever prays at length, his prayer will not return empty. If one sees that one has prayed and not been answered, one should pray again.

(Berachot 32b)

*

Rabbi Yitzchak said in the name of Rabbah bar Mari: If a person offends a fellow human being, it is a matter of doubt whether or not the friend will be reconciled, and even if he is, it is questionable whether or not words will influence him. But in the case of the Holy One, blessed be He, if a person transgresses in secret, God is reconciled with him through words alone, as it is written (Hosea 14:3), "Take with you words and return to HaShem." More than that, He accounts it to him as a merit.

(Yoma 86b)

*

Rabbi Elazar said: A person should always pray and not wait until trouble strikes. Said Reish Lakish: Everyone who puts effort into his prayers down below will not have enemies in the upper realm. Rabbi Yochanan said: A person should always ask for mercy, and that all should support his efforts (that the ministering angels should assist him in asking for mercy — *Rashi*) and that he should not have enemies in the upper realm.

(Sanhedrin 44b)

*

Rabbi Yitzchak said: It is always good for a person to cry out to God, both before the decree has been passed and also afterwards.

(Rosh HaShanah 16a)

*

When a poor person approaches another human being to tell him something, he doesn't listen to him. On the other hand, when a rich person comes to tell him something, he immediately listens and accepts what he says. But this is

not the way of the Holy One, blessed be He. Before Him, all are equal.

(Midrash Rabba Beshalach 21:4)

*

A human being cannot hear two people talking at once. However this is not the case with the Holy One, blessed be He. Everyone prays to Him, and He hears and receives their prayers.

(ibid.)

*

Moshe said before the Holy One, blessed be He: "Master of the World: when Your children are in trouble and have no one to ask for mercy for them, answer them at once." The Holy One, blessed be He, replied: "Moshe, whenever they call out to me I will answer them, as it is written (Deuteronomy 4:7), 'Who is like HaShem our God in all our calling out to Him?' "

(ibid.)

*

"Take with you words and return to HaShem" (Hosea 14:3). God said to them, "I ask for words. Cry and pray to Me, and I will accept your prayers. Was it not through prayer that I redeemed your forefathers, as it is written: 'And the Children of Israel sighed because of the work and cried out' (Exodus 2:23). Was it not through prayer that I worked miracles for them in the time of Yehoshua? I don't ask for sacrifices, only words!"

(Midrash Rabbah Tetzaveh 38:4)

*

The Holy One, blessed be He, does not want to condemn anyone. All He wants is that people should pray to Him, and He will accept their prayer. "Even if a person does not deserve to have his prayer answered and to be treated mercifully, if he pours out his prayers and entreaties, I will have mercy on him."

(Tanchuma Vayera 8)

*

Said the Holy One, blessed be He: "I will explain to you some of My ways. When I see

people who lack Torah and good deeds of their own or of their ancestors, but they stand and pour out their prayers before Me, I answer them, as it is written (Psalms 102:18), 'He has turned to the prayer of the poor and He has not despised their prayer.' "

(Tanna devey Eliahu)

*

Rabbi Yudan said: When a person is in trouble and has an influential patron, he doesn't go to him unannounced. He stands at the outer gate of his patron's estate, calls a member of his household and asks him to announce him. But the Holy One, blessed be He, is not like this. If you find yourself in trouble, cry out to Him and He will answer you, as it is written (Joel 3:5), "All who call on the name of God will be saved."

(Yerushalmi Berachot 9:1)

*

"HaShem, I have called out to You" (Psalms 141:1). Said David: "Some trust in their good deeds, others trust in the deeds of their ancestors. But I trust in You. My only good deeds are that

I have called out to You. Answer me." When David was in the cave, he realized clearly that neither wealth nor strength support a person but only his prayers, as it is written (ibid. 142:2), "I raise my voice to God and *cry out*."

(Agadat Tehilim)

*

The gates of prayer are never closed. Sometimes a prayer is answered only after forty days. This we learn from Moshe, as it is written (Deuteronomy 9:25), "I threw myself before Ha-Shem for forty days..." Sometimes a prayer is answered after twenty days. This we learn from Daniel, of whom it is written (Daniel 10:3), "I did not eat fine bread until the end of three full weeks," and then he said, "HaShem hear, Ha-Shem forgive..." Sometimes a prayer is answered within three days. This we learn from Yonah, as it is written (Jonah 2:1), "And Yonah was in the stomach of the fish for three days, and Yonah prayed to HaShem his God from inside the fish." Sometimes a prayer is answered within one day, as we learn from David, as it is written (Psalms 69:14), "And as for me, my prayer is to You, HaShem, at a moment of favor..." And then there

is a prayer which is answered even before it leaves the lips, as it is written (Isaiah 65:24), "And it shall be that before they cry, I will answer." Said Rabbi Chiyah Rabba: It is written (Psalms 27:14), "Hope in HaShem. Be strong and firm in Your heart and hope in HaShem." Pray and pray again. The moment will come when He will grant you your request.

(Midrash Rabbah Va-etchanan 2:12)

*

Rabbi Yose said: "The prayer of a poor person when he faints and pours out his heart before HaShem" (Psalms 102:1), The prayer of the poor man comes to God before all the prayers in the world, for it is written (ibid. 22:25), "He has not despised or abhorred the cry of the poor." Come and see: the prayers of all humanity are ... prayers. But the prayer of the poor person is the one that stands before the Holy One, blessed be He, and breaks open the gates and entrances and rises up to be accepted before Him, as it is written (Exodus 22:22), "And it shall be when he cries to Me

that I will hear, for I am gracious... I will surely hear his cry."

(*Zohar Vayishlach 168b*)

*

Rabbi Abba said: "The prayer of the poor person when he faints and pours out his heart before HaShem" (Psalms 102:1), The following three are called prayers. "Λ prayer of Moses" (*ibid.* 90:1) — nobody else in the entire human race offered a prayer like this. "A prayer of David" (*ibid.* 17:1) — no other king offered a prayer like this. And "The prayer of a poor person." Which is the most precious of all? You have to say that the poor person's prayer is. This prayer has priority over the prayer of Moses and that of David, and indeed over all the other prayers in the world. Why? Because the poor person is broken-hearted, and it is written (Psalms 34:19), "God is close to the broken-hearted." As soon as he offers his prayer, all the windows of heaven are opened and all the other prayers that are rising up are pushed out of the way by this poor, broken-hearted individual.

The Psalms speak of "A prayer of the poor person when he faints (Hebrew = *Ya'AToF*,

literally, he covers over)" (*ibid.* 102:1). He covers over all the prayers in the world, and they are unable to ascend until his prayer has gone up. And the Holy One, blessed be He, says: "Let all the prayers of the rest of the world be covered over, and let this one come before Me. We do not need a court here to judge between us. Let his complaint come directly before Me: I and he are together, as it is written 'And he pours out his heart before HaShem.'" Yes indeed: Before Ha-Shem. The entire host of heaven ask one another, "What is the Holy One busy with? What is He doing?" They reply, "He is taking delight in His creatures." None of them knows what is done with the prayer of this poor one and all his complaints, but when he pours out his heart before the Holy King, God has no desire for anything else, and this prayer makes a vessel holding all the prayers in the world (*Zohar Balak* 195a).

Reb Noson (*Likutey Halachot, Orach Chaim, Tefilin* 5) comments: All this is speaking about a poor person praying for his material needs because of the pressure of physical poverty. How much more so when a person begins to take pity on himself and feels his spiritual poverty and lack

of good deeds. He pleads and argues with God, complaining and thundering at Him for not drawing him closer, pouring out his heart until he begins to cry... How very dear is this prayer in God's eyes. It is more precious than all the prayers in the world.

*

Commenting on the power of prayer, Reb Noson quoted the Midrash (*Shemot Rabbah* 21:4), After the prayers are received in Heaven, an angel binds each one by an oath and sends it upwards to the Crown which adorns the Holy One's head. "Take note," said Reb Noson. "Even angels cannot rise to the level which prayers can reach" (*Avanehah Barzel* p.88).

Bibliography

Alim LiTerufah Collection of letters of Reb Noson. A vocalized Hebrew edition was published by Agudat Meshekh HaNachal, Jerusalem 1991. A translation is currently in preparation by the Breslov Research Institute.

Avanehah Barzel Stories and teachings of Rebbe Nachman and his disciples collected by Rabbi Shmuel Horowitz (1903-1973), Jerusalem 1972.

Hishtapchut HaNefesh Anthology of Breslover teachings on *hisbodidus* — personal prayer and meditation — complied by Rabbi Alter (Moshe Yehoshua) Bezhilianski of Teplik. Selections translated by Rabbi Aryeh Kaplan were published as "Outpourings of the Soul" Breslov Research Institute, Jerusalem 1980.

Kochvey Ohr Stories and teachings of Rebbe Nachman and his disciples by Rabbi Avraham ben Reb Nachman of Tulchin, Jerusalem 1972.

Likutey Halachot Reb Noson's 8-volume *magnum opus* discussing all the laws of the Shulchan Aruch in order in the light of Rebbe Nachman's teachings in *Likutey Moharan*, with references spanning the entire breadth of the Bible, Talmud, Midrash and Kabbalah. A vocalized Hebrew edition is currently being prepared by Agudat Meshekh HaNachal, Jerusalem.

Likutey Moharan The main collection of Rebbe Nachman's Torah discourses. Lessons 1-32 are available in a vocalized Hebrew edition with facing English translation and commentary by the Breslov Research Institute (Likutey Moharan Vols. I-IV.)

Nevey Tzaddikim Historical bibliography of all Breslover works, by Rabbi Nathan Tzvi Koenig. Published in B'nei B'rak, 1969.

Rabbi Nachman's Stories English translation of Rebbe Nachman's famous stories and parables with accompanying commentary by Rabbi Aryeh Kaplan. Breslov Research Institute 1983.

Rabbi Nachman's Tikkun The Ten Psalms prescribed by Rebbe Nachman as the *Tikkun HaKlali* — "General Remedy" for sexual and other sins. Hebrew Text of the *Tikkun HaKlali* with English translation, transliteration and commentary material, Breslov Research Institute, Jerusalem 1984.

Rabbi Nachman's Wisdom Short sayings and teachings of Rebbe Nachman together with highlights of his life and an account of his pilgrimage to the Holy Land, translated by Rabbi Aryeh Kaplan. Breslov Research Institute, Jerusalem 1983.

Siach Sarfey Kodesh Vols. 1-4 Collection of oral Breslover traditions including many hitherto unpublished anecdotes about and sayings of Rebbe

Nachman, Reb Noson, and leading Breslov Chassidim in later generations. Published by Agudat Meshekh HaNachal.

Through Fire and Water Biography of Reb Noson, by Rabbi Chaim Kramer, Breslov Research Institute, 1992.

Tovot Zichronot Episodes from the lives of Rebbe Nachman and Reb Noson by Rabbi Avraham Sternhartz (1862-1955). Jerusalem 1951.

Tzaddik: A Portrait of Rabbi Nachman Important biographical work on Rebbe Nachman by Reb Noson translated by Avraham Greenbaum, Breslov Research Institute 1987.

...... you have to tell you about this constantly. To me
it's really plain sorry and surreal. You owe it to me
again until I recreate little physical and things are
... character thing... based in this direction...
quickly and easily, and ... my surreal head, and
... me. You have saved my surreal head, flesh, and
... protected from shaky, from which comes God in the
light of the Winter Storm.

17.95

The Fiftieth Gate

ליקוטי תפילות

Likutey Tefilot

The Fiftieth Gate

ליקוטי תפילות

Likutey Tefilot

Reb Noson's Prayers

Volume I, Prayers 1-20

Translated by Avraham Greenbaum

BRESLOV RESEARCH INSTITUTE
Jerusalem / New York

ISBN 0-930213-67-X

Copyright © 1992
BRESLOV RESEARCH INSTITUTE

No part of this publication may be translated, reproduced, stored in any retrieval system or transmitted, in any form or by any means, electronic, mechanical, photocopying, recording or otherwise, without prior consent in writing from the publishers.

First Edition

For further information:

Breslov Research Institute
POB 5370
Jerusalem 91 053 Israel

Breslov Research Institute
POB 587
Monsey, NY 10952-0587

Breslov Charitable Foundation
33, Waterpark Road
Salford, M7 0FT
Manchester, England

הר׳ אהרן צבי ב״ר מאיר הלוי ז״ל

הר׳ יוסף צבי ב״ר מרדכי ז״ל

הא׳ מלכה בת ר׳ יהודה ע״ה

להדפסת הספר הזה לעילוי נשמתם

בעבור שבניהם נדבו סכום הגון

תנצב״ה.

Contents

A Basic Guide

What is *Likutey Tefilot*?

Likutey Tefilot is a collection of personal prayers composed by Reb Noson of Breslov (1780-1844), leading pupil of the outstanding Chassidic luminary, Rebbe Nachman of Breslov (1772-1810). The Hebrew original of *Likutey Tefilot* consists of two parts containing 152 and 58 prayers respectively — a total of 210. This work is a free translation of the first portion of Part One of *Likutey Tefilot* (Prayers 1-20).

> *Reb Noson of Breslov: his life and times, see General Introduction at other end of this volume, pp. 8-11.*
> *How Likutey Tefilot came to be written, ibid. pp. 12-15.*

Personal Prayer

Rebbe Nachman taught that as well as reciting the mandatory daily prayer services contained in the Siddur, we should supplement them with our own individual prayers. In *Likutey Tefilot* Reb Noson made his personal prayers available to us to use at our discretion in the course of our own sessions of private prayer. *Likutey Tefilot* is not a book to read through for information. The prayers were written to be *said* rather than *read*. This is an inspirational text for use when we wish to reach out to God and express our personal needs and spiritual yearnings,

whether at home, in the synagogue, in the office, in a quiet park or out in the countryside, etc.

Personal Prayer: its place in Judaism and in the teachings of Rebbe Nachman of Breslov, see General Introduction, pp.1-7.

How to find what you want in this book

Each of Reb Noson's prayers in *Likutey Tefilot* is based on one of Rebbe Nachman's lessons in the main collection of his teachings, *Likutey Moharan.* The prayer is a request for God's help in achieving the spiritual ideals explained in the lesson. However, *it is not necessary to study the relevant lesson before reciting the prayer.* Nevertheless, it is helpful to realize that the structure of each prayer and the way its themes are developed are governed by Rebbe Nachman's treatment in the corresponding lesson.

• Index of Topics (pp. *xi-xiii*)

This is an alphabetical listing of all the main topics covered in the prayers in this volume. Consult this index to find the prayers that deal with the themes you want to pray about. If you cannot find a listing for a given topic, can you think of a synonymous term or related idea that *is* included?

• List of Topics in each prayer

Every prayer is headed with a list of the main topics it contains. Note: topics are not necessarily listed in the order they appear in the prayer, nor does

the list indicate which are the central themes of this prayer and which are subsidiary topics.

• Synopses of the Lessons in *Likutey Moharan*

At the start of each prayer there is a synopsis of the corresponding lesson in *Likutey Moharan*. This is intended not as an abstract of the lesson as such but rather as a guide to the way the main concepts found in Reb Noson's prayer relate to one another, how key ideas may be understood, and how they are explained and developed in Rebbe Nachman's original lesson.

• Section Headings

These have been introduced in the longer prayers to indicate a transition in the development of the prayer or the introduction of a fresh topic.

This translation

This is a free rendition of *Likutey Tefilot* aimed at conveying the contents and the spirit of the original in readable, idiomatic English, so that the English-speaking reader may recite the prayers meaningfully for him- or herself. This does not purport to be a definitive scholarly translation. The facing Hebrew text has been provided for the benefit of those who wish to say all or part of the prayers in the original, but they should not expect to find a direct English

equivalent for every single Hebrew word and phrase.

> *For the guidelines used in this translation, see General Introduction, pp. 42-51.*

How to say the prayers

You are perfectly free to choose sections of a prayer according to your personal needs and preferences, time constraints, etc. Nevertheless, each of Reb Noson's prayers is an organic whole and there is a benefit in reciting it in its entirety. It is perfectly in order to improvise and add your own personal prayers and requests at any point during recital of these prayers.

> *Suggestions for using this book, General Introduction pp. 23-32.*

Broken-heartedness vs. Depression

Reb Noson gives profoundly honest expression to the awe of a mortal creature approaching the Infinite Creator, his sense of his own smallness, and his shame at his shortcomings, failures and transgressions. Rebbe Nachman taught that true broken-heartedness leads to ultimate joy. For some people, however, dwelling on such feelings can be counter-productive, engendering negativity and depression. If this happens, Reb Noson would have been the first to say: turn to something more positive!

> *See Broken-heartedness vs. Depression, General Introduction pp. 33-41.*

Contents of the Prayers

Index of Topics

(Numbers refer to the prayers.)

Reb Noson's Introduction
to *Likutey Tefilot*

Our holy Rebbe, the outstanding luminary, "the hidden, treasured light", Rebbe Nachman, of blessed memory, told us many times and in many different ways to turn his teachings into prayers. He said that never before has there been anything like the delight God has from the prayers we make out of Torah teachings. He discussed this many, many times with many different people.

The Rebbe never explained exactly what he meant by this. However from his various statements we inferred that he meant what he said quite literally. We should try to study each of his awesome and holy teachings with a view to understanding the *practical* guidance contained in it. (This is more important than anything, because "the main thing is not study but practice" [*Avot* 1:17]. As pointed out several times in our works, the Rebbe's main intention in everything he taught was practical — that we should make

every effort to observe and fulfil everything discussed in each teaching.)

Having drawn out the practical points contained in a given teaching, we should then look into ourselves and see how far we are from the spiritual levels discussed in it. We should pray and beseech God over and over again to have compassion on us and steadily bring us nearer to Him, until eventually we succeed in fulfilling the entire teaching. We should pour out our prayers to God over each of the individual points discussed in the teaching, and beg Him to help us fulfil them to perfection and attain all the levels described.

Someone who can make prayers out of Torah teachings will certainly always be able to express himself to God and talk out his innermost thoughts and feelings in relation to each teaching. At first you may think that a given teaching is not relevant to your own personal needs and problems at a particular time. Even so, once you start speaking out your feelings in relation to this teaching, God will certainly help you, and you will be able to put everything you have to say into your prayers and conversations

surrounding this teaching, and so with all of them.

This is because Rebbe Nachman's teachings are universal: every single one encompasses the entire Torah, the entire Jewish People, and indeed everything in the world. Everyone in the world — from the highest to the lowest, from top to bottom — can find every aspect of themselves in every single teaching of the holy Rebbe. Through every single one of his teachings, everyone in the world can always express what he has to say, no matter who he may be.

For example, the lesson in *Likutey Moharan* I:5 begins with the Talmudic teaching that "Each person is obliged to say, 'The world was created for me' (*Sanhedrin* 37)". The Rebbe goes on to tell us that if so, I must make it my constant concern to improve the world and provide what is needed and to pray for the world. It is necessary to know whether or not what is decreed for the world has already been decided.

The Rebbe himself used this teaching as an example when discussing with a number of his followers how to turn Torah lessons into prayers. He told them to examine themselves carefully and see how far they were from everything

taught in the lesson. They were to think how each individual is obliged to say that the entire world was created only for him, to pray for what the world needs, and to ascertain if the decree has already been decided or not. They were then to look at themselves and see how far they were from this, and to pray and beseech God to help them to attain it.

At the time, the people the Rebbe was speaking to questioned whether praying about this was really relevant to them at that point in view of their present spiritual level. His reply was: "Listen to what your own mouths are saying. The teaching explains how every person is obliged to say that the entire world was created only for me'. If so, every one of you has this obligation, and no one can escape it."

The truth is that were God to help us follow the Rebbe's instructions literally, as explained here, everyone would certainly be able to express himself through each teaching. No matter how low a level a person may feel himself to be on, or what he may have gone through in his life, if he has a real urge to return to God and is willing to pour out his feelings honestly, he will be able to express everything that is on his mind and in his

heart. One could start by saying bitterly how "the world was created for me — because our Sages told us that everyone is obliged to say that the entire world was created only for me... but how very far I am from this."

Even if a person considers himself to be so impossibly far from this that he dare not even say that the world was created for him, owing to his lowly level, this in itself should enable him to pour out his heart all the more. The fact is that he really *is* obliged to say that the world was created for him, just as the Rabbis said. They specified that this is an obligation that applies to everyone. He may feel so far from this that it is hard for him to talk about it, but this in itself will enable him to pour out his heart like water to God when he looks at how far he is from this because of his deeds. This is how he will be able to start the conversation, and go on to express all his inner pain and suffering at that time.

He will then look further along in this teaching, where the Rebbe explains that the way to know whether or not the decree has already been decided is through the joy with which one carries out the mitzvot — a joy that should be greater than the mitzvah itself (*ibid.* 3). He will now start

to pray about this, looking at how far he is from it and pleading with God to help him achieve it.

Further on it is explained that the way to attain joy is through "thunder" — intense prayer — and that one comes to this by clearing the mind of *chametz*, leaven, namely, mistaken ideas and unholy thoughts and desires. One has to drive them away — "Drive away the wild beast of the reeds" (Psalms 68:31) — and free oneself of all fears other than the fear of God. The main thing is to protect one's mind from the "chametz" of thoughts contrary to the Torah.

The lesson continues: One has to have faith in the Sages and to believe that all the conflicts between the perfect Tzaddikim are only for one's own benefit. One has to take them as a personal message of rebuke for having wasted the drops of one's own mind — a sin of which it is said, "None who go into her will return or attain the paths of life" (Proverbs 2:19). Only through this reproof is it possible to come back from death to life, from *chametz* to *matzah*, etc. For this reason one should not ask questions about the conflicts between the true Tzaddikim: one should simply have perfect faith in all of them (*ibid*.4).

In order to attain all these levels, one must pour out one's heart in prayer and supplication. How many prayers one must offer to cleanse one's mind of extraneous thoughts so as not to sour oneself with lustful desires and ideas contrary to the Torah. Virtually everyone is caught up in this to some extent. We need to beg God to save us and think only pure and holy thoughts. How much we have to pray in order to come to prayer with proper concentration and fervor!

The same applies to everything else discussed in this teaching and in all of the Rebbe's other teachings. Think about it and you will be able to infer a great deal for yourself from the things we have said. "One who comes to purify himself is helped from Heaven" (*Yoma* 38b, etc). If you work on your own heart, God will help you and send a flow of words to your mouth, and you will be able to express everything in your heart at any time through each of the Rebbe's teachings.

Anyone who is concerned about his spiritual destiny and genuinely wants to come close to God should know that the only way to do so is by breaking all one's bad character traits and developing good ones, and by going in the ways

of God. There is only one way to do this — through prayers, supplications, cries and screams to God over the course of years and years. All truly holy and pious people only attained what they did through prayer and supplication, as pointed out so often in our works. But to pray and entreat God is itself very hard and onerous — people usually find themselves unable to say a single word or express themselves at all. However, through turning the Torah teachings into prayers, as explained here, it is easy to express everything one feels.

Nevertheless, all kinds of obstacles and difficulties stand in the way of this too. Not everyone is so familiar with the Rebbe's teachings that he is capable of turning them into prayers, and there are many other obstacles as well. I have therefore decided to copy the prayers I wrote down for myself in accordance with what the Rebbe told me about the value of writing down a well-organized prayer in order to be able to say it again at some other time. I did this for myself, and later I saw that it would be good to copy them over in a style that would be applicable to everyone, and to give them to

members and supporters of our group so as not to withhold good from its proper owners.

I see that these prayers have universal application and are needed by everyone, each on his level, from the greatest to the smallest. There is nothing a person may need in the service of God that he will not find in these prayers. I copied a few of them and gave them to a number of people, and they approved of them highly and urged me to copy all of them. Although my feelings on this were somewhat divided, I have surrendered myself to God alone and will rely upon Him. According to His good will and the will of the Rebbe, so will I do.

The value of these prayers will be appreciated by all who yearn for truth and honesty. There have never been prayers like these in the world. They are full of goodness for the House of Israel — prayers, supplications, requests, entreaties, confessions, pleas, excuses, cries, shouts and screams to God, to arouse His abundant love for us so as to draw us closer to His service swiftly and easily.

They also include words of self-arousal that a person can say to his own soul in order to arouse himself so as not to go through the whole

of life in a state of sleep, God forbid. For words have a great power to arouse us. Even when one knows things full well in one's heart, the act of saying them out loud is itself inspiring, and fills one with strength, determination and desire to come close to God, until one can come to complete teshuvah. Anyone who says these prayers regularly, truthfully and honestly, will certainly come to the eternal life.

While "it is good for you to hold onto this, you should also not allow your efforts to flag in the other" (Ecclesiastes 7:18) — namely your own private prayers. Every day you should speak to God in your own words in your own native language and express everything in your heart, as discussed many times in the Rebbe's works. You must make your own prayers out of the Torah teachings, because it is impossible to put in writing all the different things every person needs, especially in view of the constant changes people go through.

The Rebbe often told us to say many additional prayers and supplications every day, such as those printed in the larger Siddurim, in "Sha'arey Tzion" (by R. Nathan Nata Hanover d. 1683) and other works, especially the Psalms.

Anyone who wants to take the Rebbe's advice and follow the path of prayer to the eternal life will certainly find the prayers in this work very satisfying. There are no other prayers in the world where you can find yourself the way you can in these prayers. They cover all facets of human character and personality and every aspect of life, as you will see for yourself. Fortunate is the person who recites them regularly.

There is nothing unusual about composing new prayers. Many others, great and small, have preceded me in this. The "Sha'arey Tzion" contains many prayers written by the later Rabbis, as do the larger Siddurim and other works. In our own times many new prayers have been composed, and whole volumes are devoted exclusively to prayers. It is just that they are mostly not available in our region. Thus the list of books printed at the end of "Seder HaDorot" includes many volumes of prayers which are simply not available here. Similarly, virtually all the piyutim, selichot and hymns in the liturgy came not from the Prophets or Mishnaic teachers and others with *ruach hakodesh* (holy spirit), but from later writers who lived long after *ruach hakodesh* ceased.

Clearly there is no prohibition against the composition of prayers by people who are not necessarily on the highest spiritual levels, just as there is no obligation for the authors of other kinds of religious literature to possess holy spirit. For the Torah "is not in the heaven" (Deuteronomy 30:12). On the contrary, composing prayers involves no special responsibility and is not attended by any of the hazards that face Halakhic authorities, who, when writing on kashrut, business law and the like, are in constant danger of stumbling in the Halakhah and issuing false rulings. Similarly the authors of commentaries on classic texts are always in danger of *mis*interpreting the material and failing to bring out its true meaning.

Despite these risks, every advanced Torah scholar is under an obligation to write books to the best of his ability, as discussed at length in several works. No-one is at liberty to refrain from writing merely because of the dangers involved, for the Torah "is not in the heaven." We are obliged to fulfil our obligation and we must endeavor to clarify the Halakhah to the best of our ability and search only for the truth at all

times. It is up to us to do our part, and HaShem will do what is good in His eyes.

Similarly, if HaShem sends us original insights, it is our duty to put them in writing and "let our fountains spread outwards" so as to share with others the good we ourselves have been blessed with. We must not withhold this good from those to whom it is due merely because of fears and worries of this kind. For "the Holy One, blessed be He, does not come as a tyrant over His creatures" (*Avodah Zarah* 3a), and "the Torah was not given to ministering angels" (*Berachot* 25b).

If this applies to Halakhic works and commentaries, etc., how much more does it apply to the composition of prayers, which contain no Halakhic rulings, commentaries or interpretations. One should certainly not hold back from composing them, even if one is not on such a high spiritual level. This applies especially to prayers such as these, which stand on the firmest possible foundation, thank God. Each one is built and "founded on pedestals of gold" (Song of Songs 5:15) — the holy teachings of our great and awesome Rebbe, of blessed memory, all of

whose words were spoken with the highest level of *ruach hakodesh*.

Anyone who studies the Rebbe's holy discourses and conversations will understand a little how deep are his thoughts and where his words reach. This is not the place to discuss this at length. All these prayers come forth from a holy place, emerging from the holy spring flowing out of the House of God, full of deep, wondrous and awesome advice regarding the service of the Creator, blessed be He — "deep waters, advice in the heart of a man" (Proverbs 20:5).

For all these reasons I have been obliged to satsify the wish of my friends, who have been yearning and longing for these prayers, and to copy and print them and to let them shine upon the face of the earth, to "distribute them in Jacob and spread them forth in Israel" (Genesis 49:7). This explanation should suffice for all who desire the truth, and "HaShem, God is truth" ... "He will give truth to Jacob" and show us and lead us on the path of truth always and incline our hearts to Him to serve Him in truth until the throne of David will lovingly be established and he will sit upon it in truth speedily in our days. Amen.

And may HaShem hear our cry, listen to our voice and attend to our prayers and help us engage in prayer and supplication at all times, both the set and written prayers, and those which each one of us must say ourselves in our own words out of our own hearts, as the Rebbe told us many times. This is the main thing, as discussed many times in his holy works. This way, with God's help and favor, we will return to Him genuinely and wholeheartedly, until we ascend and merge with Him in the light of the Infinite, "to gaze upon the pleasantness of Ha-Shem and to visit in His palace" (Psalms 27:4).

In the merit of our prayers, God will send us our righteous Mashiach speedily in our days, for the main weapon of the Mashiach is prayer, as explained in the lesson "Speak to the priests" (*Likutey Moharan* I:2). We must persist with our prayers and supplications no matter what, until HaShem will look down from the Heavens and see and "restore us after two days [the two destructions] and raise us up on the third day [the rebuilding of the Third Temple] and we will live before Him" (Hosea 6:2) to go before HaShem in the light of life. Amen. Amen.

ליקוטי תפילות

Likutey Tefilot

1

Torah Study and Prayer / Overcoming the Evil Inclination / Countering mental confusion and folly with the light of wisdom

---

Only through Torah study is it possible to overcome the false ideas that the Evil Inclination tries to plant within us. We should look for the wisdom contained in all things in order to be able to understand God's messages to us and to attach ourselves to Him through everything in the world. Exile has detracted from the *chen* — grace and favor — of the Jewish People, and from our status in the world. Torah study helps to restore them, leading to the acceptance of our prayers.

יְהִי רָצוֹן מִלְפָנֶיךָ יְיָ אֱלֹהֵינוּ וֵאלֹהֵי אֲבוֹתֵינוּ, שֶׁתִּהְיֶה בְּעֶזְרֵנוּ וּתְזַכֶּה אוֹתָנוּ בְּרַחֲמֶיךָ הָרַבִּים וַחֲסָדֶיךָ הָעֲצוּמִים לִלְמוֹד וּלְלַמֵּד, וְלַעֲסֹק בְּתוֹרָתְךָ הַקְּדוֹשָׁה לִשְׁמָהּ תָּמִיד, וְלַהֲגוֹת בָּהּ יוֹמָם וָלָיְלָה.

וּבִזְכוּת וְכֹחַ לִמּוּד הַתּוֹרָה הַקְּדוֹשָׁה, תְּזַכֶּה אוֹתָנוּ בְּרַחֲמֶיךָ הָרַבִּים, וְתִתֶּן לָנוּ כֹּחַ לְהַכְנִיעַ וּלְשַׁבֵּר וּלְגָרֵשׁ אֶת הַיֵּצֶר הָרָע מִקִּרְבֵּנוּ, וְנִזְכֶּה לְגָרֵשׁ וּלְבַטֵּל אֶת הָרוּחַ שְׁטוּת וְכָל מִינֵי שִׁגָּעוֹן שֶׁנִּתְדַּבֵּק בָּנוּ עַל-יְדֵי מַעֲשֵׂינוּ הָרָעִים. הַכֹּל נִזְכֶּה לְגָרֵשׁ וּלְבַטֵּל עַל-יְדֵי לִמּוּד וְעֵסֶק הַתּוֹרָה הַקְּדוֹשָׁה אֲשֶׁר הִיא כֻּלָּהּ שְׁמוֹתֶיךָ הַקְּדוֹשִׁים, שֶׁלֹּא יִהְיֶה שׁוּם כֹּחַ לְהָרוּחַ שְׁטוּת וְשִׁגָּעוֹן לְבַלְבֵּל דַּעְתֵּנוּ כְּלָל רַק נִזְכֶּה לְגָרְשׁוֹ וּלְסַלְּקוֹ מֵעָלֵינוּ וּמֵעַל גְּבוּלֵנוּ:

אָנָּא יְיָ, אַתָּה יָדַעְתָּ אֶת רִבּוּי הַמַּחֲשָׁבוֹת הַטּוֹרְדוֹת הַמְבַלְבְּלִים וּמַטְרִידִים אוֹתָנוּ מֵעֲבוֹדָתְךָ בֶּאֱמֶת בְּכָל עֵת וּבְכָל שָׁעָה, וְכֻלָּם בָּאִים עַל-יְדֵי הָרוּחַ שְׁטוּת וְשִׁגָּעוֹן שֶׁנִּתְדַּבֵּק בָּנוּ עַל-יְדֵי מַעֲשֵׂינוּ הָרָעִים, עַל-יְדֵי חֲטָאֵינוּ וַעֲווֹנוֹתֵינוּ וּפְשָׁעֵינוּ הַמְרֻבִּים, עַד אֲשֶׁר נִתְבַּלְבֵּל דַּעְתֵּנוּ וְנִתְעַכֵּר שֶׁכְלֵנוּ מְאֹד מְאֹד בְּלִי שִׁעוּר וָעֵרֶךְ.

HaShem our God and God of our fathers:

Help me to be able to study, teach and practice Your holy Torah for its own sake at all times, and to keep the Torah at the forefront of my mind day and night.

The Power of Torah Study

Through the merit and power of Torah-study, give me the strength to conquer and break my evil inclination and drive it out of myself. Help me rid myself of the foolish spirit that has taken hold of me because of the wrong I've done. I'll be able to get free by studying and keeping the Torah, which is entirely made up of Your holy Names. The power of the Torah will overcome any sway this foolishness may have over me. Just help me drive it out and remove it from myself and my life.

Please, HaShem: You know the many thoughts that trouble me every single moment of the day and distract me from serving You properly. They are all caused by the foolish spirit that has taken hold of me because of the wrong I've done and all my sins and transgressions. My mind is in turmoil, and my good sense and intelligence have been severely impaired.

אָבִינוּ שֶׁבַּשָּׁמַיִם, "טוֹב לַכֹּל וְרַחֲמָיו עַל כָּל מַעֲשָׂיו", תֶּן
לָנוּ חֲנִינָה וְלֹא נֹאבֵד, זַכֵּנוּ בְּרַחֲמֶיךָ הָרַבִּים לְהַכְנִיעַ וּלְגָרֵשׁ
וּלְבַטֵּל אֶת הָרוּחַ שְׁטוּת וְהַשִּׁגָּעוֹן מִמֶּנּוּ עַל-יְדֵי עֵסֶק הַתּוֹרָה
הַקְּדוֹשָׁה:

וּבְכֵן תְּזַכֵּנִי בְּרַחֲמֶיךָ הָרַבִּים, שֶׁלֹּא יִהְיֶה שׁוּם כֹּחַ לְהַיֵּצֶר
הָרַע וְהָרוּחַ שְׁטוּת לְבַלְבֵּל אֶת דַּעְתִּי לְבַטֵּל אוֹתִי, חַס וְשָׁלוֹם,
מֵעֲבוֹדָתְךָ בֶּאֱמֶת עַל-יְדֵי הַמִּצְוֹת שֶׁלּוֹ, שֶׁהוּא מִתְלַבֵּשׁ עַצְמוֹ
בְּמִצְוֹת, כְּאִלּוּ הוּא מֵסִית אוֹתִי לְאֵיזֶה דְּבַר מִצְוָה, וְהוּא טוֹמֵן
בָּזֶה רֶשֶׁת לְרַגְלַי, חַס וְשָׁלוֹם, עַל-יְדֵי אֵלּוּ הַמִּצְוֹת שֶׁלּוֹ
שֶׁהוּא מִתְלַבֵּשׁ בָּהֶם, כַּאֲשֶׁר אַתָּה לְבַד יָדַעְתָּ כָּל זֶה: אָנָּא
יְיָ, חוּס וַחֲמֹל עַל נַפְשִׁי הָאֻמְלָלָה וְהַצִּילֵנִי מִמֶּנּוּ מֵעֲצוֹתָיו
הָרָעוֹת הָאֵלּוּ, לְבַל יִהְיֶה לוֹ כֹּחַ לְהַטְעוֹת אוֹתִי, חַס וְשָׁלוֹם,
בְּבִלְבּוּלִים הַלָּלוּ.

וְהִנְנִי מַשְׁלִיךְ אֶת כָּל יְהָבִי עָלֶיךָ יְיָ אֱלֹהַי וֵאלֹהֵי אֲבוֹתַי,
וַאֲנִי סוֹמֵךְ עַצְמִי עָלֶיךָ לְבַד, שֶׁאַתָּה תוֹלִיכֵנִי בְּרַחֲמֶיךָ הָרַבִּים
בְּדֶרֶךְ הַיָּשָׁר וְהָאֱמֶת בְּכָל עֵת וּבְכָל שָׁעָה בְּכָל תְּנוּעָה

Father in Heaven: You are good to all and merciful to all Your creatures. Forgive me and save me from destruction. Loving God: Give me the strength to conquer my own foolishness and drive it out of myself by studying and practicing Your holy Torah.

The "Mitzvot" of the Evil Inclination

Be kind to me and help me not to fall prey to the irrational appeals of my evil inclination. It tries to influence me and prevent me from serving You properly by dressing up its promptings as "mitzvot," as if trying to persuade me to do something right and proper. The truth is that these "mitzvot" which it dresses itself in are a hidden trap, as You alone know. Please, Ha-Shem, have compassion on my poor soul and save me from the promptings of the evil inclination. Let it have no power to deceive me with these distractions.

I am throwing my whole burden upon You, HaShem, my God and God of my fathers. I am relying on You alone to lead me lovingly on the straight, true path at all times and in everything I do. Let my every movement be in complete

וּתְנוּעָה, שֶׁכֻּלָּם יִהְיוּ כִּרְצוֹנְךָ הַטּוֹב. וְלֹא אָסוּר מֵרְצוֹנְךָ יָמִין וּשְׂמֹאל,

כִּי אַתָּה יָדַעְתָּ כִּי בָשָׂר וָדָם אֲנַחְנוּ, וְאִי אֶפְשָׁר לָנוּ לְכַוֵּן בְּכָל עֵת רְצוֹנְךָ הַטּוֹב בֶּאֱמֶת לַאֲמִתּוֹ. עַל כֵּן עָזְרֵנִי בְּרַחֲמֶיךָ הָרַבִּים שֶׁלֹּא יִהְיֶה שׁוּם כֹּחַ לְהַיֵּצֶר הָרָע וְהָרוּחַ שְׁטוּת וְהַשִּׁגָּעוֹן לְבַלְבֵּל אֶת דַּעְתִּי עוֹד בְּשׁוּם בִּלְבּוּל בָּעוֹלָם כְּלָל, רַק אֶזְכֶּה לִסְמוֹךְ עָלֶיךָ לְבַד. וְאַתָּה תְּרַחֵם עָלַי בְּרַחֲמֶיךָ הָרַבִּים, וְתוֹלִיכֵנִי וְתַדְרִיכֵנִי בְּדֶרֶךְ הָאֱמֶת תָּמִיד בְּכָל עֵת וּבְכָל רֶגַע, בְּאֹפֶן שֶׁכָּל מַעֲשַׂי וַעֲסָקַי וּתְנוּעוֹתַי כֻּלָּם וְכָל הַתְּנוּעוֹת שֶׁל בָּנַי וְיוֹצְאֵי חֲלָצַי וְשֶׁל כָּל הַתְּלוּיִים בִּי, כֻּלָּם יִהְיוּ כִּרְצוֹנְךָ הַטּוֹב לְבַד תָּמִיד מֵעַתָּה וְעַד עוֹלָם:

וּבְכֵן תַּעְזְרֵנִי בְּרַחֲמֶיךָ הָרַבִּים, שֶׁאֶזְכֶּה לִתֵּן כֹּחַ לְמַלְכוּת דִּקְדֻשָּׁה, שֶׁיִּתְגַּבֵּר עַל מַלְכוּת הָרְשָׁעָה, וְאֶזְכֶּה לְהַגְבִּיר הַיֵּצֶר טוֹב עַל יֵצֶר הָרָע,

וּתְחָנְנֵי בְּרַחֲמֶיךָ הָרַבִּים, וְתַשְׁפִּיעַ עָלַי חָכְמָה וְשֵׂכֶל דִּקְדֻשָּׁה, שֶׁאֶזְכֶּה לְהִסְתַּכֵּל בְּכָל דָּבָר בְּאוֹר הַשֵּׂכֶל דִּקְדֻשָּׁה שֶׁיֵּשׁ בּוֹ לְדַבֵּק עַצְמִי לְהַשֵּׁם יִתְבָּרַךְ עַל-יְדֵי כָּל הַדְּבָרִים שֶׁבָּעוֹלָם,

accordance with Your will, and don't let me turn aside from what You want either right or left.

You know that we are flesh and blood — it is impossible for us to always know exactly what You want. I appeal to You to show me Your love and help me. Do not let the evil inclination have any power to unsettle and distract my mind with any kind of foolishness and irrationality whatsoever. Let me rely on You alone. Show me Your great love, and lead me on the path of truth at all times. Let all my actions, activities and behavior, and those of my children, my descendants and all who depend on me, be in full accord with Your good will at all times, from now on and for ever.

Loving God: Help me to be able to strengthen the power of holiness so as to overcome the power of evil. Help me to strengthen my good inclination against the evil urge.

The wisdom in all things

Grant me holy wisdom and intelligence. Let me always see all things in the light of the holy wisdom they contain, and so attach myself to You through everything in the world. Let me

שֶׁאֶזְכֶּה לְהָבִין מִכֻּלָּם אֶת הָרְמָזִים שֶׁאַתָּה מְרַמֵּז אֵלֵי בְּכָל עֵת לְהִתְקָרֵב אֵלֶיךָ:

וּבְכֵן יְהִי רָצוֹן מִלְּפָנֶיךָ מָלֵא רָצוֹן מָלֵא רַחֲמִים מָלֵא חֶסֶד מָלֵא טוֹב, בְּכָל עֵת וּבְכָל רֶגַע תָּמִיד, שֶׁתָּחֹס וְתַחְמֹל עָלַי, וְתַשְׁפִּיעַ עָלַי חֵן וָחֶסֶד, וְתִתֶּן לִי חֵן בְּעֵינֶיךָ וּבְעֵינֵי כָּל רוֹאַי. וְתַשְׁפִּיעַ לִי דִּבְרֵי חֵן וְתַחֲנוּנִים, בְּאֹפֶן שֶׁיִּכָּנְסוּ דְּבָרַי בְּלִבֶּךָ, וּתְקַבֵּל אֶת תְּפִלָּתִי וּבַקָּשָׁתִי תָּמִיד, וּתְקַיֵּם מִקְרָא שֶׁכָּתוּב: "וְשָׁפַכְתִּי עַל בֵּית דָּוִד וְעַל יוֹשֵׁב יְרוּשָׁלַיִם רוּחַ חֵן וְתַחֲנוּנִים",

שֶׁנִּזְכֶּה שֶׁיִּהְיוּ דְּבָרֵינוּ לְפָנֶיךָ דִּבְרֵי חֵן וְתַחֲנוּנִים, בְּאֹפֶן שֶׁתִּתֶּן לָהֶם מָקוֹם לִכָּנֵס בְּלִבֶּךָ וְיִהְיוּ אֲמָרֵינוּ לְרָצוֹן וּלְנַחַת לִפְנֵי כִסֵּא כְבוֹדֶךָ:

רִבּוֹנוֹ שֶׁל עוֹלָם, הַבִּיטָה בְּעָנְיֵנוּ וּרְאֵה בְּשִׁפְלוּתֵנוּ וּבְזִיּוֹנֵנוּ, כִּי כָּל הַחֵן וְהַחֲשִׁיבוּת שֶׁל יִשְׂרָאֵל עַמְּךָ הַקָּדוֹשׁ נָפַל בְּגָלוּת הַמַּר הַזֶּה, וְעַמְּךָ יִשְׂרָאֵל נִבְזִים וּשְׁפָלִים בְּעֵינֵי הָעַכּוּ"ם וְהָרְשָׁעִים, וְכָל הַחֵן וְהַחֲשִׁיבוּת נָפַל אֲלֵיהֶם.

understand the constant messages and signals You send me to come closer to You.

Chen: **Grace**

O God: You are full of favor, tender mercy, kindness and goodness at all times. May it be Your will to have pity on me and shine upon me with grace and kindness. Grant me favor in Your eyes and in the eyes of all who see me. Send me words of grace and endearment that will enter into Your heart. Accept my prayers and requests at all times, and fulfil Your promise to "pour out on the house of David and those who dwell in Jerusalem a spirit of grace and endearment."

Let the words with which we address You be words of grace and endearment, and give them room to enter into Your heart, and let our words arouse favor and pleasure before the throne of Your glory.

Master of the World, see our poverty, our lowliness and shame. The grace and prestige of Your holy people Israel have fallen in this bitter exile. The Jewish People are despised and lowly in the eyes of the nations of the world and the wicked. All the grace and importance have fallen to them.

עַל-כֵּן חוּסָה נָא כְּרב רַחֲמֶיךָ עַל כְּבוֹדְךָ הַגָּדוֹל וְהַקָּדוֹשׁ, וְתַעֲלֶה וּתְרוֹמֵם וּתְגַדֵּל אֶת הַחֵן וְהַחֲשִׁיבוּת שֶׁל יִשְׂרָאֵל בְּגַשְׁמִיּוּת וּבְרוּחָנִיּוּת. וּתְבַטֵּל וְתַכְנִיעַ אֶת הַחֵן וְהַחֲשִׁיבוּת שֶׁל הָעַכּוּ"ם וְהַסִּטְרָא אַחֲרָא וְהָרְשָׁעִים, שֶׁלֹּא יִהְיֶה לָהֶם שׁוּם חֵן וַחֲשִׁיבוּת לֹא לְמַעְלָה וְלֹא לְמַטָּה, וּתְרוֹמֵם קֶרֶן יִשְׂרָאֵל, וְתִשְׁמַע וּתְקַבֵּל אֶת תְּפִלָּתֵנוּ וְאַנְקָתֵנוּ בְּכָל עֵת,

וְתַבִּיט בַּעֲמָלֵנוּ וְתָשׁוּר בְּעָנְיֵנוּ וְדָחְקֵנוּ. וּתְקַיֵּם מִקְרָא שֶׁכָּתוּב: "כִּי לֹא בָזָה וְלֹא שִׁקַּץ עֱנוּת עָנִי וְלֹא הִסְתִּיר פָּנָיו מִמֶּנּוּ וּבְשַׁוְּעוֹ אֵלָיו שָׁמֵעַ". חָנֵּנוּ וַעֲנֵנוּ וּשְׁמַע תְּפִלָּתֵנוּ, כִּי אַתָּה שׁוֹמֵעַ תְּפִלַּת כָּל פֶּה עַמְּךָ יִשְׂרָאֵל בְּרַחֲמִים, בָּרוּךְ אַתָּה שׁוֹמֵעַ תְּפִלָּה:

Take pity on Your great and holy glory, and exalt, raise up and magnify the grace and prestige of Israel, materially and spiritually. Bring down the idol-worshippers, the unholy and the wicked. Let them have no grace and status whatsoever either above or below. Exalt Your people Israel and hear and receive our prayers and cries at all times.

See our toil and look at our plight, and fulfil what is written: "For He has not despised or spurned the suffering of the poor and He has not hidden His face from him. When he cries to Him, He hears." Show us favor and answer us and hear our prayer. For You hear the prayers of every single one of Your people Israel in love. Blessed are You who hears prayer.

2

Prayer / Guarding the Covenant / Withstanding temptation / Charity / Torah Study / Mashiach

In order to come to perfect prayer, it is necessary to observe the Covenant, guarding the purity of our thoughts, words and actions. When praying, we must measure our words carefully. The way to achieve this is through the practice of charity. We should bind our prayers to the true Tzaddikim, who elevate them to God, putting each one in place in the total structure that will be completed by Mashiach. The essential weapon of Mashiach is prayer.

יְהִי רָצוֹן מִלְּפָנֶיךָ יְיָ אֱלֹהֵינוּ וֵאלֹהֵי אֲבוֹתֵינוּ, שׁוֹמֵעַ תְּפִלַּת עַמּוֹ יִשְׂרָאֵל בְּרַחֲמִים,

שֶׁיְּעוֹרְרוּ רַחֲמֶיךָ וַחֲסָדֶיךָ עָלֵינוּ לְמַעֲנָךְ, וְתָכִין לְבָבֵנוּ לְהִתְפַּלֵּל לְפָנֶיךָ בְּכָל לֵב וָנֶפֶשׁ, וְתִהְיֶה תְּפִלָּתֵנוּ שְׁגוּרָה בְּפִינוּ תָּמִיד, וְלֹא יִהְיֶה לָנוּ שׁוּם מוֹנֵעַ וְעִכּוּב וּבִלְבּוּל בִּתְפִלָּתֵנוּ:

רִבּוֹנוֹ שֶׁל עוֹלָם, "נוֹהֵג כַּצֹּאן יוֹסֵף יוֹשֵׁב הַכְּרוּבִים" הוֹפִיעָה עָלֵינוּ בְּרַחֲמֶיךָ הָרַבִּים אוֹר קְדֻשָּׁתֶךָ, שֶׁיָּמְשַׁךְ עָלֵינוּ קְדֻשָּׁה וְטָהֳרָה בְּאֹפֶן שֶׁנּוּכַל לָכוֹף וּלְהַכְנִיעַ וּלְשַׁבֵּר אֶת יִצְרֵנוּ הָרָע,

וְנִזְכֶּה בְּרַחֲמֶיךָ הָרַבִּים וַחֲסָדֶיךָ הַגְּדוֹלִים, שֶׁנִּהְיֶה כֻּלָּנוּ אֲנַחְנוּ וְזַרְעֵנוּ שׁוֹמְרִים אֶת הַבְּרִית קֹדֶשׁ. וְתַעֲזֹר לָנוּ תָּמִיד, וְתַצִּיל אוֹתָנוּ בְּרַחֲמֶיךָ הָעֲצוּמִים וַחֲסָדֶיךָ הַגְּדוֹלִים מִכָּל מִינֵי פְּגַם הַבְּרִית, חַס וְשָׁלוֹם, הֵן בְּמַחֲשָׁבָה הֵן בְּדִבּוּר הֵן בְּמַעֲשֶׂה, בֵּין בְּשׁוֹגֵג בֵּין בְּמֵזִיד, בֵּין בְּאֹנֶס בֵּין בְּרָצוֹן, הֵן בְּחוּשׁ הָרְאוּת הֵן בְּחוּשׁ הַשְּׁמִיעָה הֵן בִּשְׁאָר חוּשִׁים – בְּכֻלָּם נִהְיֶה קְדוֹשִׁים וּטְהוֹרִים בִּקְדֻשַּׁת הַבְּרִית בְּלִי שׁוּם פְּגַם וְהִרְהוּר כְּלָל.

HaShem, our God and God of our fathers, who lovingly hears the prayers of Your people Israel:

Stir up Your kindness and love for me — for Your sake. Prepare my heart, and help me pray to You with every fibre of my heart and soul. Let my prayers flow fluently from my mouth at all times, freely and without interference.

The Holy Covenant

Master of the World, who "leads Yoseph like a flock, You who sit upon the cherubs": Lovingly shine the light of Your holiness on me. Let a spirit of holiness and purity come upon me, giving me the power to control, master and break my evil inclination.

In Your abundant love and great kindness, enable me and all my offspring to guard the holy Covenant. Help me at all times, and keep me from all impurity and any breach of the Covenant, whether in thought, word or deed, whether unwittingly or intentionally, under compulsion or wilfully, whether with my eyes, ears or other senses. Let me sanctify and purify all of my faculties with the holiness of the Covenant, and do nothing to breach or blemish it in any way.

כִּי בְּרַחֲמֶיךָ הָרַבִּים בָּחַרְתָּ בָּנוּ מִכָּל הָאֻמּוֹת, וְרוֹמַמְתָּנוּ מִכָּל הַלְּשׁוֹנוֹת, וְהִבְדַּלְתָּ אוֹתָנוּ מִכָּל טֻמְאוֹתֵיהֶם וּמִכָּל תּוֹעֲבוֹתֵיהֶם, כַּאֲשֶׁר כָּתַבְתָּ לָנוּ בְּתוֹרָתֶךָ: 'וָאַבְדִּל אֶתְכֶם מִן הָעַמִּים לִהְיוֹת לִי'. וְקָרָאתָ אוֹתָנוּ כֻּלָּנוּ בְּשֵׁם צַדִּיקִים, כְּמוֹ שֶׁנֶּאֱמַר: 'וְעַמֵּךְ יִשְׂרָאֵל כֻּלָּם צַדִּיקִים'.

אָנָּא בְּרַחֲמֶיךָ הָרַבִּים, אַל תַּעֲשֶׂה תּוֹרָתְךָ הַקְּדוֹשָׁה פְּלַסְתֵּר, חַס וְשָׁלוֹם, כִּי דְבָרְךָ אֱמֶת וְקַיָּם לָעַד. עַל-כֵּן עֲשֵׂה עִמָּנוּ בְחַסְדְּךָ וַעֲזוֹר לָנוּ שֶׁנִּהְיֶה בֶּאֱמֶת בִּכְלַל צַדִּיקִים עַל-יְדֵי שֶׁתְּזַכֵּנוּ לִהְיוֹת מְשׁוֹמְרֵי הַבְּרִית, אֲשֶׁר עַל-יְדֵי-זֶה לְבַד יָאוּת לָנוּ לִהְיוֹת נִקְרָא בְּשֵׁם צַדִּיק, כְּמוֹ שֶׁהוֹדַעְתָּנוּ עַל-יְדֵי חֲכָמֶיךָ הַקְּדוֹשִׁים שֶׁאֵין נִקְרָא בְּשֵׁם צַדִּיק כִּי-אִם מַאן דְּנָטִיר בְּרִית.

וּבְכֵן כְּשֵׁם שֶׁעָזַרְתָּ אֶת יוֹסֵף צַדִּיקֶךָ בְּשָׁעָה שֶׁבָּא לִידֵי נִסָּיוֹן וְהִצַּלְתָּ אוֹתוֹ וְנָתַתָּ לוֹ כֹּחַ לְהִתְגַּבֵּר עַל יִצְרוֹ, כֵּן יֶהֱמוּ נָא מֵעֶיךָ וְרַחֲמֶיךָ עָלֵינוּ. וּתְזַכֵּנוּ בִּזְכוּת וְכֹחַ יוֹסֵף הַצַּדִּיק, וְתִתֶּן לָנוּ שֵׂכֶל חָכְמָה וּבִינָה וָדַעַת וְכֹחַ וּגְבוּרָה דִּקְדֻשָׁה, בְּאֹפֶן שֶׁנּוּכַל לְהִנָּצֵל מִכָּל מִינֵי פְגַם הַבְּרִית. וְנוּכַל לְהִתְגַּבֵּר עַל

For in Your great love You have chosen us from all the nations and exalted us above all peoples. You have separated us from all their impurities and wrongdoing, as You wrote for us in Your Torah: "I have separated you from the nations to be Mine," and You called us all Tzaddikim, as it is said, "And Your People are all Tzaddikim."

Please, loving God, do not make Your holy Torah into an empty document, God forbid, for Your Word is true and enduring for ever. Deal kindly with me and help me to be a genuine Tzaddik by enabling me to guard the Covenant. Only in this way can one be worthy of the name Tzaddik, as You have informed us through the teachings of Your holy sages, who said that only someone who guards the Covenant is called a Tzaddik.

You helped Yoseph the Tzaddik when he was tested: You saved him and gave him the strength to overcome his evil inclination. In the same way, arouse Your compassion for me. Through the merit and strength of Yoseph, give me intelligence, wisdom, understanding and knowledge, holy strength and power, so that I will be able to avoid all impurity in my life and

יְצָרֵנוּ, וְנִזְכֶּה שֶׁתִּהְיֶה מַחֲשַׁבְתֵּנוּ קְשׁוּרָה וּדְבוּקָה בִּקְדֻשָּׁתְךָ תָּמִיד בְּלִי הֶפְסֵק רֶגַע,

לְמַעַן יִהְיֶה לָנוּ כֹּחַ עַל-יְדֵי-זֶה לְסַדֵּר תְּפִלָּתֵנוּ לְפָנֶיךָ כָּרָאוּי בְּלִי שׁוּם מוֹנֵעַ וְעִכּוּב וּבִלְבּוּל, בְּאֹפֶן שֶׁתִּתְקַבֵּל תְּפִלָּתֵנוּ לְפָנֶיךָ, וְיִכָּמְרוּ רַחֲמֶיךָ עָלֵינוּ וְתָשִׁיב פָּנֶיךָ אֵלֵינוּ, וּתְמַהֵר וְתָחִישׁ לְגָאֳלֵנוּ וְתָבִיא לָנוּ אֶת מְשִׁיחַ צִדְקֵנוּ, וּלְמַעַנְךָ עֲשֵׂה וְלֹא לָנוּ. וְעָזְרֵנוּ שֶׁתִּהְיֶה תְּפִלָּתֵנוּ מְסֻדֶּרֶת כָּרָאוּי, וְתִתֶּן בָּנוּ שֵׂכֶל וָדַעַת שֶׁנּוּכַל לְכַלְכֵּל דְּבָרֵינוּ בְּמִשְׁפָּט. וְלֹא נִכָּשֵׁל בְּאִמְרֵי פִינוּ וְלֹא נִטֶּה בִּתְפִלָּתֵנוּ לְיָמִין וְלִשְׂמֹאל מִן הַדֶּרֶךְ הַיָּשָׁר וְהָאֱמֶת.

וּתְזַכֶּה אוֹתָנוּ בְּרַחֲמֶיךָ הָרַבִּים לִתֵּן צְדָקָה לַעֲנִיִּים מְהֻגָּנִים, וְתַזְמִין לָנוּ מָמוֹן בְּרֶוַח וַעֲנִיִּים הֲגוּנִים לִזְכּוֹת בָּהֶם. "וְעֹז מֶלֶךְ מִשְׁפָּט אָהֵב אַתָּה כּוֹנַנְתָּ מֵישָׁרִים מִשְׁפָּט וּצְדָקָה בְּיַעֲקֹב אַתָּה עָשִׂיתָ, כִּי מִמְּךָ הַכֹּל וּמִיָּדְךָ נָתַנּוּ לָךְ".

conquer my impulses and inclinations. Let my thoughts be bound and attached to Your holiness at all times, without a single moment's interruption.

Through purifying myself and observing the Covenant, enable me to offer You my prayers in the proper manner, without inhibitions, restraints and confusion. Accept my prayers and arouse Your love for me. Turn to us again and quickly redeem us and send our righteous Mashiach. Do it for Your sake and not for ours. Help me to order my prayers properly. Grant me intelligence and understanding, and let me use judgement to measure my words, so as not to stumble in what I say, or stray left or right from the straight, true path when I pray.

Charity

Compassionate God: Help me give charity to genuinely needy people. Send me plenty of money, and worthy people to give charity to. "Mighty is the King who loves justice. You founded fairness. You have done justice and righteousness in Yaakov." "For everything is from You — from Your hand have we given to You."

עוֹשֶׂה צְדָקוֹת עִם כָּל בָּשָׂר עֲשֵׂה עִמָּנוּ צְדָקָה. וּתְזַכֶּה אוֹתָנוּ
בְּרַחֲמֶיךָ לִהְיוֹת בִּכְלַל עוֹשֵׂי צְדָקָה, וְתָסִיר רַע לְבָבֵנוּ, לְמַעַן
נִזְכֶּה לִתֵּן צְדָקָה בְּשִׂמְחָה בְּסֵבֶר פָּנִים יָפוֹת, וְלֹא יֵרַע לְבָבֵנוּ
בְּתִתֵּנוּ לוֹ. פָּתוֹחַ נִפְתַּח אֶת יָדֵנוּ לוֹ לָתֵת לֶעָנִי וְאֶבְיוֹן דֵּי
מַחְסוֹרוֹ אֲשֶׁר יֶחְסַר לוֹ, וְנָפֵק לָרָעֵב נַפְשֵׁנוּ וְעָרֹם נְכַסֶּה בֶּגֶד.

וּבִגְלַל הַדָּבָר הַזֶּה תְּבָרְכֵנוּ יְיָ אֱלֹקֵינוּ, וְתַעֲזְרֵנוּ לְסַדֵּר תְּפִלָּתֵנוּ
לְפָנֶיךָ בְּתַכְלִית הַשְּׁלֵמוּת. וְתִהְיֶה תְּפִלָּתֵנוּ זַכָּה וּנְכוֹנָה בְּלִי
שׁוּם מַחֲשָׁבוֹת זָרוֹת לְמַעַן לֹא יִהְיֶה שׁוּם מָסָךְ הַמַּבְדִּיל בֵּין
תְּפִלָּתֵנוּ וּבֵינֶיךָ:

השמטה השייך כאן מספר "ליקוטי תפילות ותחנונים" אות א

אָנָּא מֶלֶךְ רַחוּם וְחַנּוּן. זַכֵּנוּ נָא לַעֲסוֹק הַרְבֵּה בְּלִמּוּד הַתּוֹרָה
הַקְּדוֹשָׁה בְּכָל יוֹם וָיוֹם, וְנִזְכֶּה לִלְמוּד תּוֹרָה לִשְׁמָהּ הַיְנוּ
שֶׁיִּהְיֶה כָּל לִמּוּדֵנוּ רַק לְמַעַן נִזְכֶּה לִשְׁמוֹר וְלַעֲשׂוֹת וּלְקַיֵּם
אֶת כָּל דִּבְרֵי תַלְמוּד תּוֹרָתֶךָ בְּאַהֲבָה,

וְנִזְכֶּה שֶׁכָּל אוֹתִיּוֹת הַתּוֹרָה שֶׁיָּצְאוּ מִפִּינוּ שֶׁהֵם בְּחִינַת נִצוֹצֵי
נְשָׁמוֹת, כֻּלָּם יָבוֹאוּ וְיֻכְלְלוּ וְיִתְלַבְּשׁוּ בְּתוֹךְ הַתְּפִלָּה

God: You deal charitably with everyone. Be charitable to me and let me be numbered among those who give charity. Remove the evil from my heart, and let me give charity joyously and with a kindly expression. Let me have no bad feelings when I hand my gifts to those in need. Let me open my hands and give them sufficient for all their needs. Let my heart go out to the hungry, and let me clothe those who are naked.

In the merit of my charity, bless me, Ha-Shem, and help me express myself to You perfectly in my prayers. Let my prayers be pure and acceptable. Let me have no outside thoughts when I pray, so that no barrier will intervene between my prayers and You.

Torah Study

Please, loving and gracious King, make it possible for me to engage in the study of the holy Torah for many hours each day. Let me study the Torah for its own sake. Let my only motive in studying be to keep, observe and fulfil the entire Torah in love.

The letters of the Torah which come out of my mouth as I study are "sparks of souls". May they all enter into and be merged and clothed in

הַקְּדוּשָׁה וְיִתְחַדְּשׁוּ שָׁם לְטוֹבָה בִּבְחִינַת עִבּוּר, וְעַל יְדֵי זֶה תּוּשְׁלַם הֶאָרַת הַתְּפִלָּה בְּיוֹתֵר כַּאֲשֶׁר הוֹדַעְתָּ לָנוּ עַל יְדֵי חֲכָמֶיךָ הַקְּדוֹשִׁים זִכְרוֹנָם לִבְרָכָה,

וְנִזְכֶּה לְהִתְחַזֵּק מְאֹד בַּעֲבוֹדַת הַתְּפִלָּה תָּמִיד וְלִבְלִי לְיָאֵשׁ עַצְמֵנוּ חַס וְשָׁלוֹם מִצְּעָקָה וּזְעָקָה וּתְפִלָּה לְעוֹלָם, רַק נִזְכֶּה לְהַאֲמִין בֶּאֱמוּנָה שְׁלֵמָה, שֶׁאַף עַל פִּי שֶׁאָרַךְ עָלֵינוּ הַגָּלוּת כָּל כָּךְ, וְכָל עַמְּךָ בֵּית יִשְׂרָאֵל צוֹעֲקִים אֵלֶיךָ בְּכָל יוֹם, וּמַרְבִּים בִּתְפִלּוֹת וּזְעָקוֹת שֶׁתָּאִיר פָּנֶיךָ אֵלֵינוּ, וְתִבְנֶה לָנוּ אֶת בֵּית מִקְדָּשֵׁנוּ, וְתִגְאָלֵנוּ גְּאֻלַּת עוֹלָם, וַעֲדַיִן לֹא נוֹשָׁעְנוּ. אַף עַל פִּי כֵן נֵדַע וְנַאֲמִין בֶּאֱמוּנָה חֲזָקָה וּשְׁלֵמָה שֶׁאֵין שׁוּם תְּפִלָּה נֶאֱבֶדֶת וְהוֹלֶכֶת לָרִיק חַס וְשָׁלוֹם,

רַק אַדְּרַבָּא כָּל תְּפִלּוֹתֵנוּ בְּוַדַּאי הַצַּדִּיקִים שֶׁבְּכָל דּוֹר וָדוֹר מַעֲלִים אוֹתָם וּמְקִימִים אוֹתָם, וּבוֹנִים מֵהֶם קוֹמַת הַשְּׁכִינָה כִּבְיָכוֹל. עַד שֶׁיִּשְׁתַּלֵּם שִׁעוּר קוֹמָתָהּ, וְאָז יָבֹא מָשִׁיחַ וְיַשְׁלִים אוֹתָהּ, וְיָקִים אוֹתָהּ בִּשְׁלֵמוּת:

the holy words of my prayers and develop and be renewed there. Let the light of my prayers then shine forth in full radiance, as You have taught us through Your holy sages of blessed memory.

Help me to make an effort with my prayers at all times. Let me never despair of calling out to You and praying. Bring me to have perfect faith in the power of prayer. Our exile has lasted so long. Your people, the House of Israel, cry out to You every day and appeal to You to shine Your face upon us, build our Holy Temple and redeem us eternally. Despite all this, we have still not been delivered. Even so, let us come to believe and know with firm and perfect faith that no prayer is ever lost or in vain, God forbid.

I bind my prayers to the true Tzaddikim

On the contrary, the Tzaddikim in every generation most certainly lift up our every prayer and put each one in its proper place, building out of them, as it were, the structure of the Shekhinah. Eventually the entire structure will be completed, and then the Mashiach will come and bring the work to perfection and raise the Shekhinah completely.

וְהִנְנוּ מְכַוְּנִים בִּתְפִלָּתֵנוּ וּמְקַשְּׁרִים אֶת כָּל תְּפִלָּתֵינוּ לְכָל הַצַּדִּיקִים שֶׁבְּדוֹרֵנוּ. וְאַתָּה בְּרַחֲמֶיךָ הָרַבִּים תְּעוֹרֵר אֶת לֵב צַדִּיקֵי אֱמֶת שֶׁבְּדוֹרֵנוּ, וְתִתֵּן לָהֶם כֹּחַ שֶׁיְּקַבְּלוּ אֶת תְּפִלָּתֵנוּ וְיַעֲלוּ אוֹתָם לְפָנֶיךָ.

וְאַף אִם תְּפִלָּתֵנוּ אֵינָהּ כָּרָאוּי וְהִיא מְעֹרֶבֶת בִּפְסֹלֶת הַרְבֵּה וְאֵין בִּתְפִלָּתֵנוּ אֲפִלּוּ דִּבּוּר אֶחָד אוֹ אוֹת אַחַת שֶׁתִּהְיֶה זַכָּה וּנְקִיָּה, וּדְבָרַי מְגֻמְגָּם מְאֹד וּלְשׁוֹנִי מָלֵא פְגָם, כִּי לֹא בְּדַעַת אֲדַבֵּר וְהַדִּבּוּר רָחוֹק מִן הַמַּחֲשָׁבָה,

הֵן עַל כָּל אֵלֶּה גָּבְרוּ רַחֲמֶיךָ וַחֲסָדֶיךָ. וְתִתֵּן כֹּחַ בְּצַדִּיקֶיךָ הָאֲמִתִּיִּים שֶׁיּוּכְלוּ לְהַעֲלוֹת וּלְהָרִים וּלְהַגְבִּיהַּ כָּל תְּפִלוֹתֵינוּ לְזַכּוֹתָם וּלְנַקּוֹתָם מִכָּל סִיג וּפְגָם, בְּאֹפֶן שֶׁיּוּכְלוּ לַעֲלוֹת לְפָנֶיךָ לְרָצוֹן, וְיִבְנוּ מֵהֶם אֶת קוֹמַת הַשְּׁכִינָה, לְהָכִינָהּ וּלְסַעֲדָהּ וּלְהָקִימָהּ מִגָּלוּתָהּ. וְתָקִים אֶת סֻכַּת דָּוִד הַנּוֹפֶלֶת, עַל יְדֵי תְּפִלּוֹתֵינוּ, וְתָשִׁיב שְׁכִינָתְךָ לְצִיּוֹן, וְתָאִיר פָּנֶיךָ אֵלֵינוּ;

I would like to bind all my prayers to all the Tzaddikim in our generation. And You, in Your abundant mercy, arouse the hearts of the true Tzaddikim of this generation, and give them the power to take my prayers and elevate them to You.

My prayers may be far from perfect. There may be much about them that is not right. There may not even be a single word or letter that is pure and clean. My words are very muddled and what I say is full of mistakes. I do not speak with the proper concentration and awareness, and my words are far from where my thoughts are.

Even so, Your love and kindness are overwhelming: give Your true Tzaddikim the power to lift up and elevate all my prayers and cleanse and purify them from all blemishes and impurities. Let my prayers rise up and find favor before You, and let the Tzaddikim use them to build the structure of the Shekhinah, to prepare Her, support Her, and lift Her out of her exile. Raise up the fallen Tabernacle of David through our prayers, and return Your Divine Presence — the Shekhinah — to Zion, and shine Your face upon us.

"פְּנֵה אֵלַי וְחָנֵּנִי, כִּי לֹא בְקַשְׁתִּי אֶבְטָח וְחַרְבִּי לֹא תוֹשִׁיעֵנִי", רַק בְּשִׁמְךָ לְבַד בָּטָחְנוּ, "בֵּאלֹהִים הִלַּלְנוּ כָל הַיּוֹם וְשִׁמְךָ לְעוֹלָם נוֹדֶה סֶּלָה".

וּתְעוֹרֵר אֶת מְשִׁיחַ צִדְקֵנוּ שֶׁיְּקַבֵּל אֶת תְּפִלָּתֵנוּ וְיַעֲלֶה אוֹתָם לְפָנֶיךָ, וְכָל תְּפִלּוֹתֵינוּ וּתְפִלּוֹת עַמְּךָ בֵּית יִשְׂרָאֵל יִהְיוּ בְּיָדוֹ לְחֶרֶב פִּיפִיּוֹת, לְמַחֲסֶה וּלְמָגֵן וְצִנָּה, לְלֹחֵם אֶת לוֹחֲמֵנוּ וְלָרִיב אֶת רִיבֵנוּ. "יָחֹס עַל דַּל וְאֶבְיוֹן וְנַפְשׁוֹת אֶבְיוֹנִים יוֹשִׁיעַ, הַחֲזֵק מָגֵן וְצִנָּה וְקוּמָה בְּעֶזְרָתִי, חֲגוֹר חַרְבְּךָ עַל יָרֵךְ גִּבּוֹר הוֹדְךָ וַהֲדָרֶךָ".

וּלְמַעַנְךָ עֲשֵׂה וְלֹא לָנוּ, כִּי גַם מְעַט דִּמְעַט מַעֲשֵׂינוּ הַטּוֹבִים וְכָל צִדְקוֹתֵינוּ וּתְפִלָּתֵנוּ הַכֹּל מֵאִתְּךָ, "כִּי מִמְּךָ הַכֹּל וּמִיָּדְךָ נָתַנּוּ לָךְ". וּכְמוֹ שֶׁכָּתוּב: "מִי הִקְדִּימַנִי וַאֲשַׁלֵּם". "לֹא לָנוּ יְיָ לֹא לָנוּ כִּי לְשִׁמְךָ תֵּן כָּבוֹד עַל חַסְדְּךָ וְעַל אֲמִתֶּךָ", "כְּחַסְדְּךָ

"Turn to me and show me favor, for I do not put my trust in my bow, and my sword will not save me." Only in Your Name do we put our trust. "For God alone do we have praise all day, and we give thanks to Your Name for ever!"

Mashiach

Arouse our righteous Mashiach to receive our prayers and lift them up before You. Let my prayers and those of all Your people Israel be a double-edged sword in his hand to protect and shield us, to fight those who fight against us and to champion our cause. "He takes pity on the poor and needy and saves the souls of the needy." "Take hold of shield and armor and stand up to help me. Gird your sword on your thigh, mighty warrior, your majesty and your splendor."

Do it for Your sake and not for ours — for even our few good deeds, our charity and our prayers are all from You. "For everything is from You, and from Your hand we have given to You." Thus it is written, "Who came before Me that I should pay them?" "Not to us, HaShem, not to us, but to Your Name give glory for Your kindness and Your truth." "In Your abundant kind-

חַיֵּנִי וְאֶשְׁמְרָה עֵדוּת פִּיךָ". וְקַיֵּם לָנוּ מִקְרָא שֶׁכָּתוּב: "לְמַעַן
שְׁמִי אַאֲרִיךְ אַפִּי וּתְהִלָּתִי אֶחֱטָם לָךְ". "לְמַעֲנִי לְמַעֲנִי אֶעֱשֶׂה,
כִּי אֵיךְ יֵחָל וּכְבוֹדִי לְאַחֵר לֹא אֶתֵּן. מַגְדִּיל יְשׁוּעוֹת מַלְכּוֹ
וְעוֹשֶׂה חֶסֶד לִמְשִׁיחוֹ לְדָוִד וּלְזַרְעוֹ עַד עוֹלָם, אָמֵן סֶלָה:

ness, give me life that I may guard the testimony of Your mouth." Fulfil for us the verse: "For My sake, for My sake I will do it, for how could I let My Name be dishonored: I will not give My glory to another." "He magnifies the salvation of His king and does loving kindness to His annointed — to David and his descendants for ever." Amen. Selah.

3

Music and song / Overcoming sleep / Torah study

Torah study at night helps refine and purify the voice, enabling us to raise up the Shekhinah with holy songs and melodies so as to reveal the kingship of God.

יְהִי רָצוֹן מִלְּפָנֶיךָ יְיָ אֱלֹהֵינוּ וֵאלֹהֵי אֲבוֹתֵינוּ, הַבּוֹחֵר בְּדָוִד עַבְדּוֹ וּבְזַרְעוֹ אַחֲרָיו, וְהַבּוֹחֵר בְּשִׁירֵי זִמְרָה,

שֶׁתִּזְכּוֹר בְּרַחֲמֶיךָ וַחֲסָדֶיךָ הַגְּדוֹלִים אֶת שְׁכִינַת עֻזְּךָ, אֲשֶׁר נָדְדָה מִמְּקוֹמָהּ כְּצִפּוֹר נוֹדֶדֶת מִן קִנָּהּ. "אַתָּה תָקוּם תְּרַחֵם צִיּוֹן כִּי עֵת לְחֶנְנָהּ כִּי בָא מוֹעֵד". וְתָקִים וְתַגְבִּיהַּ אֶת כְּנֶסֶת יִשְׂרָאֵל מִנְּפִילָתָהּ, וְתַעֲזוֹר אוֹתָנוּ בְּרַחֲמֶיךָ הָרַבִּים, שֶׁנִּזְכֶּה לְהָרִים קוֹל זִמְרָה,

לְמַעַן יִהְיֶה לָנוּ כֹּחַ לְסַדֵּר לְפָנֶיךָ זְמִירוֹת שִׁירוֹת וְתִשְׁבָּחוֹת בְּקוֹל גִּילָה וָרֶנֶן, וּבִנְגִינוֹתֵינוּ נְנַגֵּן כָּל יְמֵי חַיֵּינוּ בְּקוֹל נָעִים וְעָרֵב כַּאֲשֶׁר אָהַבְתָּ.

וְתַעֲזוֹר לָנוּ לַעֲסוֹק בְּתוֹרָתְךָ הַקְּדוֹשָׁה לִשְׁמָהּ תָּמִיד יוֹמָם וָלַיְלָה. וּכְשֵׁם שֶׁמָּסַרְתָּ תּוֹרָתְךָ הַקְּדוֹשָׁה לְמֹשֶׁה עַבְדֶּךָ, וּבַיּוֹם לִמַּדְתָּ עִמּוֹ תּוֹרָה שֶׁבִּכְתָב וּבַלַּיְלָה תּוֹרָה שֶׁבְּעַל־פֶּה, כֵּן תַּעַזְרֵנוּ בְּרַחֲמֶיךָ הָרַבִּים לִלְמוֹד וְלַהֲגוֹת בְּתוֹרָתְךָ הַקְּדוֹשָׁה תָּמִיד, שֶׁנִּזְכֶּה לִלְמוֹד תּוֹרָה שֶׁבִּכְתָב וְתוֹרָה שֶׁבְּעַל־פֶּה יוֹמָם וָלַיְלָה:

רִבּוֹנוֹ שֶׁל עוֹלָם, זַכֵּנוּ בְּרַחֲמֶיךָ הָרַבִּים שֶׁיִּהְיֶה לָנוּ כֹּחַ לְהִתְגַּבֵּר עַל הַשֵּׁנָה, שֶׁנּוּכַל לְנַדֵּד שֵׁנָה מֵעֵינֵינוּ לִלְמוֹד בְּכָל

HaShem our God and God of our fathers, Who chooses David His servant and his descendants after him, and who delights in songs of praise:

In Your great love and kindness, remember Your powerful Presence, the Shekhinah, which has wandered from Her place like a bird wandering from its nest. "Rise up, take pity on Zion, for it is time to favor her, for the moment has come." Lift up and raise the Assembly of Israel from where we have fallen and, in Your abundant love, help us and enable us to raise our voices in song.

Give me the power to praise You joyously with songs and hymns. Let me sing melodies all my days, in a sweet, pleasant voice, the way You love.

And help me to study Your holy Torah for its own sake constantly, day and night. When You gave Your holy Torah to Your servant Moses, You studied the Written Torah with him by day and the Oral Torah by night. So, too, help me to study and think about Your holy Torah constantly, and help me to study the Written Torah and the Oral Torah day and night.

Master of the World, lovingly help me and give me the strength to win the battle against

לַיְלָה תָּמִיד שִׁשִּׁים מַסֶּכְתּוֹת עִם הַגְּמָרָא הַקְּדוֹשָׁה. לִלְמוֹד
וּלְלַמֵּד לִשְׁמוֹר וְלַעֲשׂוֹת וּלְקַיֵּם לַעֲסֹק בָּהֶם לִשְׁמָהּ. "קוּמִי
רֹנִּי בַלַּיְלָה לְרֹאשׁ אַשְׁמֻרוֹת", וְעַל-יְדֵי-זֶה יִמְשֹׁךְ עָלֵינוּ חוּט
שֶׁל חֶסֶד, "יוֹמָם יְצַוֶּה יְיָ חַסְדּוֹ וּבַלַּיְלָה שִׁירֹה עִמִּי תְּפִלָּה
לְאֵל חַיָּי".

וְתַעֲזֹר לָנוּ עַל-יְדֵי-זֶה שֶׁלֹּא יַזִּיק לָנוּ לַעֲבוֹדָתֵנוּ שְׁמִיעַת קוֹל
זִמְרָה וְנִגּוּן מִשּׁוּם אָדָם שֶׁבָּעוֹלָם. וַאֲפִלּוּ הַקּוֹלוֹת הַפְּגוּמִים
הַבָּאִים מִצִּפֳּרִים הָאֲחוּזוֹת בַּפַּח – אַל יְהֵא לָהֶם כֹּחַ לְהַזִּיק
אוֹתָנוּ לְבַלְבֵּל אוֹתָנוּ מֵעֲבוֹדָתֵנוּ, חַס וְשָׁלוֹם. רַק תִּתֶּן לָנוּ
כֹּחַ לְהַעֲלוֹתָם וּלְבָרְרָם וּלְהָקִימָם לְהַחֲזִירָם אֶל הַקְּדֻשָּׁה
וּתְתַקֵּן אֶת סֻכַּת דָּוִד הַנּוֹפֶלֶת.

וּבְרַחֲמֶיךָ הָרַבִּים תְּעוֹרֵר חֲבַצֶּלֶת הַשָּׁרוֹן לָשִׁיר בְּקוֹל נָעִים
גִּילָה וְרַנֵּן. וְתִמְלֹךְ אַתָּה יְיָ מְהֵרָה לְבַדֶּךָ עַל כָּל מַעֲשֶׂיךָ.
וִיקֻיַּם מִקְרָא שֶׁכָּתוּב: "זַמְּרוּ אֱלֹהִים זַמֵּרוּ זַמְּרוּ לְמַלְכֵּנוּ זַמֵּרוּ

sleep. Let me banish sleep from my eyes in order to study Torah each night and learn the sixty tractates of the Mishnah together with the Holy Gemara — to learn, teach, observe, do and fulfil and practice them for their own sake. "Arise, exult in the night at the start of the watches!" Through this, let a thread of loving kindness be drawn down upon me. "By day HaShem will command His loving kindness to be revealed, and in the night His song is with me, a prayer to the God of my life."

And in this way, help me and protect me from the bad effects caused by hearing degenerate music — the songs and melodies of fallen souls, "birds caught in the snare." Don't let them harm me or distract me from my spiritual devotions. Give me the power to elevate and refine them, to lift them up and restore them to the realm of the holy, and raise up the fallen Tabernacle of David.

In Your abundant love, arouse the Lily of Sharon — the Shekhinah — to sing in a voice of pleasantness, joy and exultation. And You alone, HaShem, speedily rule over all Your works, so as to fulfil the verse: "Make music for God, make music, make music for our King, make music.

כִּי מֶלֶךְ כָּל הָאָרֶץ אֱלֹהִים זַמְּרוּ מַשְׂכִּיל".

וְתִזְכֹּר אֶת עַמְּךָ יִשְׂרָאֵל אֲשֶׁר נָפוֹצוּ בַּגּוֹיִם, וְאֶת בֵּית מִקְדָּשְׁךָ
הֶחָרֵב מֵאֵין יוֹשֵׁב. "גַּם צִפּוֹר מָצְאָה בַיִת וּדְרוֹר קֵן לָהּ אֲשֶׁר
שָׁתָה אֶפְרֹחֶיהָ אֶת מִזְבְּחוֹתֶיךָ יְיָ צְבָאוֹת מַלְכִּי וֵאלֹהָי".
וְהָשֵׁב כֹּהֲנִים לַעֲבוֹדָתָם. וּלְוִיִם בְּדוּכָנָם לְשִׁירָם וּלְזִמְרָם
וְהָשֵׁב יִשְׂרָאֵל לִנְוֵיהֶם.

וְתֶן לָנוּ שֵׂכֶל וְחָכְמָה דִקְדֻשָׁה, שֶׁנִּזְכֶּה לְהַמְשִׁיךְ עָלֵינוּ עַל
מַלְכוּתְךָ תָּמִיד, וּלְגַלּוֹת מַלְכוּתְךָ וַאֲדָנוּתְךָ לְכָל בָּאֵי עוֹלָם,
וְכִסֵּא דָוִד מְהֵרָה תָכִין. חִישׁ קַל מְהֵרָה תָּבִיא לָנוּ אֶת מָשִׁיחַ
בֶּן דָּוִד נְעִים זְמִירוֹת יִשְׂרָאֵל.

"אָז יִמָּלֵא שְׂחוֹק פִּינוּ וּלְשׁוֹנֵנוּ רִנָּה", וְאָז נָשִׁיר וּנְזַמֵּר וּנְרַנֵּן
לְפָנֶיךָ כָּל יָמֵינוּ. וִיקֻיַּם מִקְרָא שֶׁכָּתוּב: "יְיָ לְהוֹשִׁיעֵנוּ
וּנְגִינוֹתַי נְנַגֵּן כָּל יְמֵי חַיֵּינוּ עַל בֵּית יְיָ". בִּמְהֵרָה בְיָמֵינוּ
אָמֵן:

For God is King over all the earth. Make music, enlightened one!"

Remember Your people Israel, who are scattered among the nations, and Your Holy Temple, which is destroyed and uninhabited. "The bird too has found a house, and the sparrow has found a nest for herself to put her fledglings — on Your altar, HaShem of Legions, my King and my God." Restore the priests to their service, and the Levites to their platform and their songs and hymns, and restore Israel to their dwelling place.

Grant me holy wisdom and enlightenment so that I will be able to draw the yoke of Your kingship upon myself constantly and reveal Your kingship and sovereignty to the world. Speedily establish the throne of David. Quickly, easily and speedily bring us Mashiach the son of David, the sweet singer of Israel.

"Then our mouths will be filled with laughter and our tongues with joy." We will then sing, praise and rejoice before You all our days, and the verse will be fulfilled: "HaShem will come to save us, and we will sing our songs all the days of our lives for the House of HaShem." Speedily in our days. Amen.

4

Teshuvah / Confession of Sin / Attachment to the true Tzaddik / Overcoming depression and laziness / slander and talebearing / Humility / Bittul — Self-transcendence and surrender to God / God's Kingship

The sins we commit become "inscribed on our bones" — etched into the fabric of our personalities and our very souls. Yet confession of one's sins before a true Sage and Tzaddik has the power to remove all trace of them and bring complete atonement and spiritual healing.

Seeing the face of the Tzaddik (and his inner "face" — i.e. his Torah teachings) has the power to lift a person out of depression and gross physical desires. Giving charity to the Tzaddik (and to institutions devoted to spreading his teachings) enables one to avoid the sin of malicious slander and to break one's pride. Then, when one confesses before the Tzaddik, he is able to give one guidance as to one's path in life. One can then attain complete *bittul* — surrender and self-transcendence, especially in prayer, and become

merged with the Infinite. It is then possible for one to understand that everything that happens is for one's good, and one can have a taste of the World to Come even in this life.

But today the true Tzaddikim are concealed. How can we find them and draw close to them?

רִבּוֹנוֹ שֶׁל עוֹלָם אַתָּה עָשִׂיתָ עִמָּנוּ חֶסֶד גָּדוֹל. וְהוֹצֵאתָ אוֹתָנוּ מִמִּצְרַיִם בְּכֹחַ גָּדוֹל וּבְיָד חֲזָקָה, וְהִבְדַּלְתָּנוּ מֵחֲמִשִּׁים שַׁעֲרֵי טֻמְאָה, וְהִכְנַסְתָּנוּ בַּחֲמִשִּׁים שַׁעֲרֵי קְדֻשָּׁה. וַתִּתֶּן לָנוּ יְיָ אֱלֹהֵינוּ בְּרַחֲמֶיךָ וּבַחֲסָדֶיךָ הַגְּדוֹלִים אֶת תּוֹרָתְךָ הַקְּדוֹשָׁה עַל-יְדֵי מֹשֶׁה נְבִיאֲךָ נֶאֱמַן בֵּיתֶךָ.

אִלּוּ פִינוּ מָלֵא שִׁירָה כַיָּם, וּלְשׁוֹנֵנוּ רִנָּה כַּהֲמוֹן גַּלָּיו, וְשִׂפְתוֹתֵינוּ שֶׁבַח כְּמֶרְחֲבֵי רָקִיעַ וְכוּ', לֹא נוּכַל לְהוֹדוֹת וּלְהַלֵּל לְפָנֶיךָ עַל כָּל הַטּוֹבוֹת אֲשֶׁר עָשִׂיתָ עִמָּנוּ; אֲשֶׁר נָתַתָּ לָנוּ אֶת תּוֹרָתְךָ הַקְּדוֹשָׁה וְהַתְּמִימָה, וּבָחַרְתָּ בָּנוּ מִכָּל הָאֻמּוֹת, וְקִדַּשְׁתָּנוּ בְּמִצְווֹתֶיךָ הַיְקָרוֹת, הַנֶּחֱמָדִים מִזָּהָב וּמִפָּז רָב. וְכַמָּה אַזְהָרוֹת הִזְהַרְתָּנוּ, וְכַמָּה הוֹכָחוֹת הוֹכַחְתָּנוּ, לְבִלְתִּי לַעֲבֹר עַל מִצְווֹתֶיךָ, לְמַעַן יִיטַב לָנוּ וּלְבָנֵינוּ עַד עוֹלָם.

וְעַתָּה אַחֲרֵי כָּל הַטּוֹבוֹת וְהַחֲסָדִים הַגְּדוֹלִים וְהַנּוֹרָאִים אֲשֶׁר עָשִׂיתָ עִמָּנוּ, וְגַם אוֹתִי הַשָּׁפָל וְהַנִּבְזֶה בְּתַכְלִית הַשִּׁפְלוּת, אֲשֶׁר אֵין שִׁפְלוּת לְמַטָּה מִמֶּנִּי, זָכִיתָ גַּם כֵּן בַּחֲסָדֶיךָ הַגְּדוֹלִים וְהָעֲצוּמִים אֲשֶׁר אַתָּה מְרַחֵם עַל כָּל בָּשָׂר, וּבָרָאתָ אוֹתִי בֵּין

Master of the Universe: What great kindness You have shown us. With a mighty hand You took us out of Egypt. You separated us from the Fifty Gates of Impurity and brought us to the Fifty Gates of Holiness, and You lovingly gave us Your holy Torah through Moshe, Your faithful prophet.

"If our mouths were filled with song like the sea, our tongues with joy like its multitudes of waves, and our lips with praise like the expanses of the heavens..." we could still not thank You and praise You enough for all the goodness You have shown us. You have given us Your holy, perfect Torah. You have chosen us from all the nations. You have sanctified us with Your mitzvot, which are more precious than the purest gold. Time and time again You have cautioned us not to transgress Your commandments — all so that we and our children may enjoy Your goodness for ever.

Confession of sins

And now, after all this great and awesome goodness and kindness, what can I say? I am the lowliest of Your creatures, yet You show pity to all, and You have put me in a privileged position

זֶרַע יִשְׂרָאֵל עֲבָדֶיךָ, וְקָרָאתָ שִׁמְךָ עָלַי לִהְיוֹת בִּכְלַל יִשְׂרָאֵל עַם קָדוֹשׁ אֲשֶׁר שִׁמְךָ מְשֻׁתָּף בִּשְׁמֵנוּ.

וְעַתָּה אַחֲרֵי כָּל אֵלֶּה, מָה אֹמַר לְפָנֶיךָ יוֹשֵׁב מָרוֹם, וּמָה אֲסַפֵּר לְפָנֶיךָ שׁוֹכֵן שְׁחָקִים, וְאֵיךְ יוּכַל עֶבֶד אֲדֹנִי זֶה, עֶבֶד נִבְזֶה וְשָׁפָל כָּמוֹנִי, לְדַבֵּר וּלְפָרֵשׁ שִׂיחָתִי לְפָנֶיךָ יְיָ אֱלֹהָי. וְאֵיךְ אֶפְתַּח פִּי לַעֲמֹד לְפָנֶיךָ, אַחֲרֵי אֲשֶׁר לֹא נִזְהַרְתִּי לַעֲמֹד בְּטוֹבָתִי, וְדָחִיתִי בְּיָדַיִם טוֹבוֹתֶיךָ וַחֲסָדֶיךָ הַגְּדוֹלִים, וְלֹא שָׁמַרְתִּי אֶת מִצְוֹתֶיךָ הַיְקָרוֹת וְהַחֲבִיבוֹת, אֲשֶׁר הֵם הַטּוֹבָה הַגְּדוֹלָה שֶׁבְּכָל הַטּוֹבוֹת, וְהַחֶסֶד הַגָּדוֹל שֶׁבְּכָל הַחֲסָדִים:

אָנָּא יְיָ, אָמְנָם חָטָאתִי לַיהֹוָה אֱלֹהֵי יִשְׂרָאֵל. חָטָאתִי עָוִיתִי וּפָשַׁעְתִּי, וְהָרַע בְּעֵינֶיךָ עָשִׂיתִי, וְכָזֹאת וְכָזֹאת עָשִׂיתִי, וּבִפְרָט (וִיפָרֵט אֶת חֲטָאָיו, כִּי צָרִיךְ לְפָרֵט אֶת הַחֵטְא), לְךָ יְיָ הַצְּדָקָה וְלָנוּ בֹּשֶׁת הַפָּנִים כַּיּוֹם הַזֶּה. מָה אֹמַר מָה אֲדַבֵּר מָה אֶצְטַדָּק. הֲרֵעוֹתִי אֶת מַעֲשַׂי וְקִפַּחְתִּי אֶת טוֹבָתִי וּקְדֻשָּׁתִי,

וּפָגַמְתִּי הַרְבֵּה מְאֹד, "גָּדוֹל עֲוֹנִי מִנְּשׂוֹא", עָצְמוּ חֲטָאַי מִסַּפֵּר. וְהִנְנִי עַתָּה בַּעֲווֹנוֹתַי הָרַבִּים "כְּאִישׁ שִׁכּוֹר וּכְגֶבֶר עָבְרוֹ יָיִן, כִּי עֲוֹנוֹתַי עָבְרוּ רֹאשִׁי כְּמַשָּׂא כָבֵד יִכְבְּדוּ מִמֶּנִּי.

by creating me a Jew. By making me a member of the Jewish People, the Holy Nation, You have put Your Name upon me, because Your Name is bound up with ours.

After all this, what can I say to You, exalted God? How can I speak before You, lowly servant that I am? How can I open my mouth and stand before You, after having failed to take proper care to do what is in my own best interests? With my own hands I have rejected Your great goodness and mercy, and I have failed to observe Your precious, beloved mitzvot, which are the greatest of all goodness and kindness.

God of Israel, how I have sinned against You! I have sinned, I have transgressed and rebelled, and I have done what is evil in Your eyes... [One should specify one's sins in detail.] HaShem, You are the righteous one, and I am ashamed and embarrassed. What can I say? How can I justify myself? I have acted wrongfully, and I myself have deprived myself of the good I could have had. I have stained my own holiness.

The damage I have done is so immense. "My sin is too great to bear." My sins are too many even to count. With all my transgressions, I am like a drunkard stupefied with wine. My sins

וְאִם זָכַרְתִּי וְנִבְהַתִּי. תָּעָה לְבָבִי פַּלָּצוּת בְּעִתָתַנִי, רָחֲפוּ כָּל
עַצְמוֹתַי, כִּי אֵין שָׁלוֹם בַּעֲצָמַי מִפְּנֵי חַטָּאתִי". וַתְּהִי עֲוֹנוֹתַי
חֲקוּקִים עַל עַצְמוֹתַי, מִכַּף רֶגֶל וְעַד רֹאשׁ אֵין מְתֹם בְּעֶצֶם
מֵעֲצָמַי מִפְּנֵי חַטָּאַי וּפִשְׁעֵי הַמְרֻבִּים, כִּי כָל עַצְמוֹתַי נִשְׁבְּרוּ
וְנִסְרוּ עַל-יְדֵי עֲוֹנוֹתַי הַמְרֻבִּים אֲשֶׁר נֶחְקְקוּ עֲלֵיהֶם. אוֹי
לִי וַי לִי. אוֹי לִי וַי לִי.

מַר לִי מְאֹד, מַר מְאֹד. מַר מִמָּוֶת, מַר מִכָּל מִינֵי מְרִירוּת
שֶׁבָּעוֹלָם. וּבֶאֱמֶת עֲדַיִן לֹא הִתְחַלְתִּי לְהַרְגִּישׁ כְּלָל כְּאֵב אֶחָד
מֵעֲוֹנוֹתַי, אֲפִלּוּ חֵלֶק אֶחָד מֵאֶלֶף אַלְפֵי אֲלָפִים וְרִבֵּי רְבָבוֹת,
כִּי עַל-יְדֵי עֲוֹנוֹתַי הַמְרֻבִּים נִטַּמְטֵם לִבִּי וְנִתְבַּלְבֵּל דַּעְתִּי,
עַד אֲשֶׁר אֵין אֲנִי יוֹדֵעַ כְּלָל מִמֶּנִּי וּמֵעַצְמִי.

וְאִלּוּ זָכִיתִי לֵידַע וּלְהַרְגִּישׁ קְצָת מְעַט דִּמְעַט מֵעֹצֶם כְּאֵב
אֶחָד מֵחֲטָאַי וַעֲוֹנוֹתַי הַמְרֻבִּים, אֲשֶׁר קִלְקַלְתִּי וּפָגַמְתִּי בְּשֹׁרֶשׁ
נַפְשִׁי וְרוּחִי וְנִשְׁמָתִי וּבָעוֹלָמוֹת עֶלְיוֹנִים, וּמָרַדְתִּי נֶגֶד אֲדוֹן
כֹּל, אֲשֶׁר הַשָּׁמַיִם וּשְׁמֵי הַשָּׁמַיִם לֹא יְכַלְכְּלוּהוּ, אֲשֶׁר כָּל
מַלְאָכָיו גִּבּוֹרֵי כֹחַ וּשְׂרָפִים וְאוֹפַנִּים וְחַיּוֹת הַקֹּדֶשׁ וְעוֹלָמוֹת

have gone over my head, like a burden that is too heavy for me to bear. The very thought of them fills me with panic and confusion and sets all my bones trembling. "There is no peace in my bones because of my sins." They are inscribed on my bones, from the soles of my feet to the top of my head. Not a single bone is sound because of all my sins and transgressions. Every one of my bones has been splintered and shattered because of the many sins that are inscribed on them.

How bitter it is: more bitter than death, more bitter than anything in the world. And the truth is that I have not yet begun to feel even the minutest fraction of the pain of even one of my sins. I have sinned so much that my heart has become closed, and my mind is so confused that I have lost all awareness of my true self and essence.

If I but knew and felt the smallest part of the pain of even one of my innumerable sins, and the damage I have done to the root of my *nefesh*, my *ru'ach*, and my *neshamah*, and in the highest worlds... I have rebelled against the Master of All, whom the heavens and the heavens of the heavens cannot contain, in awe of whose Name all the mighty angels, the Seraphim, the

עֶלְיוֹנִים וְעוֹלָמוֹת לְמַעְלָה מֵהָעוֹלָמוֹת גָּבוֹהַּ מֵעַל גָּבוֹהַּ עַד
אֵין שִׁעוּר וָעֵרֶךְ, כֻּלָּם יִרְעֲדוּן וְיִפְחֲדוּן מֵאֵימַת שְׁמוֹ וְכֻלָּם
עוֹשִׂים רְצוֹנוֹ בְּאֵימָה בְּיִרְאָה וְאַהֲבָה.

וַאֲנִי בְּרִיָּה קַלָּה וּשְׁפָלָה שֶׁבְּכָל הַגִּבְרָאִים טִפָּה סְרוּחָה, גּוּשׁ
עָפָר, אָבָק פּוֹרֵחַ, מָרַדְתִּי נֶגֶד אֵל עוֹלָם יִתְבָּרַךְ שְׁמוֹ לָעַד.
וְהִנְנִי מַאֲמִין בָּזֶה שֶׁאִם הָיִיתִי מַתְחִיל לְהַרְגִּישׁ חֵלֶק אֶחָד
מֵאֲלָפִים וּרְבָבוֹת מֵעֹצֶם מְרִירוּת וּכְאֵב אֶחָד מֵחֲטָאַי וַעֲווֹנוֹתַי
הַמְרֻבִּים, בְּוַדַּאי לֹא הָיָה מָקוֹם שֶׁיּוּכַל לִסְבֹּל אֶת קוֹל זַעֲקָתִי,
וְלֹא הָיִיתִי יָכוֹל לִסְבֹּל אֶת קוֹל זַעֲקָתִי וְעֹצֶם כְּאֵבִי וּמְרִירַת
לִבִּי אֲפִלּוּ רֶגַע קַלָּה, וְכָל הָעוֹלָם כֻּלּוֹ לֹא הָיָה יָכוֹל לִסְבֹּל
אֶת קוֹל צַעֲקָתִי. אוֹי אוֹי אוֹי

אוֹיָה עַל נַפְשִׁי נַעֲוֵתִי מִשְּׁמֹעַ נִבְהַלְתִּי מֵרְאוֹת, וְהִסְכַּלְתִּי
הַרְבֵּה מְאֹד. וְעַל-יְדֵי מַעֲשַׂי הָרָעִים וּפְשָׁעַי הַמְרֻבִּים פָּגַמְתִּי
בְּתוֹרָתְךָ הַקְּדוֹשָׁה וְהַטְּהוֹרָה וְהַתְּמִימָה, וְקִלְקַלְתִּי וְהָפַכְתִּי
צֵרוּפֵי אוֹתִיּוֹת הַתּוֹרָה הַקְּדוֹשִׁים וְהִכְנַסְתִּי אוֹתָם בִּמְקוֹמוֹת
אֲשֶׁר לֹא נִתַּן לְהִזָּכֵר. וְהַצֵּרוּפִים הָהֵם אֲשֶׁר הָפַכְתִּי דִּבְרֵי
אֱלֹקִים חַיִּים נֶחְקְקוּ עַל עַצְמוֹתַי, וְעַל-יְדֵי-זֶה נָתַתִּי, חַס

Ophanim and the holy Chayot and the supernal worlds upon worlds to eternity all quake and tremble. All of them do His will with awe, fear and love.

And I, the lowest, most insignificant creature of all, a putrid drop, a clod of earth and fleeting dust, have rebelled against the God of the Universe, blessed be His Name for ever. This much I know and believe, that if I were to begin to feel the tiniest fraction of bitterness and pain at even one of my many sins and transgressions, the sound of my screams would be unbearable. I myself would be unable to bear my own screaming or the terrible pain and bitterness of my heart for even a single moment. The entire world would be unable to bear the sound of my cries.

My poor soul! I cringe at the sound. I shudder at the sight. I have been so very, very foolish. My wrong-doing and my many sins have cast a blot on Your holy, perfect Torah. I have taken the pure, clear messages of the holy letters of the Torah — the words of the Living God — and twisted and degraded them in the most unspeakable ways. My distortions are inscribed on my very bones. My actions have given power and

וְשָׁלוֹם, כֹּחַ לְהָעַכּוּ"ם וְנָתַתִּי לָהֶם מֶמְשָׁלָה, וְהָאֱרַכְתִּי אֶת הַגָּלוּת עַל יְדֵי עֲווֹנוֹתַי הַמְּרֻבִּים. וְעַתָּה "מַה יֶּשׁ לִי עוֹד צְדָקָה וְלִזְעֹק עוֹד אֶל הַמֶּלֶךְ".

אֲבָל אַף-עַל-פִּי-כֵן עֲדַיִן לֹא אָבְדָה תִּקְוָתִי וְתוֹחַלְתִּי מֵיְיָ, כִּי חָפֵץ חֶסֶד הוּא, כִּי אַתָּה רוֹצֶה בִּתְשׁוּבַת רְשָׁעִים וְאֵין אַתָּה חָפֵץ בְּמִיתָתָם. וּבְרַחֲמֶיךָ הָרַבִּים לִמַּדְתָּנוּ לְהִתְוַדּוֹת לְפָנֶיךָ עַל כָּל חַטֹּאתֵינוּ וַעֲווֹנוֹתֵינוּ וּפְשָׁעֵינוּ, וְהוֹרֵיתָ לָנוּ עַל יְדֵי חֲכָמֶיךָ הַקְּדוֹשִׁים אֲשֶׁר בָּאָרֶץ הֵמָּה לְהִתְוַדּוֹת וִדּוּי דְּבָרִים לִפְנֵי הַתַּלְמִיד חָכָם וְהַצַּדִּיק הָאֱמֶת שֶׁבַּדּוֹר, לְמַעַן עַל-יְדֵי-זֶה תְּכַפֵּר לָנוּ עַל כָּל עֲווֹנוֹתֵינוּ וּפְשָׁעֵינוּ,

כְּמוֹ שֶׁכָּתוּב: "חֲמַת מֶלֶךְ מַלְאֲכֵי מָוֶת וְאִישׁ חָכָם יְכַפְּרֶנָּה", וּכְמוֹ שֶׁכָּתוּב: "וְעֹבֵר עַל פֶּשַׁע לִשְׁאֵרִית" – לְמִי שֶׁמֵּשִׂים עַצְמוֹ כִּשְׁיָרַיִם, שֶׁהוּא הַצַּדִּיק הָאֱמֶת הֶחָכָם שֶׁבַּדּוֹר, שֶׁהוּא "עָנָו מְאֹד מִכָּל הָאָדָם אֲשֶׁר עַל פְּנֵי הָאֲדָמָה",

וְעַל-יְדֵי-זֶה הוּא יָכוֹל לְהַעֲלוֹת וִדּוּי דְּבָרֵנוּ לְפָנֶיךָ וּלְכַפֵּר כָּל עֲווֹנוֹתֵינוּ וּלְהוֹצִיא כָּל הַצֵּרוּפִים רָעִים שֶׁנֶּחְקְקוּ עַל

dominance to idolaters, and my sins have lengthened the exile. After all this, do I have any right to cry out to the King?

Attachment to the true Tzaddik

Even so, my hope in HaShem is still not lost, because He loves mercy. You want the wicked to repent, not that they should die. In Your great love, You have taught us to confess all our sins and transgressions before You. Through Your holy sages, now at rest, You have taught us to go before the true Sage and Tzaddik and openly confess in his presence in order that all our sins should be atoned.

Thus it is written: "The anger of the King [is expressed through] emissaries of death, but the wise man will atone." For "He overlooks transgression for the sake of the remnant..." — "...for the sake of the one who *makes himself like remnants* [because of his humility]." This refers to the true Tzaddik and Sage of the generation, who is "more humble than any man on the face of the earth."

Through his humility, the Tzaddik has the power to lift up our words of confession before You and bring atonement for all our sins, and

עַצְמוֹתֵינוּ עַל-יְדֵי עֲווֹנוֹתֵינוּ, וְלַהֲפֹךְ כָּל הַצֵּרוּפִים רָעִים מֵרַע לְטוֹב שֶׁיִּהְיוּ נַעֲשִׂים מֵהֶם צֵרוּפִים קְדוֹשִׁים כְּבַתְּחִילָה, עַל-יְדֵי וִדּוּי דְבָרֵנוּ לְפָנֶיךָ. וְאָז יִתְחַבְּרוּ וְיִתְרַפְּאוּ שִׁבְרֵי עַצְמוֹתֵינוּ, וְיָשׁוּבוּ כָּל אֶחָד לִמְקוֹמָם בְּשָׁלוֹם, וְעַל-יְדֵי-זֶה נִזְכֶּה לְהִכָּלֵל בְּךָ יְיָ אֱלֹהֵינוּ בְּאֹרֶךְ הָאֵין סוֹף:

אָנָּא יְיָ, רַחֲמָן מָלֵא רַחֲמִים, חוֹשֵׁב מַחֲשָׁבוֹת לְבַל יִדַּח מִמֶּנּוּ נִדָּח. "זְכֹר רַחֲמֶיךָ יְיָ וַחֲסָדֶיךָ כִּי מֵעוֹלָם הֵמָּה" וּרְאֵה כִּי אָזְלַת יָד וְאֶפֶס עָצוּר וְעָזוּב. מַה נַּעֲשֶׂה עַתָּה יְיָ אֱלֹהֵינוּ, כִּי נִשְׁאַרְנוּ יְתוֹמִים וְאֵין אָב, וְאֵין מִי יַעֲמֹד בַּעֲדֵנוּ. אָבַד חָסִיד מִן הָאָרֶץ. וְצַדִּיקֵי אֱמֶת וְחַכְמֵי הַדּוֹר שֶׁהָיָה לָהֶם כָּל הַכֹּחַ הַזֶּה שֶׁהִזְכַּרְתִּי לְפָנֶיךָ וְיוֹתֵר וְיוֹתֵר מִזֶּה הֲלֹא נִסְתַּלְּקוּ בַּעֲווֹנוֹתֵינוּ הָרַבִּים, עַד אֲשֶׁר נִשְׁאַרְנוּ רֵיקִים וַחֲסֵרִים מִכָּל טוּב וְנִשְׁאַרְנוּ כַּתֹּרֶן בְּרֹאשׁ הָהָר וְכַנֵּס עַל הַגִּבְעָה.

remove the evil that has become inscribed on our bones as a result of our sins. Our twisting of the teachings of the Torah can then be rectified, so that the pure, clear message of the letters will shine forth as at first — all through our confession before the Sage. Then our shattered bones will be healed and put back in their proper place, and through this we will become merged in You for ever.

Please, loving God, who works out ways that none should be rejected, "remember Your love and mercy, HaShem, for they are eternal." The hand of the enemy is high, and we have no one to lead and support us. What should we do now, HaShem our God? We have been left as orphans without a father: we have no-one to stand up for us. We have lost our saints. The true Tzaddikim and Sages of the generation, who had the power I mentioned and more than that as well, have left this world owing to our many sins. And we are here alone, empty and bereft of all good. We are like a lone mast on the top of a mountain and a flag on top of a hill.

וְאִם אָמְנָם, בְּוַדַּאי אֵין דּוֹר יָתוֹם, וּבְוַדַּאי יֵשׁ צַדִּיקִים אֲמִתִּיִּים גַּם בַּדּוֹר הַזֶּה, אַךְ הֵם בְּהֶעְלֵם וּבְהֶסְתֵּר מֵעֵינֵינוּ, וְאֵין אָנוּ זוֹכִים לֵידַע מֵהֶם וּלְהִתְקָרֵב אֲלֵיהֶם. וְעַתָּה יְיָ אֱלֹהֵינוּ, לְהֵיכָן נִפְנֶה לְבַקֵּשׁ תְּרוּפָה וּצְרִי לְמַכָּתֵנוּ וְאַיֵּה אֵיפֹה הָרוֹפֵא נַפְשׁוֹת לַחֲבשׁ וּלְרַפְּאוֹת מַכּוֹתֵינוּ וּכְאֵבֵנוּ הָאֲנוּשָׁה מְאֹד.

אוֹי לָנוּ כִּי שֻׁדָּדְנוּ, וְנָמֵס כָּל לֵב וְכָשְׁלוּ כָּל בִּרְכַּיִם בְּבוֹא הַשֶּׁמֶשׁ בַּצָּהֳרַיִם וְנִלְקַח מִמֶּנּוּ מַחְמַד עֵינֵינוּ, מֵשִׁיב נַפְשֵׁנוּ, חַיֵּינוּ וְאֹרֶךְ יָמֵינוּ תִּפְאֶרֶת רֹאשֵׁנוּ גְּאוֹן עֻזֵּנוּ, נַפְשֵׁנוּ וְרוּחֵנוּ וְנִשְׁמָתֵנוּ קִדַּשְׁתָּנוּ וְטַהַרְתָּנוּ, הֵן הֵמָּה צַדִּיקֵי אֱמֶת קְדוֹשֵׁי עֶלְיוֹן אֲשֶׁר נִסְתַּלְּקוּ בַּעֲוֹנוֹתֵינוּ, סָעוּ הֵמָּה לִמְנוּחוֹת עָזְבוּ אוֹתָנוּ לַאֲנָחוֹת. וּרְאֵה אֶת עַמְּךָ מְרוּדִים מְאֹד בְּתַכְלִית הַיְרִידָה.

וְאַתָּה יְיָ אֱלֹהִים אֱמֶת, בּוֹחֵן לִבּוֹת וּכְלָיוֹת, וְאַתָּה יוֹדֵעַ צָפוּן לְבָבֵנוּ וְעֹצֶם תְּשׁוּקָתֵנוּ וּתְשׁוּקַת כָּל עַמְּךָ בֵּית יִשְׂרָאֵל, אֲשֶׁר נִכְסְפָה וְגַם כָּלְתָה נַפְשָׁם לִמְצֹא מָזוֹר וּתְרוּפָה לְמַכָּתָם. כָּל

Show us the Tzaddikim

Certainly there is no orphaned generation. There must be true Tzaddikim even in this generation. But they are concealed from our eyes. We do not know who they are and we cannot get near to them. HaShem, where should we turn to find medicine for our wounds? Where is the doctor of souls who can bind up and heal our wounds and relieve us of our desperate pain?

We have been robbed! Every heart is melted, everyone's knees are trembling! The sun has gone down in the middle of the afternoon. The delight of our eyes has been taken from us — the one who encouraged us and inspired us with life and vigor, the pride of our heads, our glory and strength, our *nefesh*, our *ru'ach*, our *neshamah*, our holiness and purity — the true Tzaddikim, the highest saints, who have left us because of our sins. They have gone to their rest and they have left us to our sighs. HaShem, see how low Your people have fallen!

But You, God of truth, scrutinize all hearts. You know our innermost feelings. You know the strength of my desire and yearning, and that of all Your people, the House of Israel, to find heal-

אִישׁ אֲשֶׁר יוֹדֵעַ אֶת נִגְעֵי לְבָבוֹ, כֻּלָּם כְּאֶחָד תְּאֵבִים וּמִשְׁתּוֹקְקִים וּמְצַפִּים וּמְחַכִּים לְהִתְקָרֵב לְצַדִּיק הָאֱמֶת, לְמַעַן יָשִׁיב אוֹתָם מֵעֲוֹנוֹתֵיהֶם וִיתַקֵּן פִּשְׁעֵיהֶם וְיוֹרֶה לָנוּ אֶת הַדֶּרֶךְ אֲשֶׁר נֵלֵךְ בָּהּ וְאֶת הַמַּעֲשֶׂה אֲשֶׁר נַעֲשֶׂה.

וְעַתָּה יְיָ אֱלֹהֵינוּ, אַיֵּה חֲסָדֶיךָ הָרִאשׁוֹנִים, אֲשֶׁר מֵעוֹלָם הָיוּ בְּכָל דּוֹר וָדוֹר צַדִּיקֵי אֱמֶת רוֹעֵי יִשְׂרָאֵל, אֲשֶׁר נָשְׂאוּ אוֹתָם בְּחֵיקָם כַּאֲשֶׁר יִשָּׂא הָאֹמֵן אֶת הַיּוֹנֵק, עַד אֲשֶׁר הוֹרוּ אוֹתָם דַּרְכֵי יְיָ וְקֵרְבוּ אוֹתָם אֵלֶיךָ. וְעַתָּה לָמָּה זָנַחְתָּ אוֹתָנוּ, וְהִכִּית אוֹתָנוּ מַכָּה אֲשֶׁר לֹא כְתוּבָה בַּתּוֹרָה – זוֹ מִיתַת הַצַּדִּיקִים אֲשֶׁר הִיא קָשָׁה מֵחֻרְבַּן בֵּית הַמִּקְדָּשׁ,

וְלָמָּה תִּהְיֶה עֲדַת יְיָ כַּצֹּאן אֲשֶׁר אֵין לָהֶם רוֹעֶה, וַאֲנַן יַתְמֵי דְיַתְמֵי, עוֹלָלִים לֹא רָאוּ אוֹר, מְלֻכְלָכִים בְּכָל מִינֵי שְׁטוּתִים מְלֵאִים חֵטְא וְעָוֹן וָפֶשַׁע. מַה נַּעֲשֶׂה וּמַה נִּפְעַל, וּלְהֵיכָן נֵלֵךְ וּנְשׁוֹטֵט לְבַקֵּשׁ תְּרוּפָה וְתַחְבּוּלָה וְעֵצָה לָצֵאת מִכְּסִילוּת דַּעְתֵּנוּ וְרֹעַ לְבָבֵנוּ וְכִעוּר מַעֲשֵׂינוּ:

אָנָּא יְיָ, תֶּן לָנוּ חֲנִינָה וְלֹא נֹאבֵד, בַּקֵּשׁ צֹאן אוֹבְדוֹת צֹאן נִדָּח וְאֵין מְקַבֵּץ, קָרֵב אַתָּה אוֹתָנוּ בְּרַחֲמֶיךָ הָרַבִּים וַחֲסָדֶיךָ

ing for our wounds. All who feel the pain in their own hearts are yearning, longing and hoping to draw close to the true Tzaddik, in order that he should bring them back from their sins, rectify their transgressions, and show us the path to follow and what we should do.

And now, HaShem our God, where is Your earlier kindness? In every generation there were true Tzaddikim who led the Jewish People, taking them in their arms like a nurse takes up a little child. They taught them the path of God and brought them close to You. Then why have You abandoned us and smitten us with "a wound that is not written in the Torah" — "that is the death of the Tzaddikim", which is harder to bear than even the destruction of the Holy Temple?

Why should God's Assembly be like a flock without a shepherd? We are orphans of orphans, babes who never saw the light. We are sullied with every kind of madness, we are full of sins and transgressions. What should we do? Where should we go in search of a remedy? How can we escape our own folly, the pain in our hearts and the corruption of our deeds?

Please, HaShem, pardon us and save us from destruction. Come after Your scattered flock, for

הָעֲצוּמִים, כִּי בֶּאֱמֶת לְפִי דַּעְתִּי, יָדַעְתִּי גַם יָדַעְתִּי, כִּי בְּוַדַּאי
לֹא הָיָה רָאוּי לְקָרְבֵנִי לְפִי מַעֲשֵׂי הַמְכֹעָרִים. וּפְעֻלּוֹתַי
הַמְגֻנּוֹת וּמַחְשְׁבוֹתַי הַמְעֹרָבוֹת וְכָל מַעֲשַׂי הָרָעִים שֶׁנִּיתִי
וְשִׁלַּשְׁתִּי עֲלֵיהֶם עַד אֵין מִסְפָּר, וְכַמָּה וְכַמָּה פְּעָמִים
הִבְטַחְתִּיךָ וְקִבַּלְתִּי עָלַי שֶׁלֹּא אָשׁוּב עוֹד לְאִוַּלְתִּי, וְשֶׁלֹּא
אַכְעִיסְךָ עוֹד לְעוֹלָם. וְלֹא יָכֹלְתִּי לַעֲמֹד בְּהַבְטָחָתִי אֲפִלּוּ
זְמַן מְעָט וּמִהַרְתִּי לְקַלְקֵל אֶת מַעֲשַׂי כַּמָּה וְכַמָּה פְּעָמִים עַד
אֵין מִסְפָּר. וְאֵיךְ יַעֲלֶה עַל דַּעְתִּי לָבוֹא לְפָנֶיךָ, לְבַקֵּשׁ וּלְרַצּוֹת
וּלְפַיֵּס אוֹתְךָ.

אֲבָל יָדַעְנוּ יְיָ אֱלֹהֵינוּ כִּי גָבְהוּ מַחְשְׁבוֹתֶיךָ מִמַּחְשְׁבוֹתֵינוּ
וְרַחֲמֶיךָ וַחֲסָדֶיךָ גָּבְרוּ וְעָמְקוּ וְעָצְמוּ מְאֹד מְאֹד לְמַעֲלָה
מִתְּפִיסַת דַּעְתֵּנוּ, וְאִי אֶפְשָׁר לָדַעַת וּלְהַשִּׂיג כְּלָל עַד הֵיכָן
עָצְמוּ וְגָבְהוּ רַחֲמֶיךָ וַחֲסָדֶיךָ. "חַסְדֵי יְיָ כִּי לֹא תָמְנוּ כִּי לֹא
כָלוּ רַחֲמָיו לְעוֹלָם", תָּשֵׁב אֱנוֹשׁ עַד דַּכָּא" עַד דִּכְדוּכָהּ שֶׁל

there is no-one to gather us together. You Your-
self draw us close in Your abundant love and
mercy. I am fully aware that after the terrible
things I have done I am not worthy of coming
close to You. My actions have been despicable
and my thoughts appalling. I have done the same
bad things time after time. I have repeatedly
promised You that I would not go back to my
wrong-doing or make You angry ever again, but
I have not been able to keep my promises for
even a short time. I've always been quick to go
back to my bad ways. This has happened time
and time again. How can I dare come before You
and try to placate You?

But we know, HaShem, that Your thoughts
are way above our thoughts, and the power and
depth of Your love and mercy are far beyond the
grasp of our minds. It is impossible to apprehend
the awesome heights of Your love and mercy.
"The mercies of HaShem will never be ex-
hausted, nor will His love ever come to an end."
As long as there is life there is hope. "You return
man to the dust" — "Up until the moment when
life itself is crushed into dust, sinners are
received." I have trust in Your great love, and I

נֶפֶשׁ. עַל־כֵּן עַל רַחֲמֶיךָ הָרַבִּים אֲנִי בּוֹטֵחַ וְעַל חֲסָדֶיךָ אֲנִי נִשְׁעָן כִּי גַם אוֹתִי לֹא תַעֲזֹב בְּרַחֲמֶיךָ.

וְאִם פָּגַמְתִּי מַה שֶּׁפָּגַמְתִּי, כְּמוֹ שֶׁאַתָּה יוֹדֵעַ עַד הֵיכָן מַגִּיעִים הַפְּגָמִים שֶׁלִּי כִּי אָנֹכִי אִי אֶפְשָׁר לִי לָדַעַת וּלְהַשִּׂיג כְּלָל חֵלֶק אֶחָד מֵאֲלָפִים וּרְבָבוֹת מִפְּגַם עֲווֹנוֹתַי וְגַם עֲדַיִן אֵינִי יוֹדֵעַ כְּלָל נֶגֶד מִי מָרַדְתִּי וְנֶגֶד מִי חָטָאתִי כִּי הַשָּׂגַת רוֹמְמוּתְךָ נֶעֶלְמָה מִמֶּנִּי בַּעֲווֹנוֹתַי. אֲבָל אַתָּה לְבַד יוֹדֵעַ מַה שֶּׁעָשִׂיתִי וּמַה שֶּׁפָּגַמְתִּי, אֵיךְ וּמָה וְכַמָּה וְנֶגֶד מִי פָּגַמְתִּי כִּי אֵין מִי שֶׁיּוֹדֵעַ מִמְּךָ כִּי אִם אַתָּה לְבַד יִתְבָּרַךְ שִׁמְךָ לָעַד,

וְעַל כָּל אֵלֶּה גָּבְרוּ רַחֲמֶיךָ וַחֲסָדֶיךָ, כִּי אַתָּה יוֹדֵעַ יִצְרֵנוּ, וְאַתָּה חָפֵץ חֶסֶד. "כִּי לֹא תַחְפֹּץ בְּמוֹת הַמֵּת כִּי אִם בְּשׁוּבוֹ מִדְּרָכָיו וְחָיָה", "וְעַד יוֹם מוֹתוֹ תְּחַכֶּה לּוֹ אִם יָשׁוּב מִיָּד תְּקַבְּלוֹ":

עַל כֵּן בָּאתִי לְפָנֶיךָ יְיָ אֱלֹהַי וֵאלֹהֵי אֲבוֹתַי, בְּלֵב נִדְכֶּה וּשְׁפַל רוּחַ נִשְׁבָּרָה. שֶׁתָּחֹס וּתְרַחֵם עָלַי וְעַל כָּל חֲבֵרֵתֵנוּ וְעַל כָּל עַמְּךָ בֵּית יִשְׂרָאֵל וְתִשְׁלַח לָנוּ צַדִּיקֵי אֱמֶת שֶׁיִּהְיֶה לָהֶם כֹּחַ

will rely on Your mercy. I know that You will not abandon me.

You alone know the true extent of the damage I have done. It is impossible for me to begin to understand even the tiniest fraction of the damage caused by my sins. I am still not fully aware of who it is that I have sinned and rebelled against, because my sins have caused Your exaltedness to be concealed from me. You alone know what I have done and the damage I have caused — what, how much and against whom. For no-one knows anything of You except for You alone, blessed be Your Name for ever.

In spite of all this, the power of Your love and mercy will overcome everything. You know our nature and our inclinations, and Your desire is to show mercy. You do not want the death of the sinner but that he should turn from his ways and live. You wait for him until the day of his death, and if he repents, You receive him immediately.

I have therefore come before You, HaShem my God and God of my fathers, with a crushed heart and humble spirit, to beg You to take pity on me and upon all of Your people, the House of Israel. Send us true Tzaddikim who will have the power to heal us and bring us to complete

לְתַקֵּן אוֹתָנוּ לְהַחֲזִיר אוֹתָנוּ בִּתְשׁוּבָה שְׁלֵמָה וּלְתַקֵּן נַפְשֵׁנוּ וּלְכַפֵּר עֲווֹנוֹתֵינוּ.

וְנִזְכֶּה בְּרַחֲמֶיךָ וַחֲסָדֶיךָ הָרַבִּים לְהִתְקָרֵב לְצַדִּיקֵי אֱמֶת וְלִרְאוֹת אוֹר פְּנֵיהֶם הַמְּאִירוֹת. וְעַל יְדֵי זֶה תְּזַכֵּנוּ בְּרַחֲמֶיךָ הָרַבִּים לְהַצִּיל נַפְשֵׁנוּ הָאֻמְלָלָה מִן הַקּוֹצִים וּמִן הַפְּחָתִים שֶׁהֵם הַתַּאֲווֹת רָעוֹת וְעַצְבוּת וְעַצְלוּת וְתוֹלְדוֹתֵיהֶם וְעַל יְדֵי שֶׁתְּזַכֵּנוּ לִרְאוֹת פָּנִים הַמְּאִירוֹת שֶׁל צַדִּיקֵי אֱמֶת וּלְהִתְקָרֵב אֲלֵיהֶם. עַל יְדֵי זֶה תַּצִּיל נַפְשׁוֹתֵינוּ מִן הַמִּדּוֹת רָעוֹת הָאֵלּוּ, וְנִזְכֶּה בַּחֲסָדֶיךָ לְסַלֵּק וּלְשַׁבֵּר כָּל הַתַּאֲווֹת מֵאִתָּנוּ,

שֶׁלֹּא יִהְיֶה לָנוּ שׁוּם תַּאֲוָה וּתְשׁוּקָה לְשׁוּם דָּבָר שֶׁבָּעוֹלָם כִּי־אִם אֵלֶיךָ, וְכָל תַּאֲוָתֵנוּ וּתְשׁוּקָתֵנוּ וְחֶפְצֵנוּ וּרְצוֹנֵנוּ יִהְיֶה רַק בְּךָ וּבַעֲבוֹדָתֶךָ. וְנִזְכֶּה לִהְיוֹת זְרִיזִים בַּעֲבוֹדָתְךָ בְּתַכְלִית הַזְּרִיזוּת, וְלִהְיוֹת שְׂמֵחִים וְטוֹבֵי לֵב תָּמִיד. שֶׁלֹּא תִּפֹּל עָלֵינוּ שׁוּם עַצְלוּת וְעַצְבוּת לְעוֹלָם, רַק נָגִילָה וְנִשְׂמְחָה בָּךְ. וְנִזְכֶּה לַעֲבֹד אֶת יְיָ בְּשִׂמְחָה וּבְטוּב לֵבָב מֵרֹב כֹּל וְלִהְיוֹת בְּשִׂמְחָה תָּמִיד:

Teshuvah, to restore our souls and bring atonement for our sins.

Overcoming evil instincts and depression

In Your kindness and mercy, grant me that I should draw close to true Tzaddikim and see the radiant light of their faces, so as to save my soul from the "thorns" and "pits" of evil desires, depression, laziness and their offshoots. By seeing the radiant faces of true Tzaddikim and drawing close to them, my soul will be saved from these bad traits. With Your loving help I will be able to overcome and remove all material lust from myself.

I will have no desire for anything in the world besides You, and all my longing, yearning, will and desire will be focussed only on You and Your service. I will serve You industriously and energetically, and I will be happy and positive at all times. I will rid myself of laziness and depression for ever. I will rejoice in You, and "serve HaShem with joy and good-heartedness at the abundance of everything" and always be happy.

וּבְכֵן תְּזַכֵּנוּ בְּרַחֲמֶיךָ הָרַבִּים לִתֵּן צְדָקָה לְצַדִּיקֵי אֱמֶת, לְמַעַן
נִזְכֶּה עַל־יְדֵי־זֶה לְהִנָּצֵל מֵחַיָּה רָעָה וּמִלִּסְטִים, שֶׁהֵם לָשׁוֹן
הָרָע וּדְבָרִים בְּטֵלִים וְגַאֲוָה וְתוֹלְדוֹתֵיהֶם. וְתַעַזְרֵנוּ בְּרַחֲמֶיךָ
יְיָ אֱלֹהֵינוּ, שֶׁיִּהְיֶה כָּל דִּבּוּרֵנוּ לִשְׁמֶךָ וְלַעֲבוֹדָתֶךָ וְלֹא נְדַבֵּר
דְּבָרִים בְּטֵלִים לְעוֹלָם, רַק כָּל דִּבּוּרֵנוּ יִהְיֶה בְּתוֹרָה וַעֲבוֹדָה
וְיִרְאַת שָׁמַיִם,

וּבִפְרָט מֵחֵטְא וְעָוֹן הַגָּדוֹל מְאֹד שֶׁהוּא עֲוֹן לָשׁוֹן הָרָע
וּרְכִילוּת שֶׁהוּא חָמוּר בְּיוֹתֵר. תַּצִּיל אוֹתִי וְכָל עַמְּךָ בֵּית
יִשְׂרָאֵל שֶׁלֹּא יֵצֵא מִפִּי לְעוֹלָם שׁוּם דִּבּוּר רַע עַל שׁוּם יִשְׂרָאֵל
שֶׁבָּעוֹלָם. אֱלֹהַי, נְצֹר לְשׁוֹנִי מֵרָע וּשְׂפָתַי מִדַּבֵּר מִרְמָה
וְתַצִּילֵנִי מִלְּשׁוֹן הָרָע וּמֵאָבַק לָשׁוֹן הָרָע וּמֵרְכִילוּת וּמֵאָבַק
רְכִילוּת מֵעַתָּה וְעַד עוֹלָם,

וּתְזַכֵּנִי לְמִדַּת עֲנָוָה בֶּאֱמֶת לַאֲמִתּוֹ, וְנַפְשִׁי כֶּעָפָר לַכֹּל תִּהְיֶה,
וְאֶזְכֶּה לֵידַע שִׁפְלוּתִי בֶּאֱמֶת. וְתַצִּילֵנִי בְּרַחֲמֶיךָ הָרַבִּים מִן
הַכַּעַס, שֶׁלֹּא אֶכְעַס לְעוֹלָם עַל שׁוּם דָּבָר, וְלֹא אֶהְיֶה קַפְּדָן
כְּלָל וְלֹא יְהֵא בְּלִבִּי שׁוּם כַּעַס וְהַקְפָּדָה בָּעוֹלָם כְּלָל. רַק

Malicious Talk and Pride

Grant also that I should be able to give charity to true Tzaddikim, so as to be saved from "wild beasts" and "robbers" — malicious slander, worthless pursuits, pride and their off-shoots. HaShem, loving God: when I speak, help me to talk in such a way that everything I say will only be for the sake of Your Name and Your service. Let me never engage in idle talk. Let all my words be words of Torah, service of God and awe of Heaven.

In particular, save me and all Your people, the House of Israel, from the sin of malicious slander and talebearing, which is serious in the extreme. Let me never say a single bad word about any Jew in the entire world. "My God, guard my tongue from evil and my lips from speaking slyly." Save me from slander and talebearing, and anything which has even the faintest odor of them, from now on and for ever.

Grant that I should be able to attain true humility, and let my soul be like dust to all. Let me know my own lowliness. Save me from anger. Let me never get angry about anything. Save me from impatience. Erase all anger and irritability from my heart. Let me make Your

אֶזְכֶּה לְדַבֵּק בְּמִדּוֹתֶיךָ לִהְיוֹת טוֹב לַכֹּל, וְלִמְקַלְלַי נַפְשִׁי תִדֹּם. וְהַצִּילֵנוּ בְּרַחֲמֶיךָ הָרַבִּים מִן הָעֲנִיּוּת וּמִן הַחֶסֶר, וְתַזְמִין פַּרְנָסָתֵנוּ קֹדֶם שֶׁנִּצְטָרֵךְ לָהֶם בְּרֶוַח וְלֹא בְּצִמְצוּם, בְּהֶתֵּר וְלֹא בְאִסּוּר, בְּכָבוֹד וְלֹא בְּבִזּוּי, בְּנַחַת וְלֹא בְּצַעַר, מִתַּחַת יָדְךָ הָרְחָבָה וְהַמְּלֵאָה, בְּאֹפֶן שֶׁאוּכַל לַעֲשׂוֹת רְצוֹנְךָ בֶּאֱמֶת כָּל יְמֵי חַיַּי מֵעַתָּה וְעַד עוֹלָם:

וְעַל כָּל אֵלֶּה תְּזַכֵּנוּ בְּרַחֲמֶיךָ לְהִתְוַדּוֹת וִדּוּי דְּבָרִים לִפְנֵי הַצַּדִּיק הָאֱמֶת וְהֶחָכָם שֶׁבַּדּוֹר עַל כָּל חַטֹּאתֵינוּ וַעֲוֹנוֹתֵינוּ וּפְשָׁעֵינוּ, שֶׁחָטָאנוּ וְשֶׁעָוִינוּ וְשֶׁפָּשַׁעְנוּ לְפָנֶיךָ מִנְּעוּרֵנוּ עַד הַיּוֹם הַזֶּה, לְמַעַן יְכַפֵּר עָלֵינוּ עַל-יְדֵי חָכְמָתוֹ וְעַנְוְתָנוּתוֹ, וְיוֹרֶה לָנוּ הַדֶּרֶךְ הַיָּשָׁר וְהָאֱמֶת, אֶת הַדֶּרֶךְ אֲשֶׁר נֵלֵךְ בָּהּ וְאֶת הַמַּעֲשֶׂה אֲשֶׁר נַעֲשֶׂה, וְעַל יָדוֹ תְּזַכֶּה אוֹתָנוּ לִהְיוֹת נִכְלָל בְּאֵין סוֹף. וְנִזְכֶּה לְבַטֵּל עַצְמֵנוּ בֶּאֱמֶת, עַד אֲשֶׁר נָבוֹא לְהִתְפַּשְּׁטוּת הַגַּשְׁמִיּוּת, וְנִזְכֶּה לָשׁוּב וְלַעֲלוֹת אֶל הַמָּקוֹם אֲשֶׁר נֶחְצַבְנוּ מִשָּׁם.

וְתִפְתַּח לָנוּ אֶת אוֹרֶךְ הַגָּדוֹל אֲשֶׁר אֵין לוֹ סוֹף וְנִזְכֶּה לְהִכָּלֵל בּוֹ בְּרָצוֹא וָשׁוֹב. וּבִפְרָט בִּשְׁעַת תְּפִלָּתֵנוּ תְּזַכֶּה אוֹתָנוּ, שֶׁבְּכָל

divine qualities the model for all my behavior, and let me be well-disposed to all. "To those that curse me, let my soul be silent." Save me from poverty and need, and send me my livelihood in abundance even before I need it, through honest, honorable and easy means. Grant all my needs from Your ever-open, ample hand, so that I can genuinely do Your will all the days of my life from now and for ever.

Lovingly grant that I should be able to come before the true Tzaddik and Sage of the generation and make a full confession of all my sins and transgressions, from my earliest days until today, in order that he should bring atonement for me through his wisdom and humility, and teach me the right path to follow and how I should conduct myself. With his help, let me become merged with the Infinite, and let me attain true surrender and self-transcendence, until I become completely free of materialistic thoughts and desires, so as to return and rise to the place from which my soul was hewn out.

Bittul — **Surrender and attachment to God**

Open up Your great light to me — the light that has no end — and let me be merged in it to

הַתְּפִלָּה נִהְיֶה דְבוּקִים דְּבוּקִים בְּךָ בֶּאֱמֶת וּבְטֵלִים אֵלֶיךָ, וּנְבַטֵּל עַצְמֵנוּ לְגַמְרֵי בְּעֵת הַתְּפִלָּה שֶׁתִּהְיֶה הַתְּפִלָּה בְּהִתְפַּשְּׁטוּת הַגַּשְׁמִיּוּת,

כִּי אֵין מַעֲצוֹר לַיהוָה לְהוֹשִׁיעַ. וְאַף לְפִי עֲוֹנֵינוּ וְגַשְׁמִיּוּתֵנוּ וְתֹקֶף גָּלוּתֵנוּ בְּתַאֲווֹת הַגּוּף וּמִדּוֹתָיו הָרָעִים אֲשֶׁר נִתְקַשַּׁרְנוּ בּוֹ מְאֹד כַּאֲסִירֵי עֳנִי וּבַרְזֶל אַף עַל פִּי כֵן אַתָּה גִּבּוֹר וְרַב לְהוֹשִׁיעַ, וּמִמְּךָ לֹא יִפָּלֵא כָּל דָּבָר וְאֵין דָּבָר נִמְנַע מִמֶּךָּ. וְאָנוּ בְּטוּחִים וּמְחַכִּים וּמְקַוִּים וּמְצַפִּים אֵלֶיךָ שֶׁתְּרַחֵם עָלֵינוּ בְּרַחֲמֶיךָ הָרַבִּים, וּתְזַכֶּה אוֹתָנוּ לְכָל מַה שֶּׁבִּקַּשְׁנוּ מִלְּפָנֶיךָ. שֶׁנִּזְכֶּה לְבַטֵּל לְגַמְרֵי כָּל תַּאֲווֹת הַגּוּף וּמִדּוֹתָיו הָרָעִים,

עַד שֶׁנִּזְכֶּה לָבוֹא לְהִתְפַּשְּׁטוּת הַגַּשְׁמִיּוּת לְהַכָּלֵל בְּךָ בֶּאֱמֶת בִּרְצוֹא וָשׁוֹב כָּל יְמֵי חַיֵּינוּ עַד הַיּוֹם אֲשֶׁר תַּאַסְפֵנוּ אֵלֶיךָ, וְאָז תְּזַכֵּנוּ בְּרַחֲמֶיךָ לְהִכָּלֵל בְּךָ לְעוֹלָם וָעֶד, וְלֹא יַעֲכֵּב אוֹתָנוּ

the full extent possible in this life. Especially during my prayers, help me to be truly attached and surrendered to You to the point that all independent ego will be erased and I will be completely separated from materialistic thoughts and desires.

When HaShem wants to help, no obstacle can stand in His way. I may be coarsely materialistic as a result of my deep exile amidst the lusts of the body and its evil traits. I am bound to my body like a chained, tormented prisoner. In spite of this, You are mighty and abundantly able to save. For You, nothing is impossible. I confidently wait, hope and expect that You will show me Your abundant love and grant me everything I have asked of You, so that I will be able to nullify all my bodily lusts and evil traits completely.

Let me come to transcend all material thoughts and desires, until I become genuinely merged in You all my days to the fullest extent possible in this life, until the day when You will finally take back my soul, and then You will lovingly bring me to be merged in You for ever. No sin or transgression will hold me back, be-

שׁוּם חֵטְא וְעָוֹן וָפֶשַׁע, כִּי עַל הַכֹּל תִּמְחֹל וְתִסְלַח לָנוּ בְּרַחֲמֶיךָ הָרַבִּים וַחֲסָדֶיךָ הַגְּדוֹלִים וְהַנּוֹרָאִים,

וְתַעֲזֹר לָנוּ בְּרַחֲמֶיךָ הָרַבִּים לְבַטֵּל רְצוֹנֵנוּ מִפְּנֵי רְצוֹנֶךָ. שֶׁלֹּא יִהְיֶה לָנוּ שׁוּם רָצוֹן אַחֵר בָּעוֹלָם רַק רְצוֹנֵנוּ יִהְיֶה כִּרְצוֹנְךָ תָּמִיד. וְנִזְכֶּה לָדַעַת כִּי יְיָ הוּא הָאֱלֹהִים וְלֵידַע כִּי כָל מְאֹרָעוֹתֵינוּ כֻּלָּם הֵם לְטוֹבָתֵנוּ, וּלְבָרֵךְ עַל הַכֹּל הַטּוֹב וְהַמֵּטִיב כְּמוֹ שֶׁיִּהְיֶה לֶעָתִיד לָבוֹא. כְּמוֹ שֶׁכָּתוּב: "בַּיהוָה אֲהַלֵּל דָּבָר בֵּאלֹהִים אֲהַלֵּל דָּבָר".

וְנִזְכֶּה לְהַעֲלוֹת הַמַּלְכוּת לִמְקוֹמָהּ, שֶׁיִּתְגַּלֶּה מַלְכוּתְךָ בָּעוֹלָם, וּלְבַטֵּל מַלְכוּת הָרִשְׁעָה וּלְשַׁבֵּר וּלְבַטֵּל מַלְכוּת וּמֶמְשֶׁלֶת כָּל הָעַכּוּ"ם מֵעָלֵינוּ וּמֵעַל כָּל עַמְּךָ בֵּית יִשְׂרָאֵל, "וְתִמְלֹךְ אַתָּה יְיָ לְבַדְּךָ עַל כָּל מַעֲשֶׂיךָ":

cause in Your abundant kindness and awesome mercy, You will forgive me for everything.

Everything is for good

Help me to set aside all my own wishes in favor of Your will. Let me have no other desire in the world except that my will should always be Your will. Bring me to know that HaShem is God, and that divine mercy and justice both come from one Source. Let me understand that no matter what may happen to me, everything is for my good. Let me bless You for everything as "Good and Beneficent", the way people will bless You in the future, as it is written: "I will praise Elokim [when God deals with me through His attribute of justice]; I will praise HaShem [when He deals with me through His attribute of mercy]."

Let us raise up and restore the fallen Kingship to its place, and let Your Kingship be revealed to all the world. Let the power of evil be shattered, and let the dominion of the idolators over us and all Your people Israel be broken and destroyed, and You, HaShem, will rule alone over all Your works.

רִבּוֹנוֹ שֶׁל עוֹלָם, יְיָ אֱלֹהִים, אַתָּה יָדַעְתָּ כִּי לְכָל הַמַּעֲלוֹת הָאֵלֶּה הָיִינוּ יְכוֹלִים לִזְכּוֹת עַל־יְדֵי צַדִּיקֵי אֱמֶת, וּבְכֵן תְּחָנֵּנוּ בְּרַחֲמֶיךָ הָרַבִּים לְגַלּוֹת לָנוּ וּלְהַרְאוֹת לָנוּ אֶת צַדִּיקֵי הָאֱמֶת שֶׁבַּדּוֹר הַזֶּה, וּלְזַכּוֹת אוֹתָנוּ לְהִתְקָרֵב אֲלֵיהֶם, לְמַעַן תְּזַכֶּה אוֹתָנוּ עַל יָדָם לְכָל אֲשֶׁר בִּקַּשְׁנוּ מִלְּפָנֶיךָ.

וְאִם, חַס וְשָׁלוֹם, חֲטָאֵינוּ הַמְרֻבִּים גָּרְמוּ לַעֲשׂוֹת מָסָךְ הַמַּבְדִּיל בֵּינֵינוּ וּבֵין הַצַּדִּיקֵי אֱמֶת, שֶׁיִּהְיוּ נֶעֱלָמִים וְנִסְתָּרִים מֵעֵינֵינוּ, חַס וְשָׁלוֹם, וְאֵין אָנוּ יְכוֹלִים לְהוֹצִיא לָאוֹר תַּעֲלוּמוֹת וְהַסְתָּרַת צַדִּיקֵי הָאֱמֶת, יְהִי רָצוֹן מִלְּפָנֶיךָ יְיָ אֱלֹהֵינוּ וֵאלֹהֵי אֲבוֹתֵינוּ, שֶׁאַתָּה בְעַצְמְךָ בְּרַחֲמֶיךָ הָרַבִּים תְּזַכֶּה אוֹתָנוּ וְתַעֲזֹר לָנוּ לִזְכּוֹת וּלְהַגִּיעַ לְכָל מַה שֶּׁבִּקַּשְׁנוּ מִלְּפָנֶיךָ, וּוִדּוּי דְּבָרִים שֶׁהִתְוַדֵּיתִי לְפָנֶיךָ יִהְיֶה חָשׁוּב וּמְקֻבָּל וּמְרֻצֶּה לְפָנֶיךָ כְּאִלּוּ הִתְוַדֵּיתִי לִפְנֵי הֶחָכָם וְהַצַּדִּיק הָאֱמֶת שֶׁבַּדּוֹר, וְכָל הַמַּעֲלוֹת וּמִדּוֹת טוֹבוֹת וּבִטּוּל תַּאֲווֹת וּמִדּוֹת רָעוֹת וְכָל שְׁאָר הַמַּעֲלוֹת טוֹבוֹת, שֶׁהָיִינוּ יְכוֹלִים לִזְכּוֹת עַל יְדֵי צַדִּיקֵי הָאֱמֶת: הֵן מַה שֶּׁבִּקַּשְׁנוּ מִלְּפָנֶיךָ וְהֵן מַה שֶּׁלֹּא הִזְכַּרְנוּ לְפָנֶיךָ,

עַל הַכֹּל תַּעֲזֹר לָנוּ יְיָ אֱלֹהֵינוּ בְּרַחֲמֶיךָ הָרַבִּים, כִּי אַתָּה אָבִינוּ וְאֵין לָנוּ עַל מִי לְהִשָּׁעֵן כִּי אִם עָלֶיךָ אָבִינוּ שֶׁבַּשָּׁמַיִם.

Hashem, Master of the Universe: You know that I could attain all these levels with the help of true Tzaddikim. Therefore I appeal to You to reveal the true Tzaddikim of this generation. Show me who they are and help me to come close to them, so that with their help I can achieve everything I have asked of You.

If my many sins have created a barrier between myself and the true Tzaddikim, causing them to be hidden from me and making it impossible for me to discover who they are, may it be Your will, HaShem our God and God of our fathers, that You Yourself, in Your abundant love, should help me attain everything I have asked of You. Let my confession before You be accepted and accounted as if I had confessed before the true Sage and Tzaddik of the generation. Help me to nullify all my bad traits and desires and attain all the positive qualities and spiritual levels that I could have reached with the help of the true Tzaddikim. Grant me everything I have requested of You, and also the requests I have not mentioned.

Help me in all the different areas where I need help, HaShem, because You are my Father, and I have no-one to rely upon except for You,

כִּי גָּלוּי וְיָדוּעַ לְפָנֶיךָ שֶׁרְצוֹנִי וְכוֹסְפִי חָזָק מְאֹד לְהִתְקָרֵב לַצַּדִּיק הָאֱמֶת, אַךְ בַּעֲווֹנוֹתַי הָרַבִּים אֵינִי זוֹכֶה לָדַעַת מִי הוּא וְאֵיפֹה הוּא. מִי יִתֵּן יְדַעְתִּי וְאֶמְצָאֵהוּ, הָיִיתִי מְדַלֵּג עַל הֶהָרִים מְקַפֵּץ עַל הַגְּבָעוֹת לָבוֹא לְהִתְקָרֵב אֵלָיו, "מִסְפַּר צְעָדַי אַגִּידֶנּוּ":

מָלֵא רַחֲמִים, רְאֵה עָנְיִי וַעֲמָלִי, רְאֵה עָנְיִי וּמְרוּדִי לַעֲנָה וָרֹאשׁ, שָׁקַדְתִּי וָאֶהְיֶה כְּצִפּוֹר בּוֹדֵד עַל גָּג, כִּי אֵין לִי לְמִי לִפְנוֹת לְהִוָּשֵׁעַ, רַק לְךָ לְבַד עֵינַי תְּלוּיוֹת חוּס וַחֲמֹל נָא עָלַי, וּסְלַח נָא וּמְחַל נָא וְכַפֵּר נָא עַל חֲטָאַי וַעֲווֹנַי וּפְשָׁעַי הַמְרֻבִּים. "לַיהוָה אֱלֹהֵינוּ הָרַחֲמִים וְהַסְּלִיחוֹת כִּי מָרַדְנוּ בוֹ לְמַעַן שִׁמְךָ יְיָ וְסָלַחְתָּ לַעֲוֹנִי כִּי רַב הוּא, כִּי עִמְּךָ הַסְּלִיחָה לְמַעַן תִּוָּרֵא".

וְעָזְרֵנוּ וְזַכֵּנוּ וְתִתֶּן לָנוּ בְּמַתְּנַת חִנָּם וְנִדְבַת חֶסֶד כָּל מַה שֶּׁבִּקַּשְׁנוּ מִלְּפָנֶיךָ. וְאִם שָׁגִיתִי בִּלְשׁוֹנִי – אַתָּה יְיָ תְּכַפֵּר בַּעֲדִי: וּתְזַכֵּנוּ גַּם בָּעוֹלָם הַזֶּה לִטְעֹם מֵעֵין הָעוֹלָם הַבָּא לְהִתְבַּטֵּל אֵלֶיךָ וְלָדַעַת, שֶׁכָּל מְאֹרְעוֹתֵינוּ הַכֹּל לְטוֹבָתֵנוּ, כִּי

my Father in Heaven. You know how strongly I yearn to draw close to the true Tzaddik, but because of all my sins I do not know who he is or where. If only I knew and could find him, I would "skip over the mountains and jump over the hills" to come to him. "I would tell him the number of my steps" — I would tell him every detail of my life.

Loving God, see my misery and pain, see my misery and bitterness. "I look at myself and I'm like a lone bird on a roof" — because I have no-one to turn to for help. To You alone I lift my eyes. Please take pity on me. Forgive me and grant atonement for all my many sins and transgressions. "HaShem is the God of love and forgiveness, even though we have rebelled against Him. For the sake of Your Name, HaShem, forgive my sin, even though it is very great. For with You is forgiveness, that You may be feared."

Help me and grant everything I have requested as a free gift and an act of charity and kindness. If I have stumbled in my words, You, HaShem, grant me atonement. Grant that even in this world I should have a taste of the World to Come and surrender myself to You, knowing that all that happens to me is for my own good.

טוֹב יְיָ לַכֹּל. וּתְזַכֵּנוּ לְגַלּוֹת מַלְכוּתְךָ בָּעוֹלָם "לְמַעַן דַּעַת
כָּל עַמֵּי הָאָרֶץ כִּי יְיָ הוּא הָאֱלֹהִים אֵין עוֹד, וְהָיָה יְיָ לְמֶלֶךְ
עַל כָּל הָאָרֶץ בַּיּוֹם הַהוּא יִהְיֶה יְיָ אֶחָד וּשְׁמוֹ אֶחָד, יִהְיוּ
לְרָצוֹן אִמְרֵי פִי וְהֶגְיוֹן לִבִּי לְפָנֶיךָ יְיָ צוּרִי וְגוֹאֲלִי":

For HaShem is good to all. Grant me the privilege of revealing Your Kingship in the world — "In order that all the nations on earth should know that HaShem is God and there is none other. And HaShem will be King over all the earth. On that day HaShem will be one and His Name one. Let the words of my mouth and the thoughts of my heart be acceptable before You, HaShem, my Rock and Redeemer."

5

Rosh HaShanah / Shofar / Intense Prayer and Devotion / Overcoming worldly fear by cultivating fear of Heaven / Conquering doubts, alien ideas, sinful thoughts and mental confusion / Pesach — Chametz and Matza / Faith in the Tzaddikim / Joy of the Mitzvot

"It is a great mitzvah to be happy always." The only way to experience genuine *simchah* in our hearts is by first "smoothing out the crookedness of the heart" — cleansing ourselves of mundane fears and desires, so as to reach out to God sincerely and honestly. This is attained when we offer our prayers with such intensity that the very words resound in our hearts like thunder, inspiring us with heavenly awe. In order for the spiritual message of our prayers to penetrate our minds, we must free ourselves of skepticism, sinful thoughts, and anything else that detracts from our complete faith in God and in the true Tzaddikim.

אַתָּה נִגְלֵיתָ בַּעֲנַן כְּבוֹדֶךָ עַל עַם קָדְשֶׁךָ לְדַבֵּר עִמָּם, בְּקוֹלוֹת
וּבְרָקִים עֲלֵיהֶם נִגְלֵיתָ, וּבְקוֹל שׁוֹפָר עֲלֵיהֶם הוֹפָעְתָּ
בְּהִגָּלוֹתְךָ מַלְכֵּנוּ עַל הַר סִינַי, לְלַמֵּד לְעַמְּךָ תּוֹרָה וּמִצְווֹת.

השמטה השייך כאן מספר "ליקוטי תפילות ותחנונים" אות ב

רִבּוֹנוֹ שֶׁל עוֹלָם, מָלֵא רַחֲמִים, זַכֵּנוּ לִשְׁמוֹעַ קוֹל שׁוֹפָר
בְּרֹאשׁ הַשָּׁנָה הַקָּדוֹשׁ מִתּוֹקְעִים הַהֲגוּנִים יְרֵאִים וַחֲרֵדִים
לִדְבַר יְיָ, וְקוֹל הַשּׁוֹפָר הַקָּדוֹשׁ יִפְגַּע בְּהַמּוֹחִין שֶׁלָּנוּ, וְהַקּוֹל
הַזֶּה יִהְיֶה בִּבְחִינַת רְעָמִים, עַד שֶׁעַל יְדֵי זֶה תִּפּוֹל עָלֵינוּ
אֵימָה וָפַחַד גָּדוֹל מִפַּחַד יְיָ וּמֵהֲדַר גְּאוֹנוֹ, וְנִזְכֶּה שֶׁיִּתְפַּשֵּׁט
עַל יְדֵי זֶה כָּל מִינֵי עַקְמִימוּת שֶׁבְּלִבֵּנוּ, וְנִזְכֶּה לְיַשְׁרוּת לֵב
וּלְשִׂמְחָה גְדוֹלָה דְּקָדוּשָׁה כְּמוֹ שֶׁנֶּאֱמַר: "וּלְיִשְׁרֵי לֵב
שִׂמְחָה".

וִיקַיַּם בָּנוּ מִקְרָא שֶׁכָּתוּב: "אַשְׁרֵי הָעָם יוֹדְעֵי תְרוּעָה יְיָ בְּאוֹר
פָּנֶיךָ יְהַלֵּכוּן, בְּשִׁמְךָ יְגִילוּן כָּל הַיּוֹם וּבְצִדְקָתְךָ יָרוּמוּ",

In a cloud of glory You revealed Yourself to Your holy people when You spoke with them at Mount Sinai. "With claps of thunder and flashes of lightning You revealed Yourself, and at the sound of the shofar You appeared..." to teach Your people Torah and Mitzvot.

The Blast of the Shofar

Master of the Universe: Grant that I should hear the sounding of the shofar on Rosh Ha-Shanah from shofar-blowers who are genuinely pure and God-fearing. Let the holy sound of the shofar penetrate my mind like thunder, until I am gripped with fear and awe of HaShem and His radiant glory, so that all the crookedness in my heart will be smoothed out and I will come to inner purity and holy joy, as it is written: "And to the pure of heart, joy."

"Happy is the people who know the shofar blast, HaShem, they will walk in the light of Your countenance. They will rejoice in Your Name all day long, and through Your righteousness they will be exalted." HaShem, grant that I should experience the fulfilment of this verse in my own life.

וְעַל יְדֵי שְׁמִיעַת קוֹל שׁוֹפָר בְּרֹאשׁ הַשָּׁנָה מֵאִישׁ יָרֵא וְחָרֵד, תִּשְׁמְרֵנוּ וְתַצִּילֵנוּ בְּכָל הַשָּׁנָה מִכָּל מִינֵי פְּחָדִים וּמִכָּל מִינֵי הַזֵּקוֹת הַבָּאִים לִפְעָמִים עַל יְדֵי בְּרָקִים וּרְעָמִים, חַס וְשָׁלוֹם כְּמוֹ שֶׁנֶּאֱמַר: "בְּקוֹלוֹת וּבְרָקִים עֲלֵיהֶם נִגְלֵיתָ וּבְקוֹל שׁוֹפָר עֲלֵיהֶם הוֹפָעַתָּ":

וּבְכֵן יְהִי רָצוֹן מִלְּפָנֶיךָ יְיָ אֱלֹהֵינוּ וֵאלֹהֵי אֲבוֹתֵינוּ, שֶׁתַּעַזְרֵנוּ בְּרַחֲמֶיךָ הָרַבִּים לְקַיֵּם מִצְוֹתֶיךָ בְּשִׂמְחָה גְדוֹלָה וּתְזַכֵּנִי בְּרַחֲמֶיךָ הָרַבִּים לְהִתְפַּלֵּל לְפָנֶיךָ בְּכָל כֹּחִי, וְכָל מִינֵי כֹּחַ שֶׁנִּמְצָא בִּי בְּרַמַ"ח אֵבָרַי וּשְׁסָ"ה גִידַי, בְּבָשָׂר וְגִידִין וַעֲצָמוֹת וְעוֹרְקִים בַּחֵלֶב וּבַדָּם, וְכָל הַכֹּחַ שֶׁיֵּשׁ בַּמֹּחַ שֶׁבָּרֹאשׁ וּבַמֹּחַ שֶׁמִּתְפַּשֵּׁט בְּכָל הַגּוּף, וְכָל הַכֹּחַ שֶׁיֵּשׁ בַּחֲמִשָּׁה חוּשִׁים, וְכָל שְׁאָר מִינֵי כֹּחוֹת – כֻּלָּם יִכָּלְלוּ בְּתוֹךְ הַתְּפִלָּה,

שֶׁאֶזְכֶּה לְהוֹצִיא הַקּוֹל וְהַדִּבּוּר שֶׁל הַתְּפִלָּה בְּכֹחַ גָּדוֹל וְאֶזְכֶּה שֶׁיִּהְיֶה קוֹלִי נִשְׁמָע כְּמוֹ רַעַם גְּבוּרוֹתֶיךָ, וְהַקּוֹל הַזֶּה יְעוֹרֵר כַּוָּנַת לִבִּי, שֶׁלִּבִּי יִהְיֶה שׁוֹמֵעַ וּמֵבִין הֵיטֵב מַה שֶּׁאֲנִי מִתְפַּלֵּל

Through hearing the shofar sounded on Rosh HaShanah by someone who is truly God-fearing, guard and protect me the whole year round from every kind of fear, and from all possible damage as a result of thunderstorms. "With claps of thunder and flashes of lightning You were revealed to them, and with the sound of the shofar You appeared to them."

Joy of the Mitzvot

HaShem, our God and God of our fathers: Lovingly help me to fulfil Your mitzvot with great joy. Bring me to pray to You with all my strength. Let the various kinds of energy in all of my two hundred and forty-eight limbs, my three hundred and sixty-five sinews, my flesh, my bones, my veins and arteries, my fat, my blood, my brain, the nerves that branch out through my whole body, my five senses and all my other faculties enter into my prayers and be merged within them.

Let me bring out the sounds and words of the prayers with great force. Let my voice come forth like thunder, and let the sound of my voice arouse my inner concentration, so that I will hear and understand the words I am saying in my

לְפָנֶיךָ, שֶׁאֶזְכֶּה לְהִתְפַּלֵּל בְּכַוָּנַת הַלֵּב. וְזַכֵּנִי שֶׁיִּהְיֶה לִי יִרְאַת שָׁמַיִם – יִרְאַת הָרוֹמְמוּת,

וְאֶהְיֶה נִשְׁמָר שֶׁלֹּא יִהְיֶה לִי שׁוּם יִרְאָה חִיצוֹנָה כְּלָל, שֶׁלֹּא אִירָא וְלֹא אֶפְחַד מִשּׁוּם דָּבָר שֶׁבָּעוֹלָם, לֹא מִשַּׂר וְאָדוֹן וְלֹא מִשּׁוּם אָדָם שֶׁבָּעוֹלָם וְלֹא מֵחַיָּה רָעָה וְלִסְטִים, וְלֹא מִשּׁוּם דָּבָר שֶׁבָּעוֹלָם, וְלֹא יִהְיֶה לִי שׁוּם פַּחַד וְיִרְאָה חִיצוֹנָה כְּלָל, כִּי אִם מִמְּךָ לְבַד אִירָא וְאֶפְחַד תָּמִיד, וְאֶזְכֶּה בְּרַחֲמֶיךָ לְיִרְאָה עִלָּאָה יִרְאַת הָרוֹמְמוּת:

וְזַכֵּנִי בְּרַחֲמֶיךָ הָרַבִּים וַחֲסָדֶיךָ הַגְּדוֹלִים לִפְנוֹת אֶת מֹחִי וּמַחֲשַׁבְתִּי מֵחָכְמוֹת חִיצוֹנִיּוֹת וּמִמַּחֲשָׁבוֹת זָרוֹת, שֶׁלֹּא אֲטַמְטֵם אֶת מֹחִי וּמַחֲשַׁבְתִּי בְּתַאֲווֹת וְהִרְהוּרִים, חַס וְשָׁלוֹם, וְלֹא אַחֲמִיץ אֶת מֹחִי וּמַחֲשַׁבְתִּי בְּחָכְמוֹת חִיצוֹנִיּוֹת וּבְתַאֲווֹת, חַס וְשָׁלוֹם, וְלֹא אֲהַרְהֵר בְּהִרְהוּרִים רָעִים, שֶׁלֹּא יִהְיֶה לִי שׁוּם הִרְהוּר וּמַחֲשֶׁבֶת חוּץ בָּעוֹלָם כְּלָל, רַק יִהְיֶה מֹחִי וּמַחֲשַׁבְתִּי נָקִי וְזַךְ וְצַח, שֶׁלֹּא יִכָּנֵס בְּמַחֲשַׁבְתִּי שׁוּם מַחֲשָׁבָה חִיצוֹנָה כְּלָל.

וְתִתֶּן לִי כֹּחַ לְהִתְגַּבֵּר עַל כָּל הַמַּחֲשָׁבוֹת רָעוֹת, מַחֲשָׁבוֹת חִיצוֹנִיּוֹת וְהִרְהוּרִים. הַבָּאִים עָלַי לְבַלְבֵּל אֶת דַּעְתִּי, שֶׁלֹּא אֶתֵּן לָהֶם שׁוּם מָקוֹם לִכָּנֵס בְּמֹחִי כְּלָל. וְאֶזְכֶּה לִגְעֹר בָּהֶם וְלָרִיב עִמָּהֶם לְגָרְשָׁם מֵעָלַי וּמֵעַל גְּבוּלִי, שֶׁלֹּא יִהְיֶה לָהֶם

heart. Let me pray with intense attention and devotion. And bring me to attain the highest level of heavenly fear: awe at Your exaltedness.

Protect me from all extraneous fears, so that I will not be afraid of anything or anyone in the world — not of powerful officials or important personages, nor of wild animals, violent robbers or anything else in the entire world. Let me have no extraneous fear whatever. Let me only fear You at all times, and help me experience supreme awe at Your exaltedness.

Pure Thoughts

Loving God: Help me clear my mind and my thoughts of ideas and theories that are in conflict with the Torah, in order that I should not sully my intelligence and sensitivity with sinful thoughts and desires, or sour my mind with erroneous theories. Free me of all doubts and skepticism, and let my mind and my thoughts be pure, clear and holy.

Give me the strength to fight against the bad thoughts, doubts and sinful desires that come to confuse me. Let me keep them out of my mind. Let me fight them down and drive them away completely. Let them have no power to enter my

שׂוּם כֹּחַ לְכַנֵּס בְּדַעְתִּי כְּלָל וְאֶזְכֶּה לְקַדֵּשׁ אֶת מַחֲשַׁבְתִּי תָּמִיד:

אָנָּא יְיָ, רַחֲמָן מָלֵא רַחֲמִים, טוֹב וּמֵטִיב לַכֹּל, אַתָּה יָדַעְתָּ אֶת גֹּדֶל עֹצֶם הַפְּגָם הַגָּדוֹל וְהַנּוֹרָא הַנּוֹגֵעַ בְּעוֹלָמוֹת עֶלְיוֹנִים מְאֹד עַל יְדֵי כָּל מַחֲשָׁבָה רָעָה, מִכָּל שֶׁכֵּן וְכָל שֶׁכֵּן עַל יְדֵי הִרְהוּר רָע, חַס וְשָׁלוֹם, שֶׁהוּא פּוֹגֵם וּמְקַלְקֵל מְאֹד בְּכָל הָעוֹלָמוֹת, וְעוֹקֵר אֶת הָאָדָם, חַס וְשָׁלוֹם, מִמְּקוֹר הַחַיִּים, עַד אֲשֶׁר קָשֶׁה לוֹ עוֹד לָשׁוּב וּלְהַשִּׂיג אָרְחוֹת חַיִּים, וְכָל שְׁאָר הַפְּגָמִים הָעֲצוּמִים וְהַנּוֹרָאִים עַד גָּבְהֵי מְרוֹמִים, הַנּוֹגְעִים בִּמְקוֹם שֶׁנּוֹגְעִים, שֶׁנַּעֲשִׂים עַל יְדֵי כָּל מַחֲשָׁבָה רָעָה וְהִרְהוּר הַנִּכְנָס בַּמֹּחַ, חַס וְשָׁלוֹם.

וְגַם אַתָּה יָדַעְתָּ אֶת גֹּדֶל עֹצֶם הַהִתְגַּבְּרוּת שֶׁמִּתְגַּבְּרִים עָלֵינוּ בְּכָל פַּעַם, לְבַלְבֵּל אֶת דַּעְתֵּנוּ בְּמַחֲשָׁבוֹת רָעוֹת וְהִרְהוּרִים רָעִים. וּבַעֲוֹנוֹתַי הָרַבִּים לֹא נִזְהַרְתִּי לְהִשָּׁמֵר מֵהֶם וּלְהִתְגַּבֵּר עֲלֵיהֶם, עַד אֲשֶׁר פָּגַמְתִּי אֶת מֹחִי מְאֹד עַל יְדֵי מַחְשְׁבוֹתַי הָרָעוֹת שֶׁהִכְנַסְתִּי בְמֹחִי, עַד שֶׁכָּל מֹחִי הוּא מָלֵא מַחֲשָׁבוֹת

consciousness at all, and let me sanctify my mind and my thoughts at all times.

Please, HaShem: You know the tremendous damage caused in the upper worlds by every single bad thought, and even more so by evil doubts that go against the very foundations of Torah faith, God forbid. Such doubts cause a flaw in all the worlds, and have the power to uproot a person from the Source of life, until it becomes extremely difficult for him to repent and rediscover the path of life. You alone know the full extent of the damage caused on the highest of levels by every evil thought and idea that comes into the mind.

You also know the tremendous power such thoughts have over our minds, and their ability to confuse us. We are under constant pressure to succumb to them. I have sinned in this many times. I have failed to protect myself against such thoughts or fight them, and I have caused tremendous damage to my own mind by the evil thoughts I have allowed to enter. My whole mind is full of alien thoughts. I have transgressed the prohibition against *chametz* — leaven, souring my mind with forbidden desires and skep-

חִיצוֹנִיּוֹת. וְעָבַרְתִּי עַל אִסּוּר חָמֵץ, שֶׁהָיִיתִי מַחְמִיץ אֶת מֹחִי בְּתַאֲווֹת וְהִרְהוּרִים וּבִלְבּוּלִים וּבְכָל מִינֵי שְׁטוּתִים.

וְלֹא דַּי שֶׁלֹּא הָיִיתִי מִתְגַּבֵּר עַל הַמַּחֲשָׁבוֹת רָעוֹת, אַף גַּם נָתַתִּי לָהֶם כֹּחַ לִכְנֹס בְּמֹחִי. וְלֹא הִשְׁתַּדַּלְתִּי לְגָרְשָׁם כְּלָל, וְלֹא קִיַּמְתִּי עֲצוֹתֶיךָ הַקְּדוֹשִׁים אֲשֶׁר גִּלִּיתָ לִי בְּרַחֲמֶיךָ הָרַבִּים לְגָרְשָׁם מִמֶּנִּי בְּשֵׁב וְאַל תַּעֲשֶׂה, וְלֹא שָׁמַעְתִּי לְקוֹל מוֹרַי.

אוֹי לִי, וַי עַל הַיָּמִים שֶׁעָבְרוּ בְּבִלְבּוּל הַדַּעַת וּמַחֲשָׁבוֹת רָעוֹת. "טָבַעְתִּי בִּיוֵן מְצוּלָה וְאֵין מָעֳמָד בָּאתִי בְמַעֲמַקֵּי מַיִם וְשִׁבֹּלֶת שְׁטָפָתְנִי". כָּל דַּעְתִּי וּמֹחִי נִתְעָרֵב כָּל כָּךְ בְּמַחֲשָׁבוֹת רָעוֹת וּבִלְבּוּלִים, עַד אֲשֶׁר אֲפִלּוּ בְּשָׁעָה שֶׁאֲנִי חָפֵץ לְהִתְגַּבֵּר עֲלֵיהֶם וְלִבְרֹחַ מֵהֶם, קָשֶׁה עָלַי מְאֹד.

"יְיָ אֱלֹהִים אַתָּה יָדַעְתָּ לְאִוַּלְתִּי וְאַשְׁמוֹתַי מִמְּךָ לֹא נִכְחָדוּ". הֵן עַל כָּל אֵלֶּה בָּאתִי לְפָנֶיךָ יְיָ אֱלֹהַי וֵאלֹהֵי אֲבוֹתַי בְּלֵב נִשְׁבָּר וְנִדְכֶּה, בִּקְידָה וּבִכְרִיעָה וּבְהִשְׁתַּחֲוָיָה, בִּתְחִנָּה וּבַקָּשָׁה, כְּעָנִי בַּפֶּתַח, נֶאֱנָח וְנִדְכֶּה, שׁוֹאֵל וּמְבַקֵּשׁ מַתְּנַת חִנָּם וְנִדְבַת חֶסֶד, שֶׁתְּחָנֵּנִי בְּרַחֲמֶיךָ הָעֲצוּמִים וַחֲסָדֶיךָ הַנִּפְלָאִים, וְתוֹצִיאֵנִי מֵאֲפֵלָה לְאוֹרָה, וְתַעֲזֹר לִי מֵהַיּוֹם לְקַדֵּשׁ אֶת מַחְשַׁבְתִּי תָּמִיד מֵעַתָּה וְעַד עוֹלָם:

ticism, and allowing myself to fall prey to all kinds of meaningless distractions.

Not only have I not tried to fight against such thoughts. I have opened myself to them, making no effort at all to push them out. I have not followed the advice given in Your holy Torah to at least sit passively rather than wilfully entertain sinful thoughts: "sit and do nothing." I have not listened to my teachers.

How many of my days have gone to waste because of confused and evil thoughts. "I am sinking in the depths of the mud with nothing to support me; I have come into the deepest water and the current is sweeping me away." My mind is such a turmoil of evil thoughts and confusion that it is extremely hard for me to fight them even when I want to.

"HaShem, You know my folly, and my sin is not hidden from You." I come before You prostrate, humbled, begging and supplicating like a poor man at the door, sighing and beaten down, asking, requesting and begging as a free gift and an act of mercy that You should show me Your wonderful love and kindness and take me out of my darkness into the light. Help me to sanctify my thoughts today and for ever.

השמטה השייך כאן מספר "ליקוטי תפילות ותחנונים" אות ג

רִבּוֹנוֹ שֶׁל עוֹלָם, זַכֵּנִי לְקַבֵּל קְדֻשַּׁת חַג הַפֶּסַח הַקָּדוֹשׁ בִּזְמַנּוֹ
בִּשְׁלֵמוּת, וְתִשְׁמְרֵנִי בְּכָל יְמֵי הַפֶּסַח הַקָּדוֹשׁ מֵאִסּוּר אֲכִילַת
חָמֵץ אֲפִלּוּ בְּמַשֶּׁהוּ, וּתְזַכֵּנוּ לְקַיֵּם מִצְוַת אֲכִילַת מַצָּה בַּפֶּסַח
בִּקְדֻשָּׁה גְדוֹלָה, וְעַל יְדֵי זֶה אֶזְכֶּה לְקַבֵּל הַמּוֹחִין הַקְּדוֹשִׁים
הַמְּאִירִים אָז,

וּבְכֹחַ הַזֶּה תְּזַכֵּנוּ לִשְׁמוֹר הַמּוֹחִין וְהַמַּחֲשָׁבָה שֶׁלִּי בִּקְדֻשָּׁה
גְדוֹלָה בְּכָל יְמֵי הַשָּׁנָה לְעוֹלָם, וְלֹא אֶתֵּן מָקוֹם לְשׁוּם מַחֲשָׁבָה
חִיצוֹנָה וּבְטֵלָה, וּמִכָּל שֶׁכֵּן לְשׁוּם מַחֲשָׁבָה רָעָה וְהִרְהוּר רָע
חַס וְשָׁלוֹם, לִכָּנֵס בְּמוֹחִי וְדַעְתִּי אֲפִלּוּ כְּרֶגַע קַלָּה, וְלֹא
אֶכָּנוֹס עִם פִּתּוּיֵי יִצְרִי הָרָע בְּשׁוּם טוֹעֵן וְנִטְעָן כְּלָל,

רַק אֶזְכֶּה לְהִתְגַּבֵּר עַל יִצְרִי תָּמִיד וְלִגְעוֹר בְּכָל מִינֵי מַחֲשָׁבוֹת
חִיצוֹנִיּוֹת וּבְטֵלוֹת, וּלְגָרְשָׁם וּלְהַרְחִיקָם מִמּוֹחִי וּלְבַטְּלָם
בְּבִטּוּל גָּמוּר, בְּאֹפֶן שֶׁלֹּא יִהְיֶה לָהֶם שׁוּם נְגִיעָה וַאֲחִיזָה
בְּמוֹחִי וּמַחֲשַׁבְתִּי אֲפִלּוּ בְּמַשֶּׁהוּ, וְאֶזְכֶּה לִהְיוֹת בִּכְלָל

Pesach — freedom from *chametz*

Master of the Universe: Help me to receive the full holiness of the Pesach festival season. Throughout the eight days of Pesach, guard me from transgressing the prohibition against eating even the slightest amount of *chametz*. Help me to fulfil the mitzvah of eating *matza* on Pesach in great holiness, and let me thereby receive the light of the spiritual insight and inspiration that radiate then.

With the strength this inspiration will give me, let me keep my mind and my thoughts holy every day of the year and for all time. Let me close my mind to extraneous, idle thoughts, and certainly to evil or atheistic thoughts. Let them not enter my mind for even a brief moment. Let me not be drawn in by the persuasive arguments and temptations of my evil inclination, and let me avoid all debates with it.

Help me to keep firm against the evil inclination at all times, and to push down all improper and idle thoughts. Let me drive them out of my mind and keep them out until eventually they will disappear completely. Don't let them have even the slightest hold or influence on my mind or my thoughts. Let me be included among the

הַצַּדִּיקִים אֲמִתִּיִּים, דְּעָבְדִין מַצּוּתָא וּמְרִיבָה בְּסִטְרִין אוֹחֲרָנִין דְּלָא יִתְקָרִיבוּ לְמַשְׁכְּנָא דִּקְדֻשָּׁה:

רִבּוֹנוֹ שֶׁל עוֹלָם, צוֹפֶה בְּעָלְבּוֹן אֲנוּחִים, תִּיקַר נָא נַפְשִׁי הָאֻמְלָלָה בְּעֵינֶיךָ, וַחֲמֹל עָלַי בְּחֶמְלָתְךָ וַחֲנִינוּתֶיךָ, וְעָזְרֵנִי וְסִיְּעֵנִי וְחַזְּקֵנִי וְאַמְּצֵנִי, וְקַדְּשֵׁנִי בִּקְדֻשָּׁתְךָ הָעֶלְיוֹנָה, שֶׁיִּמָּשֵׁךְ עָלַי קְדֻשָּׁה וְטָהֳרָה מֵאִתְּךָ, בְּאֹפֶן שֶׁאֶזְכֶּה מֵעַתָּה לִשְׁמֹר עַצְמִי שֶׁלֹּא אַנִּיחַ לִכְנֹס כְּלָל לְתוֹךְ מַחֲשַׁבְתִּי שׁוּם מַחֲשָׁבָה חוּץ שֶׁבָּעוֹלָם וְלֹא שׁוּם בִּלְבּוּל הַדַּעַת וּמִכָּל שֶׁכֵּן וְכָל שֶׁכֵּן שֶׁלֹּא אֲהַרְהֵר בְּשׁוּם הִרְהוּר בָּעוֹלָם כְּלָל, רַק מַחֲשַׁבְתִּי תִּהְיֶה קְדוֹשָׁה תָּמִיד, זַכָּה וּנְקִיָּה מִכָּל סִיג וּפְסֹלֶת:

וּבְכֵן תְּזַכֵּנִי בְּרַחֲמֶיךָ הָרַבִּים לְהַאֲמִין בְּצַדִּיקֵי אֱמֶת. וְלֹא יִכָּנֵס בְּמַחֲשַׁבְתִּי וְדַעְתִּי שׁוּם הִרְהוּר וּמַחֲשָׁבָה כְּלָל עַל הַמַּחֲלֹקֶת שֶׁיֵּשׁ בֵּין הַצַּדִּיקֵי אֱמֶת, רַק אֶזְכֶּה לְהַאֲמִין בְּצַדִּיקֵי אֱמֶת בֶּאֱמוּנָה שְׁלֵמָה וְלֹא יִהְיֶה לִי שׁוּם הִרְהוּר וְקַשְׁיָא עֲלֵיהֶם וְעַל הַמַּחֲלֹקֶת שֶׁבֵּינֵיהֶם כְּלָל:

true Tzaddikim who make battle with the unholy forces of the *Sitra Achra,* the "Other Side," so that they should not come close to the Holy Sanctuary.

Master of the Universe: You know the shame and pain of the downcast. Remember the preciousness of my poor soul. Take pity on me in Your tender kindness. Help me, strengthen me and encourage me. Sanctify me with Your exalted holiness. Let Your holiness and purity be drawn down upon me, so that from now on I will be able to guard myself against all improper thoughts, against mental confusion, and especially against skepticism and sinful thoughts of any kind. Let my thoughts always be holy, clear and free of all impurity.

Faith in the Tzaddikim

Lovingly help me to have faith in the true Tzaddikim. Let no doubts whatever enter my mind on account of the disputes between the true Tzaddikim. Let me have complete faith in all the true Tzaddikim, and let me have no questions either about them or on account of the disputes between them.

רִבּוֹנוֹ שֶׁל עוֹלָם אִם אָמְנָם פָּגַמְתִּי בְּטִפֵּי מוֹחִי, אֲשֶׁר עַל יְדֵי
זֶה אֵינִי רָאוּי וּכְדַאי לְהִתְקָרֵב לְצַדִּיקֵי אֱמֶת וְלִזְכּוֹת לְהַאֲמִין
בָּהֶם בֶּאֱמֶת, אֲשֶׁר מֵחֲמַת זֶה בָּאִים עָלַי מַחְשָׁבוֹת חוּץ
וְהִרְהוּרִים לְהַרְהֵר אַחֲרֵיהֶם, חַס וְשָׁלוֹם: אָנָּא יְיָ, אַל תַּעֲשֶׂה
עִמִּי כַּחֲטָאַי וְאַל תִּדִינֵנִי כְּמִפְעָלַי, וַעֲשֵׂה לְמַעַנְךָ וְלֹא לְמַעֲנִי
וּמַלֵּא בַקָּשָׁתִי בְּרַחֲמִים, וְזַכֵּנִי שֶׁלֹּא יִכָּנֵס בְּלִבִּי שׁוּם קֻשְׁיָא
וְהִרְהוּר כְּלָל עַל הַצַּדִּיקֵי אֱמֶת וְעַל הַמַּחֲלֹקֶת שֶׁבֵּינֵיהֶם, רַק
אֶזְכֶּה לְהַאֲמִין בָּהֶם תָּמִיד בֶּאֱמוּנָה שְׁלֵמָה בֶּאֱמֶת.

וַחֲמֹל עָלַי בְּרַחֲמֶיךָ הָרַבִּים, וְזַכֵּנִי לָשׁוּב אֵלֶיךָ בֶּאֱמֶת וּלְהַשִּׂיג
אָרְחוֹת חַיִּים, וּבַמָּקוֹם שֶׁקִּלְקַלְתִּי שָׁם אֶתְתַּקֵּן. וְתָשִׁיב אוֹתִי
בְּרַחֲמֶיךָ וַחֲסָדֶיךָ הַגְּדוֹלִים מִמָּוֶת לְחַיִּים, מֵחָמֵץ לְמַצָּה,
מִיִּרְאָה רָעָה לְיִרְאָה טוֹבָה, מִקּוֹל פָּגוּם מֵחָכְמָה פְּגוּמָה -
לְקוֹל טוֹב לְחָכְמָה טוֹבָה, "תּוֹדִיעֵנִי אֹרַח חַיִּים שֹׂבַע שְׂמָחוֹת
אֶת פָּנֶיךָ נְעִימוֹת בִּימִינְךָ נֶצַח, כִּי עִמְּךָ מְקוֹר חַיִּים בְּאוֹרְךָ
נִרְאֶה אוֹר".

Master of the Universe: It is true that I have wasted the drops of my mind and soul, and it is my own deficiencies that make it hard for me to draw close to the true Tzaddikim and develop genuine faith in them. This is the reason for the doubts I have about them. But still, HaShem, please do not treat me according to my sins. Don't judge me harshly, in spite of all the wrong I have done. For Your sake, if not for mine, fulfil my request and let no questions and doubts about the true Tzaddikim or their disputes enter my heart. Grant that I should have genuine, perfect faith in them at all times.

Lovingly and tenderly help me come back to You sincerely and walk the path of life. Let me fix everything I have damaged. Have compassion on me and bring me back from death to life, from *chametz* to *matza*, from bad fear to good fear, from a spoiled voice and a spoiled intellect to a good voice and a good mind. "Give me the wisdom to know the path of life and let me be satisfied with the joy of seeing Your face, so as to enjoy the pleasantness of Your merciful right hand for ever." "For with You is the source of life. In Your light we will see light."

אָבִינוּ שֶׁבַּשָּׁמַיִם חוֹתֵךְ חַיִּים לְכָל חַי, אֵל חַי חֶלְקֵנוּ צוּרֵנוּ גּוֹאֲלֵנוּ מִמָּוֶת, פְּדֵנוּ מִשַּׁחַת, וְהַצֵּל אוֹתִי וְאֶת כָּל עַמְּךָ בֵּית יִשְׂרָאֵל מִכָּל מִינֵי מַחֲשָׁבוֹת רָעוֹת וְהִרְהוּרִים שֶׁהֵם נִקְרָאִים סִטְרָא דְמוֹתָא. וְחָנֵּנִי מֵאִתְּךָ בְּרַחֲמֶיךָ הָרַבִּים, וְתֶן לִי חַיִּים טוֹבִים, חַיִּים אֲרוּכִים, חַיִּים אֲמִתִּיִּים, חַיִּים נִצְחִיִּים, וְעָזְרֵנִי שֶׁאֶזְכֶּה לְקַדֵּשׁ אֶת הַמֹּחִין שֶׁלִּי הַנִּקְרָאִים בְּאֵר מַיִם חַיִּים:

וְזַכֵּנִי לְאַהֲבָה אֶת שִׁמְךָ הַגָּדוֹל בֶּאֱמֶת אַהֲבַת הַמִּישׁוֹר. וְיַחֵד לְבָבִי לְאַהֲבָה וּלְיִרְאָה אֶת שְׁמֶךָ. וְתַצִּיל אוֹתִי מִיִּרְאוֹת הַנְּפוּלוֹת, שֶׁלֹּא אֶתְיָרֵא מִשּׁוּם דָּבָר שֶׁבָּעוֹלָם כִּי אִם מִמְּךָ לְבַד אִירָא וְאֶפְחַד תָּמִיד, לְבַעֲבוּר תִּהְיֶה יִרְאָתְךָ עַל פָּנַי לְבִלְתִּי אֶחֱטָא לְעוֹלָם.

וְעָזְרֵנִי לְהִתְפַּלֵּל לְפָנֶיךָ בְּכָל כֹּחִי, שֶׁאַכְנִיס כָּל כֹּחִי בְּדִבּוּרֵי הַתְּפִלָּה וְאוֹצִיא אֶת הַקּוֹל וְהַדִּבּוּר שֶׁל הַתְּפִלָּה בְּכֹחַ גָּדוֹל, עַד שֶׁיִּהְיֶה קוֹלִי פּוֹגֵעַ בְּמֹחִי וְיִהְיֶה נִשְׁמָע לְלִבִּי כְּמוֹ קוֹל רְעָמִים, עַד שֶׁהַלֵּב יִשְׁמַע הֵיטֵב דִּבּוּרֵי הַתְּפִלָּה וְיִתְעוֹרֵר לַעֲבוֹדָתְךָ בֶּאֱמֶת, וְיִהְיוּ נַעֲשִׂים מִקּוֹלִי וְדִבּוּרֵי בְּחִינַת רְעָמִים.

Love and Fear of God

Our Father in Heaven: It is from You that all the living have their share of life. Living God, our portion and our rock: Save us from death. Redeem us from destruction. Keep me and all Your people, the House of Israel, from all kinds of evil thoughts and doubts. They are called "the side of death." In Your abundant love and kindness, grant me life. Let me live a life that is truly good, long, and eternal. Help me sanctify my mind, "the wellspring of living waters."

Bring me to love and cherish Your great Name with a true love that will rise up to You directly. Unify my heart to love and fear Your Name. Save me from fallen fears, so that I will have no fear of anything in the world besides You. Let Your fear be on my face, so that I will never sin.

Help me pray to You with all my strength. Let me put all my energy into the words of the prayers and bring forth the sounds and words with great force. Let my voice penetrate my mind and resound in my heart like thunder, inspiring my heart to Your service. Let the thunder of my voice and words bring me to genuine fear of Heaven, so that my words will be a resounding

וְזַכֵּנִי שֶׁיִּהְיֶה לִי יִרְאַת שָׁמַיִם בֶּאֱמֶת, עַד שֶׁיִּהְיוּ דְּבָרַי נִשְׁמָעִים לַבְּרִיּוֹת לַעֲבוֹדָתְךָ וּלְיִרְאָתֶךָ,

וְקוֹל תְּפִלָּתֵנוּ יַעֲלֶה לְפָנֶיךָ לְרָצוֹן כְּמוֹ שִׁבְעָה קוֹלוֹת שֶׁאָמַר דָּוִד עַל הַמַּיִם, כְּמוֹ שֶׁכָּתוּב: "קוֹל יְיָ עַל הַמָּיִם אֵל הַכָּבוֹד הִרְעִים יְיָ עַל מַיִם רַבִּים, קוֹל יְיָ בַּכֹּחַ". וְזַכֵּנִי שֶׁיִּתְפַּשֵּׁט עַקְמִימִיּוּת שֶׁבְּלִבִּי, שֶׁלֹּא יִהְיֶה בְּלִבִּי שׁוּם עַקְמִימִיּוּת וְעִקְּשׁוּת כְּלָל, "לֵבָב עִקֵּשׁ יָסוּר מִמֶּנִּי רַע לֹא אֵדָע", רַק אֶזְכֶּה לְיֹשֶׁר לֵבָב שֶׁיִּהְיֶה בֶּאֱמֶת לִבִּי יָשָׁר עִם יְיָ תָּמִיד:

וּבְכֵן יְהִי רָצוֹן מִלְּפָנֶיךָ יְיָ אֱלֹהַי וֵאלֹהֵי אֲבוֹתַי, שֶׁתַּעַזְרֵנִי וְתוֹשִׁיעֵנִי בְּרַחֲמֶיךָ הָרַבִּים לִזְכּוֹת לְשִׂמְחָה גְדוֹלָה בֶּאֱמֶת בַּעֲבוֹדָתְךָ, כְּמוֹ שֶׁכָּתוּב: "עִבְדוּ אֶת יְיָ בְּשִׂמְחָה וְגִילוּ בִּרְעָדָה". וּתְזַכֵּנִי בְּרַחֲמֶיךָ הָרַבִּים לַעֲשׂוֹת כָּל הַמִּצְווֹת בְּשִׂמְחָה גְדוֹלָה בֶּאֱמֶת, שֶׁיִּהְיֶה לִי שִׂמְחָה גְדוֹלָה מֵהַמִּצְוָה בְּעַצְמָהּ, שֶׁאָגִיל וְאֶשְׂמַח מְאֹד בִּשְׁעַת עֲשִׂיַּת כָּל מִצְוָה וּמִצְוָה, בַּמֶּה שֶׁזָּכִיתִי בְּרַחֲמֶיךָ לַעֲשׂוֹת הַמִּצְוָה,

influence drawing myself and others to serve and fear You.

Let the voice of our prayers rise and find favor before You, like the seven voices with which King David cried out over the water: "The voice of HaShem is upon the waters, the God of glory thunders, HaShem is upon vast waters! The voice of HaShem is in power..." Let the crookedness of my heart be smoothed out completely. "The stubbornness of my heart will depart; I will not know evil." Bring me to be truly pure-hearted, and let me always face God honestly.

For the sake of Heaven

May it be Your will, HaShem my God and God of my fathers, to lovingly help me attain great joy, true joy, in serving You, as it is written: "Serve HaShem with happiness..." "...and rejoice with trembling." Bring me to fulfil all the mitzvot with a happiness and joy that come from the mitzvah itself. While engaged in each mitzvah, let me rejoice over the fact that *You* have lovingly given me the privilege of performing this mitzvah.

וְכָל שִׂמְחָתִי יִהְיֶה רַק הַמִּצְוָה לְבַד לֹא בִּשְׁבִיל שָׂכָר עוֹלָם
הַבָּא, מִכָּל שֶׁכֵּן וְכָל שֶׁכֵּן שֶׁלֹּא יַעֲלֶה בְּדַעְתִּי, חַס וְשָׁלוֹם
פְּנִיּוֹת שֶׁל שְׁטוּת בִּשְׁבִיל בְּנֵי אָדָם אוֹ בִּשְׁבִיל עִסְקֵי עוֹלָם
הַזֶּה, חַס וְשָׁלוֹם, רַק שֶׁאֶזְכֶּה לַעֲשׂוֹת כָּל הַמִּצְוֹת בְּשִׂמְחָה
גְּדוֹלָה מֵהַמִּצְוָה בְּעַצְמָהּ. וְיִהְיֶה כָּל הָעוֹלָם הַבָּא שֶׁלִּי
בְּהַמִּצְוָה בְּעַצְמָהּ עַד שֶׁלֹּא אֶרְצֶה שׁוּם שָׂכָר עוֹלָם הַבָּא
בִּשְׁבִיל הַמִּצְוָה, רַק שֶׁכָּל שְׂכָרִי יִהְיֶה שֶׁתְּזַכֵּנִי לַעֲשׂוֹת מִצְוָה
אַחֶרֶת בִּשְׂכַר מִצְוָה זֹאת, כְּמוֹ שֶׁאָמְרוּ רַבּוֹתֵינוּ זִכְרוֹנָם
לִבְרָכָה: שֶׁשְּׂכַר מִצְוָה מִצְוָה.

וְאֶזְכֶּה לְהִכָּלֵל בְּךָ עַל יְדֵי מִצְוֹתֶיךָ הַקְּדוֹשִׁים אֲשֶׁר הֵם
אַחְדוּתֶךָ. וִיקֻיַּם בָּנוּ מִקְרָא שֶׁכָּתוּב: "יִשְׂמַח יְיָ בְּמַעֲשָׂיו",
"יִשְׂמַח יִשְׂרָאֵל בְּעוֹשָׂיו", שֶׁאַתָּה תִּשְׂמַח בָּנוּ עַל יְדֵי שֶׁתְּזַכֵּנוּ
לַעֲשׂוֹת מַעֲשִׂים טוֹבִים בְּעֵינֶיךָ, וַאֲנַחְנוּ נָגִילָה וְנִשְׂמְחָה בָּךְ,

וְתַעַזְרֵנוּ בְּרַחֲמֶיךָ הָרַבִּים לְהַמְשִׁיךְ חִיּוּת וְשֶׁפַע טוֹבָה וּבְרָכָה
עַל יְדֵי עֲשִׂיַּת מִצְוֹתֵינוּ בְּשִׂמְחָה גְּדוֹלָה, לְרַמַ"ח אֵיבָרֵינוּ
וּשְׁסָ"ה גִּידֵנוּ, וּלְכָל הָעוֹלָם כֻּלּוֹ וּלְכָל הַשָּׁנָה כֻּלָּהּ, וְכָל
הַשְּׁלֹשָׁה קוֹמוֹת, הֵן קוֹמַת עוֹלָם הֵן קוֹמַת שָׁנָה הֵן קוֹמַת

Let all my joy be from the mitzvah alone and not from the thought of the reward I will receive in the World to Come, not to speak of any honor or other extraneous benefits I anticipate from other people, or other mundane advantages of any kind. Let my entire joy be from the mitzvah itself. Let my World to Come be in the actual performance of the mitzvah, so that I will have no wish for any reward for the mitzvah in the Next World. Let my reward be that You will grant me another mitzvah, as taught by our Rabbis: "The reward for a mitzvah is a mitzvah."

Through Your holy mitzvot, which *are* Your unity, let me become fully merged with You, and fulfil through me the words of the Psalms: "HaShem will rejoice in His works" and "Israel will rejoice in their Maker." Take joy in us through granting us the opportunity to carry out actions that are good in Your eyes, and let our joy be in You.

By lovingly helping us to perform our mitzvot with joy, give us the power to bring vitality and Godly blessing into our two hundred and forty-eight limbs and three hundred and sixty-five sinews, and into the entire world, the entire year, and the three dimen-

נֶפֶשׁ - כֻּלָּם יִתְבָּרְכוּ וִיקַבְּלוּ חַיִּים וְטוֹבָה וּבְרָכָה וּקְדֻשָּׁה וְטָהֳרָה עַל יְדֵי קִיּוּם מִצְווֹתֵינוּ בְּשִׂמְחָה גְדוֹלָה:

הַשְׁמָטָה הַשַּׁיָךְ כָּאן מִסְפַּר "לִיקּוּטֵי תְפִלּוֹת וְתַחֲנוּנִים" אוֹת ד

רִבּוֹנוֹ שֶׁל עוֹלָם. עָזְרֵנוּ לְקַיֵּם בִּשְׁלֵמוּת מַה שֶׁאָמְרוּ רַבּוֹתֵינוּ, זִכְרוֹנָם לִבְרָכָה: 'חַיָּב כָּל אֶחָד וְאֶחָד לוֹמַר בִּשְׁבִילִי נִבְרָא הָעוֹלָם', וְאֶזְכֶּה לִשְׁמוֹר הַדְּבָרִים הָאֵלּוּ בְּלִבִּי הֵיטֵב בְּכָל עֵת, וְעַל יְדֵי זֶה אֶזְכֶּה לִהְיוֹת תָּמִיד בּוֹרֵחַ מִן הָעֲבֵרָה וַאֲפִלּוּ מִפְּגַם קַל שֶׁהוּא נֶגֶד רְצוֹנְךָ חַס וְשָׁלוֹם, בִּכְדֵי שֶׁלֹּא אֶגְרוֹם עַל יְדֵי זֶה, חִסָּרוֹן וְהֶזֵּק וּמִכְשׁוֹל וְתַקָּלָה, לִי וּלְכָל הָעוֹלָם חַס וְשָׁלוֹם, וְאֶזְכֶּה אַדְּרַבָּא לִרְאוֹת וּלְעַיֵּן בְּכָל עֵת בְּתִקּוּן הָעוֹלָם וּלְמַלֹּאת חֶסְרוֹן הָעוֹלָם וּלְהִתְפַּלֵּל בַּעֲבוּרָם:

וְתַעַזְרֵנוּ בְּרַחֲמֶיךָ הָרַבִּים, שֶׁנּוּכַל לְהִתְפַּלֵּל עֲבוּר כָּל הָעוֹלָם וּלְמַלֹּאת חֶסְרוֹן הָעוֹלָם, וְכָל מִינֵי גְּזֵרוֹת שֶׁנִּגְזְרוּ עַל הָעוֹלָם, כֻּלָּם נִזְכֶּה לְבַטֵּל עַל יְדֵי תְפִלָּתֵנוּ, וְנִזְכֶּה לָדַעַת וּלְהַשִּׂיג אִם

sions: space, time and soul. Let all of them be blessed and receive goodness, vitality, holiness and purity through our fulfilment of the mitzvot with great joy.

Taking responsibility for the world

Master of the Universe: Help us fulfil perfectly the teaching of our Rabbis, of blessed memory, that "Every single person is obliged to say, 'The world was created for my sake.'" Help me keep these words in my heart constantly, in order that I should always steer clear of even the smallest sin or anything else that goes contrary to Your will, so that I never become the cause of any kind of deficiency, damage or impediment, whether in myself or in the world as a whole. Instead, let me always be watchful for anything I can do to improve or benefit the world, or provide for its needs, and let me pray for the world.

In Your abundant love and kindness, help us to be able to pray for the entire world and thereby bring about the fulfilment of its needs. Help us nullify all evil decrees through our prayers. Grant us the knowledge of whether the decree has already been sealed or not, so that we may

הוּא קֹדֶם גְּזַר דִּין אוֹ לְאַחַר גְּזַר דִּין. וּתְזַכֵּנוּ לֵידַע אֵיךְ
לְהִתְפַּלֵּל לְפָנֶיךָ, וּלְהַלְבִּישׁ אֶת תְּפִלָּתֵנוּ בְּסִפּוּרֵי דְּבָרִים בִּזְמַן
שֶׁהַשָּׁעָה צְרִיכָה לְכָךְ. וְאִם אָמְנָם בָּעֵת הַזֹּאת אָנוּ רְחוֹקִים
מְאֹד מִדַּעַת וְהַשָּׂגָה זֹאת, עִם כָּל זֶה בְּיָדְךָ הַכֹּל וּמִמְּךָ לֹא
יִבָּצֵר כָּל דָּבָר,

"אַתָּה יְיָ לֹא תִכְלָא רַחֲמֶיךָ מִמֶּנִּי, חַסְדְּךָ וַאֲמִתְּךָ תָּמִיד
יִצְּרוּנִי". וְתַעַזְרֵנִי וּתְזַכֵּנִי לְהַגִּיעַ וְלָבוֹא לְכָל מַה שֶּׁבִּקַּשְׁתִּי
מִלְּפָנֶיךָ, קַדְּשֵׁנוּ בְּמִצְוֹתֶיךָ וְשַׂמַּח נַפְשֵׁנוּ בִּישׁוּעָתֶךָ וְטַהֵר
לִבֵּנוּ לַעֲבוֹדָתְךָ בֶּאֱמֶת, עֲבוֹדָה שֶׁבַּלֵּב זוֹ תְּפִלָּה, לִזְכּוֹת
לְהִתְפַּלֵּל לְפָנֶיךָ בְּכָל כֹּחִי בֶּאֱמֶת וְלַעֲשׂוֹת מִצְוֹתֶיךָ בְּשִׂמְחָה
תָּמִיד,

"יֶעֱרַב עָלָיו שִׂיחִי אָנֹכִי אֶשְׂמַח בַּיהוָה וְנַפְשִׁי תָּגִיל בַּיהוָה
תָּשִׂישׂ בִּישׁוּעָתוֹ, כָּל עַצְמוֹתַי תֹּאמַרְנָה יְיָ מִי כָמוֹךָ מַצִּיל
עָנִי מֵחָזָק מִמֶּנּוּ וְעָנִי וְאֶבְיוֹן מִגֹּזְלוֹ, אוֹר זָרוּעַ לַצַּדִּיק וּלְיִשְׁרֵי
לֵב שִׂמְחָה", בָּרוּךְ יְיָ לְעוֹלָם אָמֵן אָמֵן:

know how best to pray to You, and whether we should clothe our prayers in the form of narrative at times when this is necessary. Even though we may be very far from this level of understanding at the present time, even so, everything is in Your hand, and for You nothing is impossible.

"HaShem, do not hold back Your love from me; Your mercy and Your truth will always protect me." Help me come to everything I have requested of You. Sanctify me with Your mitzvot and delight my soul with Your salvation. Purify my heart to serve You sincerely with the service of the heart — namely prayer — so that I will be able to pray to You with all my strength and to fulfil Your mitzvot joyously at all times.

"Let the words of my prayer be sweet to Him." "I will rejoice in HaShem, and my soul will exult in HaShem and delight in His salvation." "All my bones will declare: HaShem, who is like You? You save the poor from those who are too strong for them, and the needy from those who would rob them." "Light is sown for the righteous, and joy for those who are pure of heart." Blessed be HaShem for ever. Amen. Amen.

6

Teshuvah / Humility / Bearing insults / Finding God in all situations / Advancing from level to level / Spiritual perception / Attachment to the Tzaddikim / The Month of Elul

The main theme of this prayer is *Teshuvah* — repentance. Our own pride may stand in the way of our apprehension of God. To experience God's glory, we must stop pursuing honor and esteem for ourselves, and strive only to enhance God's glory. The essence of Teshuvah is to accept insults and indignities in silence as an atonement for our sins.

Teshuvah is not a single event but a continuing pathway. Even after beginning Teshuvah, our conception of God may still be influenced by materialistic images. As our perception develops, we must repent for the inadequacies of our earlier repentance.

Spiritual life has many ups and downs. In order to be able to follow the path of Teshuvah steadily at all times, two skills are necessary: the ability to maintain our balance even at moments of intense enthusiasm, and the determination to continue with our efforts

even if we experience failure and dejection. This way we can find God in all situations, good or bad, thereby affirming the perfect unity that underlies everything in the creation, from the highest of levels down to the lowest.

יְהִי רָצוֹן מִלְּפָנֶיךָ יְיָ אֱלֹהֵינוּ וֵאלֹהֵי אֲבוֹתֵינוּ, שֶׁתְּרַחֲמֵנוּ בְּרַחֲמֶיךָ הָרַבִּים וַחֲסָדֶיךָ הַגְּדוֹלִים, וְחוּס וַחֲמֹל נָא עָלַי וְעַל נַפְשִׁי הָאֻמְלָלָה, הַצְּמֵאָה וְהָרְעֵבָה וְהַתְּאֵבָה לָשׁוּב אֵלֶיךָ בֶּאֱמֶת. וְעָזְרֵנִי בְּרַחֲמֶיךָ הָרַבִּים לָשׁוּב בִּתְשׁוּבָה שְׁלֵמָה לְפָנֶיךָ עַל כָּל חֲטָאַי וַעֲווֹנוֹתַי וּפְשָׁעַי, וְזַכֵּנִי שֶׁאֶהְיֶה בִּכְלַל הַבָּא לִטָּהֵר, וְאַתָּה תְסַיְּעֵנִי מִן הַשָּׁמַיִם לְטַהֲרֵנִי מֵעֲווֹנוֹתַי, שֶׁאֶזְכֶּה לָשׁוּב בִּתְשׁוּבָה שְׁלֵמָה בֶּאֱמֶת עַל כָּל עֲווֹנוֹתַי.

מָלֵא רַחֲמִים, חוּסָה נָא עָלַי בְּרַחֲמֶיךָ הָרַבִּים וּרְאֵה דַלּוּתִי וְשִׁפְלוּתִי, וְעַל מַה שָּׁוְא בְּרָאתַנִי, כִּי עַתָּה אֵין אֲנִי נֶחְשָׁב בְּשֵׁם בְּרִיָּה כְּלָל, וּכְאִלּוּ עֲדַיִן אֵין לִי שׁוּם הֲוָיָה בָּעוֹלָם כְּלָל, כִּי טוֹב לִי שֶׁלֹּא נִבְרֵאתִי, מֵאַחַר שֶׁהֲרֵעוֹתִי אֶת מַעֲשַׂי,

וּבְכֵן בָּאתִי לְפָנֶיךָ יְיָ אֱלֹהָי, שֶׁתַּעַזְרֵנִי בְּכֹחַ שִׁמְךָ הַגָּדוֹל אֶהְיֶ"ה, אֲשֶׁר בּוֹ נִקְרֵאתָ בְּעֵת שֶׁהִתְחַלְתָּ לִגְאֹל אֶת בָּנֶיךָ מִמִּצְרַיִם לַעֲשׂוֹת אוֹתָם לְךָ לְעָם, וְלַהֲשִׁיבָם אֵלֶיךָ מִטֻּמְאַת

HaShem our God and God of our fathers, God of love and kindness:

Have pity on me and on my poor soul, which is thirsty, hungry and yearning to return to You. Help me repent completely for all my sins and transgressions. Those who come to be cleansed and purified are helped from Heaven. Let me be one of them, and You Yourself assist me in purifying myself of my sins, so that I will be able to come to perfect Teshuvah for all of them.

Loving God: Have compassion on me and see my wretchedness and degradation. Was it for this futile life of mine that You created me? I feel I'm hardly worthy of being called a person at all. It is as if I have no real existence in this world. It would have been better for me not to have been created in the first place, considering all the wrong I have done.

I have come before You now, HaShem, to plead with You to help me through the power of Your great Name *EHYEH* — "I will be" — with which You revealed Yourself when You began to redeem Your children from Egypt. You wanted to make them Your people and remove them from the pollution of Egypt. You said to Moshe

מִצְרַיִם, כְּמוֹ שֶׁהוֹדַעְתָּ לְמֹשֶׁה בַּסְּנֶה, כְּמוֹ שֶׁכָּתוּב: "כֹּה תֹאמַר לִבְנֵי יִשְׂרָאֵל אֶהְיֶה שְׁלָחַנִי אֲלֵיכֶם",

וּבְכֵן בְּכֹחַ הַשֵּׁם הַקָּדוֹשׁ הַזֶּה, תְּזַכֵּנִי בְּרַחֲמֶיךָ הָרַבִּים, שֶׁאַתְחִיל לְהָכִין עַצְמִי שֶׁיִּהְיֶה לִי הֲוָיָה בָּעוֹלָם עַל יְדֵי שֶׁתְּזַכֵּנִי בְּרַחֲמֶיךָ הָרַבִּים לָשׁוּב אֵלֶיךָ בֶּאֱמֶת, שֶׁאֶזְכֶּה לְהַרְגִּישׁ כְּאֵב חֲטָאַי וַעֲווֹנוֹתַי הַמְרֻבִּים, וְלָשׁוּב בִּתְשׁוּבָה שְׁלֵמָה לְפָנֶיךָ.

וְזַכֵּנִי לִהְיוֹת מִן הַנֶּעֱלָבִים וְאֵינָם עוֹלְבִים שׁוֹמְעִים חֶרְפָּתָם וְאֵינָם מְשִׁיבִים, וְלִמְקַלְלַי נַפְשִׁי תִדּוֹם. וְעַל כָּל מִינֵי בִּזְיוֹנוֹת וַחֲרוּפִים וְגִדּוּפִים שֶׁאֶשְׁמַע מֵאֵיזֶה אָדָם שֶׁיְּבַזֶּה אוֹתִי, אָדָם וְאֶשְׁתֹּק לוֹ, כְּמוֹ שֶׁכָּתוּב: "דֹּם לַיהוָה וְהִתְחוֹלֵל לוֹ, וָאֱהִי כְאִישׁ אֲשֶׁר לֹא שׁוֹמֵעַ וְאֵין בְּפִיו תּוֹכָחוֹת, כְּחֵרֵשׁ לֹא אֶשְׁמַע וּכְאִלֵּם לֹא יִפְתַּח פִּיו",

כִּי בֶּאֱמֶת יָדַעְתִּי יְיָ, כִּי כָּל מִינֵי בִּזְיוֹנוֹת שֶׁבָּעוֹלָם אֵינָם מַסְפִּיקִים לִי לְפִי גֹּדֶל חֲטָאַי הַמְרֻבִּים, כִּי אֲנִי נִבְזֶה יוֹתֵר וְיוֹתֵר מִכָּל מִינֵי בִּזְיוֹנוֹת שֶׁבָּעוֹלָם מַה שֶּׁהַפֶּה יָכוֹל לְדַבֵּר,

at the burning bush: "Tell this to the Children of Israel: *EHYEH* sent me to you."

Through the power of this holy Name, help me make a whole new start and prepare myself to *be* in this world — to exist and live as the person You intended me to be, through returning to You in sincere, genuine Teshuvah. Help me feel the pain of my many sins and transgressions and to come to perfect Teshuvah.

Humility

Help me bear shame and embarrassment without throwing insults back in return. Even if I hear myself abused, let me not reply. "To those that curse me, let my soul be silent." No matter how other people may abuse and insult me, let me hold my peace and say nothing. Let me "silently wait for HaShem and hope in Him", and "let me be like a man who does not hear and has no complaints on his lips...." "I will be like a deaf person — I will not hear; I will be like a dumb person who will not open his mouth."

HaShem, I know the truth: all the insults in the world would not be enough to cleanse me, considering the weight of all my sins. It is impossible to express in words how degraded I have

כִּי בַּעֲווֹנוֹתַי הָרַבִּים פָּגַמְתִּי בִּכְבוֹדְךָ הַגָּדוֹל וְהַקָּדוֹשׁ, וְלֹא כִּבַּדְתִּי אֶת שִׁמְךָ הַגָּדוֹל, וּבָזִיתִי אֶת נַפְשִׁי מְאֹד עַל יְדֵי עֲווֹנוֹתַי, וְנָתַתִּי תֹקֶף לְהַדָּם שֶׁבֶּחָלָל הַשְּׂמָאלִי שֶׁבַּלֵּב.

עַל כֵּן בְּוַדַּאי חוֹבָה עָלַי לִסְבֹּל בִּזְיוֹנוֹת גְּדוֹלוֹת וּשְׁפִיכוּת דָּמִים. לָכֵן עָזְרֵנִי יְיָ אֱלֹהַי, שֶׁלֹּא אָשִׁיב דָּבָר לִמְחָרְפַי וְלִמְבַזֵּי נַפְשִׁי, לְמַעַן יִהְיֶה לִּי לְכַפָּרָה עַל כָּל עֲווֹנוֹתַי:

יְיָ אֱלֹהַי, נַפְשִׁי יוֹדַעַת מְאֹד כִּי אֲנִי רָחוֹק מְאֹד מִתְּשׁוּבָה בֶּאֱמֶת, כִּי עֲווֹנוֹתַי עָבְרוּ רֹאשִׁי וּבִלְבְּלוּ אֶת דַּעְתִּי, עַד שֶׁאֵין אֲנִי יוֹדֵעַ כְּלָל אֵיךְ לָשׁוּב אֵלֶיךָ, וְהַדַּעַת נִסְתַּלֵּק מִמֶּנִּי וְלִבִּי עֲזָבָנִי, וַאֲנִי הוֹלֵךְ בָּעוֹלָם נָע וָנָד בְּלֹא דַעַת וּבְלֹא לֵב:

יְיָ אֱלֹהִים, אַתָּה יָדַעְתָּ לְאִוַּלְתִּי וְאַשְׁמוֹתַי מִמְּךָ לֹא נִכְחָדוּ. וְעַתָּה אָבִי, אָבִי, מָלֵא רַחֲמִים, מָה אֶעֱשֶׂה, אָנָא אָנוּס לְעֶזְרָה וְאֵיךְ אֲבַקֵּשׁ תְּרוּפָה וְתַחְבּוּלָה וְעֵצָה לְהִמָּלֵט עַל נַפְשִׁי, לְהַצִּיל נַפְשִׁי מִנִּי שָׁחַת, "אֶשָּׂא עֵינַי אֶל הֶהָרִים מֵאַיִן יָבֹא

become through my own choices and actions. My sins have cast a stain on Your great glory. I have dishonored Your holy Name, and I have mightily abused my own soul through my sins. I have given power to the blood in the left side of the heart, which has strengthened my evil inclination.

To make up for all this I must simply bear even the worst insults and persecution. So Ha-Shem, when people abuse and insult me, help me bear it in silence, in order that this should be my atonement for all my sins.

HaShem, my God: In my heart of hearts I know that I am very far from genuine Teshuvah. My sins have gone over my head. They have left me in such a state of mental confusion that I really have no idea how to come back to You. My good sense and intelligence have left me, and I feel as if I have no heart. I go around like a vagrant, devoid of mind and heart.

HaShem, You know my foolishness. I cannot conceal my guilt from You. Father, loving Father, what should I do? Where should I run for help? What possible remedy or strategy can I find to save my soul from destruction? "I lift up my eyes to the mountains: from where will my help

עָזְרִי". עָזְרֵנִי עָזְרֵנִי, חָנֵּנִי חָנֵּנִי, הוֹשִׁיעֵנִי בְּרַחֲמֶיךָ הָרַבִּים
וַחֲסָדֶיךָ הָעֲצוּמִים

וְהוֹפִיעָה עָלַי מִמְּעוֹן קָדְשָׁתְךָ רוּחַ חָכְמָה וּבִינָה, רוּחַ קְדֻשָּׁה
וְטׇהֳרָה, שֶׁאֶזְכֶּה לְהִתְקַדֵּשׁ וּלְהִטָּהֵר בֶּאֱמֶת, וְלָשׁוּב אֵלֶיךָ
בֶּאֱמֶת בִּתְשׁוּבָה שְׁלֵמָה, וְאֶהְיֶה אָדָם וְאֶשְׁתֹּק לִמְחָרְפַי וְלִמְבַזֵּי
נַפְשִׁי, וְאֶזְכֶּה לְקַיֵּם מִקְרָא שֶׁכָּתוּב: "דֹּם לַיהֹוָה וְהִתְחוֹלֵל
לוֹ", וְלִסְבֹּל בִּזְיוֹנוֹת וּבוּשׁוֹת וּשְׁפִיכוּת דָּמִים עַל עֲווֹנוֹתַי,
וּלְקַבֵּל הַכֹּל בְּאַהֲבָה:

השמטה השייך כאן מספר "ליקוטי תפילות ותחנונים" אות ה

רִבּוֹנוֹ שֶׁל עוֹלָם. רָמַזְתָּ לָנוּ מֵרָחוֹק עַל יְדֵי חֲכָמֶיךָ הַקְּדוֹשִׁים
זִכְרוֹנָם לִבְרָכָה, גֹּדֶל מַעֲלַת קְדֻשַּׁת יִשְׂרָאֵל, שֶׁכָּל אֶחָד
מִיִּשְׂרָאֵל הוּא בְּחִינַת כֶּתֶר לְהַקָּדוֹשׁ בָּרוּךְ הוּא, עַל כֵּן אֲבַקֵּשׁ
מִמְּךָ וַאֲצַפֶּה לְרַחֲמִים, שֶׁתְּזַכֵּנוּ לְהִשְׁתַּדֵּל לְבַקֵּשׁ וּלְחַפֵּשׂ
תָּמִיד אַחַר כָּל צַד זְכוּת וָטוֹב שֶׁאֶפְשָׁר לִמְצוֹא בְּיִשְׂרָאֵל.
וְאֶזְכֶּה לָדוּן אֶת הַכֹּל לְכַף זְכוּת,

וַאֲפִלּוּ אוֹתָן הַקָּמִים עָלַי וּמְבַזִּין וּמְחָרְפִין אוֹתִי אֶזְכֶּה לִדּוֹם
וְלִשְׁתּוֹק לָהֶם, וַאֲפִלּוּ בְּלִבִּי לֹא יִהְיֶה לִי שׁוּם שִׂנְאָה וּקְפֵדָא
וְתַרְעוּמוֹת עֲלֵיהֶם, רַק אֶזְכֶּה לָדוּנָם לְכַף זְכוּת שֶׁכָּל כַּוָּנָתָם

come?" Help me! Help me! Please! Please be kind to me! Show me Your love and mercy! Save me!

Shine upon me from Your holy habitation, and cause a spirit of wisdom and understanding, holiness and purity to rest upon me, so that I will be able to genuinely sanctify and purify myself and come back to You in perfect Teshuvah. Let me hold my peace and say nothing to those who abuse and insult my soul. Let me "silently wait for HaShem and hope in Him", bearing all degradation and persecution with love, as an atonement for my sins.

Judging others favorably

Master of the Universe: Through Your holy sages, of blessed memory, You have given us a distant hint of the exalted holiness of the Jewish People. Every single Jew is a "crown" to the Holy One blessed be He. I therefore want to ask You to help me to always try to search for all the good points that are to be found in each Jew, and to judge everyone favorably.

Even when people are against me and abuse and insult me, let me hold my peace and say nothing. Even in my heart, let me feel no hatred or anger. Instead, let me judge them favorably

לְשֵׁם שָׁמַיִם, כִּי לְפִי דַעְתָּם וּסְבָרָתָם נִדְמֶה לָהֶם שֶׁרָאוּי לְבַזּוֹת אוֹתִי.

בִּפְרָט כִּי בֶּאֱמֶת יָדַעְתִּי כִּי כָל מִינֵי בִּזְיוֹנוֹת שֶׁבָּעוֹלָם אֵינָם מַסְפִּיקִים לִי לְפִי גוֹדֶל פְּשָׁעַי וַעֲוֹנוֹתַי הַמְרֻבִּים. בִּפְרָט כִּי גַם אֲנִי מִזֶּרַע יִשְׂרָאֵל הַקְּדוֹשִׁים שֶׁהֵם בְּחִינַת כִּתְרָא דְמַלְכָּא, וְאֵיךְ לֹא נִזְהַרְתִּי בְּנַפְשִׁי שֶׁלֹּא לִפְגּוֹם עַל יְדֵי מַעֲשַׂי בִּכְבוֹד הַמֶּלֶךְ חַס וְשָׁלוֹם, וּבְוַדַּאי רָאוּי אֲנִי לְכָל מִינֵי בִּזְיוֹנוֹת שֶׁבָּעוֹלָם, כְּמוֹ שֶׁנֶּאֱמַר: "וּבוֹזַי יֵקָלּוּ".

וְאֵיךְ אֶפְשָׁר לִי לְהִתְרָעֵם עַל הַמְבַזִּים אוֹתִי וְלִהְיוֹת בְּלִבִּי עֲלֵיהֶם מֵאַחַר שֶׁאֲנִי רָאוּי לְכָל זֶה וְיוֹתֵר עוֹד מִזֶּה, בִּפְרָט כִּי אֵיךְ אֶפְשָׁר לִי לְדַקְדֵּק עִמָּהֶם עַל בִּזְיוֹן כְּבוֹדִי, מֵאַחַר שֶׁכָּל אֶחָד מֵהֶם יָקָר כָּל כָּךְ עַד שֶׁהוּא בְּחִינַת כֶּתֶר לְהַשֵּׁם יִתְבָּרַךְ. עַל כֵּן זַכֵּנִי נָא לִדּוֹם וְלִשְׁתּוֹק לָהֶם וּלְקַבֵּל הַכֹּל בְּאַהֲבָה, עַד שֶׁאֶזְכֶּה עַל יְדֵי זֶה לִתְשׁוּבָה שְׁלֵמָה שֶׁהוּא בְּחִינַת הַשֵּׁם הַקָּדוֹשׁ אֵהִ"ה בְּחִינַת כֶּתֶר כַּאֲשֶׁר הוֹדַעְתָּ לָנוּ עַל יְדֵי חֲכָמֶיךָ הַקְּדוֹשִׁים זִכְרוֹנָם לִבְרָכָה:

and assume that their intentions are pure. Give me to understand that according to their way of looking at things, they are convinced that they are doing the right thing by insulting me.

Indeed I know that all the abuse in the world would still be less than I deserve, seeing that I have sinned so much. If I am a member of the holy Jewish People, each one of whom is a "crown of the King", how could I have taken so little care not to demean the honor of the King through the wrong I have done? I surely deserve every kind of abuse, since "those who show contempt for Me will be despised."

In that case, how can I be angry at those who insult me? How can I hold it against them, considering I deserve everything I get and more? How can I take them to task for not treating me with sufficient respect, when every single one of them is a precious "crown" of HaShem? So please, HaShem, help me keep quiet and hold my peace, and bear everything with love. And through this, bring me to perfect Teshuvah, which is bound up with the holy Name of *EHYEH*, the Crown, as Your sages have taught us.

וְזַכֵּנִי לִהְיוֹת כָּל יָמַי בִּתְשׁוּבָה תָּמִיד, כִּי "מִי יֹאמַר זִכִּיתִי
לִבִּי טָהַרְתִּי מֵחַטָּאתִי". כִּי אַתָּה יָדַעְתָּ אֶת לְבָבֵנוּ, כִּי הַלֵּב
מְעֹרָב בִּפְסֹלֶת וּבִפְנִיּוֹת הַרְבֵּה, וַאֲפִלּוּ בְּשָׁעָה שֶׁאֲנִי מִתְוַדֶּה
וְאוֹמֵר: חָטָאתִי לְפָנֶיךָ, גַּם אָז בָּאִים בְּלִבִּי מַחֲשָׁבוֹת זָרוֹת
וּפְנִיּוֹת גְּדוֹלוֹת, עַד שֶׁאִי אֶפְשָׁר לִי לְדַבֵּר דִּבּוּר אֶחָד בֶּאֱמֶת
כָּרָאוּי. וַאֲפִלּוּ לְהִתְוַדּוֹת עַל חֲטָאתִי מַה שֶּׁחָטָאתִי וּפָשַׁעְתִּי
בֶּאֱמֶת לְפָנֶיךָ, גַּם זֶה נִמְנָע מִמֶּנִּי.

עַל כֵּן זַכֵּנִי בְּרַחֲמֶיךָ הָרַבִּים לִהְיוֹת בִּתְשׁוּבָה תָּמִיד, שֶׁאֶזְכֶּה
לַעֲשׂוֹת תָּמִיד תְּשׁוּבָה עַל תְּשׁוּבָה הָרִאשׁוֹנָה, וְאֶזְכֶּה לְתַקֵּן
בְּכָל פַּעַם פְּגַם תְּשׁוּבָה הָרִאשׁוֹנָה, עַד שֶׁאֶזְכֶּה בְּרַחֲמֶיךָ
הָרַבִּים לִתְשׁוּבָה שְׁלֵמָה תְּשׁוּבָה עִלָּאָה בֶּאֱמֶת כָּרָאוּי, וְאָז
תִּפְתַּח אֶת לִבִּי וְדַעְתִּי לָדַעַת אֶת שְׁמֶךָ, וְאָז אֵדַע בֶּאֱמֶת כִּי
עֲדַיִן לֹא הִתְחַלְתִּי לַעֲשׂוֹת תְּשׁוּבָה, כְּפִי עֹצֶם גְּדֻלָּתְךָ
וְרוֹמְמוּתְךָ שֶׁתְּזַכֵּנִי לְהַשִּׂיג אָז,

וְאָז תְּזַכֵּנִי בֶּאֱמֶת לַעֲשׂוֹת תְּשׁוּבָה עַל תְּשׁוּבָה, שֶׁאֶזְכֶּה לַעֲשׂוֹת
תְּשׁוּבָה בְּכָל פַּעַם עַל הַשָּׂגָה הָרִאשׁוֹנָה, עַל שֶׁהָיִיתִי מְגַשֵּׁם
אֶת רוֹמְמוּת אֱלֹהוּתְךָ, לְפִי עֹצֶם רוֹמְמוּתְךָ שֶׁאֶזְכֶּה לְהַשִּׂיג

The Path of Teshuvah

Help me to follow the path of Teshuvah all my days. "Who can say, 'I have cleansed my heart and purified myself of sin'?" You know our hearts, and how we often have mixed and impure motives for even the good that we do. Even when I am confessing my sins, I have improper thoughts and motives. I find it impossible to say even a single word sincerely and honestly. My sins are real enough, but I have a block against owning up to them.

So please help me to keep going forward on the path of Teshuvah, and to repent over my repentance — to make amends for the inadequacy of my earlier Teshuvah. This way, with Your help, I will eventually be able to attain the highest level of Teshuvah: You will open my heart and mind to know Your Name, and I will then attain such a level of spiritual perception that I will understand that I have not even begun to repent as yet in a way that is commensurate with Your awesome greatness and exaltedness.

You will then help me repent genuinely over my earlier repentance. With each new and higher perception of Your exaltedness, I will repent over the limitations of my earlier perceptions,

אַחַר-כָּךְ בְּכָל פַּעַם, בְּאֹפֶן שֶׁאֶזְכֶּה לִהְיוֹת כָּל יְמַי בִּתְשׁוּבָה תָּמִיד, עַד הַיּוֹם אֲשֶׁר תַּאַסְפֵנִי אֵלֶיךָ, וּתְזַכֵּנִי לָעוֹלָם הַבָּא, לְיוֹם שֶׁכֻּלּוֹ שַׁבָּת, כֻּלּוֹ תְּשׁוּבָה,

וְזַכֵּנִי לִזְבֹּחַ אֶת יִצְרִי, וְאֶזְכֶּה לְקַיֵּם מִקְרָא שֶׁכָּתוּב: "זֹבֵחַ תּוֹדָה יְכַבְּדָנְנִי", שֶׁאֶזְכֶּה לְכַבֵּד אוֹתְךָ בִּשְׁנֵי עוֹלָמוֹת, בָּעוֹלָם הַזֶּה וּבָעוֹלָם הַבָּא,

וְעָזְרֵנִי שֶׁאֶהְיֶה בּוֹרֵחַ מִן הַכָּבוֹד בֶּאֱמֶת, וְאֶזְכֶּה לְמַעֵט בִּכְבוֹד עַצְמִי וּלְהַרְבּוֹת בִּכְבוֹד הַמָּקוֹם, וְתַשְׁפִּיעַ עָלַי מִכְּבוֹדְךָ הַגָּדוֹל וּתְזַכֵּנִי בְּרַחֲמֶיךָ הָרַבִּים לִכְבוֹד אֱלֹהִים, שֶׁאֶזְכֶּה לִכְבוֹד דִּקְדֻשָּׁה לְמַעַנְךָ לְבַד וְלֹא אֲהֶנֶה מִן הַכָּבוֹד כְּלָל לְמַעֲנִי, וְלֹא אֶשְׁתַּמֵּשׁ עִם הַכָּבוֹד כִּי אִם לְשִׁמְךָ וְלַעֲבוֹדָתְךָ בֶּאֱמֶת, וְעָזְרֵנִי שֶׁלֹּא יִשְׁאַל וְלֹא יַחְקֹר שׁוּם בְּרִיָּה עַל כְּבוֹדִי:

וְעָזְרֵנִי יְיָ אֱלֹהַי, לִהְיוֹת תַּקִּיף וְאַמִּיץ וְחָזָק בַּעֲבוֹדָתְךָ תָּמִיד. וְאַל תַּנִּיחֵנִי לִפֹּל, חַס וְשָׁלוֹם, לְעוֹלָם. אַל תַּשְׁלִיכֵנִי מִלְּפָנֶיךָ

and for having allowed material images to influence the way I conceive of You, detracting from the supreme exaltedness of Your divinity. I will keep going forward on the path of Teshuvah every day of my life, until the day when You will finally take my soul and bring me to the World to Come, the "day that is all Shabbat, all Teshuvah."

Help me to slaughter my Evil Urge, and thereby give You honor in two worlds, This World and the World to Come, as it is written, "The one who slaughters [the evil urge, and offers] the thanksgiving offering will give Me honor."

Help me run away from honor. Let me minimize my own importance, while doing everything I can to enhance the glory of God. Grant me a share in Your great glory, and lovingly bring me to experience the glory of God and attain holy glory for Your sake alone. Let me never make use of Your glory for my own personal advantage, but only for the sake of Your Name and in Your service, and let no one feel the need to raise questions about my reputation and honor.

HaShem, help me be firm, strong and determined in Your service at all times. Don't let me

וְרוּחַ קָדְשְׁךָ אַל תִּקַּח מִמֶּנִּי. וְזַכֵּנִי לִהְיוֹת עַיִל וְנָפִיק, וְאֶזְכֶּה לִהְיוֹת בָּקִי בַּהֲלָכָה בָּקִי בְּרָצוֹא בָּקִי בְּשׁוֹב בָּקִי בְּעַיִּיל בָּקִי בְּנָפִיק.

וּבְכָל מָקוֹם אוּכַל לִמְצֹא אוֹתְךָ בֵּין בַּעֲלִיָּה בֵּין בִּירִידָה, כְּמוֹ שֶׁכָּתוּב: "אִם אֶסַּק שָׁמַיִם שָׁם אָתָּה וְאַצִּיעָה שְּׁאוֹל הִנֶּךָ". וְאֶזְכֶּה לֶאֱחֹז בְּךָ וּלְהִתְדַּבֵּק בְּךָ תָּמִיד. וִיקֻיַּם בִּי מִקְרָא שֶׁכָּתוּב: "אֲנִי לְדוֹדִי וְדוֹדִי לִי":

אָנָּא יְיָ, יֶהֱמוּ וְיִכְמְרוּ מֵעֶיךָ וְרַחֲמֶיךָ וַחֲנִינוֹתֶיךָ עָלַי, וְיַעֲלֶה וְיָבוֹא זִכְרוֹנִי לְפָנֶיךָ לְטוֹבָה. וְרַחֵם עָלַי בְּרַחֲמֶיךָ הָרַבִּים וְאַל תַּנִּיחֵנִי וְאַל תִּטְּשֵׁנִי לְהִשְׁתַּקֵּעַ, חַס וְשָׁלוֹם, בְּאֵלּוּ הַמְּקוֹמוֹת

ever fall away, God forbid. "Don't throw me down from before You, and do not take Your holy spirit from me." Bring me to be one of those who is always "coming in and going out" of the Palace of the King, constantly striving to achieve ever greater intimacy. Teach me how to "run forward" to new spiritual heights, and then "return" and integrate the perceptions and insights I have gained into my life as a whole. Help me develop the skills I need during all the different phases of my spiritual life, both when I am making progress and when I find myself regressing. Let me be expert at "running forward," and expert at "returning," expert when "coming in" and expert when "going out."

Let me be able to find You everywhere, whether I go up or down, as it is written: "If I go up to Heaven, there You are, and even if I make my bed in hell, behold, there You are!" Let me constantly reach out for connection with You, so that I will be able to say: "I am my Beloved's, and my Beloved is mine."

Please, HaShem, have compassion on me and remember me for good. Don't abandon me, and do not leave me to sink and become trapped in the lowly, degraded situations I have been

הַנְּמוּכִים וְהַשְּׁפָלִים אֲשֶׁר בָּאתִי עַד הֵנָּה. "אַל תַּעַזְבֵנִי יְיָ
אֱלֹהַי וְאַל תִּרְחַק מִמֶּנִּי, אַל תִּבְלָעֵנִי מְצוּלָה וְאַל תֶּאְטַר עָלַי
בְּאֵר פִּיהָ".

חָנֵּנִי וַהֲקִימֵנִי, וּמֵעָפָר דַּלּוּתִי וּמֵעֹצֶם שִׁפְלוּתִי תְּרוֹמְמֵנִי.
וִיקֻיַּם מִקְרָא שֶׁכָּתוּב: "אָנֹכִי אֵרֵד עִמְּךָ מִצְרַיְמָה וְאָנֹכִי אַעַלְךָ
גַם עָלֹה", וְהַיְרִידָה יִהְיֶה תַּכְלִית הָעֲלִיָּה. חוּס וַחֲמֹל עָלַי,
וּשְׁלַח יְשׁוּעָתְךָ וְתִתְמְכֵנִי בִּימִין צִדְקֶךָ, וְתִסְעָדֵנִי בְּעֹצֶם
חֶמְלָתְךָ, וְתִהְיֶה תָּמִיד עִמִּי. וְתִתֶּן לִי כֹּחַ וָשֵׂכֶל לֶאֱחֹז בְּךָ
תָּמִיד. וְאַל תַּנִּיחֵנִי לִפֹּל, חַס וְשָׁלוֹם, לְעוֹלָם. וִיקֻיַּם מִקְרָא
שֶׁכָּתוּב: "כִּי יִפֹּל לֹא יוּטָל כִּי יְיָ סוֹמֵךְ יָדוֹ".

וּתְמַהֵר וְתָחִישׁ לְגָאֳלֵנוּ גְאֻלַּת הַנֶּפֶשׁ, וְתוֹצִיאֵנִי וְתַעֲלֵנִי
מֵהַיּוֹם וּמֵעַתָּה, מִכָּל מִינֵי נְפִילוֹת וִירִידוֹת וְהִתְרַחֲקוּת מִמְּךָ
שֶׁנִּתְרַחַקְתִּי עַד הֵנָּה. מֵקִים מֵעָפָר דָּל מֵאַשְׁפֹּת יָרִים אֶבְיוֹן.
חֲמֹל עַל דַּל וְאֶבְיוֹן כָּמוֹנִי, חָנֵּנִי וַהֲקִימֵנִי, חָנֵּנִי וַהֲקִימֵנִי,

caught in until now. "Don't forsake me, HaShem my God, and don't keep far from me. Don't let me be swallowed up in the depths, and don't let the pit shut its mouth over me."

Be kind to me and lift me out of the dust. Help me rise from my degraded state. Be with me, just as You promised You would be with Yaakov: "I will go down with you to Egypt, and I will surely bring you up." It is true that I have fallen, but I ask You to let my fall be a preparation for a great ascent. Have pity on me. Send me Your help and take hold of me with Your loving hand of mercy. Support me tenderly and lovingly, and always be with me. Give me the strength and good sense to hold on to You at all times, and never ever let me fall. It is written: "Even if he falls, he will not be cast aside, because HaShem is supporting him by the hand." Fulfil this in me.

Grant me spiritual freedom very soon. From today on, release me from the vicious cycle of backsliding and failure I have been caught in so far. Help me overcome the sense of distance from You that I have had until now. You "lift the poor out of the dust and the needy from the scrap-heap." I am poor and needy: take pity on me. Be kind to me, and lift me up. "My hands are raised

שָׁטַחְתִּי אֵלֶיךָ כַפָּי, "מִקְצֵה הָאָרֶץ אֵלֶיךָ אֶקְרָא בַּעֲטֹף לִבִּי בְּצוּר יָרוּם מִמֶּנִּי תַנְחֵנִי".

רִבּוֹנוֹ שֶׁל עוֹלָם, רִבּוֹנוֹ שֶׁל עוֹלָם, חוּס וַחֲמֹל עָלַי אָבִי שֶׁבַּשָּׁמַיִם, וְתִגְעַר בָּרוֹדְפִים וּמַפִּילִים אוֹתִי, וְאֶאֱמֹר לְצָרוֹתַי דַּי תֹּאמַר עַד פֹּה תָבוֹא, וּמֵעַתָּה תְּרַחֵם עָלַי וְתַעַזְרֵנִי וְתוֹשִׁיעֵנִי וְתַתְחִיל לְהַעֲלוֹת אוֹתִי מַעֲלָה מָעְלָה חִישׁ קַל מְהֵרָה, וְכָל הַיְרִידוֹת יִתְהַפְּכוּ לַעֲלִיּוֹת, וְכָל הַהִתְרַחֲקוּת יִתְהַפֵּךְ לְהִתְקָרְבוּת.

כִּי אַתָּה הַחֲלוֹת לְקָרְבֵנוּ בְּרַחֲמֶיךָ, וְהִתְחַלְתָּ לְהַשְׁפִּיעַ עָלֵינוּ הֲמוֹן קְדֻשָּׁתֶךָ וְתוֹקֶף חֶמְלָתְךָ עַל יְדֵי צַדִּיקֵי אֱמֶת שֶׁבְּכָל דוֹר וָדוֹר. עַל כֵּן אֵין נָאֶה לְךָ לְעָזְבֵנוּ יְיָ אֱלֹהֵינוּ,

יֶהֱמוּ מֵעֶיךָ עָלֵינוּ. וְכַאֲשֶׁר הַחֲלוֹת לְהַרְאוֹת גָּדְלְךָ וְטוּבְךָ עָלֵינוּ, וְנָתַתָּ לָנוּ תוֹרָתְךָ הַקְּדוֹשָׁה עַל יְדֵי מֹשֶׁה נְבִיאֲךָ נֶאֱמַן בֵּיתֶךָ, וְשָׁלַחְתָּ לָנוּ בְּרַחֲמֶיךָ הָרַבִּים, צַדִּיקֵי אֱמֶת בְּכָל דוֹר וָדוֹר, אֲשֶׁר עַל יָדָם נִמְסְרָה הַתּוֹרָה לָנוּ מִמֹּשֶׁה לִיהוֹשֻׁעַ,

to You. From the ends of the earth I call to You. My heart is fainting. Bring me up to a rock which is too high for me."

Master of the Universe! Master of the Universe! My Father in heaven: Take pity on me, and drive away all those who are persecuting me and pushing me down. Call a halt to my troubles. Say, "So far and no further." From now on, help me, and start to lift me up, level by level, quickly and easily. Turn all my spiritual failures into successes. If my relationship with You until now has been one of distance and alienation, let it be transformed from now on into one of closeness and intimacy.

In Your compassion, You have made a start in drawing us close to You. Through the true Tzaddikim You have sent us in each generation, You have begun to shine the light of Your holiness and love upon us. HaShem, it would not be fitting for You to abandon us now.

You began showing us Your greatness and goodness when You gave us Your holy Torah through Moshe, Your faithful prophet. In each generation You have lovingly sent us all the Tzaddikim who have transmitted the Torah to us — from Moshe to Yehoshua, from Yehoshua to

וּמִיהוֹשֻׁעַ לַזְּקֵנִים, וּמִזְּקֵנִים לַזְּקֵנִים וְצַדִּיקִים שֶׁבְּכָל דּוֹר
וָדוֹר, עַד אֲשֶׁר הִגִּיעַ אֵלֵינוּ הִשְׁתַּלְשְׁלוּת קַבָּלַת הַתּוֹרָה,

וַעֲדַיִן לֹא כָּלוּ רַחֲמֶיךָ מִמֶּנּוּ, "הֲקִיצוֹתִי וְעוֹדִי עִמָּךְ". כֵּן
יִכְמְרוּ מֵעֶיךָ עָלֵינוּ, וְתַעַזְרֵנִי לְקַיֵּם בֶּאֱמֶת אֶת כָּל דִּבְרֵי
תוֹרָתְךָ בְּאַהֲבָה. חוּסָה עָלֵינוּ בְּרַחֲמֶיךָ וְעָזְרֵנוּ לִהְיוֹת דָּבוּק
בְּךָ וּבְצַדִּיקֵי אֱמֶת לְעוֹלָם וָעֶד, בָּעוֹלָם הַזֶּה וּבָעוֹלָם הַבָּא:

אָנָּא יְיָ בְּרַחֲמֶיךָ הָרַבִּים, זַכֵּנִי שֶׁיִּפָּקְחוּ עֵינַי וְלִבִּי וְאָזְנַי
לִרְאוֹת וּלְהָבִין וְלִשְׁמֹעַ גְּדֻלָּתְךָ וְרוֹמְמוּתְךָ, וְלָשׁוּב אֵלֶיךָ
בֶּאֱמֶת, וְחָנֵּנִי מֵאִתְּךָ דֵּעָה בִּינָה וְהַשְׂכֵּל לְהָבִין וּלְהַשִּׂיג דַּרְכֵי
הַתְּשׁוּבָה בֶּאֱמֶת, וְתַעַזְרֵנִי לֵילֵךְ בָּהֶם תָּמִיד. וְאֶזְכֶּה לִהְיוֹת
בִּכְלָל בַּעֲלֵי תְשׁוּבָה בֶּאֱמֶת, כִּי יְמִינְךָ פְּשׁוּטָה לְקַבֵּל שָׁבִים
וְרוֹצֶה אַתָּה בִּתְשׁוּבָה, וְאִם לֹא עַכְשָׁו – אֵימָתַי,

וְתַעַזְרֵנִי שֶׁאֶזְכֶּה לִתְשׁוּבָה שְׁלֵמָה בֶּאֱמֶת, לִתְשׁוּבָה עִלָּאָה,
בְּאֹפֶן שֶׁאֶזְכֶּה שֶׁיִּתְיַחֵד עַל יְדֵי נְקֻדָּה הַתַּחְתּוֹנָה בַּנְּקֻדָּה
הָעֶלְיוֹנָה, וְיִתְתַּקֵּן וְיֻשְׁלַם עַל יְדֵי אָדָם הָעֶלְיוֹן לָשֶׁבֶת עַל

the Elders, and from them to the subsequent Elders and Tzaddikim in every generation, until the chain of Torah tradition has now reached us.

Your love for us has still not ceased to flow: "I awaken, and I am still with You." Just as You have always helped us until now, stir up Your compassion yet again, and help me fulfil the entire Torah in love. Take pity on me and help me remain attached to You and to the true Tzaddikim for ever, both in This World and in the World to Come.

Please, HaShem, lovingly help me open my eyes, my heart and my ears to see, understand and hear Your greatness and exaltedness, and to return to You in complete sincerity and truth. Grant me knowledge, understanding and wisdom to understand and grasp the ways of Teshuvah. Help me to follow them at all times, and let me be a true Baal Teshuvah, a Master of Repentance. For Your right hand is held open to receive those who return, and You want Teshuvah. If not now, when?

Help me come to perfect Teshuvah on the highest level, so that through my efforts to make amends and repair what I must, the lowest point and highest points of creation will be united, and

הַכִּסֵּא, וְשָׁם יִהְיֶה נִכְלָל נַפְשִׁי וְרוּחִי וְנִשְׁמָתִי מֵעַתָּה וְעַד עוֹלָם,

וּתְמַלֵּא פְּגִימַת הַלְּבָנָה, וְיִהְיֶה אוֹר הַלְּבָנָה כְּאוֹר הַחַמָּה. כְּמוֹ שֶׁכָּתוּב: "וְהָיָה אוֹר הַלְּבָנָה כְּאוֹר הַחַמָּה וְאוֹר הַחַמָּה יִהְיֶה שִׁבְעָתַיִם כְּאוֹר שִׁבְעַת הַיָּמִים". כִּי מַלְכוּתְךָ בַּכֹּל מָשָׁלָה, בַּשָּׁמַיִם וּבָאָרֶץ.

וְאַתָּה עוֹשֶׂה גְדוֹלוֹת וְנִפְלָאוֹת עַד אֵין חֵקֶר, וְאַתָּה חוֹשֵׁב מַחֲשָׁבוֹת לְבַל יִדַּח מִמְּךָ נִדָּח. "מֵמִית וּמְחַיֶּה מוֹרִיד שְׁאוֹל וַיָּעַל". וְאַתָּה מְקַשֵּׁר וּמְחַבֵּר וּמְיַחֵד שְׁנֵי הֲפָכִים יַחַד תַּכְלִית קָצֶה הַתַּחְתּוֹן מֵעָמְקֵי שְׁאוֹל עַד רוּם גָּבְהֵי מְרוֹמִים עַד תַּכְלִית קָצֶה הָעֶלְיוֹן. מִנְּקֻדָּה הַתַּחְתּוֹנָה עַד נְקֻדָּה הָעֶלְיוֹנָה. כִּי מִי יֹאמַר לְךָ מַה תַּעֲשֶׂה,

עַל כֵּן יַגִּיעוּ רַחֲמֶיךָ גַּם עָלַי, וְתַחְתֹּר חֲתִירָה מִתַּחַת כִּסֵּא כְּבוֹדֶךָ, חוֹמֵל דַּלִּים שׁוֹמֵעַ אַנְקַת אֶבְיוֹנִים, וְתַעַזְרֵנִי לְהִתְעוֹרֵר בֶּאֱמֶת וְלָשׁוּב בִּתְשׁוּבָה שְׁלֵמָה לְפָנֶיךָ בֶּאֱמֶת, וּתְזַכֵּנִי לִהְיוֹת דָּבוּק בֶּאֱמֶת בְּצַדִּיקֵי אֱמֶת מֵעַתָּה וְעַד עוֹלָם.

the Supernal Man will be seated upon the throne. Let my *nefesh*, *ru'ach* and *neshamah* be merged in that exalted place from now and for ever.

Restore the moon and fill its dark portions with light. Let the light of the moon be like the light of the sun, and let the light of the sun be sevenfold, like the light of the Seven Days of Creation. For Your Kingship governs everything in heaven and on earth.

Your miracles and wonders are unfathomable. You work out ways to make sure that no-one should be cast aside. You "cause death and bring to life, You take souls down to hell and You bring them up." You have the power to connect, bind and unify complete opposites — from the lowest depths of hell to the supreme, most exalted heights, from the lowest point to the highest. For "Who will tell You what to do?"

If so, let Your tender mercy reach even me. God who takes pity on the poor and hears the cry of the needy: forge a channel from beneath Your throne of glory down to me, and help me stir and wake up, and return to You in perfect Teshuvah. Help me be genuinely attached to the true Tzaddikim from now on and for ever.

"כִּי לֹא תַחְפֹּץ בְּמוֹת הַמֵּת כִּי אִם בְּשׁוּבוֹ מִדְּרָכָיו וְחָיָה,
תָּשֵׁב אֱנוֹשׁ עַד דַּכָּא וַתֹּאמֶר שׁוּבוּ בְנֵי אָדָם, שׁוּבָה יְיָ עַד
מָתַי וְהִנָּחֵם עַל עֲבָדֶיךָ, הֲשִׁיבֵנוּ יְיָ אֵלֶיךָ וְנָשׁוּבָה חַדֵּשׁ יָמֵינוּ
כְּקֶדֶם":

השמטה השייך כאן מספר "ליקוטי תפילות ותחנונים" אות ה
לחודש אלול

רִבּוֹנוֹ שֶׁל עוֹלָם. זַכֵּנִי לִתְשׁוּבָה שְׁלֵמָה תָּמִיד, בִּפְרָט בִּימֵי
אֱלוּל הַקְּדוֹשִׁים שֶׁאָז פָּתַח לָנוּ מֹשֶׁה רַבֵּנוּ עָלָיו הַשָּׁלוֹם דֶּרֶךְ
כְּבוּשָׁה לִתְשׁוּבָה, וְהַדֶּרֶךְ הַזֶּה כָּלוּל מִשְּׁנֵי הַבְּקִיאוּת
הַנִּזְכָּרִים לְעֵיל, וּמִשְּׁנֵי הַשֵּׁמוֹת הַקְּדוֹשִׁים שֶׁהֵם שֵׁם הֲוָיָ"ה
וְשֵׁם אֶהְיֶ"ה בְּמִלּוּאָם, שֶׁהֵם שֵׁם ס"ג הַקָּדוֹשׁ וְשֵׁם קס"א
הַקָּדוֹשׁ, וּמִשְּׁנֵי הַנְּקֻדּוֹת הַקְּדוֹשׁוֹת בְּחִינַת נְקֻדָּה הָעֶלְיוֹנָה
וּנְקֻדָּה הַתַּחְתּוֹנָה שֶׁהֵם עִקַּר שְׁלֵמוּת הַתְּשׁוּבָה, בְּחִינַת
תְּשׁוּבָה, וּתְשׁוּבָה עַל תְּשׁוּבָה. בְּחִינַת תְּשׁוּבַת עוֹלָם הַזֶּה
וּתְשׁוּבַת עוֹלָם הַבָּא שֶׁהִזְכַּרְתִּי לְפָנֶיךָ.

עַל כֵּן זַכֵּנוּ אָז בִּימֵי אֱלוּל הַקְּדוֹשִׁים לִתְשׁוּבָה שְׁלֵמָה, וְנִזְכֶּה
שֶׁיִּמְשַׁךְ עָלֵינוּ קְדֻשַּׁת אֱלוּל עַל כָּל הַשָּׁנָה כֻּלָּהּ, עַד שֶׁנִּזְכֶּה

"For You do not wish for the death of the sinner but that he should turn from his ways and live." "You grind man down to the dust and say, 'Return, sons of man.' ... Return, HaShem — until when? Relent over Your servants." "Bring us back to You, HaShem, and we will return. Renew our days as of old."

The Month of Elul

Master of the Universe: Help me to follow the path of perfect Teshuvah at all times, and especially during the holy days of Elul. During this period, our teacher Moshe opened up a pathway of Teshuvah for us consisting of the two skills of "running" and "returning", based upon the two holy Names of *HaVaYaH* (in its expansion of *SaG*) and *EHYeH* (in its expansion of *KeSA*), and upon the two holy points — the uppermost and the lowest. This is the essential path of Teshuvah: the initial Teshuvah, and then, Teshuvah on the Teshuvah — respectively the "Teshuvah of This World", and the "Teshuvah of the World to Come."

During the holy days of Elul, help me to attain perfect Teshuvah, and let the holiness of Elul be drawn into the entire year, until we are

לִהְיוֹת בִּתְשׁוּבָה שְׁלֵמָה לְפָנֶיךָ תָּמִיד וְלֵילֵךְ בְּכָל דַּרְכֵי הַתְּשׁוּבָה בִּשְׁלֵמוּת כָּל יָמֵינוּ לְעוֹלָם,

וְאַתָּה תְקַבֵּל אֶת כָּל בְּחִינוֹת וּמַדְרֵגוֹת תְּשׁוּבוֹתֵינוּ בְּרַחֲמֶיךָ הָרַבִּים וַחֲסָדֶיךָ הַגְּדוֹלִים בְּאַהֲבָה וְחִבָּה גְדוֹלָה, וִיקֻיַּם בָּנוּ מִקְרָא שֶׁכָּתוּב: "נַחְפְּשָׂה דְרָכֵינוּ וְנַחְקֹרָה וְנָשׁוּבָה עַד יְיָ. כִּי יְמִינְךָ פְּשׁוּטָה לְקַבֵּל שָׁבִים":

able to follow the path of perfect Teshuvah at all times and to walk all the pathways of Teshuvah perfectly all our days and for ever.

In Your abundant kindness and mercy, accept all the different aspects and levels of our Teshuvah with love and favor, and enable us to "search and examine our ways and return and rise towards HaShem, for Your right hand is stretched out to receive those who wish to return."

7

Faith / Miracles / Knowing and acknowledging God / The Land of Israel / Faith in the Tzaddikim and following their guidance / Avoiding negative influences / Prayer / Memory and forgetfulness / Covenant / Livelihood / Tzitzit

---

Through *Emunah* — faith — we come to know and experience God, and thus enjoy the greatest good there is. The essence of faith is to know that God has complete control of every detail of the creation. There is no such thing as chance, and natural law is merely one of the ways in which God governs the world. Beyond nature is a realm of miracles, to which we gain access through faith and prayer. The exile of the Jewish People is the exile of faith. The Egyptians denied all miracles, trying to explain everything in terms of natural law. The redemption from Egypt was the paradigm of miracles.

To come to genuine faith we need the guidance of the Torah as reflected to us through the advice and teachings of the Tzaddikim. The guidance of the Torah is symbolized in the fringes of the Tzitzit: the numeri-

cal value of the Hebrew letters of the word Tzitzit (600), together with their eight cords and five knots, corresponds to the six hundred and thirteen mitzvot of the Torah. The Tzitzit protect us against immorality and the false persuasions of those trying to draw us away from the Torah path.

יְהִי רָצוֹן מִלְּפָנֶיךָ יְיָ אֱלֹהֵינוּ וֵאלֹהֵי אֲבוֹתֵינוּ, שֶׁתְּרַחֵם עָלֵינוּ
וְעַל כָּל עַמְּךָ בֵּית יִשְׂרָאֵל, וְתִטַּע אֱמוּנָתְךָ בְּלִבֵּנוּ, וְנִזְכֶּה
לְהַאֲמִין בְּךָ וּבְצַדִּיקֶיךָ הָאֲמִתִּיִּים בֶּאֱמוּנָה שְׁלֵמָה, וְתִהְיֶה
הָאֱמוּנָה זַכָּה וּנְכוֹנָה צַחָה וּנְקִיָּה, בְּלִי שׁוּם פְּגָם וּבְלִי שׁוּם
בִּלְבּוּל בָּעוֹלָם, חַס וְשָׁלוֹם, כְּלָל,

וְנִזְכֶּה בְּרַחֲמֶיךָ הָרַבִּים, שֶׁתִּהְיֶה אֱמוּנָתֵנוּ חֲזָקָה כָּל כָּךְ כְּאִלּוּ
אָנוּ רוֹאִין בְּעֵינֵינוּ אֱלֹהוּתְךָ וְהַשְׁגָּחָתְךָ וּכְבוֹדְךָ אֲשֶׁר מָלֵא
כָל הָעוֹלָם. וְנִהְיֶה דְּבֵקִים בְּךָ תָּמִיד בֶּאֱמֶת וּבִתְמִימוּת וּבְדֵעָה
נְכוֹנָה וּמְיֻשֶּׁבֶת בְּלִי שׁוּם תַּעֲרֹבֶת פְּסֹלֶת כְּלָל.

כִּי "אַתָּה הַחִלּוֹתָ לְהַרְאוֹת אֶת עַבְדְּךָ אֶת גָּדְלְךָ וְאֶת יָדְךָ
הַחֲזָקָה אֲשֶׁר מִי אֵל בַּשָּׁמַיִם וּבָאָרֶץ אֲשֶׁר יַעֲשֶׂה כְמַעֲשֶׂיךָ
וְכִגְבוּרוֹתֶיךָ". וְגִלִּיתָ אֱלֹהוּתְךָ וּמַלְכוּתְךָ עָלֵינוּ, כִּי הוֹצֵאתָנוּ
מִמִּצְרַיִם, וּפְדִיתָנוּ מִתּוֹקֶף גָּלוּתָם מִתּוֹךְ כּוּר הַבַּרְזֶל, מֵעֲמְקֵי

HaShem our God and God of our fathers: Have compassion on me and on all Your people Israel. Plant Emunah in our hearts, and bring us to believe in You and Your true Tzaddikim with perfect faith. Let our faith be pure and firm, clear, flawless and unshakable.

Loving God: Help me reach a level where my faith will be so strong that it will be as if I can actually see Your Godly power with my very own eyes. Let me understand that You control every detail of the creation. Let me see how Your glory fills the entire universe. Bring me to true and sincere attachment to You at all times. Let my understanding of You be sound and properly founded.

Miracles

"You have begun to show Your servant Your greatness and the strength of Your hand. Which power in heaven or on earth could imitate Your works or Your mighty actions?" You revealed Your Godly power and kingship to us when You took us out of Egypt and redeemed us from the most terrible exile in the melting-pot of affliction, down in the very depths of evil. You took us out

הַקְּלִפּוֹת, וְהוֹצֵאתָ אוֹתָנוּ מִנּוּ"ן שַׁעֲרֵי טוּמְאָה, וְהִכְנַסְתָּ אוֹתָנוּ בְּנוּ"ן שַׁעֲרֵי קְדֻשָׁה,

וְעָשִׂיתָ נִסִּים וְנִפְלָאוֹת בְּמִצְרַיִם וְעַל יַם סוּף, וְשִׁבַּרְתָּ וְהִכְנַעְתָּ כָּל אֱלִילֵי מִצְרַיִם, וְשִׁדַּדְתָּ הַמַּעֲרָכוֹת וְשִׁנִּית הַטֶּבַע וְעָקַרְתָּ וּבִטַּלְתָּ כָּל מִינֵי כְּפִירוֹת וְכָל מִינֵי אֱמוּנוֹת כְּזָבִיּוֹת שֶׁל פַּרְעֹה וּמִצְרַיִם, שֶׁרָצוּ שֶׁיִּשְׁתַּקְעוּ בְּנֵי יִשְׂרָאֵל בֵּינֵיהֶם, חַס וְשָׁלוֹם, שֶׁיִּתְגַּבְּרוּ עַל יִשְׂרָאֵל, חַס וְשָׁלוֹם, בְּמִינֵי כְּפִירוֹת וֶאֱמוּנוֹת כְּזָבִיּוֹת שֶׁלָּהֶם,

אֲשֶׁר זֶה הָיָה תֹּקֶף גָּלוּתָם. וְאַתָּה בְּרַחֲמֶיךָ הָרַבִּים לֹא עָזַבְתָּ אוֹתָנוּ בֵּינֵיהֶם, וּמִהַרְתָּ לְהוֹצִיא אוֹתָנוּ מִתּוֹכָם, וְהִכְנַעְתָּ וְשִׁבַּרְתָּ וְעָקַרְתָּ כָּל מִינֵי כְּפִירוֹת שֶׁלָּהֶם עַל יְדֵי הַנִּסִּים וְהַמּוֹפְתִים הַגְּדוֹלִים וְהַנּוֹרָאִים שֶׁעָשִׂיתָ בָּהֶם, וְגִלִּיתָ אֱלֹהוּתְךָ וְאַדְנוּתְךָ לְכָל בָּאֵי עוֹלָם,

וּמֵאָז נִדְבְּקוּ יִשְׂרָאֵל בְּךָ לְעוֹלָם, וְהֶאֱמִינוּ בַּיְיָ וּבְמֹשֶׁה עַבְדּוֹ. כֵּן בְּרַחֲמֶיךָ הָרַבִּים תְּזַכֵּנוּ לְהַאֲמִין בְּךָ וּבְצַדִּיקֶיךָ הָאֲמִתִּיִּים תָּמִיד, בֶּאֱמוּנָה שְׁלֵמָה וַחֲזָקָה וּנְכוֹנָה.

of the Fifty Gates of Impurity and brought us into the Fifty Gates of Holiness.

You worked miracles and wonders in Egypt and at the Red Sea. You broke and crushed all the Egyptian idols. You confounded the heavenly order and changed the laws of nature, and You uprooted and negated all the false, idolatrous and atheistic beliefs of Pharaoh and the Egyptians. They wanted to keep the Children of Israel submerged in their midst, and impose their own false and atheistic beliefs on them, God forbid.

The assault on faith was the worst part of the exile. But in Your love and compassion, You did not abandon us among them. You acted swiftly to take us out of their midst, and You uprooted and smashed all their atheistic beliefs by means of the great and awesome miracles and wonders You performed. You manifested Your Godly power and dominion to everyone in the entire world.

From that time on, the Jewish People attached themselves to You and "they believed in HaShem and in Moshe His servant." In the same way, loving God, help *me* to have complete faith in You and in Your true Tzaddikim at all times. Let my faith be strong, firm and soundly based.

וְכַאֲשֶׁר אַתָּה אֱלֹהִים אֱמֶת, כֵּן נִזְכֶּה לְהַאֲמִין בְּךָ בֶּאֱמֶת, עַד שֶׁנִּזְכֶּה לְהַרְגִּישׁ אֱלֹהוּתְךָ עָלֵינוּ, וְנִהְיֶה דְּבֵקִים בְּךָ תָּמִיד, וְלֹא נִפָּרֵד מִמְּךָ לְעוֹלָם אֲפִלּוּ כְּרֶגַע קַלָּה. וְיִהְיֶה לָנוּ בּוּשָׁה וָפַחַד וְאֵימָה וְיִרְאָה מִמְּךָ תָּמִיד בְּכָל עֵת וּבְכָל רֶגַע, וּבִלְעָדֶיךָ לֹא נָרִים אֶת יָדֵינוּ וְאֶת רַגְלֵנוּ לַעֲשׂוֹת שׁוּם עֲבֹדָה בָּעוֹלָם.

וּבְכָל עֲסָקֵנוּ וַעֲשִׂיָּתֵנוּ אֲפִלּוּ בַּעֲבוֹדוֹת חִיצוֹנִיּוֹת שֶׁהֵם אֲכִילָה וּשְׁתִיָּה וְכַיּוֹצֵא בָהֶם, בְּכֻלָּם נִהְיֶה דְּבֵקִים בְּךָ תָּמִיד, וְכֻלָּם יִהְיוּ לִשְׁמֶךָ וְלַעֲבוֹדָתְךָ בֶּאֱמֶת. וְלֹא נִשְׁכַּח אוֹתְךָ לְעוֹלָם, בְּשִׁכְבֵנוּ וּבְקוּמֵנוּ, בְּשִׁבְתֵּנוּ בְּבֵיתֵנוּ וּבְלֶכְתֵּנוּ בַּדֶּרֶךְ בְּדִבּוּרֵנוּ וּבִשְׁתִיקוּתֵנוּ, בַּעֲמִידָתֵנוּ וּבִישִׁיבָתֵנוּ, בֵּין בְּעָסְקֵנוּ בְּתוֹרָה וּמִצְווֹת וּבֵין בְּעָסְקֵנוּ בְּדֶרֶךְ אֶרֶץ, בְּכֻלָּם נִהְיֶה דְּבֵקִים בְּךָ וְלֹא נִשְׁכַּח אוֹתְךָ לְעוֹלָם.

וְתַעַזְרֵנִי לְקַיֵּם בֶּאֱמֶת מִקְרָא שֶׁכָּתוּב: "שִׁוִּיתִי יְיָ לְנֶגְדִּי תָמִיד כִּי מִימִינִי בַּל אֶמּוֹט". וְנִזְכֶּה לְהַרְגִּישׁ אֱלֹהוּתְךָ עָלֵינוּ תָּמִיד, כִּי מְלֹא כָל הָאָרֶץ כְּבוֹדֶךָ, וּמַלְכוּתְךָ בַּכֹּל מָשָׁלָה, כְּמוֹ

"Know Him in all your ways"

Just as You are the true God, so let my faith in You be true and sound, until I can actually *feel* Your Godly power in my life. Let me always be attached to You. Let me never separate myself from You, not even for the briefest moment. Let me constantly feel the proper shame, fear, awe and reverence for You, and let me never move so much as a hand or a foot to do anything in the world without You.

Let me be attached to You in everything I do, even when engaged in material activities like eating and drinking and so on. Whatever I do, let me do it for the sake of Your Name and as a genuine act of service. Let me never forget You, whether when I'm lying in my bed or when I get up, when I'm sitting at home or going on my way, whether I'm talking or keeping quiet, standing or sitting, busying myself with Torah and mitzvot or going about my worldly activities. Let me be attached to You in everything I do, and let me never forget You.

Help me to "put HaShem before me constantly, for He is at my right hand, I will not stumble." Let me constantly feel Your Godly power over me, for the whole earth is full of Your

שֶׁכָּתוּב: "אִם יִסָּתֵר אִישׁ בַּמִּסְתָּרִים וַאֲנִי לֹא אֶרְאֶנּוּ נְאֻם יְיָ הֲלֹא אֶת הַשָּׁמַיִם וְאֶת הָאָרֶץ אֲנִי מָלֵא".

מְלֵא רַחֲמִים חָפֵץ לְהֵיטִיב, אֲשֶׁר בִּשְׁבִיל זֶה לְבַד בָּרָאתָ עוֹלָמֶךָ; אֶת הַשָּׁמַיִם וְאֶת הָאָרֶץ וְכָל צְבָאָם, וְכָל הָעוֹלָמוֹת – עֶלְיוֹנִים וְתַחְתּוֹנִים אַלְפֵי אֲלָפִים וְרִבֵּי רְבָבוֹת, עַד אֵין שִׁעוּר וּמִסְפָּר, כְּדֵי לְגַלּוֹת אֱלֹהוּתְךָ בָּעוֹלָם, כְּדֵי שֶׁנִּזְכֶּה בְּרַחֲמֶיךָ לְהַכִּיר אוֹתְךָ בָּעוֹלָם הַשָּׁפָל הַזֶּה.

כִּי אַתָּה טוֹב וּמֵטִיב לַכֹּל וְרָצִיתָ לְהֵיטִיב מִטּוּבְךָ לָנוּ, וּלְהַרְאוֹת לָנוּ רַחֲמָנוּתֶיךָ וַחֲנִינוֹתֶיךָ. עַל כֵּן בָּרָאתָ עוֹלָמְךָ בִּרְצוֹנְךָ הַטּוֹבָה, כְּדֵי שֶׁנִּזְכֶּה לֵידַע וּלְהַכִּיר אוֹתְךָ, וְלַחֲזוֹת בְּנֹעַם זִיוֶךָ, אֲשֶׁר זֹאת הַטּוֹבָה הַגְּדוֹלָה שֶׁבְּכָל הַטּוֹבוֹת, טוֹבוֹת הָאֲמִתִּיּוֹת וְהַנִּצְחִיּוֹת. וְאֵין שׁוּם טוֹבָה אַחֶרֶת בָּעוֹלָם כְּלָל,

וְכָל הַטּוֹבוֹת וְכָל הַנִּסִּים וְנִפְלָאוֹת שֶׁעָשִׂיתָ עִם אֲבוֹתֵינוּ וְעִמָּנוּ, וַאֲשֶׁר אַתָּה עוֹשֶׂה עִמָּנוּ בְּכָל יוֹם וּבְכָל שָׁעָה, כֻּלָּם הֵם רַק בִּשְׁבִיל תַּכְלִית הַטּוֹב הַזֶּה כְּדֵי שֶׁנִּזְכֶּה לֵידַע מִמְּךָ, אֲשֶׁר זֹאת הִיא הַתַּכְלִית שֶׁל כָּל הַטּוֹבוֹת שֶׁבָּעוֹלָם,

glory, and You rule over everything. "If a person hides himself away in the most secret of places, will I not see him? says HaShem. Do I not fill the heavens and earth?"

Loving God: Your whole desire is to do good. This was why You created Your universe, the heavens and earth and all their host, the upper worlds and the lower worlds in their endless millions upon millions — all in order to reveal Your Godly power in the world, so that we can come to know You in this lowly world.

You are good, and You do good to all. You wanted to share Your goodness with us and to show us Your love and kindness. Your whole intention in creating Your universe was good: that we should be come to know and acknowledge You and gaze upon Your pleasant radiance. This is the greatest good of all, the true and enduring good. There is no other good in the entire world.

All the favors, miracles and wonders that You performed for our ancestors, and continue to perform for us every day and every moment, have only this one purpose — that we should come to know You. This is the greatest possible good in the world.

עַל כֵּן רַחֵם עָלֵינוּ אֲדוֹן כָּל, וְתִקְבַּע אֱמוּנָתְךָ בְּלִבֵּנוּ לְעוֹלָם
וָעֶד, וְשַׂבְּעֵנוּ מִטּוּבֶךָ, וּתְזַכֵּנוּ לַחֲזוֹת בְּנֹעַם זִיוֶךָ, וְתַעֲזֹר לָנוּ
בְּרַחֲמֶיךָ לְהִתְפַּלֵּל לְפָנֶיךָ תְּפִלּוֹתֵינוּ בְּכָל לֵב וָנֶפֶשׁ, עַד
שֶׁיִּהְיֶה לָנוּ כֹּחַ עַל יְדֵי תְּפִלּוֹתֵינוּ לְשַׁנּוֹת הַטֶּבַע, וְלַעֲשׂוֹת
נִסִּים וּמוֹפְתִים בָּעוֹלָם, וְתִשְׁמַע תְּפִלּוֹתֵינוּ תָּמִיד:

וּתְזַכֵּנוּ לָבוֹא לְאֶרֶץ יִשְׂרָאֵל, הָאָרֶץ אֲשֶׁר בָּחַרְתָּ בָּהּ מִכָּל
הָאֲרָצוֹת, וְנָתַתָּ אוֹתָהּ לְיִשְׂרָאֵל לְעוֹלָם, וּמִיּוֹם אֲשֶׁר סַרְנוּ
מֵאַחֲרֶיךָ וּפָגַמְנוּ בֶּאֱמוּנָתְךָ הַקְּדוֹשָׁה, גָּלִינוּ מֵאַרְצֵנוּ,
וְנִתְרַחַקְנוּ מֵעַל אַדְמָתֵנוּ, עַד אֲשֶׁר אָרַךְ עָלֵינוּ הַגָּלוּת. עַל
כֵּן חוּס וַחֲמֹל נָא עָלֵינוּ, וְזַכֵּנוּ בְּרַחֲמֶיךָ הָרַבִּים לְהַכְנִיעַ
וּלְשַׁבֵּר וּלְבַטֵּל כָּל מִינֵי כְּפִירוֹת וּבִלְבּוּלִים, שֶׁלֹּא יַעֲלוּ בְּלִבֵּנוּ
וּבְלֵב כָּל עַמְּךָ יִשְׂרָאֵל לְעוֹלָם,

וְנִזְכֶּה לְהַאֲמִין בְּנִסֶּיךָ הַקְּדוֹשִׁים אֲשֶׁר אַתָּה עוֹשֶׂה עִמָּנוּ בְּכָל
דּוֹר וָדוֹר מֵעוֹלָם, וַאֲשֶׁר אַתָּה עוֹשֶׂה עִמָּנוּ עֲדַיִן בְּכָל יוֹם
וּבְכָל שָׁעָה, וְלֹא נְכַסֶּה שׁוּם נֵס בְּדֶרֶךְ הַטֶּבַע, חַס וְשָׁלוֹם,

Therefore have compassion on me, Master of All, and keep my faith in You fixed in my heart for ever. Satisfy me with Your goodness, and bring me to see and enjoy the pleasantness of Your radiance. Loving God: help me to pray to You with all my heart and soul, until my prayers have the power to change nature and bring about miracles and wonders. Hear my prayers at all times.

Grant that I should come to the Land of Israel, which You chose above all other lands and gave to the Jewish People for ever. From the time we turned aside from You and allowed our holy faith to become weak, we have been in a prolonged exile from our homeland. Take pity and have mercy on me, and help me break away, once and for all, from the multitude of doubts, the confusion and the atheistic thoughts and beliefs that have such a hold over my heart and the hearts of Your people Israel.

Bring me to have faith in the holy miracles that You have performed for us in every generation, and that You continue to perform for us every day and every moment. Let me never deny a single miracle by trying to explain it away through natural causes. Let me know and believe

רַק נֵדַע וְנַאֲמִין שֶׁהַכֹּל מֵאִתְּךָ לְבַד, עַל יְדֵי הַשְׁגָּחָתְךָ אֲשֶׁר אַתָּה מַשְׁגִּיחַ תָּמִיד בְּהַשְׁגָּחָה פְּרָטִית עַל כָּל דָּבָר שֶׁבָּעוֹלָם,

וְנִזְכֶּה לְהַאֲמִין בְּךָ וּבְצַדִּיקֵי הָאֱמֶת תָּמִיד, וְעַל יְדֵי זֶה נִזְכֶּה לָבוֹא לְאֶרֶץ יִשְׂרָאֵל חִישׁ קַל מְהֵרָה, וּתְמַהֵר וְתָחִישׁ לְגָאֳלֵנוּ גְּאֻלָּה שְׁלֵמָה, וְתָבִיא לָנוּ אֶת מְשִׁיחַ צִדְקֵנוּ:

רִבּוֹנוֹ שֶׁל עוֹלָם, יְיָ אֱלֹהִים אֱמֶת, אֲשֶׁר נָטַעְתָּ בָּנוּ בְּכָל דּוֹר וָדוֹר צַדִּיקֵי אֱמֶת, הוֹשִׁיעֵנוּ וְרַחֲמֵנוּ בְּרַחֲמֶיךָ הָרַבִּים, וְזַכֵּנוּ לְהִתְקָרֵב לְצַדִּיקֵי אֱמֶת לְקַבֵּל מֵהֶם עֵצוֹת אֲמִתִּיּוֹת וְלֹא נָסוּר מִדִּבְרֵיהֶם יָמִין וּשְׂמֹאל, רַק נִזְכֶּה לֵילֵךְ בְּדֶרֶךְ עֲצָתָם הָאֲמִתִּיּוֹת.

וּתְרַחֵם עָלֵינוּ וְתַצִּיל אוֹתָנוּ וְאֶת כָּל חֲבֵרָתֵנוּ וְאֶת כָּל עַמְּךָ בֵּית יִשְׂרָאֵל מֵעֲצַת רְשָׁעִים שֶׁהֵם עֲצַת הַנָּחָשׁ הַקַּדְמוֹנִי, וְלֹא נַטֶּה אֹזֶן לְדִבְרֵיהֶם כְּלָל, וְלֹא נֹאבֶה וְלֹא נִשְׁמַע לָהֶם וְלֹא יִכָּנְסוּ דִּבְרֵיהֶם וַעֲצָתָם בְּלִבֵּנוּ כְּלָל,

וְתַבְדִּילֵנוּ מִן הַתּוֹעִים, וְלֹא יִהְיֶה לָהֶם שׁוּם כֹּחַ לְהַטְעוֹת אוֹתָנוּ, חַס וְשָׁלוֹם, בְּעֵצוֹת רָעוֹת שֶׁלָּהֶם, וְלֹא תַעֲשֶׂינָה

that You are the sole source of everything, and that everything is under Your constant watch and control. You control every single detail of the entire universe.

Let me have faith in You and in Your true Tzaddikim at all times. And through the power of my faith, bring me to the Land of Israel quickly and easily. Hurry our final redemption, and send us our righteous Mashiach.

The Guidance of the Tzaddikim

Master of the Universe, HaShem, God of truth: In each generation You planted true Tzaddikim among us. Loving God: help me come close to the true Tzaddikim and receive true counsel from them. Let me follow their advice without deviating from it in any way.

Guard me, my family and friends, and all Your people Israel, from all evil influences. There are people whose advice and suggestions are like those of the archetypal serpent. Let me pay no attention to anything they say. Let me not even hear their words. Let nothing they say enter my heart and mind in any way.

Let me keep well away from people who have strayed from the path of Torah. Don't let

יְדֵיהֶם תּוּשִׁיָּה. וְהַצִּילֵנוּ בְּרַחֲמֶיךָ הָרַבִּים מִכָּל מִינֵי שֶׁקֶר וְטָעוּת שֶׁבָּעוֹלָם, וְלֹא נֵלֵךְ אַחַר עֲצוֹת רָעוֹת שֶׁל אֵלּוּ הַמְחַפִּים אֶת הַשֶּׁקֶר בֶּאֱמֶת, וּמְהַפְּכִים דִּבְרֵי אֱלֹהִים חַיִּים, וְאוֹמְרִים לָרַע טוֹב וְלַטּוֹב רַע, וּמוֹנְעִים אֶת יִשְׂרָאֵל מִדֶּרֶךְ הָאֱמֶת וְהַנָּכוֹן, עַל יְדֵי עֲצוֹתָם הַמְהֻפָּכוֹת מִן הָאֱמֶת,

אֶת אֲשֶׁר הֶחָמַרְתָּ הֵקַלּוּ, וְאֶת אֲשֶׁר הֵקַלְתָּ הֶחֱמִירוּ, אֶת אֲשֶׁר רִחַקְתָּ הֵם מְקָרְבִים, וַאֲשֶׁר קֵרַבְתָּ הֵם מְרַחֲקִים, וְיֵשׁ מֵהֶם אֲשֶׁר טָעוּ בְּעַצְמָן, וְאֵינָם יוֹדְעִים בְּעַצְמָם אֶת הָאֱמֶת לַאֲמִתּוֹ, וְהֵם מְדַבְּרִים לְפִי תֻמָּם, וַעֲצָתָם הָפוּכָה וּמַזֶּקֶת לָנוּ מְאֹד לַעֲבוֹדָתֶךָ.

רִבּוֹנוֹ שֶׁל עוֹלָם, אַתָּה יָדַעְתָּ הָאֱמֶת, וּלְפָנֶיךָ נִגְלוּ כָּל תַּעֲלוּמוֹת. אַתָּה יוֹדֵעַ רָזֵי עוֹלָם וְתַעֲלוּמוֹת סִתְרֵי כָּל חָי.

them have any power to deceive me with their destructive ideas. Thwart their evil intentions. Save me from all falsehood and error. Protect me from those who cover their lies with a veneer of truth, twisting the words of the Living God, and calling evil good and good evil. Their ideas and suggestions are the opposite of the truth, and they are holding back the Jewish People from the true and correct path.

They make light of the most serious laws of the Torah, while turning minor matters into issues of major importance. What You reject, they embrace; what You desire, they reject. Not all of them have evil intentions: some of them have simply made a mistake, and they do not know the real truth. They speak in all innocence, but their ideas and suggestions are false, and they are very damaging to us in our efforts to serve You.

Master of the Universe: You know the truth. Before You, all secrets are revealed. You know the mysteries of the entire universe and the hidden secrets of all living. Help us and save us from these people. Let none of what they say stick in our hearts in any way. We want nothing of them

קוּמָה בְּעֶזְרָתֵנוּ וְהַצֵּל אוֹתָנוּ מֵהֶם, שֶׁלֹּא יִדְבְּקוּ וְיִכָּנְסוּ דִבְרֵיהֶם בְּלִבֵּנוּ כְּלָל, לֹא מֵהֶם וְלֹא מֵהֲמוֹנָם וְלֹא מֵהֲמֵהֶם.

גְּדוֹל הָעֵצָה וְרַב הָעֲלִילִיָּה, זַכֵּנוּ בְּרַחֲמֶיךָ הָרַבִּים שֶׁיִּתְגַּלּוּ לָנוּ צַדִּיקֵי הָאֱמֶת, וְנִזְכֶּה לְהִתְקָרֵב אֲלֵיהֶם בֶּאֱמֶת, וּלְקַבֵּל מֵהֶם עֵצוֹת נְכוֹנוֹת וּבְרוּרוֹת וִישָׁרוֹת, עֵצוֹת טוֹבוֹת הַנִּמְשָׁכִים מִתַּרְיַ"ג עֵטִין דְּאוֹרַיְתָא. שֶׁנִּזְכֶּה לְקַבֵּל אוֹר הָאֱמֶת עַל יְדֵי עֲצָתָם הָאֲמִתִּיּוֹת, וְעַל יְדֵי זֶה נִזְכֶּה לֶאֱמוּנָה שְׁלֵמָה בֶּאֱמֶת לְעוֹלָם וָעֶד:

הַשְׁמָטָה הַשַּׁיָּךְ כָּאן מִסֵּפֶר "לִיקוּטֵי תְפִילּוֹת וְתַחֲנוּנִים" אוֹת ו

אָנָּא מֶלֶךְ רַחוּם וְחַנּוּן. זַכֵּנוּ לְהִתְפַּלֵּל תְּפִלָּתֵנוּ בְּכַוָּנָה גְדוֹלָה תָּמִיד, עַד שֶׁנִּזְכֶּה עַל יְדֵי זֶה לִבְחִינַת נִסִּים שֶׁהֵם בְּחִינַת לְמַעְלָה מֵהַטֶּבַע וּבְחִינַת לְמַעְלָה מֵהַזְּמַן. וְעַל יְדֵי זֶה נִזְכֶּה לְזִכָּרוֹן דִּקְדֻשָּׁה,

לִזְכּוֹר הֵיטֵב אֶת כָּל דִּבְרֵי תוֹרָתְךָ הַקְּדוֹשָׁה הַכְּלוּלִים מִתַּרְיַ"ג מִצְוֹת שֶׁהֵם בְּחִינַת תַּרְיַ"ג עֵצוֹת דִּקְדֻשָּׁה. וְנִזְכֶּה לִזְכּוֹר בְּלִבֵּנוּ הֵיטֵב אֶת כָּל הָעֵצוֹת הַקְּדוֹשׁוֹת שֶׁנִּתְגַּלּוּ לָנוּ עַל יְדֵי הַצַּדִּיקִים הָאֲמִתִּיִּים הַכְּלוּלִים גַּם כֵּן מִבְּחִינַת תַּרְיַ"ג עֵטִין הַנִּזְכָּרִים

— "not them, and not their tumult, and not their uproar."

Almighty God: You are the supreme Guide. Lovingly grant that the true Tzaddikim should be revealed to me. Help me come close to them and receive sound, clear guidance from them founded on the six hundred and thirteen mitzvot of the Torah. Through their guidance and counsel, let me receive the light of truth, and thereby come to genuine, perfect faith for ever.

Memory

Please, kind and loving King, help me offer my prayers with deep concentration at all times, in order that I may ascend to the realm of miracles — a realm which is above the natural order, and beyond time. And through this, help me develop a powerful memory for everything holy.

Help me remember all the teachings of Your holy Torah, all of which are encompassed within its six hundred and thirteen mitzvot. The mitzvot are the foundation of all the holy teachings that have been revealed to us by the true Tzaddikim. Help me remember them very well, and keep them in the forefront of my heart and

לְעֵיל. וְנִזְכֶּה לִלְמֹוד וּלְלַמֵּד לִשְׁמֹר וְלַעֲשׂוֹת וּלְקַיֵּם אֶת כָּל דִּבְרֵי תַלְמוּד תּוֹרָתֶךָ וְצַדִּיקֶיךָ הָאֲמִתִּיִּים בְּאַהֲבָה גְדוֹלָה.

וְתַצִּילֵנִי מִשִּׁכְחָה, כִּי אַתָּה יָדַעְתָּ אֵיךְ שֶׁגָּבְרָה עָלֵינוּ הַשִּׁכְחָה, בִּפְרָט בָּעִתִּים הַלָּלוּ אֲשֶׁר בַּעֲוֹנוֹתֵינוּ הָרַבִּים אָרַךְ עָלֵינוּ עוֹל הַגָּלוּת וְהַצָּרוֹת וְהַבִּלְבּוּלִים עַד אֲשֶׁר נֶאֱטַם לְבָבֵנוּ, וְשִׂכְלֵנוּ הוֹלֵךְ וְדַל, וְהִתְגַּבֵּר שַׂר שֶׁל שִׁכְחָה עַד אֲשֶׁר כִּמְעַט בִּשְׁעַת הַלִּמּוּד בְּעַצְמוֹ מִתְגַּבֶּרֶת תֵּכֶף הַשִּׁכְחָה,

וַאֲפִלּוּ כְּשֶׁזּוֹכִין לִפְעָמִים לְהַרְגִּישׁ קְצָת מֵאֵיזֶה נְעִימוּת דִּקְדֻשָּׁה בְּדִבְרֵי תוֹרָתֶךָ וַעֲצַת צַדִּיקֶיךָ הָאֲמִתִּיִּים, עַד שֶׁאָנוּ מְקַבְּלִים עַל עַצְמֵנוּ בֶּאֱמֶת לֵילֵךְ רַק בְּדֶרֶךְ עֲצָתָם וּלְקַיֵּם כְּכָל דִּבְרֵיהֶם, אֲבָל בְּרִבּוּת הַיָּמִים קְצָת הַכֹּל נִשְׁכָּח,

וְכָל זֶה מֵחֲמַת שֶׁגָּבַר עָלֵינוּ כֹּחַ הַגַּשְׁמִי וְהַטִּבְעִיּוּת מְאֹד עַד אֲשֶׁר נָפַלְנוּ מְאֹד לִבְחִינַת תַּחַת הַזְּמַן עַד אֲשֶׁר אֲפִלּוּ זְמַן

mind. Bring me to learn and teach, guard, perform and fulfil all the teachings of Your Torah and the true Tzaddikim with great love.

Protect me from forgetfulness. You know the terrible problems I have in trying to remember things, especially now, after the prolonged exile we have suffered as a result of our sins. Our troubles have left us confused and distracted. Our hearts have become closed, and our minds have become ever weaker. The Angel of Forgetfulness has attacked us so strongly that even in our study sessions we often forget things we learned only a few moments earlier.

There are times when I feel so moved by the sweetness and pleasantness of the Torah and the teachings of the true Tzaddikim that I am filled with an earnest desire to do nothing except follow their advice and carry out everything they say... But then, with the passage of time, everything is forgotten.

All these problems of forgetfulness are the result of the excessive influence of materialism in our lives. If I were more spiritual, I would be able to rise above time. But instead, I have fallen into such a time-bound state that even a short period of time may seem very long. This is why

קָצֵר נִדְמֶה עָלֵינוּ כְּזְמַן מְרֻבֶּה וְאָרוֹךְ, וְעַל יְדֵי זֶה גּוֹבֵר כֹּחַ הַשִּׁכְחָה אֲשֶׁר כָּל סִבָּתָהּ בְּאֶמְצָעוּת הַזְּמַן.

עַל כֵּן אֲבַקֵּשׁ מִמְּךָ חוּס וַחֲמֹל עָלֵינוּ וְזַכֵּנוּ לְקַיֵּם כָּל הָעֵצוֹת הַקְּדוֹשׁוֹת עַד אֲשֶׁר עַל יְדֵי זֶה בְּעַצְמוֹ נִזְכֶּה לֶאֱמֶת וֶאֱמוּנָה וְלִתְפִלָּה שְׁלֵמָה וְלִבְחִינַת נִסִּים שֶׁהֵם בְּחִינַת לְמַעְלָה מֵהַטֶּבַע וְהַזְּמַן, וְעַל יְדֵי זֶה נִזְכֶּה לְזִכָּרוֹן דִּקְדֻשָּׁה תָּמִיד:

וְעָזְרֵנוּ בְּרַחֲמֶיךָ הָרַבִּים לִשְׁמֹר אֶת הַבְּרִית קֹדֶשׁ, וְרַחֵם עָלֵינוּ וְהַצִּילֵנוּ אוֹתָנוּ וְאֶת כָּל עַמְּךָ בֵּית יִשְׂרָאֵל, מִכָּל מִינֵי פְּגַם שֶׁל נִאוּף, חַס וְשָׁלוֹם. הֵן בִּרְאִיָּה הֵן בַּמַּחֲשָׁבָה בְּדִבּוּר וּבְמַעֲשֶׂה, וּבְכָל הַחֲמִשָּׁה׳ חוּשִׁים – בְּכֻלָּם תִּשְׁמְרֵנוּ וְתַצִּילֵנוּ מִכָּל מִינֵי פְּגַם הַבְּרִית. רַק תַּעַזְרֵנוּ לִהְיוֹת קְדוֹשִׁים וּטְהוֹרִים בְּכֻלָּם וְנִזְכֶּה לְקַדֵּשׁ הַבְּרִית בֶּאֱמֶת, כִּרְצוֹנְךָ הַטּוֹב, וּבְצֵל כְּנָפֶיךָ תַּסְתִּירֵנוּ.

וּתְזַכֵּנוּ לְקַיֵּם מִצְוַת צִיצִית כָּרָאוּי בְּכָל פְּרָטֶיהָ וְדִקְדּוּקֶיהָ

I am so prone to forgetfulness, which is caused by being under the rule of time instead of above it.

I therefore appeal to You to take pity on me and help me put all the holy teachings of the Torah into practice. This in itself will bring me to truth, faith and perfect prayer, and to the realm of miracles, which is beyond nature and beyond time. Then I will be able to develop a powerful memory for everything holy.

The Covenant

Loving God: Help me guard the holy Covenant. Save me from all forms of immorality, whether in what I look at, what I think about, the way I talk, or what I actually do, and the way I use my five senses. Guard and protect me from breaking the Covenant in any way, and help me conduct myself in holiness and purity at all times. Bring me to genuine sanctity and to observe the Covenant the way You want me to, and protect me in the shadow of Your wings.

Help me fulfil the mitzvah of Tzitzit in all its fine details and with all the inner intentions of the mitzvah, together with the six hundred and thirteen mitzvot with which it is bound up.

וְכַוָּנוֹתֶיהָ, וְתַרְיַ"ג מִצְוֹת הַתְּלוּיִים בָּהּ. וְעַל-יְדֵי כַּנְפֵי הַצִּיצִית הַקְּדוֹשִׁים תָּגֵן עָלֵינוּ וְתַצִּיל אוֹתָנוּ מִכָּל מִינֵי פְּגַם הַבְּרִית,

וּתְזַכֵּנוּ לְהִתְקַדֵּשׁ בִּקְדֻשָּׁתְךָ תָּמִיד, וְעַל-יְדֵי-זֶה תַּצִּיל אוֹתָנוּ מֵעֲצַת הַנָּחָשׁ, מֵעֲצַת הַמַּפְתִּים וְהַמְּסִיתִים וְהַמַּדִּיחִים מִדֶּרֶךְ הָאֱמֶת, בְּכַוָּנָה לְהָרַע אוֹ שֶׁלֹּא בְּכַוָּנָה.

וְנִזְכֶּה לְקַבֵּל וּלְהַמְשִׁיךְ עָלֵינוּ אוֹר הַשֵּׂכֶל הָאֱמֶת שֶׁל צַדִּיקֵי אֱמֶת עַל-יְדֵי שֶׁנִּזְכֶּה לְקַבֵּל וּלְקַיֵּם עֵצוֹת טוֹבוֹת וַאֲמִתִּיּוֹת שֶׁלָּהֶם. וְעַל-יְדֵי-זֶה נִזְכֶּה לֶאֱמֶת וְלֹא יֵצֵא דְּבַר שֶׁקֶר מִפִּינוּ לְעוֹלָם:

הַשְׁמָטָה הַשַּׁיָּךְ כָּאן מִסֵּפֶר "לִיקוּטֵי תְּפִילוֹת וְתַחֲנוּנִים" אוֹת ז

יְהִי רָצוֹן מִלְּפָנֶיךָ יְיָ אֱלֹהֵינוּ וֵאלֹהֵי אֲבוֹתֵינוּ, שֶׁתְּרַחֵם עָלֵינוּ וְתַזְמִין לָנוּ פַּרְנָסָתֵינוּ וְלַחְמֵנוּ בְּרֶוַח וּבְכָבוֹד בְּלִי שׁוּם טִרְדָּא וִיגִיעָה וּדְאָגָה כְּלָל. כִּי אַתָּה הוֹדַעְתָּנוּ שֶׁעַל יְדֵי פְּגַם הַבְּרִית חַס וְשָׁלוֹם בָּא הֶעְדֵּר הַפַּרְנָסָה וְהַלֶּחֶם חַס וְשָׁלוֹם, כְּמוֹ שֶׁנֶּאֱמַר: "כִּי בְעַד אִשָּׁה זוֹנָה עַד כִּכַּר לָחֶם". אֲבָל עַל יְדֵי מִצְוַת צִיצִית נִצּוֹלִין מִפְּגַם הַבְּרִית וְזוֹכִין לְפַרְנָסָה דִקְדֻשָּׁה:

רִבּוֹנוֹ שֶׁל עוֹלָם, הַצִּילֵנוּ בְּרַחֲמֶיךָ הָרַבִּים מִכָּל מִינֵי שֶׁקֶר

Protect me with the holy fringes of the Tzitzit and save me from all forms of immorality.

Help me sanctify myself at all times by drawing Your holiness upon me, and in this way save me from the "promptings of the serpent" — the blandishments of all the people who would like to tempt me and induce me to turn aside from the path of truth, whether from evil motives or not.

Help me draw the light of the true wisdom of the Tzaddikim upon myself through putting their teachings and guidance into practice. Bring me to the truth, and never let a word of falsehood cross my lips.

Livelihood

HaShem, our God and God of our fathers, lovingly provide me with my food and a comfortable livelihood, honorably and without effort or anxiety. You have taught us that immorality causes a person's food and livelihood to be withheld, "for the desire for a harlot reduces one to begging for a loaf of bread." But keeping the mitzvah of Tzitzit saves a person from immorality and enables him to receive his livelihood in a holy way.

Master of the Universe, loving God: Save me from all forms of falsehood and error. When I

וְטָעוּת שֶׁבָּעוֹלָם, הֵן מִדִּבְרֵי שֶׁקֶר שֶׁלֹּא יֵצֵא מִפִּינוּ לְעוֹלָם שׁוּם דְּבַר שֶׁקֶר, חַס וְשָׁלוֹם, וְהֵן מִדַּרְכֵי שֶׁקֶר, שֶׁלֹּא נֵלֵךְ בְּדַרְכֵי שֶׁקֶר חָלִילָה. וְתַצִּיל אוֹתָנוּ בְּרַחֲמֶיךָ מִדְּרָכִים נְבוֹכִים מִדַּרְכֵי תוֹעִים, רַק תִּהְיֶה בְּעֶזְרֵנוּ תָּמִיד לֵילֵךְ בְּדֶרֶךְ הָאֱמֶת לַאֲמִתּוֹ, בְּאֹפֶן שֶׁנִּזְכֶּה עַל-יְדֵי הָאֱמֶת לָאֱמוּנָה שְׁלֵמָה, וְנִזְכֶּה לְחַבֵּר וּלְיַחֵד אֱמֶת וֶאֱמוּנָה תָּמִיד.

וְעָזְרֵנוּ שֶׁתִּהְיֶה תְּפִלָּתֵנוּ נְכוֹנָה וּסְדוּרָה וּשְׁגוּרָה בְּפִינוּ וּבִלְבָבֵנוּ. וּתְגַלֶּה נִסִּים וּמוֹפְתִים בָּעוֹלָם "לְמַעַן דַּעַת כָּל עַמֵּי הָאָרֶץ כִּי יְיָ הוּא הָאֱלֹקִים אֵין עוֹד".

וְתִזְכֹּר אֶת עַמְּךָ יִשְׂרָאֵל לְהוֹצִיאָם מִתֹּקֶף גָּלוּתָם, אֲשֶׁר גָּלִיתָ אוֹתָנוּ זֶה כַּמָּה שָׁנִים, וּתְמַהֵר וְתָחִישׁ לְגָאֳלֵנוּ וְנִזְכֶּה לָשׁוּב לְאַרְצֵנוּ, וְתָבִיא לָנוּ אֶת מָשִׁיחַ צִדְקֵנוּ בִּמְהֵרָה, וִיקֻיַּם מִקְרָא שֶׁכָּתוּב: "וְהָיָה צֶדֶק אֵזוֹר מָתְנָיו וֶאֱמוּנָה אֵזוֹר חֲלָצָיו, אֱמֶת מֵאֶרֶץ תִּצְמָח וְצֶדֶק מִשָּׁמַיִם נִשְׁקָף". וְקַיֵּם לָנוּ מִקְרָא שֶׁכָּתוּב: "תָּבוֹאִי תָּשׁוּרִי מֵרֹאשׁ אֲמָנָה" בִּמְהֵרָה בְּיָמֵינוּ אָמֵן:

speak, do not let a single untrue word leave my mouth, and when I act, keep me from all false and wrongful behavior. Protect me from the crooked paths of those who have gone astray, and help me walk the path of truth at all times. Through truth I will come to perfect faith, and connect truth and faith together, so that even in those areas where I have to depend on faith alone, because the truth itself is beyond the grasp of human reason, even so, my beliefs will be true.

Let my prayers be well-ordered and flow fluently from my lips and my very heart. Work miracles and wonders in the world "in order that all the nations on earth should know that Ha-Shem is God, there is none other."

Remember Your people Israel and free them from this deep exile You have imposed upon them for so many years. Redeem us soon, help us come back to our land, and send us our righteous Mashiach quickly. "Justice will be the belt of his loins and faith the belt of his hips." "Truth will sprout from the earth and justice will appear from the heavens." "Come, gaze from the peak of Amanah — Emunah, faith." Quickly in our days. Amen.

8

Ru'ach Chayim — the Spirit of Life / Attachment to the Tzaddikim / Satisfaction of needs / Atonement for sin / Help against enemies / Prayer and Hisbodidus / Torah Study — Halakhah / Self-purification / Tzitzit

The Torah is the source of *ru'ach chayim* — the breath or spirit of life. The true Tzaddikim, who are constantly immersed in the Torah, are able to channel this life-force to us. Through sighing over our various needs and deficiencies, we are able to draw this life-spirit into ourselves and thereby satisfy our needs. Our enemies, both those external to us and also our inner enemies — our physical lusts etc. — draw *their* life-spirit from the false leader on the side of evil via channels created by evil traits and behavior. The true Tzaddik has the power to destroy these channels and cut off the power of the wicked at source.

When a person sins, it is a denial of the boundary between good and evil. One of the main ways to rectify our sins is through study of the Halakhah — Torah law — which clarifies the demarcation-line between good

and evil. The intellectual power needed to clarify the Halakhah is developed through intense prayer, by means of which Godly wisdom and inspiration are drawn down from the Upper Eden to "water the Garden," i.e. the Torah, where the soul and intellect are rooted. Through the Halakhah we can rectify the four basic elements of Fire, Air, Water and Earth from which all our various personality traits are derived, and so perfect our characters. The four elements are bound up with the four letters of the Name of HaShem, and the four corners of the Tzitzit.

יְהִי רָצוֹן מִלְּפָנֶיךָ יְיָ אֱלֹהֵינוּ וֵאלֹהֵי אֲבוֹתֵינוּ, אֵל רַחוּם וְחַנּוּן
אֶרֶךְ אַפַּיִם וְרַב חֶסֶד וֶאֱמֶת, שֶׁתְּעוֹרֵר רַחֲמֶיךָ וַחֲסָדֶיךָ
הַגְּדוֹלִים עָלֵינוּ וּתְזַכֵּנוּ בְּרַחֲמֶיךָ הָרַבִּים לְהַאֲמִין וּלְהִתְקָרֵב
לְצַדִּיקִים אֲמִתִּיִּים שֶׁבְּדוֹרֵנוּ אֲשֶׁר בָּהֶם בָּחָרְתָּ, לְהַחֲיוֹת אֶת
עַמְּךָ בֵּית יִשְׂרָאֵל עַל יָדָם, כִּי מֵהֶם תּוֹצָאוֹת חַיִּים לָנוּ וּלְכָל
יִשְׂרָאֵל.

וּבְכֵן עָזְרֵנִי יְיָ שֶׁנִּזְכֶּה לְהַמְשִׁיךְ מֵהֶם רוּחַ חַיִּים לְמַלֹּאת כָּל
מַחְסוֹרֵנוּ, וְתִשְׁמַע קוֹל אַנְחוֹתֵינוּ תָּמִיד, וְיִהְיֶה לָנוּ כֹּחַ
לְהַמְשִׁיךְ עַל יְדֵי אַנְחוֹתֵינוּ רוּחַ חַיִּים רוּחַ טוֹבָה מֵהַצַּדִּיקֵי
אֱמֶת לְהַשְׁלִים כָּל הַחֶסְרוֹנוֹת שֶׁחָסֵר לָנוּ, הֵן בְּגוּף הֵן בְּנֶפֶשׁ
הֵן בְּמָמוֹן, בְּגַשְׁמִי וּבְרוּחָנִי,

כֻּלָּם יִתְמַלְּאוּ וְיֻשְׁלְמוּ לְטוֹבָה, כִּי עִמְּךָ מְקוֹר חַיִּים וְאַתָּה
מַשְׁפִּיעַ רוּחַ חַיִּים לְכָל חַי וּלְכָל דָּבָר שֶׁבָּעוֹלָם עַל יְדֵי
צַדִּיקֶיךָ הָאֲמִתִּיִּים הַדְּבֵקִים בְּתוֹרָתְךָ הַקְּדוֹשָׁה תָּמִיד, אֲשֶׁר
הִיא חַיֵּינוּ וְאֹרֶךְ יָמֵינוּ,

עַל כֵּן חֲמֹל עַל עַמְּךָ עַל יִשְׂרָאֵל, וּתְגַלֶּה לָנוּ צַדִּיקֶיךָ הָאֲמִתִּיִּים,
וּתְזַכֵּנוּ לְהַמְשִׁיךְ מֵהֶם רוּחַ הַחַיִּים, עַד שֶׁיִּהְיֶה לָנוּ כֹּחַ עַל

HaShem our God and God of our fathers, "God, compassionate and gracious, slow to anger and abundant in kindness and truth": arouse Your great compassion for me and show me Your kindness. Help me have faith in the true Tzaddikim, and bring me close to them. For they are the ones You have chosen to bring vitality to Your people, the House of Israel.

Attachment to the Tzaddikim

HaShem: Help me draw the breath of life from the Tzaddikim to satisfy all my needs. Always hear the sound of my sighs. Let me draw the breath of life and goodness from the true Tzaddikim through my sighs, so as to satisfy my needs and provide me with everything I require, whether materially or spiritually.

Let all my needs be satisfied for good, "for the source of life is with You": You give breath and life-spirit to everything which is alive and to everything in the world — all through Your true Tzaddikim, who are constantly attached to Your holy Torah, which is our life and length of days.

Have pity on Your people Israel: reveal to us who the true Tzaddikim are, and help us draw the breath of life from them. Give us the ability

יְדֵי אֲנַחְתֵינוּ לְבַד שֶׁאָנוּ מְאַנְּחִים עַל מַה שֶּׁחָסֵר לָנוּ, שֶׁיִּהְיֶה נִשְׁלָם הַחִסָּרוֹן תֵּכֶף. וּתְמַלֵּא כָּל מִשְׁאֲלוֹת לִבֵּנוּ לְטוֹבָה,

וְכָל הָעֲווֹנוֹת וְהַחֲטָאִים וְהַפְּשָׁעִים שֶׁחָטָאנוּ לְפָנֶיךָ, אֲשֶׁר עַל יָדָם סִלַּקְנוּ וְהִרְחַקְנוּ הָרוּחַ חַיִּים וְעַל יָדָם בָּאוּ לָנוּ כָּל הַחִסְרוֹנוֹת שֶׁחָסֵר לָנוּ, עַל כֻּלָּם תִּמְחֹל וְתִסְלַח בְּרַחֲמֶיךָ הָרַבִּים עַל יְדֵי צַדִּיקֵי הַדּוֹר הָאֲמִתִּיִּים אֲשֶׁר רוּחַ אֱלֹהִים בְּקִרְבָּם, אֲשֶׁר עַל יָדָם אַתָּה מִתְרַצֶּה וּמִתְפַּיֵּס לְיִשְׂרָאֵל בְּרַחֲמִים, וְעַל יָדָם אַתָּה מְכַפֵּר וּמוֹחֵל לַעֲווֹנוֹתֵינוּ בְּכָל דּוֹר וָדוֹר, כְּמוֹ שֶׁכָּתוּב: "וְאִישׁ חָכָם יְכַפְּרֶנָּה".

וּתְבַטֵּל וּתְשַׁבֵּר וְתַכְנִיעַ כָּל אוֹיְבֵינוּ, וְכָל הַקָּמִים עָלֵינוּ לְרָעָה מְהֵרָה הָפֵר עֲצָתָם וְקַלְקֵל מַחֲשַׁבְתָּם:

יְיָ אֱלֹהִים, אַתָּה יָדַעְתָּ שִׁפְלוּתֵנוּ וַחֲלִישׁוּתֵינוּ בָּעֵת הַזֹּאת, אֲשֶׁר יָרַדְנוּ מַטָּה מַטָּה. "כִּי אָזְלַת יָד וְאֶפֶס עָצוּר וְעָזוּב". כִּי סָר כֹּחֵנוּ. וּבְכָל יוֹם וָיוֹם מִתְגַּבְּרִים עָלֵינוּ מְאֹד מְאֹד עַל

to make up for anything we may be lacking by simply sighing over it. Fulfil all the requests of our hearts for good.

Forgiveness and Protection

All my sins and transgressions against You have driven the life- spirit out of me. It is my sins that have caused all my inadequacies and deficiencies. In the merit of the true Tzaddikim of the generation, forgive me and pardon me for all my sins. These Tzaddikim have the Spirit of God in them. It is through them that You are lovingly reconciled with the Jewish People, pardoning and atoning for our sins in every generation, because "The wise man will atone for it."

Drive all our enemies away. Break them and humble them. Thwart all who try to rise up against us with evil intent, and frustrate their plans.

HaShem! You know how low and weak we are at this time. We have fallen lower and lower. "The enemy hand is ever stronger, and there is no one to save or support us." Our strength is gone. Every day, each one of us is subject to a multitude of pressures, all pushing us away from

כָּל אֶחָד וְאֶחָד לְרַחֲקֵנוּ מֵעֲבוֹדָתֶךָ בֶּאֱמֶת, חַס וְשָׁלוֹם, וּלְגָרְשֵׁנוּ מִן הַחַיִּים הָאֲמִתִּיִּים, חָלִילָה.

וְלֹא דַי לָנוּ בְּצָרוֹתֵינוּ וְדָחֲקֵנוּ וַעֲמָלֵנוּ שֶׁיֵּשׁ לָנוּ מֵעַצְמֵנוּ, מַה שֶּׁתַּאֲוֹת הַגּוּף וּמִדּוֹתָיו הָרָעִים מִתְגַּבְּרִים עָלֵינוּ בְּכָל יוֹם וּבְכָל שָׁעָה, עַד אֲשֶׁר "כָּשַׁל כֹּחַ הַסַּבָּל", כִּי בַּעֲווֹנוֹתֵינוּ לֹא הִשְׁתַּדַּלְנוּ לְגָרֵשׁ הָאוֹרֵחַ מִקִּרְבֵּנוּ עַד אֲשֶׁר נַעֲשָׂה, חַס וְשָׁלוֹם, כְּאִלּוּ הוּא בַּעַל הַבַּיִת, עַד אֲשֶׁר תָּשׁ כֹּחֵנוּ וּמָטָה יָדֵנוּ מְאֹד,

וְלֹא דַי לָנוּ בְּכָל זֶה, כִּי אִם עוֹד רַבִּים קָמִים עָלֵינוּ, רַבִּים מְאֹד. יְיָ מָה רַבּוּ צָרֵינוּ, כַּאֲשֶׁר לְפָנֶיךָ נִגְלָה הַכֹּל, כַּמָּה וְכַמָּה מִינֵי שׂוֹנְאִים וּמְקַטְרְגִים שֶׁעוֹמְדִים עָלֵינוּ בְּכָל עֵת, הֵן לְמַעְלָה הֵן לְמַטָּה, אֲשֶׁר הִגְדִּילוּ עָלֵינוּ בְּפִיהֶם, וַיַּאֲרִיכוּ עָלֵינוּ לְשׁוֹנָם, פָּצוּ עָלֵינוּ פִּיהֶם אָמְרוּ בִּלַּעֲנוּ, כִּי חֲפֵצִים לְבַלְּעֵנוּ חִנָּם, חַס וְשָׁלוֹם.

מָרֵא דְעָלְמָא כֻּלָּא, רַחֲמָן אֲמִתִּי, מָלֵא רַחֲמִים רַבִּים וַחֲסָדִים עֲצוּמִים, אַתָּה יָדַעְתָּ מִי וָמִי עוֹמְדִים עָלֵינוּ בְּכָל יוֹם וּבְכָל

Your service and driving us away from *life*, God forbid.

I have enough troubles, problems and pressures within my own self. Every moment of every day I am under attack from my bodily desires and bad character traits. I don't have the strength to bear it. Because of my sins, I have not made an effort to drive out the "guest" — the Evil Urge — from within me, and now it has become the "master of the house." All my strength is sapped.

And as if all these inner pressures are not enough, I have a multitude of external battles to face as well. "HaShem, how many are our enemies." To You, nothing is a secret. You know how many enemies and accusers we have standing against us at all times, both in the upper worlds and in the lower worlds. You know how they have opened their mouths against us and how they wag their tongues. Their mouths are wide open to swallow us, because swallow us is what they want to do, God forbid.

Master of the entire Universe: You are truly merciful and full of love and kindness. You know exactly who we have fighting against us every day and every moment. "Why do You coun-

שָׁעָה. "לָמָּה תַבִּיט בּוֹגְדִים תַּחֲרִישׁ בְּבַלַּע רָשָׁע צַדִּיק מִמֶּנּוּ",
יֶהֱמוּ נָא רַחֲמֶיךָ עָלֵינוּ, וְיִגֹּלוּ רַחֲמֶיךָ עַל מִדּוֹתֶיךָ,

כִּי אַתָּה יוֹדֵעַ שֶׁאֵין בָּנוּ כֹּחַ לַעֲמֹד נֶגֶד אֶחָד מוֹנְאֵינוּ שֶׁיֵּשׁ
לָנוּ בְּגַשְׁמִיּוּת וּבְרוּחָנִיּוּת, אַף כִּי נֶגֶד כֻּלָּם, וְלָמָּה לֹא תְּרַחֵם
עַל תּוֹלַעַת נִמְאָס, נִרְפָּס וְנִדּוֹשׁ מְאֹד כָּמוֹנוּ הַיּוֹם, וְאֵיךְ יוּכְלוּ
חֲלוּשֵׁי כֹחַ כָּמוֹנוּ לַעֲמֹד בְּפִי אֲרָיוֹת.

בּוֹחֵן לִבּוֹת וּכְלָיוֹת, יוֹדֵעַ תַּעֲלוּמוֹת, יְיָ אֱלֹקִים, אַתָּה יָדַעְתָּ
כִּי כָל כַּוָּנָתִי רְצוּיָה לְשִׁמְךָ בֶּאֱמֶת. וְאִם אָמְנָם מַעֲשַׂי אֵינָם
עוֹלִים יָפֶה, וּפְעֻלּוֹתַי סוֹתְרִים אֶת דְּבָרַי, וְאֵינִי זוֹכֶה לְרַחֵם
עַל עַצְמִי לְמַלֹּאת מִשְׁאָלוֹת לִבִּי לִהְיוֹת כִּרְצוֹנְךָ הַטּוֹב בֶּאֱמֶת,
אֲשֶׁר בָּזֶה לְבַד חָפַצְתִּי, הֵן עַל כָּל אֵלֶּה גָּבְרוּ רַחֲמֶיךָ וַחֲסָדֶיךָ,
וּמַחֲשָׁבָה הַטּוֹבָה אַתָּה מְצָרֵף לְמַעֲשֶׂה,

כִּי אַתָּה יָדַעְתָּ אֶת לְבָבִי, אֲשֶׁר זֶה כַּמָּה אֲנִי כּוֹסֵף וּמִשְׁתּוֹקֵק
וּמְקַוֶּה וּמְיַחֵל בְּכָל עֵת וּבְכָל שָׁעָה לִזְכּוֹת לִישׁוּעָתְךָ בֶּאֱמֶת,

tenance the deceivers and stay silent while the sinner devours one more saintly than himself?" Please show me Your love and give full rein to Your compassion.

You know that I do not have the strength to stand up against even a single one of my enemies, whether physical or spiritual, let alone all of them. What am I but a despised, trampled, downtrodden worm? Won't You take pity on me? I am so weak — how can I stand up against lions?

You test people's hearts and innermost recesses. You know all their secrets. HaShem: You know that my real intention is to serve You truly. Maybe my actual behavior is not the best, and the things I do are a contradiction to my words. So far, I have not succeeded in taking myself in hand in order to achieve the only thing I really want in my heart, which is to be what You want me to be. Even so, Your love and kindness are more powerful than anything, and You value people's good intentions as if they had actually achieved what they wanted.

You know my heart. You know how I am constantly longing, yearning, hoping and waiting for You to help me and bring me to true

שֶׁתַּעַזְרֵנִי לְכְנֹס בַּעֲבוֹדָתְךָ בֶּאֱמֶת. וְלָמָּה תַתְעֵנוּ יְיָ מִדְּרָכֶיךָ,
וְלָמָּה תִתֵּן כֹּחַ לְהָעוֹמְדִים עָלֵינוּ הָרוֹצִים לְהַסְתִּיר הָאֱמֶת,
וּלְהַגְבִּיר הַשֶּׁקֶר, חָלִילָה, כִּי אֵין בָּנוּ כֹחַ לַעֲמֹד כְּנֶגְדָּם, כִּי
אִם עָלֶיךָ לְבַד אָנוּ נִשְׁעָנִים וְלִישׁוּעָתְךָ אָנוּ מְצַפִּים וּמְקַוִּים:

וּבְכֵן יְהִי רָצוֹן מִלְּפָנֶיךָ יְיָ אֱלֹהֵינוּ וֵאלֹהֵי אֲבוֹתֵינוּ, שֶׁתַּעַזְרֵנוּ
בְּרַחֲמֶיךָ הָרַבִּים לְהִנָּצֵל מִכָּל שׂוֹנְאֵינוּ וְרוֹדְפֵינוּ הַקָּמִים עָלֵינוּ
בְּכָל יוֹם בְּגַשְׁמִיּוּת וּבְרוּחָנִיּוּת, וְתִתֶּן לָנוּ כֹּחַ וְרוּחַ חַיִּים
דִּקְדֻשָׁה לְהִתְגַּבֵּר עֲלֵיהֶם לְהַכְנִיעָם וּלְהַשְׁפִּילָם עַד עָפָר,

וְתָסִיר מֵהֶם הָרוּחַ חַיִּים שֶׁהֵם מְקַבְּלִים מֵהַסִּטְרָא אַחֲרָא מֵהֲרַב
דִּקְלִפָּה לְבַל יִהְיֶה לָהֶם שׁוּם כֹּחַ לְהִתְגַּבֵּר עָלֵינוּ וְתַצִּילֵנוּ
מִפִּיהֶם, וְתוֹשַׁע מֵחֶרֶב מִפִּיהֶם וּמִיַּד חָזָק אֶבְיוֹן.

אָנָּא יְיָ, עָזְרֵנִי בְּרַחֲמֶיךָ הָרַבִּים לִזְכּוֹת לְהִתְפַּלֵּל לְפָנֶיךָ בְּכָל
לֵב בֶּאֱמֶת וּבֶאֱמוּנָה שְׁלֵמָה, שֶׁתְּהֵא תְפִלָּתֵנוּ זַכָּה וּנְכוֹנָה
וּמְסֻדֶּרֶת כָּרָאוּי וּבְכַוָּנָה שְׁלֵמָה בֶּאֱמֶת. שֶׁתִּהְיֶה מַחֲשַׁבְתִּי

service of God. Then why do You make me stray from Your pathways? Why do You give strength to my enemies, when all they want to do is to hide the truth and reinforce their lies? I do not have the strength to stand against them. I can only rely on You, and I am waiting and hoping for You to help me.

HaShem, our God and God of our fathers: Lovingly help us and save us from all our enemies and persecutors. We are under attack every day, both physically and spiritually. Give us the strength and holy life- spirit to overwhelm and conquer our enemies and bring them down to the ground.

Take away their life-spirit, which they draw from the realm of evil, from the unholy leader. Do not allow them to conquer us. Rescue us from their devouring mouths. "Save us from the sword, from their mouths, and the poor one from the mighty hand."

Prayer and devotion

HaShem: Please bring me to pray to You sincerely and wholeheartedly, and with perfect faith. Let my prayers be pure, fitting and properly ordered. Let me pray with complete attention

קְשׁוּרָה בְּדִבּוּרֵי הַתְּפִלָּה, שֶׁאֶזְכֶּה לְכַוֵּן הֵיטֵב בְּדִבּוּרֵי הַתְּפִלָּה. וְאֶזְכֶּה לִשְׁפֹּךְ כַּמַּיִם לִבִּי נֹכַח פָּנֶיךָ יְיָ בִּתְפִלָּתִי.

וְתִהְיֶה בְּעֶזְרִי שֶׁאוּכַל לְפָרֵשׁ שִׂיחָתִי לְפָנֶיךָ תָּמִיד, וְאֶת כָּל אֲשֶׁר עִם לְבָבִי אֲשִׂיחָה לְפָנֶיךָ. כִּי אַתָּה יָדַעְתָּ כִּי צְרָכַי הֵמָּה מְרֻבִּים מְאֹד, כִּי צָרוֹת לְבָבִי הִרְחִיבוּ מְאֹד וְדַעְתִּי קְצָרָה לְבָאֵר וּלְפָרֵשׁ לְפָנֶיךָ אֶת צְרָכַי בַּקָּשׁוֹתַי הַמְרֻבִּים. עַל כֵּן חוּס וַחֲמֹל נָא עַל נַפְשִׁי הָאֻמְלָלָה, וְעָזְרֵנִי שֶׁאוּכַל לְדַבֵּר אֶת כָּל אֲשֶׁר עִם לְבָבִי לְפָנֶיךָ, וְתִשְׁלַח בְּפִי דִּבּוּרִים כְּשֵׁרִים דִּבּוּרֵי חֵן וְתַחֲנוּנִים, בְּאֹפֶן שֶׁאוּכַל לְעוֹרֵר רַחֲמֶיךָ שֶׁתְּקַבֵּל תְּפִלָּתִי לְפָנֶיךָ בְּרַחֲמִים,

וְתַעֲלֶה תְּפִלָּתִי לְפָנֶיךָ לְמַעֲלָה לְמַעֲלָה. וְיִהְיֶה לָנוּ כֹּחַ עַל-יְדֵי תְּפִלּוֹתֵינוּ לְעוֹרֵר אֶת הָעֵדֶן הָעֶלְיוֹן לִפְתֹּחַ שָׁם הִתְעוֹרְרוּת שֶׁפַע רַחֲמִים וְדַעַת עֶלְיוֹן, עַד שֶׁיִּהְיֶה נִמְשָׁךְ עָלֵינוּ הַנָּהָר הַיּוֹצֵא מִשָּׁם לְהַשְׁקוֹת אֶת הַגַּן דָּא אוֹרַיְתָא אֲשֶׁר שָׁם שֹׁרֶשׁ נִשְׁמוֹתֵינוּ, וְעַל-יְדֵי-זֶה יִרְבּוּ וְיִגְדְּלוּ וְיִצְמְחוּ נִשְׁמוֹתֵינוּ הַגְּדֵלִים שָׁם בַּגַּן הַזֶּה. וְעַל-יְדֵי-זֶה יִהְיֶה נִפְתָּח לָנוּ שְׁבִילֵי הַשֵּׂכֶל הָאֱמֶת, וְנִזְכֶּה לְחָכְמָה בִּינָה וָדַעַת,

and devotion. Let me bind my thoughts to the words of my prayers as I say them. Let me concentrate on the words intensely, and pour my heart out to You like water.

Aid me in expressing myself to You at all times. Help me tell You everything that is in my heart. You know how many needs I have. My heart is so troubled that I find it too much to express and explain everything I need and want. Please take pity on my poor soul and help me talk to You about everything I have in my heart. Put pure and pleasing words and entreaties into my mouth, so that I will be able to arouse Your compassion and bring You to accept my prayers with love.

Let my prayers rise up to the greatest heights. Give me the power to arouse the Upper Eden through my prayers, so as to open up a flowing channel of love, supreme wisdom and Godly knowledge. Let the emerging river flow down to water the Garden — the Torah — which is where our souls are rooted. Let my soul grow and blossom. Let the pathways of the intellect be truly open to me, and bring me to attain wisdom, understanding and knowledge.

וְיִהְיֶה לָנוּ כֹּחַ לַעֲסֹק בְּתוֹרָתְךָ בֶּאֱמֶת. וְתַעַזְרֵנוּ בְּרַחֲמֶיךָ לְבָרֵר דִּינֵי הַתּוֹרָה בֶּאֱמֶת, לִזְכּוֹת לַהֲלָכָה בְּרוּרָה, וְנִזְכֶּה לִלְמֹד סִפְרֵי הַפּוֹסְקִים. וְתַשְׁפִּיעַ לָנוּ חָכְמָה בִּינָה וְדַעַת אֲמִתִּי, שֶׁיִּהְיֶה לָנוּ כֹּחַ לְבָרֵר פִּסְקֵי הַהֲלָכָה בֶּאֱמֶת, לְבָרֵר הַמֻּתָּר מִן הָאָסוּר, הַטָּהוֹר מִן הַטָּמֵא, הַכָּשֵׁר מִן הַפָּסוּל,

לְמַעַן יִהְיֶה לָנוּ כֹּחַ עַל יְדֵי זֶה לְתַקֵּן וּלְבָרֵר כָּל הַפְּגָמִים שֶׁפָּגַמְנוּ בְּכָל הָעוֹלָמוֹת עַל יְדֵי חֲטָאֵינוּ וּפְשָׁעֵינוּ הַמְרֻבִּים מְאֹד, אֲשֶׁר עַל יָדָם נִתְעָרֵב הַטּוֹב וְהָרַע בְּכָל הָעוֹלָמוֹת וּפָגַמְנוּ הַרְבֵּה מְאֹד.

עַל כֵּן תַּעַזְרֵנוּ בְּרַחֲמֶיךָ לִזְכּוֹת לִתְפִלָּה בֶּאֱמֶת, אֲשֶׁר עַל יְדֵי זֶה נִזְכֶּה שֶׁיִּפָּתַח לָנוּ אוֹר הַשֵּׂכֶל הָאֱמֶת בְּאֹפֶן שֶׁנִּזְכֶּה לְבָרֵר פְּסַק הַהֲלָכָה עַל מְכוֹנוֹ בֶּאֱמֶת. וְעַל יְדֵי זֶה יִהְיֶה לָנוּ כֹּחַ לְבָרֵר הַטּוֹב מִן הָרַע בְּכָל הָעוֹלָמוֹת שֶׁפָּגַמְנוּ בָּהֶם בַּחֲטָאֵינוּ, הֵן בְּגִלְגּוּל זֶה וְהֵן בְּגִלְגּוּל אַחֵר. וּתְמַלֵּא כָּל מִשְׁאֲלוֹת לִבֵּנוּ לְטוֹבָה, וְנִזְכֶּה לְהוֹצִיא מִכֹּחַ אֶל הַפֹּעַל, אֶת כָּל צָרְכֵי בַּקָּשָׁתֵנוּ.

Study of the Halakhah

Help me devote myself to Your Torah in the proper way, and give me the ability to clarify Torah law, so that in each case I will come to the right decision. Help me study the law codes, and inspire me with the necessary wisdom, understanding and knowledge so as to be able to clarify the final decision and distinguish between what is permitted and what is forbidden, what is pure and what is impure, what is valid and what is invalid.

This will give me the power to fix and make amends for the damage I have caused in all the worlds through my many sins and transgressions, which caused good and evil to become mixed up.

Help me come to genuine prayer, so that the light of true wisdom will be opened up for me and I will be able to clarify the Halakhah and come to the right decisions. I will then have the power to sift out the good from the bad in all the worlds and correct all the damage caused by my sins, whether in this incarnation or another. Fulfil all the requests of my heart for good, and let me see everything I need and ask for come to fruition.

וּבְכֵן תַּעְזְרֵנוּ בְּרַחֲמֶיךָ, שֶׁנִּזְכֶּה עַל יְדֵי לִמּוּד הַהֲלָכוֹת לְבָרֵר
וּלְזַכֵּךְ וּלְתַקֵּן כָּל הָאַרְבַּע יְסוֹדוֹת שֶׁבְּגוּפֵנוּ, לְהַכְנִיעַ וּלְשַׁבֵּר
כָּל הַמִּדּוֹת רָעוֹת וְכָל הַתַּאֲווֹת רָעוֹת הַבָּאִים מֵהֶם. וּלְבָרֵר
הַטּוֹב שֶׁבָּהֶם

לִזְכּוֹת לְכָל הַמִּדּוֹת טוֹבוֹת בֶּאֱמֶת, בְּאֹפֶן שֶׁיִּתְבָּרְרוּ וְיִזְדַּכְּכוּ
כָּל הָאַרְבַּע יְסוֹדוֹת וְיִהְיֶה רַק כֻּלּוֹ טוֹב בְּלִי שׁוּם אֲחִיזַת הָרַע
כְּלָל, עַד שֶׁיִּהְיוּ נִכְלָלִים כָּל הָאַרְבַּע יְסוֹדוֹת בְּאַרְבַּע אוֹתִיּוֹת
שִׁמְךָ הַמְיֻחָד, אֲשֶׁר מִשָּׁם הוּא שָׁרְשָׁם לְמַעְלָה בִּקְדֻשָּׁה:

אָנָּא יְיָ, רַחֵם עָלֵינוּ בְּרַחֲמֶיךָ, לְהַגִּיעַ לְכָל מַה שֶׁבִּקַּשְׁנוּ
מִלְּפָנֶיךָ. אִם אָמְנָם יָדַעְנוּ כַּמָּה אָנוּ רְחוֹקִים עַתָּה מִנְּקֻדָּה
אַחַת מִכָּל מַה שֶׁבִּקַּשְׁנוּ, עִם כָּל זֶה אֵין מַעְצוֹר לַיהֹוָה
לְהוֹשִׁיעַ, וּמִמְּךָ לֹא יִפָּלֵא כָּל דָּבָר וְעִמְּךָ הַיְשׁוּעָה לְעָזְרֵנוּ
וּלְחַזְּקֵנוּ לְהַגִּיעַ לְכָל מַה שֶׁבִּקַּשְׁנוּ מִלְּפָנֶיךָ.

עֲשֵׂה עִמָּנוּ לְמַעַן שְׁמֶךָ, וּלְמַעַן הַצַּדִּיקִים הָאֲמִתִּיִּים אֲשֶׁר זָכוּ
לְהַגִּיעַ לְכָל אֵלֶּה וְיוֹתֵר מִזֶּה, וְתַמְשִׁיךְ עָלֵינוּ כֹּחַ וּגְבוּרָה
מֵהֶם בְּרַחֲמֶיךָ, לְחַיּוֹתֵינוּ וּלְאַמְּצֵנוּ לִזְכּוֹת אוֹתָנוּ לָבוֹא גַם
כֵּן לְכָל אֵלֶּה,

Through the study of the Halakhah, help me cleanse, purify and rectify the four primary elements of which my body is composed, so as to break and conquer all the bad traits and desires that derive from them, while refining the good.

Refinement of the Personality

Help me achieve every good quality, so that all four elements will be completely pure and refined, and only good will remain, with no admixture of evil whatever. Let all the four elements then be merged within the four letters of Your Name, which is their ultimate holy source.

Please, HaShem, lovingly help me come to everything I have requested of You. I know how far I am from even one dot of what I have asked for. Even so, nothing can stop God from helping. For You, nothing is too difficult. You have the power to help and strengthen me and bring me to everything I have asked of You.

Do it for the sake of Your Name, and for the sake of the true Tzaddikim who had the merit to come to all these levels and more. Lovingly channel power and strength from them into me so as to vitalize and encourage me. Grant that I too may achieve these levels.

וְלִזְכּוֹת בְּכֹחַ הַצַּדִּיק הָאֱמֶת לְהִתְגַּבֵּר עַל כָּל הוֹנָאִים הַמִּתְנַגְּדִים עַל הָאֱמֶת. וּתְשַׁבֵּר וְתַכְנִיעַ אֶת כָּל הַצִּנּוֹרוֹת שֶׁל הָרְשָׁעִים שֶׁהֵם הַמִּדּוֹת רָעוֹת שֶׁהִתְגַּבְּרוּ עֲלֵיהֶם, וְעַל יְדֵי זֶה תַּשְׁפִּיל הָרְשָׁעִים עֲדֵי אָרֶץ, וְלֹא יִהְיֶה לָהֶם שׁוּם כֹּחַ לְהִתְגַּבֵּר עָלֵינוּ, חַס וְשָׁלוֹם, "וְלֹא תַעֲשֶׂינָה יְדֵיהֶם תּוּשִׁיָּה. יֵבֹשׁוּ וְיִבָּהֲלוּ מְאֹד כָּל אוֹיְבָי יָשֻׁבוּ יֵבֹשׁוּ רָגַע":

וְתַעַזְרֵנוּ לְקַיֵּם מִצְוַת צִיצִית כְּתִקּוּנָהּ בִּשְׁלֵמוּת, בְּכָל פְּרָטֶיהָ וְדִקְדּוּקֶיהָ וְתַרְיַ"ג מִצְוֹת הַתְּלוּיִם בָּהּ, וּבְכַוָּנָה שְׁלֵמָה כָּרָאוּי וּבְלֵב טוֹב וּבְשִׂמְחָה גְדוֹלָה, בְּאֹפֶן שֶׁנִּזְכֶּה לְהַמְשִׁיךְ הָרוּחַ חַיִּים דִּקְדֻשָּׁה עַל יְדֵי מִצְוַת צִיצִית, לְמַלֹּאת כָּל הַחֶסְרוֹנוֹת שֶׁחָסֵר לָנוּ בְּגַשְׁמִיּוּת וּבְרוּחָנִיּוּת, בְּגוּף וָנָפֶשׁ.

וְתֹאחֵז בְּכַנְפוֹת הָאָרֶץ וּתְנַעֵר רְשָׁעִים מִמֶּנָּה, וּתְשַׁבֵּר וּתְמַגֵּר

Through the power of the true Tzaddik, help us defeat all who hate us and are opposed to the truth. Break and crush all the channels through which the wicked draw their power — namely the evil traits that have got the better of them. Through this, throw the wicked down to the ground, and make them powerless to attack us, God forbid. "And their hands will not be able to carry out anything they plan. All my enemies will be ashamed and frightened. They will instantly turn back and be ashamed."

The Mitzvah of Tzitzit

Help me fulfil the mitzvah of Tzitzit exactly the way it should be carried out in all its fine details, together with the rest of the six hundred and thirteen mitzvot that are bound up with it. Let me carry out this mitzvah with the proper intention, with good feelings and great joy. Through the mitzvah of Tzitzit, enable me to draw down holy life-spirit so as to provide me with everything I may be lacking, materially and spiritually.

Take hold of the corners of the earth and shake off the wicked from it. Break, destroy, humble and throw down this "implacable

וְתַכְנִיעַ וְתַשְׁפִּיל אֶת אִישׁ צַר וְאוֹיֵב הוּא עֵשָׂו אִישׁ שָׂעִיר, וְתוֹצִיא בִּלְעוֹ מִפִּיו.

חוֹמֵל דַּלִּים שׁוֹמֵעַ אֶנְקַת אֶבְיוֹנִים, חוֹשֵׁב מַחֲשָׁבוֹת לְבַל יִדַּח מִמֶּךָ נִדָּח, רַחֵם עָלַי וְהוֹצִיאֵנִי מִבֵּין שְׁנֵי הָרְשָׁעִים הַקָּמִים עָלֵינוּ לְבַלְּעֵנוּ חִנָּם, חַס וְשָׁלוֹם, "אַל תִּבְלָעֵנִי מְצוּלָה וְאַל תֶּאְטַר עָלַי בְּאֵר פִּיהָ".

וּכְשֵׁם שֶׁעָנִיתָ לְיוֹנָה בִּמְעֵי הַדָּגָה, כֵּן תַּעֲנֵנִי בְּרַחֲמֶיךָ הָרַבִּים לְהוֹצִיאֵנִי מִבֵּין שְׁנֵי הַכְּפִירִים, כַּאֲשֶׁר הִבְטַחְתָּ לָנוּ. כְּמוֹ שֶׁכָּתוּב: "אָמַר אֲדֹנָי מִבָּשָׁן אָשִׁיב אָשִׁיב מִמְּצֻלוֹת יָם". וְדָרְשׁוּ רַבּוֹתֵינוּ, זִכְרוֹנָם לִבְרָכָה מִבֵּין שְׁנֵי אֲרָיוֹת הִבְטִיחָנוּ הַשֵּׁם יִתְבָּרֵךְ לַהֲשִׁיבֵנוּ מֵהֶם.

אָבִינוּ אָב הָרַחֲמָן: חֲמֹל עָלֵינוּ בְּעֵת צָרָה הַזֹּאת, חוּס וַחֲמֹל עַל נִרְדָּף כָּמוֹנִי, עַל מְמֻשָּׁךְ וּמְמֹרָט כָּמוֹנִי, עַל נֶאֱנָח וְנִדְכֶּה כָּמוֹנִי, עַל מְרֻחָק וּמְגֹרָשׁ מִמְּךָ כָּמוֹנִי. "אַל תִּתֵּן לְחַיַּת נֶפֶשׁ תּוֹרֶךָ חַיַּת עֲנִיֶּיךָ אַל תִּשְׁכַּח לָנֶצַח".

enemy of a man" — Esav, "the man of Seir" — and disgorge the prey from his mouth.

HaShem: You have compassion on the poor, You hear the cry of the needy, and You have ways to make sure that no-one is rejected. Have pity on me and release me from the teeth of wicked enemies who want to swallow me up for nothing, God forbid. "Don't let the depths swallow me up, and don't let the pit close its mouth on me."

Just as You answered Yonah in the belly of the whale, so answer me in Your abundant kindness, and release me from the teeth of the lions, as You promised us: "God says: I will bring them back from Bashan, I will bring them back from the depths of the seas." Our Rabbis of blessed memory taught that this means that "Even from between the teeth of the lions, God promised us to bring us back from them."

Loving Father: Take pity on us at this time of trouble. See how persecuted I am, and how pushed and pulled about I am. Hear my sighs. I've been rejected and driven out of Your presence. "Don't give the soul of Your dove to the ranks of the enemy. Do not ever forget the soul of Your poor ones."

מְחַיֵּה מֵתִים בְּרַחֲמִים רַבִּים הַחֲיֵנוּ וְקַיְּמֵנוּ בְּאוֹר פָּנֶיךָ, וְתֶן
לָנוּ כֹּחַ לְהַמְשִׁיךְ הָרוּחַ חַיִּים דְּקְדֻשָּׁה עַל יְדֵי אֲנְחוֹתֵינוּ
לְמַלֹּאת כָּל מִשְׁאֲלוֹת לִבֵּנוּ לְטוֹבָה, שֶׁנִּזְכֶּה לַעֲשׂוֹת רְצוֹנְךָ
תָּמִיד כָּל יְמֵי חַיֵּינוּ, וְנִזְכֶּה לִהְיוֹת סוּר מֵרַע בֶּאֱמֶת, וְלַעֲשׂוֹת
הַטּוֹב בְּעֵינֶיךָ תָּמִיד, אֲנַחְנוּ וְצֶאֱצָאֵינוּ וְצֶאֱצָאֵי עַמְּךָ בֵּית
יִשְׂרָאֵל מֵעַתָּה וְעַד עוֹלָם, אָמֵן סֶלָה:

God who lovingly revives the dead: revive and sustain us in the light of Your countenance. Give us the power to draw holy life-spirit through sighing, so that everything our hearts request will be fulfilled for good. Let us constantly do Your will all the days of our lives. Grant that we should truly "turn aside from evil" and only do what is good in Your eyes at all times — both us and our descendants, and the descendants of all Your people, the House of Israel, from now and for ever. Amen. Selah.

9

Truth as the way out of spiritual darkness and confusion / Drawing one's life through Prayer / Livelihood / Marriage Partners / Faith / Miracles / Eretz Israel

Everything God gives us in life, including our livelihood and marriage partner, is governed by the way we pray. The prayers of the Jewish People arouse a flow of Godly blessing into the world via the twelve stellar constellations, which correspond to the Twelve Tribes of Israel. It takes great merit to know how to direct one's prayers through the gate of one's tribe, but the true Tzaddik has the power to elevate each prayer through the appropriate gate. We should therefore attach ourselves to the Tzaddik and follow his teachings.

We may find it difficult to pray because of internal and external barriers and distractions. The way to find the openings in the darkness is through Truth, which is God's light. When reciting the fixed prayers, praying truthfully means concentrating on the simple meaning of the words and saying them sincerely. In our own

private prayers, we should be open and honest in expressing our situation, feelings and needs. The foundation of prayer is Emunah — faith in God's miraculous providence over every detail of the entire Universe. God's miracles are most visible in Eretz Israel, which is therefore the main place of prayer and faith.

יְהִי רָצוֹן מִלְּפָנֶיךָ יְיָ אֱלֹהֵינוּ וֵאלֹהֵי אֲבוֹתֵינוּ, אֱלֹהֵי אַבְרָהָם אֱלֹהֵי יִצְחָק וֵאלֹהֵי יַעֲקֹב, הַבּוֹחֵר בִּתְפִלַּת עֲבָדָיו,

שֶׁתְּרַחֵם עָלַי וְעַל כָּל עַמְּךָ בֵּית יִשְׂרָאֵל, וּתְזַכֵּנוּ בַּחֲסָדֶיךָ הָעֲצוּמִים לְהִתְפַּלֵּל וּלְהִתְחַנֵּן תְּפִלּוֹתֵינוּ וְתַחֲנוּתֵינוּ לְפָנֶיךָ בֶּאֱמֶת וּבְלֵב שָׁלֵם. הוֹרֵנוּ מַה שֶּׁנְּדַבֵּר, הֲבִינֵנוּ מַה שֶּׁנִּשְׁאָל,

וְזַכֵּנִי שֶׁאוֹצִיא דִּבּוּרֵי הַתְּפִלָּה לְפָנֶיךָ בֶּאֱמֶת לַאֲמִתּוֹ. בְּאֹפֶן שֶׁיָּאִיר לִי אוֹר הָאֱמֶת לֵיצֵא מִתּוֹךְ עֹמֶק הַחֹשֶׁךְ וְהַמַּחֲשָׁבוֹת זָרוֹת וְהַקְּלִפּוֹת הָעוֹמְדִים עָלַי וּמְסַבְּבִים אוֹתִי בְּכָל עֵת,

וּבִפְרָט בִּשְׁעַת הַתְּפִלָּה שֶׁכֻּלָּם בָּאִים עָלַי וּמְסַבְּבִים אוֹתִי מִכָּל צַד וּמִכָּל פִּנָּה, בְּכַמָּה מִינֵי סִבּוּבִים וּבִלְבּוּלִים הַרְבֵּה מְאֹד בְּלִי שִׁעוּר וָעֵרֶךְ וּמִסְפָּר, עַד שֶׁאֵינִי יָכוֹל לִפְתֹּחַ פִּי בִּתְפִלָּה, וְאֵינִי יָכוֹל לְהוֹצִיא אֲפִלּוּ דִּבּוּר אֶחָד בִּתְפִלָּתִי כָּרָאוּי, מִגֹּדֶל הַחֹשֶׁךְ וְהַמַּחֲשָׁבוֹת זָרוֹת וְהַבִּלְבּוּלִים וְהַמְּנִיעוֹת וְהַמָּסְכִים הַמְסַבְּבִים אוֹתִי מִכָּל צַד בִּשְׁעַת הַתְּפִלָּה.

HaShem, our God and God of our fathers, God of Avraham, God of Yitzchak and God of Yaakov, who chooses the prayers of His servants:

Take pity on me and on all Your people Israel. Loving God: help us offer all our prayers and supplications sincerely, with all our hearts. Teach us what we should say. Help us to understand what we should ask for.

Truth

Help me say my prayers with complete honesty and truthfulness, so that the light of Truth will shine upon me, and I will be able to emerge from the thick darkness and the strange thoughts — the "husks" — that constantly confront me on all sides.

Especially when I am praying, I feel surrounded on every side and in every corner. The attacks come in all kinds of different ways. There are endless distractions. Sometimes things are so bad that I cannot open my mouth to pray at all, and I find it impossible to say a single word of my prayers properly, because of the darkness, the alien thoughts, the distractions, the obstacles and the barriers surrounding me on all sides.

וְאֵין לִי שׁוּם פֶּתַח תִּקְוָה וְהַצָּלָה לְהִנָּצֵל מֵהֶם כִּי אִם עַל יְדֵי
דִּבּוּר הָאֱמֶת, כַּאֲשֶׁר גִּלִּיתָ לָנוּ עַל יְדֵי חֲכָמֶיךָ הַקְּדוֹשִׁים,
אֲשֶׁר עַל יְדֵי דִּבּוּר הָאֱמֶת תָּאִיר לָנוּ בְּתוֹךְ עֹמֶק הַחשֶׁךְ
וְהָאֲפֵלָה לָצֵאת מֵחשֶׁךְ לְאוֹר גָּדוֹל, כִּי אַתָּה חָפֵץ בֶּאֱמֶת
וְקָרוֹב אַתָּה לְכֹל אֲשֶׁר יִקְרָאוּךָ בֶּאֱמֶת.

וְעַל כֵּן בָּאתִי לְחַלּוֹת פָּנֶיךָ יְיָ אֱלֹקַי, וּלְהִשְׁתַּטֵּחַ לְפָנֶיךָ וְלִפְרשׂ
כַּפַּי אֵלֶיךָ, שֶׁתְּעוֹרֵר רַחֲמֶיךָ הָאֲמִתִּים עָלַי, עַל עָנִי וְאֶבְיוֹן
כָּמוֹנִי וְתַשְׁפִּיעַ עָלַי בְּרַחֲמֶיךָ הָרַבִּים אוֹר הָאֱמֶת שֶׁאֶזְכֶּה
לְדַבֵּר לְפָנֶיךָ דִּבּוּרֵי הַתְּפִלָּה בֶּאֱמֶת לַאֲמִתּוֹ,

וְאֶזְכֶּה לְהוֹצִיא כָּל דִּבּוּרֵי הַתְּפִלָּה מִפִּי בֶּאֱמֶת בָּרוּר זַךְ וְצָלוּל,
לְמַעַן אֶזְכֶּה שֶׁיָּאִיר לִי אוֹר הָאֱמֶת לִמְצֹא הַפְּתָחִים בְּתוֹךְ
הַחשֶׁךְ הַגָּדוֹל הַמִּתְגַּבֵּר עָלֵינוּ בְּכָל עֵת, הָרוֹצֶה לְהַחֲשִׁיךְ
וּלְהַסְתִּיר מִמֶּנּוּ, חַס וְשָׁלוֹם, אוֹרְךָ הַגָּדוֹל.

וְאִם חָטָאתִי עָוִיתִי וּפָשַׁעְתִּי לְפָנֶיךָ, מִנְּעוּרַי עַד הַיּוֹם הַזֶּה,
וּפָגַמְתִּי לְפָנֶיךָ פְּגָמִים הַרְבֵּה מְאֹד, וְשָׁנִיתִי וְשִׁלַּשְׁתִּי עֲלֵיהֶם
פְּעָמִים אֵין מִסְפָּר, וּבְכָל פַּעַם עַל יְדֵי כָּל חֵטְא וּפְגָם, הוֹסַפְתִּי

My only hope of finding a way to escape is by talking to You truthfully and honestly. Through the teachings of Your holy Sages You have let us know that if we speak to You truthfully, You will shine upon us even in the thickest darkness and gloom, and help us come out of the darkness into a brilliant light, because You love the truth and You are "close to all who call to You in truth."

I have therefore come before You, HaShem, my God, to plead and prostrate myself before You, and stretch out my hands to You: arouse Your true love for me. I feel so low. I need Your help so much. Shine on me with the light of Truth, so that I will be able to say the words of my prayers truthfully and sincerely.

Help me bring every single word of each service out of my mouth in pure, clear truthfulness and honesty, so that the light of Truth will shine on me and help me find the openings in the terrible darkness that is constantly threatening to envelop me and hide Your great light from me, God forbid.

I know that I have sinned, transgressed and rebelled against You from my earliest days until today. Again and again I have made the worst

עָלַי, חַס וְשָׁלוֹם, חֹשֶׁךְ עַל חֹשֶׁךְ וּמַסְגֵּר עַל מַסְגֵּר, וּמָסָכִים
וּמְחִצּוֹת עַל מָסָכִים וּמְחִצּוֹת וּמְנִיעוֹת עַל מְנִיעוֹת, וּבִלְבּוּלִים
עַל בִּלְבּוּלִים,

עַד אֲשֶׁר בָּאתִי בְּתוֹךְ עֹמֶק הַחֹשֶׁךְ וַאֲפֵלָה גְּדוֹלָה מְאֹד,
וְנֶחְשְׁכוּ וְנִסְתְּרוּ מֵעֵינַי כָּל מִינֵי פְּתָחִים שֶׁיֵּשׁ שָׁם, לָצֵאת
עַל יָדָם מֵאֲפֵלָה לְאוֹרָה, "טָבַעְתִּי בִּיוֵן מְצוּלָה וְאֵין מָעֳמָד
בָּאתִי בְמַעֲמַקֵּי מַיִם וְשִׁבֹּלֶת שְׁטָפָתְנִי":

הֵן עַל זֶה בָּאתִי לְפָנֶיךָ יְיָ אֱלֹהַי וֵאלֹהֵי אֲבוֹתַי, חֲמֹל, חֲמֹל,
חוּס, חוּס, רַחֵם, רַחֵם, הַצֵּל, הַצֵּל, וּכְשֵׁם שֶׁגָּבְרוּ עָלֵינוּ
רַחֲמֶיךָ וַחֲסָדֶיךָ הָעֲצוּמִים, וְגִלִּית לָנוּ עֵצָה הַקְּדוֹשָׁה הַזֹּאת,
כֵּן יֶהֱמוּ נָא מֵעֶיךָ וְרַחֲמֶיךָ עָלֵינוּ יְיָ אֱלֹהֵינוּ, וְתַעַזְרֵנוּ
וְתוֹשִׁיעֵנוּ בַּחֲסָדֶיךָ הַנּוֹרָאִים וְהַנִּפְלָאִים שֶׁנִּזְכֶּה לְקַיֵּם עֵצָה
הַקְּדוֹשָׁה הַזֹּאת, שֶׁנִּזְכֶּה לְהוֹצִיא מִפִּינוּ דִּבּוּרֵי אֱמֶת לְפָנֶיךָ
בִּתְפִלּוֹתֵינוּ וְתַחֲנוּתֵינוּ וּבַקָּשׁוֹתֵינוּ,

עַד אֲשֶׁר לֹא יִהְיֶה שׁוּם כֹּחַ לְשׁוּם חֹשֶׁךְ וַאֲפֵלָה לִמְנֹעַ אוֹתָנוּ,
חַס וְשָׁלוֹם, מִתְּפִלָּתֵנוּ וַעֲבוֹדָתֵנוּ. וּבְכָל מִינֵי חֹשֶׁךְ וַאֲפֵלָה
הָרוֹצִים לְהִתְגַּבֵּר עָלֵינוּ בְּכָל עֵת וּבִפְרָט בִּשְׁעַת הַתְּפִלָּה,
בְּכֻלָּם נוּכַל לִמְצֹא הַפְּתָחִים עַל-יְדֵי דִּבּוּר הָאֱמֶת שֶׁנּוֹצִיא
מִפִּינוּ לָצֵאת עַל יָדוֹ מֵאֲפֵלָה לְאוֹרָה, מֵחֹשֶׁךְ לְאוֹר גָּדוֹל, כִּי

mistakes — I cannot count how many times. With each new sin, I have added yet more darkness, more barriers, more screens, more obstacles, more confusion.

I have come into the worst depths of darkness and gloom. All the exits from the darkness into the light have been thrown into gloom: they are invisible to my eyes. "I am sinking in the deep mire — there is no way to stand; I have come into the depths of the waters, the current has swept me away."

Yet in spite of all this, I have come before You, HaShem, my God and God of my fathers. Have mercy! Have pity and save me! Just as You had the mercy and compassion to reveal this holy teaching, so now, HaShem, have compassion on me and help me follow it. Help me say the words of my prayers and supplications with complete honesty and sincerity.

Don't let gloom and darkness stop me from praying and serving You. No matter how thick my darkness, especially when I pray, let me always be able to find the exits out the darkness into the light — by saying the words truthfully. "For You will light my lamp: HaShem my God will illumine my darkness." Fulfil the verse in

אַתָּה תָּאִיר נֵרִי יְיָ אֱלֹהַי יַגִּיהַּ חָשְׁכִּי, וִיקַיֵּם מִקְרָא שֶׁכָּתוּב:
"יְיָ אוֹרִי וְיִשְׁעִי מִמִּי אִירָא, יְיָ מָעוֹז חַיַּי מִמִּי אֶפְחָד".

כִּי אַתָּה יָדַעְתָּ יְיָ אֱלֹהַי, אֲשֶׁר אֵין לִי שׁוּם פֶּתַח הַצָּלָה אַחֶרֶת
כִּי אִם עַל־יְדֵי־זֶה עַל יְדֵי שֶׁתְּזַכֶּה אוֹתִי לְדַבֵּר דִּבּוּרֵי אֱמֶת
לְפָנֶיךָ כָּרָאוּי. וְתַעַזְרֵנִי בְּרַחֲמֶיךָ הָרַבִּים לֵילֵךְ בְּדֶרֶךְ אֱמֶת
תָּמִיד, וְאֶזְכֶּה שֶׁלֹּא יֵצֵא דְּבַר שֶׁקֶר מִפִּי לְעוֹלָם, וְתִשְׁמְרֵנִי
בְּרַחֲמֶיךָ הָרַבִּים שֶׁלֹּא יֵצֵא שׁוּם שֶׁקֶר מִפִּי אֲפִלּוּ בְּטָעוּת שֶׁלֹּא
בְּכַוָּנָה, רַק כָּל דִּבּוּרַי יִהְיוּ דִּבּוּרֵי אֱמֶת תָּמִיד.

וּתְיַחֵד אֶת לְבָבִי אֵלֶיךָ, שֶׁאֶזְכֶּה תָּמִיד לְהַטּוֹת דַּעְתִּי וּמַחֲשַׁבְתִּי
אֶל הָאֱמֶת לַאֲמִתּוֹ וְאַתָּה תְּסַיְּעֵנִי מִן הַשָּׁמַיִם לִדְרֹךְ וְלֵילֵךְ
בִּנְתִיב הָאֱמֶת תָּמִיד, וְלֹא אַטֶּה מִדֶּרֶךְ הָאֱמֶת יָמִין וּשְׂמֹאל.

"הַדְרִיכֵנִי בַּאֲמִתֶּךָ וְלַמְּדֵנִי כִּי אַתָּה אֱלֹהֵי יִשְׁעִי אוֹתְךָ קִוִּיתִי
כָּל הַיּוֹם, שְׁלַח אוֹרְךָ וַאֲמִתְּךָ הֵמָּה יַנְחוּנִי יְבִיאוּנִי אֶל הַר
קָדְשְׁךָ וְאֶל מִשְׁכְּנוֹתֶיךָ, וְאַל תַּצֵּל מִפִּי דְבַר אֱמֶת עַד מְאֹד
כִּי לְמִשְׁפָּטֶיךָ יִחָלְתִּי":

וְאֶזְכֶּה תָּמִיד לִשְׁפֹּךְ שִׂיחִי וּתְפִלָּתִי וּתְחִנָּתִי לְפָנֶיךָ בֶּאֱמֶת

the Psalms: "HaShem is my light and my help. Who should I be afraid of? HaShem is the strength of my life. Who should I fear?"

HaShem, You know that I have no other way to escape unless You help me speak to You truthfully and honestly in the proper way. Help me go on the path of truth at all times. Let me never allow a false word out of my mouth. Let me never say a false word even by mistake or unintentionally. Let me always tell the truth.

Bind my heart to You, so that I will always be able to direct my mind and my thoughts to the absolute truth. And You help me from Heaven to walk the path of truth at all times. Let me not stray from the path of truth in any way, not to the right and not to the left.

"Direct me in Your truth, and teach me that You are the God of my salvation. In You I have hoped all the day. Send Your light and Your truth: they will guide me and bring me to Your mountain of Holiness and to Your sanctuary. Do not take the truth away from my lips in any way, because I have put my hope in Your judgements."

Let me always pour out my thoughts and prayers and supplications to You with perfect

לַאֲמִתּוֹ, וְתַעַזְרֵנִי שֶׁאוּכַל לְפָרֵשׁ כָּל שִׂיחָתִי לְפָנֶיךָ בֶּאֱמֶת.
וְאֶת כָּל אֲשֶׁר עִם לְבָבִי אֲשִׂיחָה לְפָנֶיךָ יְיָ אֱלֹהַי וֵאלֹהֵי אֲבוֹתַי,

כִּי אַתָּה יָדַעְתָּ אֶת לְבָבֵנוּ, כִּי צְרָכַי הֵמָּה מְרֻבִּים מְאֹד, וְדַעְתִּי
קְצָרָה לְבָאֵר וּלְפָרֵשׁ. אִלּוּ כָּל הַיַּמִּים דְּיוֹ וְכָל אֲגַמִּים
קוּלְמוֹסִין, אִי אֶפְשָׁר לְבָאֵר וּלְפָרֵשׁ אֶפֶס קָצֵה מִצְּרָכֵינוּ
הַמְרֻבִּים מְאֹד,

כִּי עֲדַיִן לֹא הִתְחַלְנוּ לְהַכְנִיעַ וּלְבַטֵּל שׁוּם מִדָּה רָעָה וְשׁוּם
תַּאֲוָה רָעָה מֵאִתָּנוּ, וַאֲנַחְנוּ רְחוֹקִים מִמְּךָ בְּתַכְלִית הָרָחוֹק,
וְאַף עַל פִּי כֵן בְּכָל עֵת שֶׁאֲנַחְנוּ בָּאִים לְפָרֵשׁ שִׂיחָתֵנוּ לְפָנֶיךָ
נִסְתָּם פִּינוּ וּלְשׁוֹנֵנוּ, וְאֵין אָנוּ יְכוֹלִים לְדַבֵּר שׁוּם דִּבּוּר
כָּרָאוּי לְפָנֶיךָ.

יְיָ אֱלֹהִים, אַתָּה יָדַעְתָּ אֶת לְבָבֵינוּ, וּלְפָנֶיךָ נִגְלוּ כָּל
תַּעֲלוּמוֹת. חָנֵּנוּ וַעֲנֵנוּ, וְהָכֵן לְבָבֵינוּ, וְזַכֵּנוּ בְּרַחֲמֶיךָ הָרַבִּים
לְדִבּוּרֵי אֱמֶת לְפָנֶיךָ בְּאֹפֶן שֶׁיִּפָּתַח לָנוּ אוֹרֶךְ הַגָּדוֹל עַל יְדֵי
זֶה, שֶׁהוּא עֶצֶם הָאֱמֶת. וְנִזְכֶּה עַל יְדֵי זֶה לְפָרֵשׁ שִׂיחָתֵנוּ
וְתַחֲנוּתֵינוּ לְפָנֶיךָ תָּמִיד בֶּאֱמֶת כָּרָאוּי,

וְנִזְכֶּה לְהוֹצִיא מִפִּינוּ בֶּאֱמֶת כָּל צְרָכֵינוּ, וְכָל מַה שֶׁחָסֵר לָנוּ
בְּגוּף וָנֶפֶשׁ – הַכֹּל נוּכַל לְפָרֵשׁ וּלְבָאֵר לְפָנֶיךָ בְּאִמְרֵי פִינוּ,

sincerity. Help me express everything I need to say to You honestly at all times. Let me tell You everything I have in my mind and on my heart, HaShem, my God and God of my fathers.

You know my heart. My needs are very many, but I lack the patience to explain everything in detail. Even if all the seas were ink and all the reeds were pens, it would be impossible to explain even a tiny fraction of my needs.

As yet I've not even started to try to overcome even a single one of my bad traits and desires. I am so totally far away from You. Yet every time I come to express myself to You, my mouth closes up and I find it impossible to say even a single word to You properly.

HaShem: You know my heart. To You, all secrets are revealed. Be kind to me and answer me. Put it into my heart to be able to speak to You truthfully, so that Your great light — which *is* the truth — will be opened up to me, helping me to express everything I need to tell You, and to offer You my prayers properly, with true sincerity, at all times.

Then I'll be able to tell You about everything I need, both physically and spiritually. I will be able to put everything into words and pour out

עַד שֶׁנִּזְכֶּה לִשְׁפֹּךְ לִבֵּנוּ כַּמַּיִם נֹכַח פְּנֵי יְיָ בִּתְפִלּוֹתֵינוּ וּתְחִנּוֹתֵינוּ. וְיִתְעוֹרְרוּ רַחֲמֶיךָ עָלֵינוּ, וְתַאֲזִין שַׁוְעָתֵנוּ וְתַקְשִׁיב תְּחִנּוֹתֵינוּ, וּתְמַלֵּא כָּל מִשְׁאֲלוֹת לִבֵּנוּ לְטוֹבָה בְּרַחֲמִים,

בְּאֹפֶן שֶׁנִּזְכֶּה לְהִתְקָרֵב אֵלֶיךָ בֶּאֱמֶת מֵעַתָּה וְעַד עוֹלָם, וְלַעֲשׂוֹת רְצוֹנְךָ כָּל יְמֵי חַיֵּינוּ, אֲנַחְנוּ וְצֶאֱצָאֵינוּ וְצֶאֱצָאֵי עַמְּךָ בֵּית יִשְׂרָאֵל.

וְזַכֵּנִי בְּרַחֲמֶיךָ הָרַבִּים שֶׁאֶתְפַּלֵּל בְּכַוָּנָה שְׁלֵמָה כָּרָאוּי בֶּאֱמֶת עִם כָּל הַכֹּחוֹת שֶׁיֵּשׁ בִּי, וְאֶזְכֶּה לְהַכְנִיס כָּל כֹּחִי בְּאוֹתִיּוֹת הַתְּפִלָּה עַד שֶׁיִּתְחַדֵּשׁ כָּל כֹּחִי בְּתוֹךְ הַתְּפִלָּה. וְאֶזְכֶּה לְקַבֵּל חִיּוּת חָדָשׁ דִּקְדֻשָּׁה מִן הַתְּפִלָּה הַקְּדוֹשָׁה אֲשֶׁר מִשָּׁם נִמְשָׁךְ כָּל הַחִיּוּת כְּמוֹ שֶׁנֶּאֱמַר: "תְּפִלָּה לְאֵל חַיָּי". וְזַכֵּנִי בְּרַחֲמֶיךָ הָרַבִּים לֶאֱמוּנָה שְׁלֵמָה בֶּאֱמֶת:

וּבְכֵן תְּחָנֵּנוּ בְּרַחֲמֶיךָ הָרַבִּים וְתַעַזְרֵנוּ לְהַעֲלוֹת תְּפִלָּתֵנוּ לְפָנֶיךָ דֶּרֶךְ הַשַּׁעַר וְהַשֵּׁבֶט הַשַּׁיָּךְ לְשֹׁרֶשׁ נִשְׁמָתֵינוּ, אֲשֶׁר מִשָּׁם נֶחְצַבְנוּ, כְּדֵי שֶׁתִּתְעַלֶּה תְּפִלָּתֵנוּ דֶּרֶךְ הַשַּׁעַר הַהוּא הַשַּׁיָּךְ

my heart like water in prayer and supplication
before You. Your love for me will be aroused:
You will listen to my cries and hear my supplica-
tions, and lovingly fulfil all the requests of my
heart for good.

This way I will be able to come truly close to
You from now on and for ever, and do Your will
every day of my life, together with my children
and children's children, and those of all Your
people, the House of Israel.

Help me pray

Help me pray with full attention and with all
my energy and strength. Let me put all my ener-
gy into the letters of the words, so that my
strength will be renewed and I will draw new
holy vitality from the prayers, since prayer is the
source of all vitality — "Prayer to the God of my
life." Help me come to perfect faith.

Kind and loving God: Help me direct my
prayers upwards to You through the gate of the
tribe in which my soul is rooted and from which
I was hewn out. Let my prayers ascend through
the right gate and rise up to Heaven — through
the Land of Israel, through Jerusalem, the

לִתְפַלָּתֵנוּ הַשָּׁמַיְמָה דֶּרֶךְ אֶרֶץ יִשְׂרָאֵל וִירוּשָׁלַיִם וּבֵית הַמִּקְדָּשׁ וְקָדְשֵׁי קָדָשִׁים, עַד שֶׁתַּעֲלֶה תְּפִלָּתֵנוּ לִמְכוֹן שִׁבְתֶּךָ,

וְיִהְיֶה כֹּחַ לִתְפִלָּתֵנוּ לְעוֹרֵר אֶת הַמַּזָּל הָעֶלְיוֹן הַשַּׁיָּךְ לְשַׁעַר וְשֵׁבֶט שֶׁל כָּל אֶחָד וְאֶחָד מֵאִתָּנוּ. וְיַשְׁפִּיעַ עָלֵינוּ טוֹבָה וּבְרָכָה, לְבָרֵךְ אֶת כָּל פְּרִי הָאֲדָמָה וּלְהַצְלִיחַ אֶת מַעֲשֵׂי יָדֵנוּ.

וְתַזְמִין לָנוּ בְּרַחֲמֶיךָ הָרַבִּים וַחֲסָדֶיךָ הַגְּדוֹלִים אֶת פַּרְנָסוֹתֵינוּ קֹדֶם שֶׁנִּצְטָרֵךְ לָהֶם בְּרֶוַח וְלֹא בְּצִמְצוּם, בְּהֶתֵּר וְלֹא בְּאִסּוּר, בְּנַחַת וְלֹא בְּצַעַר, בְּכָבוֹד וְלֹא בְּבִזּוּי מִתַּחַת יָדְךָ הָרְחָבָה וְהַמְּלֵאָה. וְאַל תַּצְרִיכֵנוּ לֹא לִידֵי מַתְּנַת בָּשָׂר וָדָם וְלֹא לִידֵי הַלְוָאָתָם,

בְּאֹפֶן שֶׁנִּזְכֶּה לַעֲשׂוֹת רְצוֹנְךָ וְלַעֲסֹק בְּתוֹרָתְךָ תָּמִיד יוֹמָם וְלַיְלָה. וְנִזְכֶּה בְּרַחֲמֶיךָ הָרַבִּים לְתוֹרָה וּגְדֻלָּה בְּמָקוֹם אֶחָד.

וַחֲמֹל נָא עָלֵינוּ וְעָזְרֵנוּ שֶׁיִּהְיֶה זִוּוּגֵנוּ בִּקְדֻשָּׁה גְּדוֹלָה כִּרְצוֹנְךָ הַטּוֹב. וְתַעֲזֹר לְכָל עַמְּךָ בֵּית יִשְׂרָאֵל וּלְכָל יוֹצְאֵי חֲלָצֵינוּ

Temple and the Holy of Holies — until they rise to the place of Your dwelling.

Give my prayers the power to arouse the Constellation associated with each person's gate and tribe, so as to shine down on on the world with goodness and blessing, to bless all the fruits of the earth, and to give us success in all our efforts.

Livelihood

Loving God: Send me my livelihood before I need it. Provide for me generously and unsparingly through legitimate means, without my transgressing any prohibitions. Grant me my livelihood easily and honorably from Your wide and open hand, without my having to suffer pain and degradation. Let me not need to depend upon human gifts or loans.

Give me everything I need so that I will be able to do Your will and engage in Your Torah at all times, day and night. Grant me Torah and prosperity together.

Zivugim — **Marriage Partners**

Have compassion on me and help me conduct my marital relationship in great holiness according to Your will. Give help to all those of

לְכָל מִי שֶׁצָּרִיךְ לִמְצוֹא זִוּוּגוֹ,

שֶׁתִּזְמִין לוֹ זִוּוּגוֹ הַהָגוּן לוֹ מִן הַשָּׁמַיִם, וְלֹא יִתְחַלְּפוּ הַזִּוּוּגִים, חַס וְשָׁלוֹם, בַּעֲווֹנוֹתֵינוּ. רַק תַּעֲזֹר לְכָל בְּנֵי עַמְּךָ יִשְׂרָאֵל שֶׁכָּל אֶחָד יִמְצָא מְהֵרָה זִוּוּגוֹ הָרָאוּי לוֹ מִן הַשָּׁמַיִם בֶּאֱמֶת כְּפִי שָׁרְשֵׁי הַנְּשָׁמוֹת:

הַשְׁמָטָה הַשַּׁיָּךְ כָּאן מִסֵּפֶר "לִיקוּטֵי תְּפִילוֹת וְתַחֲנוּנִים" אוֹת ח

רִבּוֹנוֹ שֶׁל עוֹלָם. זַכֵּנוּ לַעֲסוֹק בַּתּוֹרָה הַרְבֵּה לִשְׁמָהּ תָּמִיד, כִּי כְּבָר גָּלִיתָ לָנוּ שֶׁאֵין שְׁלֵמוּת לִתְפִלָּתֵינוּ כִּי אִם עַל יְדֵי לִמּוּד הַתּוֹרָה הַקְּדוֹשָׁה, כְּמוֹ שֶׁנֶּאֱמַר: "מֵסִיר אָזְנוֹ מִשְּׁמוֹעַ תּוֹרָה גַּם תְּפִלָּתוֹ תּוֹעֵבָה". עַל כֵּן חוּס וַחֲמוֹל עָלֵינוּ וְזַכֵּנוּ לַהֲגוֹת בְּדִבְרֵי תַלְמוּד תּוֹרָתֶךָ יוֹמָם וָלַיְלָה, וְעַל יְדֵי זֶה נִזְכֶּה שֶׁתְּקַבֵּל תְּפִלָּתֵינוּ בְּרַחֲמִים,

וְנִזְכֶּה לְקַיֵּם מִקְרָא שֶׁכָּתוּב: "קוּמִי רֹנִּי בַלַּיְלָה לְרֹאשׁ אַשְׁמֻרוֹת שִׁפְכִי כַמַּיִם לִבֵּךְ נֹכַח פְּנֵי אֲדֹנָי". וְעַל יְדֵי זֶה נִזְכֶּה לִגְאֻלָּה שְׁלֵמָה עַל יְדֵי מָשִׁיחַ צִדְקֵנוּ, וְהַתְּפִלּוֹת שֶׁלָּנוּ יִהְיוּ כְּמוֹ חֶרֶב וּכְלֵי מִלְחָמָה אֵצֶל מֶלֶךְ הַמָּשִׁיחַ, כַּאֲשֶׁר רָמַזְתָּ לָנוּ עַל יְדֵי חֲכָמֶיךָ הַקְּדוֹשִׁים זִכְרוֹנָם לִבְרָכָה:

Your people, the House of Israel, and all our descendants, who need to find their marriage partners.

Arrange that each one should be sent a good match from Heaven. Let no-one find himself with the wrong partner, God forbid, because of our sins, but help each Jew to quickly find the partner most suitable for him or her according to their soul-roots.

Torah Study

Master of the Universe: Help me study Torah for its own sake at all times. You have taught us that prayer can only be complete through study of the holy Torah: "When a person turns his ear away and won't listen to the Torah, his prayer is also an abomination." Therefore help me engage in Torah-study day and night, so that You will lovingly accept my prayers.

Help me "sing out at night at the beginning of the watches" and pour out my heart like water before You, so that we will merit complete redemption by our righteous Mashiach. Let my prayers be a sword and a weapon for Mashiach, as You have intimated to us through Your holy Sages.

וְזַכֵּנוּ בְּרַחֲמֶיךָ הָרַבִּים לְקַשֵּׁר כָּל תְּפִלָּתֵנוּ לְצַדִּיקֵי אֱמֶת
שֶׁבַּדּוֹר, אֲשֶׁר יֵשׁ לָהֶם כֹּחַ לְהַעֲלוֹת תְּפִלָּתֵנוּ לְפָנֶיךָ דֶּרֶךְ
הַשַּׁעַר וְהַשֵּׁבֶט הַשַּׁיָּךְ לְכָל תְּפִלָּה וּתְפִלָּה:

אָנָּא יְיָ, עֵינֶיךָ הֲלֹא לָאֱמוּנָה. חָנֵּנוּ וְזַכֵּנוּ וְעָזְרֵנוּ בְּרַחֲמֶיךָ
הָרַבִּים, וְתַשְׁפִּיעַ עָלֵינוּ אֱמוּנָתְךָ הַקְּדוֹשָׁה תָּמִיד בְּלִי הֶפְסֵק
רֶגַע. וּתְזַכֶּה אוֹתִי וְאֶת כָּל עַמְּךָ בֵּית יִשְׂרָאֵל לֶאֱמוּנָה שְׁלֵמָה
בֶּאֱמֶת. וְנִזְכֶּה לְהַאֲמִין בְּךָ וּבְצַדִּיקֶיךָ הָאֲמִתִּים בֶּאֱמֶת תָּמִיד,
בְּלִי שׁוּם מַחֲשֶׁבֶת חוּץ, חַס וְשָׁלוֹם, וּבְלִי שׁוּם בִּלְבּוּל וּנְטִיָּה
כְּלָל, חַס וְשָׁלוֹם.

וְאֶזְכֶּה לְהַאֲמִין בְּנִסֶּיךָ הַקְּדוֹשִׁים אֲשֶׁר עָשִׂיתָ עִמָּנוּ מֵעוֹלָם
נִסִּים וְנִפְלָאוֹת גְּדוֹלוֹת וַאֲשֶׁר אַתָּה עוֹשֶׂה עִמָּנוּ בְּכָל דּוֹר
וָדוֹר עַד עַתָּה, נִסִּים עֶלְיוֹנִין וְנִסִּים תַּתָּאִין נִסִּים נִגְלִים וְנִסִּים
נִסְתָּרִים. נִסִּים עַל־פִּי דֶּרֶךְ הַטֶּבַע וְנִסִּים שֶׁלֹּא עַל־פִּי דֶּרֶךְ
הַטֶּבַע, נִסִּים בִּכְלָל וְנִסִּים בִּפְרָט, לְכָל אֶחָד וְאֶחָד מִיִּשְׂרָאֵל
בְּכָל יוֹם וּבְכָל עֵת וּבְכָל שָׁעָה,

בְּכֻלָּם אֶזְכֶּה אֲנִי וְכָל עַמְּךָ בֵּית יִשְׂרָאֵל לְהַאֲמִין בָּהֶם בֶּאֱמוּנָה
שְׁלֵמָה בְּלִי שׁוּם דֹּפִי וּבִלְבּוּל כְּלָל, חַס וְשָׁלוֹם. וְתִסְתֹּם
וְתִסְכֹּר פִּי כָּל דּוֹבְרֵי שֶׁקֶר הָרוֹצִים לְהַכְנִיס כְּפִירוֹת בַּלֵּב

Lovingly help me bind all my prayers to the true Tzaddikim of the generation, who have the power to elevate all prayers through the appropriate gate and tribe.

Faith

HaShem: Surely faith is what You want — that is where Your eyes are directed. Please help me: inspire me to have holy faith in You at all times without a moment's break. Bring me and all Your people Israel to perfect faith. Let us believe in You and Your true Tzaddikim without faltering. Let us be free of all confusion, and not deviate from our faith in any way.

Let me believe in all the holy miracles You have done for us. You have worked the most amazing miracles and wonders in every generation right up until the present — the "higher" and the "lower" miracles, those that have been revealed and those that remained concealed, those within nature and those beyond nature, general and specific miracles — for every single Jew, every day, every hour and every moment.

Let me and all Your people Israel believe in all these miracles unreservedly and with perfect faith. Silence the mouths of all the liars who want

וּלְכַסּוֹת נִסִּים בְּתוֹךְ דֶּרֶךְ הַטֶּבַע, חַס וְשָׁלוֹם, "מַלֵּא פְנֵיהֶם קָלוֹן וִיבַקְשׁוּ שִׁמְךָ יְיָ",

וַעֲזֹר אוֹתָנוּ בְּרַחֲמֶיךָ הָרַבִּים לְהִנָּצֵל מֵהֶם שֶׁלֹּא נֹאבֶה וְלֹא נִשְׁמַע לָהֶם כְּלָל, רַק תִּתֵּן לָנוּ כֹּחַ לְהַכְנִיעָם וּלְשַׁבְּרָם וְלַעֲקֹר וּלְבַטֵּל מַחֲשַׁבְתָּם הָרָעָה מִן הָעוֹלָם, וְלַמַּלְשִׁינִים אַל תְּהִי תִקְוָה, וְכָל הַמִּינִים וְהַזֵּדִים וְהָאֶפִּיקוֹרְסִים כְּרֶגַע יֹאבֵדוּ,

וְתֵן בְּלִבָּם שֶׁיָּשׁוּבוּ וְיִתְחָרְטוּ כֻּלָּם מִדַּעְתָּם הָרָעָה וְהַגְּבוֹכָה, וְיָשׁוּבוּ כֻּלָּם אֵלֶיךָ בֶּאֱמֶת, וְיַכִּירוּ כֹּחַ מַלְכוּתֶךָ.

אֵל אֱמוּנָה, עָזְרֵנוּ בְּרַחֲמֶיךָ הָעֲצוּמִים שֶׁנִּזְכֶּה לֶאֱמוּנָה שְׁלֵמָה בֶּאֱמֶת כָּרָאוּי:וְזַכֵּנוּ לָבוֹא לְאֶרֶץ יִשְׂרָאֵל מְקוֹם קָדְשָׁתֵנוּ, מְקוֹר הָאֱמוּנָה וְהַתְּפִלָּה מְקוֹר הַחַיִּים, מְקוֹר הִתְקָרְבוּת יִשְׂרָאֵל לַאֲבִיהֶם שֶׁבַּשָּׁמַיִם, מְקוֹם קָדְשֵׁנוּ וְתִפְאַרְתֵּנוּ, מְקוֹם חַיֵּינוּ וְאֹרֶךְ יָמֵינוּ.

אָבִינוּ שֶׁבַּשָּׁמַיִם, חֲמֹל עָלֵינוּ בְּמַתְּנַת חִנָּם וְנִדְבַת חֶסֶד, וְזַכֵּנוּ בַּחֲסָדֶיךָ הָעֲצוּמִים לַעֲלוֹת מְהֵרָה לְאֶרֶץ יִשְׂרָאֵל, וְנִזְכֶּה

to put doubts into our hearts and cover up the miracles with natural explanations. "Cover their faces with shame, and let them search out Your Name, HaShem."

Have pity on me and help me avoid being influenced by such people. Remove any inclination I may have to listen to them. Give me the power to crush them and uproot their wicked ideas entirely. "For the slanderers let there be no hope, and let all the heretics, wanton sinners and atheists perish in an instant."

Put it into their hearts to repent, and let them all recant their evil and confused opinions. Let all of them return to You genuinely and honestly, and recognize the power of Your Kingship.

Eretz Israel

God of faith: Help me come to perfect faith, and bring me to Eretz Israel, the place of our sanctity, the root of faith, prayer and miracles, the fountain of life, the source of the Jewish People's closeness to their Father in Heaven, our holy place, our pride, the place of our vitality and long life.

Father in Heaven: Have pity on us and grant us as a gift of love that we should soon move to

לְעָבְדְּךָ שָׁם בֶּאֱמֶת בְּיִרְאָה וּבְאַהֲבָה. וּמַהֵר לְהוֹצִיאֵנוּ מִתּוֹךְ עֹמֶק גָּלוּתֵינוּ אֲשֶׁר גָּלִינוּ מֵאַרְצֵנוּ זֶה כַּמָּה וְכַמָּה שָׁנִים, וַהֲבִיאֵנוּ לְשָׁלוֹם מֵאַרְבַּע כַּנְפוֹת הָאָרֶץ וְתוֹלִיכֵנוּ מְהֵרָה קוֹמְמִיּוּת לְאַרְצֵנוּ.

רִבּוֹנוֹ שֶׁל עוֹלָם, אַתָּה יָדַעְתָּ אֲשֶׁר כָּל אֲרִיכוּת גָּלוּתֵינוּ זֶה הוּא רַק מֵחֲמַת פְּגַם חֲלִישׁוּת הָאֱמוּנָה, אֲשֶׁר בִּשְׁבִיל זֶה גָּלִינוּ מֵאַרְצֵנוּ, וַעֲדַיִן לֹא זָכִינוּ לְתַקֵּן פְּגַם הָאֱמוּנָה, וּמֵחֲמַת זֶה אָרַךְ עָלֵינוּ הַגָּלוּת הַמַּר הַזֶּה עַד הֵנָּה.

עַל כֵּן חֲמֹל עַל עַמְּךָ יִשְׂרָאֵל, כִּי אֵין מִי יַעֲמֹד בַּעֲדֵינוּ, כִּי אִם שִׁמְךָ הַגָּדוֹל יַעֲמֹד לָנוּ, שֶׁתִּטַּע וְתִקְבַּע אֱמוּנָתְךָ הַקְּדוֹשָׁה בְּלִבֵּנוּ בֶּאֱמֶת מֵעַתָּה וְעַד עוֹלָם.

וְתָסִיר עַקְמִימִיּוּת שֶׁבְּלִבֵּנוּ, שֶׁלֹּא יַעֲלֶה בְּלִבֵּנוּ שׁוּם עַקְמִימִיּוּת וְשָׁם קֻשְׁיָא, חַס וְשָׁלוֹם, עַל הַנְהָגוֹתֶיךָ, וְנִזְכֶּה לְהַאֲמִין תָּמִיד כִּי צַדִּיק וְיָשָׁר אַתָּה. "כִּי יָשָׁר דְּבַר יְיָ וְכָל מַעֲשֵׂהוּ בֶּאֱמוּנָה. כָּל מִצְוֹתֶיךָ אֱמוּנָה שֶׁקֶר רְדָפוּנִי עָזְרֵנִי"

Eretz Israel and live a life of true service of God with reverence and love. Hurry and free us from this deep exile away from our land, which has lasted for so many years. Gather us in peace from the four corners of the earth and speedily bring us up to our land in pride and dignity.

Master of the Universe: You know that the only reason for this long exile has been our weak faith. This was why we first went into exile, and we have still not done enough to strengthen our faith. That is why this bitter exile has lasted until now.

Please take pity on the Jewish People, because we have no-one to stand up for us. Only Your great Name will support us: plant Your holy faith in our hearts and keep it firm from now on and for ever.

Free me from the sinuous doubts and questions in my heart. Let me never entertain the slightest doubt about how You run the world. Let me always believe that You are just and righteous. "For the word of HaShem is just, and all His works are done with faithfulness." "All Your commandments are faith. They have persecuted me falsely — help me."

חָנֵּנוּ וַעֲנֵנוּ וְזַכֵּנוּ לֶאֱמוּנָה שְׁלֵמָה בֶּאֱמֶת תָּמִיד, וְעַל-יְדֵי-זֶה נִזְכֶּה לָשׁוּב לְאַרְצֵנוּ בְּקָרוֹב. כְּמוֹ שֶׁנֶּאֱמַר: "תָּבוֹאִי תָּשׁוּרִי מֵרֹאשׁ אֲמָנָה" בִּמְהֵרָה בְּיָמֵינוּ אָמֵן:

Be kind to me and answer me, and help me have perfect faith at all times. In the merit of faith, bring us back to our land very soon, as it is written: "Come, look down from the top of Amanah — Emunah, faith." Speedily in our days. Amen.

10

Teshuvah / Overcoming pride and arrogance / Attachment to the Tzaddikim / Clapping hands and dancing / Purim / Rosh Chodesh / Counting the Omer

Nothing enhances God's glory as much as when people who were previously very far from Him draw closer, whether Jews who become *ba'aley teshuvah* — penitents — or gentiles who convert. This provides us with a compelling argument to God to help us come closer to Him: if we are so distant, it will be precisely through bringing *us* nearer that His glory will be most enhanced.

Our own pride is one of the greatest obstacles holding us back from God. The most important step we can take towards removing our pride is by acknowledging our own limitations and accepting the authority of the true Tzaddik in our lives. We must turn to the Tzaddik to pray for us, because our own power to pray is often vitiated by our personal shortcomings.

The physical body is the root of the selfish passions which keep us from God, but when we open our hearts to the holy spirit of the Tzaddik, it spreads out from our hearts to our hands and legs, illumining our physical limbs with spiritual light, until we clap and dance for joy. The body itself now becomes a "convert" — a vibrant instrument for the service and praise of God. Rebbe Nachman teaches that clapping and dancing have the power to sweeten and mitigate divine judgments.

לפורים

רִבּוֹן כָּל הָעוֹלָמִים, אֲדוֹן כָּל, אֲשֶׁר גָּלִיתָ אֱלֹהוּתְךָ וְאַדְנוּתְךָ בָּעוֹלָם עַל יְדֵי אֲבוֹתֵינוּ אַבְרָהָם יִצְחָק וְיַעֲקֹב וְעַל יָדָם נִתְגַּדַּלְתָּ וְנִתְקַדַּשְׁתָּ מִדּוֹר לְדוֹר, עַד אֲשֶׁר זָכִינוּ לְקַבֵּל תּוֹרָתְךָ הַקְּדוֹשָׁה עַל יְדֵי מֹשֶׁה נְבִיאֲךָ נֶאֱמַן בֵּיתֶךָ.

וְאָז רָאוּ כָּל הָעַמִּים וְכָל הַגּוֹיִים אֶת גְּדֻלָּתְךָ וּגְבוּרוֹתֶיךָ, אֲשֶׁר הִרְבֵּיתָ לַעֲשׂוֹת עִמָּנוּ נִסִּים נִפְלָאִים וְנוֹרָאִים בִּיצִיאַת מִצְרַיִם וּקְרִיעַת יַם סוּף וּמִלְחֶמֶת עֲמָלֵק עַד אֲשֶׁר נִתְגַּלָּה אֱלֹהוּתְךָ לְכָל בָּאֵי עוֹלָם, וְרָאוּ רְחוֹקִים אֶת גְּבוּרָתֶךָ.

עַד שֶׁבָּא יִתְרוֹ וְנִתְגַּיֵּר, וְאָמַר: "כִּי עַתָּה יָדַעְתִּי כִּי גָדוֹל יְיָ וַאֲדוֹנֵנוּ מִכָּל הָאֱלֹהִים, וְאָז נִתְעַלָּה וְנִתְגַּדֵּל וְנִתְקַדֵּשׁ שִׁמְךָ לְמַעְלָה וּלְמַטָּה כִּי זֶה עִקַּר גְּדֻלָּתְךָ וְרוֹמְמוּתְךָ כְּשֶׁהָרְחוֹקִים מִמְּךָ מְאֹד מַכִּירִים אֶת אֱלֹהוּתְךָ וַאֲדְנוּתְךָ, כִּי אָז נִתְגַּדֵּל וְנִתְקַדֵּשׁ וְנִתְעַלָּה שִׁמְךָ הַגָּדוֹל יִתְבָּרֵךְ וְיִשְׁתַּבַּח לָעַד.

Master of all the worlds, Ruler of all: You revealed Your Godly power and rule to the world through our forefathers, Avraham, Yitzchak and Yaakov. Through them, Your greatness and holiness were manifested from generation to generation, until we received Your holy Torah through Moshe, Your faithful prophet.

Then all the peoples and nations saw Your greatness and power. They saw the many miracles You performed for us when You took us out of Egypt and split the Red Sea, and helped us to victory in the war against Amalek. Your Godliness was revealed to everyone on earth. Even the most distant people saw Your power.

Then Yitro came and converted, and he said "Now I know that HaShem is greater than all gods." At that moment, Your Name was exalted, magnified and sanctified above and below. It is when those who are furthest away from You come to acknowledge Your Godliness and power that Your greatness and supremacy are most evident, and Your great and blessed Name is most magnified, sanctified and exalted.

עַל כֵּן בָּאתִי לְפָנֶיךָ יְיָ אֱלֹהַי וֵאלֹהֵי אֲבוֹתַי לְהַפִּיל תְּחִנָּתִי לְפָנֶיךָ. מִקְצֵה הָאָרֶץ אֵלֶיךָ אֶקְרָא, שֶׁתְּרַחֵם עָלַי בְּרַחֲמֶיךָ הָרַבִּים, עַל מֶרְחָק וּמְגֹרָשׁ כָּמוֹנִי, וּתְקָרֵב אוֹתִי בְּרַחֲמֶיךָ וַחֲסָדֶיךָ הָעֲצוּמִים, וְתֹאמַר לְצָרוֹתַי דַּי וְתַתְחִיל מֵעַתָּה לְקָרְבֵנִי בְּרַחֲמֶיךָ הָרַבִּים,

כִּי זֶה עִקַּר גְּדֻלָּתְךָ – כְּשֶׁהַמְרֻחָקִים בְּיוֹתֵר מִתְקָרְבִים לַעֲבוֹדָתְךָ בֶּאֱמֶת, כַּאֲשֶׁר גִּלִּיתָ לָנוּ עַל יְדֵי חֲכָמֶיךָ הַקְּדוֹשִׁים. וְאִם אָמְנָם אֲנִי רָחוֹק מְאֹד מִמְּךָ בְּתַכְלִית הָרִחוּק, אַל תַּעֲשֶׂה עִמִּי כַּחֲטָאַי וְאַל תְּדִינֵנִי כְּמִפְעָלַי כִּי קָרוֹב אַתָּה לָרְחוֹקִים. כִּי הֲלֹא מִמְּנִי דַּיְקָא. יִתְעַלֶּה וְיִשְׁתַּבַּח וְיִתְגַּדֵּל שִׁמְךָ יִתְבָּרַךְ לָעַד וּלְנֵצַח נְצָחִים, עַל יְדֵי שֶׁתְּקָרֵב מֶרְחָק כָּמוֹנִי לְשִׁמְךָ הַגָּדוֹל, כִּי זֶה עִקַּר גְּדֻלָּתְךָ כְּשֶׁהַמְרֻחָקִים בְּיוֹתֵר מִתְקָרְבִים אֵלֶיךָ בֶּאֱמֶת.

אָנָּא יְיָ, לַמְּדֵנִי לְסַדֵּר תְּפִלָּתִי לְפָנֶיךָ כָּרָאוּי בְּלָשׁוֹן צַח וְנָקִי, בִּלְשׁוֹן רַחֲמִים וְתַחֲנוּנִים, וְתִשְׁלַח וְתַזְמִין לִי דִּבּוּרִים כְּשֵׁרִים

Have pity on one so far away

I have therefore come before You, HaShem, my God and God of my fathers, to appeal to You. I'm calling to You from the ends of the earth. Loving God, have pity on me. I am so far from You. I feel so rejected. It's as if I've been driven away. Through the power of Your love and mercy, bring me closer to You. Call a halt to my troubles. From now on, start drawing me closer and closer.

You have let us know through the teachings of Your sages that Your greatness is most revealed when those who are furthest away come genuinely closer and begin to serve You. I may be completely distant from You. Even so, please do not treat me according to my sins. Don't judge me according to the wrong I have done. Even when people are far from You, You are near to them. Won't it be precisely through me that Your blessed Name will be most exalted, praised and magnified — when You bring someone as far away as myself closer to You? For Your greatness is most revealed when those who are furthest away come genuinely close to You.

HaShem: Please teach me to order my prayer properly, and to express myself clearly with

וְיָפִים, וְתִהְיֶה תְּפִלָּתִי שְׁגוּרָה בְּפִי, בְּאֹפֶן שֶׁאוּכַל לְרַצּוֹת וּלְפַיֵּס אוֹתְךָ, שֶׁתְּעוֹרֵר רַחֲמֶיךָ הַגְּנוּזִים עָלַי לְקָרְבֵנִי אֵלֶיךָ

מִמָּקוֹם שֶׁנִּתְרַחַקְתִּי בְּכַמָּה וְכַמָּה מִינֵי הַרְחָקוֹת בְּלִי שִׁעוּר וָעֵרֶךְ, וּמִכָּל הַהַרְחָקוֹת תְּקָרְבֵנִי אֵלֶיךָ בְּרַחֲמֶיךָ הָעֲצוּמִים, בְּרַחֲמֶיךָ הָרַבִּים בְּרַחֲמֶיךָ הַגְּדוֹלִים, בְּרַחֲמִים נוֹרָאִים שֶׁיֵּשׁ לְךָ גְנוּזִים בְּאוֹצְרוֹתֶיךָ שֶׁאֵין בָּהֶם שׁוּם אֲחִיזַת דִּין וְקִטְרוּג כְּלָל, בְּרַחֲמִים שֶׁיֵּשׁ לָהֶם כֹּחַ לְקָרֵב אֲפִלּוּ הַמְרֻחָקִים בְּתַכְלִית הָרִחוּק שֶׁאֵין רָחוֹק יוֹתֵר מֵהֶם,

וַעֲשֵׂה לְמַעַנְךָ וְלֹא לְמַעֲנֵנוּ, עֲשֵׂה לְמַעַנְךָ וְהוֹשִׁיעֵנוּ. קָרְבֵנוּ אֵלֶיךָ, אַמְּצֵנוּ בַּעֲבוֹדָתֶךָ, חַזְּקֵנוּ בְּיִרְאָתֶךָ. אֱחֹז בְּיָדֵינוּ וְהוֹצֵא אוֹתָנוּ מִכָּל הַתַּאֲווֹת רָעוֹת וּמִכָּל הַמִּדּוֹת רָעוֹת הַקְּשׁוּרִים בְּגוּפֵנוּ, הַמְרַחִיקִים אוֹתָנוּ מִמְּךָ בְּכָל עֵת.

words that will arouse Your love and kindness. Send me pure, beautiful words, and let my prayer flow from my mouth in a way that will please and gratify You. Arouse Your hidden love for me and bring me close to You.

I am so far from You. I feel myself distanced from You in countless different ways. Reach out to me here in the place where I am, and draw me close to You out of pure love — that powerful, endless, awesome love that You have hidden in Your treasuries, a love that no contrary force of judgement or accusation has the power to restrain, a love that extends even to those who have reached the furthest limits of alienation and rejection, and can bring them back.

Do it for Your sake if not for mine. Do it for Your sake and save me. Bring me close to You. Inspire me with determination to serve You the way I should, and strengthen me in the fear of Heaven. Take me by the hand and release me from all the evil traits and desires that are entrenched in my body and which constantly hold me back from You.

כִּי אַתָּה לְבַד יָדַעְתָּ, אֶת גֹּדֶל הָרַחֲמָנוּת שֶׁיֵּשׁ עָלֵינוּ. וְעַל נַפְשֵׁנוּ וְרוּחֵנוּ וְנִשְׁמוֹתֵנוּ אֲשֶׁר נִשְׁמָתֵינוּ יָרְדָה מֵרוּם גָּבְהֵי מְרוֹמִים, מֵחֵיק אָבִיהָ שֶׁבַּשָּׁמַיִם וּבָאתָה בְּזֶה הָעוֹלָם בְּגוּף עָכוּר כָּזֶה, בְּגוּף מְגֻשָּׁם כָּזֶה, אוֹי לַבֵּן שֶׁגָּלָה מֵעַל שֻׁלְחָן אָבִיו.

וְכַוָּנָתְךָ הַקְּדוֹשָׁה הָיְתָה לְטוֹבָתֵנוּ, כְּדֵי שֶׁיִּהְיֶה לָנוּ נִסָּיוֹן וּבְחִירָה בָּעוֹלָם הַשָּׁפָל הַזֶּה, לְמַעַן נָכוֹף וּנְשַׁבֵּר וְנַכְנִיעַ גַּשְׁמִיּוּת גּוּפֵנוּ וְתַאֲווֹת לִבֵּנוּ, לְמַעַן נִזְכֶּה לְהַכִּיר אוֹתְךָ בָּעוֹלָם הַשָּׁפָל הַזֶּה, דַּיְקָא הָרָחוֹק מִקְּדֻשָּׁתְךָ בְּתַכְלִית הָרָחוֹק.

אֲבָל מַה נַּעֲשֶׂה אָבִינוּ שֶׁבַּשָּׁמַיִם כִּי לֹא יָכֹלְנוּ לְקַבֵּל טוֹבָתְךָ הַגְּדוֹלָה, וְלֹא חַסְנוּ עַל נַפְשֵׁנוּ, וְלֹא נִתְגַּבַּרְנוּ לְהַכְנִיעַ תַּאֲווֹתֵינוּ. צְרַפְתָּנוּ בַּל תִּמְצָא, וּכְבָר כִּלִּינוּ שָׁנֵינוּ לַהֶבֶל וְלָרִיק, עַל יְדֵי תַּאֲווֹת גּוּפֵנוּ הַקְּשׁוּרִים וּצְרוּרִים בָּנוּ מִנְּעוּרֵנוּ עַד הַיּוֹם הַזֶּה,

The exile of the Soul

You alone know how desperately I need help, and how my soul needs help on every level — my *nefesh*, *ru'ach* and *neshamah*. My soul originates from the greatest heights, where she enjoyed the embrace of her Father in Heaven. But to come down into this world, she has had to enter a gross, material body like this. Woe for the son who has been exiled from his father's table.

Your holy intention was for my own good — that I should be placed in a position of challenge in this lowly world. It is up to me to use my free will to overcome the physical limitations of my body and conquer the passions of my heart, in order to come to know You in this lowly world, which is so totally remote from Your holiness.

What should I do, Heavenly Father? I have not been able to receive Your great goodness. I have not taken care of my soul, and I have not made the effort to control my desires. "You have tried me but You did not find what You wanted." My years have been wasted on vanity and emptiness because of my bodily appetites, which have remained entrenched in me from earliest childhood until today.

וּבְכָל יוֹם אָנוּ מְצַפִּים וּמְחַכִּים לִגְאֻלַּת הַנֶּפֶשׁ בֶּאֱמֶת, וּתְהִי תוֹחַלְתֵּנוּ נִכְזָבָה. וּבְכָל יוֹם וָיוֹם יִצְרֵנוּ מִתְגַּבֵּר עָלֵינוּ בְּיוֹתֵר, וְאֵין לָנוּ עַל מִי לְהִשָּׁעֵן כִּי אִם עָלֶיךָ אָבִינוּ שֶׁבַּשָּׁמַיִם. חֲמֹל עָלֵינוּ בְּחֶמְלָתֶךָ, רַחֵם עָלֵינוּ בְּרַחֲמֶיךָ, חֶסֶד חִנָּם עֲשֵׂה עִמָּנוּ, כְּרַחֵם אָב עַל בָּנִים רַחֵם עָלֵינוּ, עֲנֵנוּ אָבִינוּ עֲנֵנוּ, עֲנֵנוּ בּוֹרְאֵנוּ עֲנֵנוּ, עֲנֵנוּ גּוֹאֲלֵנוּ עֲנֵנוּ, וַעֲשֵׂה אֶת אֲשֶׁר בְּחֻקּוֹתֶיךָ נֵלֵךְ וְאֶת מִשְׁפָּטֶיךָ נִשְׁמֹר וְעָזְרֵנוּ וְהוֹשִׁיעֵנוּ:

אָנָּא יְיָ, מַלְּטָה נַפְשִׁי מִכָּל הַתַּאֲווֹת וּמִכָּל הַמִּדּוֹת רָעוֹת הַקְּשׁוּרִים בְּגוּפִי עֲדַיִן, הֵן הַתַּאֲווֹת וְהַמִּדּוֹת רָעוֹת שֶׁיֵּשׁ בִּי מִצַּד הַהוֹלָדָה, כִּי "בְּעָווֹן חוֹלָלְתִּי וּבְחֵטְא יֶחֱמַתְנִי אִמִּי" וְהֵן הַתַּאֲווֹת וְהַמִּדּוֹת רָעוֹת שֶׁמָּשַׁכְתִּי עָלַי בְּעַצְמִי, מֵחֲמַת שֶׁלֹּא הָיִיתִי מִתְגַּבֵּר וּמִתְחַזֵּק לְהַכְנִיעַ וּלְשַׁבֵּר וּלְבַטֵּל כָּל הַתַּאֲווֹת רָעוֹת וּמִדּוֹת רָעוֹת – מִכֻּלָּם תַּצִּיל אוֹתִי בְּרַחֲמֶיךָ הָרַבִּים מֵעַתָּה וְעַד עוֹלָם.

וּתְזַכֵּנִי מֵעַתָּה וְתִתֵּן לִי חָכְמָה וָשֵׂכֶל וְעֵצוֹת דִּקְדֻשָּׁה וְכֹחַ וּגְבוּרָה מֵאִתְּךָ, בְּאֹפֶן שֶׁאֶזְכֶּה לְמַלֵּט נַפְשִׁי מִנִּי שַׁחַת, לִמְשֹׁךְ אֶת עַצְמִי וּלְהַרְחִיק אֶת עַצְמִי מִכָּל הַתַּאֲווֹת וּמִכָּל הַמִּדּוֹת רָעוֹת עַד שֶׁאֶזְכֶּה לְגָרֵשׁ וּלְבַטֵּל מִמֶּנִּי כָּל מִינֵי תַּאֲווֹת וּמִדּוֹת רָעוֹת, עַד שֶׁיִּהְיֶה גּוּפִי זַךְ וְצַח וְנָקִי מִכָּל מִינֵי תַּאֲווֹת וּמִכָּל

Every day I wait and hope for genuine spiritual redemption, but my hopes have been disappointed. Each day my urges attack me with ever greater force. I have no one to rely upon except You, my Father in Heaven. Have pity on me. Be kind to me even though I have nothing to give You in return. Love me like a father loves his children. Answer me, Father, answer me! Answer me, Creator, answer me! Answer me, Redeemer, answer me! Bring me to follow the path of Your statutes and observe Your laws. Help me and save.

Please, HaShem, save my soul from all the evil traits and desires that are still entrenched in my body, both those I was born with — "for I was conceived in guilt, and my mother was heated with sin" — and those I myself have allowed to develop through failing to make sufficient effort to fight to overcome them. Free me from all of them from now on.

Help me lead a good life in the future. Grant me wisdom, understanding, good counsel, strength and power so that I will be able to save my soul from destruction and keep myself well away from all bad traits and desires. Help me eradicate them completely. Let my body be pure

מִינֵי מִדּוֹת רָעוֹת, וְאֶזְכֶּה לִהְיוֹת קָדוֹשׁ וְטָהוֹר בֶּאֱמֶת כָּרָאוּי
לְאִישׁ יִשְׂרְאֵלִי:

וְזַכֵּנִי שֶׁאוּכַל לְתַקֵּן בְּחַיַּי אֶת כָּל מִינֵי קִלְקוּלִים וּפְגָמִים
שֶׁפָּגַמְתִּי עַד הֵנָּה, מִנְּעוּרַי עַד הַיּוֹם הַזֶּה, וְאֶזְכֶּה בְּרַחֲמֶיךָ
לְהַעֲבִיר וּלְבַטֵּל מִנַּפְשִׁי אֶת כָּל מִינֵי חֲרָפוֹת וּבִזְיוֹנוֹת
שֶׁהִסְתַּלְּתִי בְּנַפְשִׁי עַל-יְדֵי חֲטָאַי וַעֲוֹנוֹתַי וּפְשָׁעַי הַמְרֻבִּים.
אַתָּה יָדַעְתָּ חֶרְפָּתִי וּבָשְׁתִּי וּכְלִמָּתִי נֶגְדְּךָ כָּל צוֹרְרָי. "חֶרְפָּה
שָׁבְרָה לִבִּי וָאָנוּשָׁה וָאֲקַוֶּה לָנוּד וָאַיִן וְלַמְנַחֲמִים וְלֹא מָצָאתִי,

הַעֲבֵר חֶרְפָּתִי אֲשֶׁר יָגֹרְתִּי כִּי מִשְׁפָּטֶיךָ טוֹבִים". תִּיקַר נָא
נַפְשִׁי בְּעֵינֶיךָ, יִגּוֹלְלוּ רַחֲמֶיךָ עַל מִדּוֹתֶיךָ. "הוֹצִיאָה מִמַּסְגֵּר
נַפְשִׁי לְהוֹדוֹת אֶת שְׁמֶךָ. כִּי מַה בֶּצַע בְּדָמִי בְּרִדְתִּי אֶל שַׁחַת
הֲיוֹדְךָ עָפָר הֲיַגִּיד אֲמִתֶּךָ.

קוּמָה יְיָ חַלְּצָה נַפְשִׁי", מִכָּל מִינֵי חֲרָפוֹת וּבִזְיוֹנוֹת, מִכָּל
מִינֵי תַאֲווֹת וּמִדּוֹת רָעוֹת, מִכָּל מִינֵי פְּגָמִים וְקִלְקוּלִים, וּסְלַח
וּמְחַל לִי עַל כָּל מַה שֶׁפָּגַמְתִּי עַד הֵנָּה, וְאֶסֹף אֶת חֶרְפָּתִי

and cleansed of all lusts and evil, and help me attain the holiness and purity that befit a Jew.

Help me make amends in my lifetime for all the wrong and damage I have done from my childhood until today. Help me cleanse my soul of all the stains and corruption caused by my sins and transgressions. "You know my shame, and my disgrace is not hidden from You. All my enemies are before You." "Shame has broken my heart and I am sick with pain, I hoped for somebody who would sympathize, but there was nobody. I hoped for comforters, but I did not find any."

"Remove my disgrace, which I dread, for Your judgements are good." Let my soul be precious in Your eyes. Give full rein to Your love as against any strictness and harshness. "You have taken my soul out of prison to give thanks to Your Name." "What profit is there in my blood if I go down to destruction? Will the dust acknowledge You or proclaim Your truth?"

"Arise, HaShem, save my soul" from all kinds of shame and disgrace, from all evil traits and desires, and from all faults and defects. Forgive me and pardon me for all the damage I have done until now. Remove my shame, and throw

וְתַשְׁלִיךְ בִּמְצֻלוֹת יָם כָּל חַטֹּאתַי, בְּמָקוֹם אֲשֶׁר לֹא יִזָּכְרוּ
וְלֹא יִפָּקְדוּ וְלֹא יַעֲלוּ עַל לֵב לְעוֹלָם, וַעֲזֹר לִי מֵעַתָּה לְנַקּוֹת
וּלְטַהֵר נַפְשִׁי וְגוּפִי מִכָּל מִינֵי תַאֲווֹת וּמִדּוֹת רָעוֹת, בְּאֹפֶן
שֶׁאֶזְכֶּה מֵעַתָּה לִהְיוֹת קָדוֹשׁ וְטָהוֹר בֶּאֱמֶת כִּרְצוֹנְךָ הַטּוֹב:

וְעָזְרֵנִי שֶׁאֶזְכֶּה לְהַחֲזִיר אֲחֵרִים בִּתְשׁוּבָה, כִּי אַתָּה לְבַד יָדַעְתָּ
גֹּדֶל הָרַחֲמָנוּת שֶׁיֵּשׁ עַל הָרְחוֹקִים מִשִּׁמְךָ, הַכְּלוּאִים בְּמַאֲסַר
הַתַּאֲווֹת, הַלְּכוּדִים בְּרִשְׁתֵּי הַהֲבָלִים. זַכֵּנִי שֶׁאוּכַל לְדַבֵּר עַל
לִבָּם דְּבָרִים הַמִּתְיַשְּׁבִין עַל הַלֵּב, דִּבּוּרִים אֲמִתִּיִּים דִּבּוּרִים
קְדוֹשִׁים. וְיִכָּנְסוּ דְּבָרַי בְּאָזְנֵיהֶם, וְיִתְעוֹרֵר לְבָבָם בֶּאֱמֶת,
בְּאֹפֶן שֶׁיָּשׁוּבוּ אֵלֶיךָ בֶּאֱמֶת. וִיקֻיַּם מִקְרָא שֶׁכָּתוּב: "יִתַּמּוּ
חַטָּאִים מִן הָאָרֶץ וּרְשָׁעִים עוֹד אֵינָם בָּרְכִי נַפְשִׁי אֶת יְיָ
הַלְלוּיָהּ":

וְזַכֵּנִי בְּרַחֲמֶיךָ הָרַבִּים, לְשַׁבֵּר וּלְסַלֵּק מֵעָלַי אֶת מִדַּת הַגַּאֲוָה,
וְלֹא יִהְיֶה בְּלִבִּי שׁוּם גֵּאוּת וְגַבְהוּת בָּעוֹלָם כְּלָל. אָנָּא יְיָ
מָלֵא רַחֲמִים אַתָּה יָדַעְתָּ אֶת שִׁפְלוּתֵנוּ וְדַלּוּתֵנוּ וַעֲנִיּוּתֵנוּ בָּעֵת
הַזֹּאת עַל-יְדֵי חֲטָאֵינוּ וַעֲווֹנוֹתֵינוּ וּפְשָׁעֵינוּ הַמְרֻבִּים, אֲשֶׁר
עַל יָדָם נִתְרַחַקְנוּ מִמְּךָ מְאֹד, וְאֵין לָנוּ שׁוּם צַד זְכוּת לִפְעֹל

all my sins into the depths of the sea, to a place where they will never be remembered. Take no account of them: let them simply disappear into oblivion. From now on, help me cleanse and purify my soul and my body of all evil traits and desires. In future, let me be genuinely pure and holy, just the way You would like me to be.

Bringing others closer

Help me bring others back to You as well. You alone know the tragedy of all who are far from Your Name, imprisoned in their desires and trapped in the net of vanity. Help me to talk to them in a way they will accept. Let my words penetrate their hearts. Let me speak words of truth and holiness that will enter their ears and arouse their hearts to come back to You in true Teshuvah. "The sinners will disappear from the earth and the wicked will no longer be there. Let my soul bless HaShem, Halleluyah."

Pride and arrogance

Loving God: Help me break my arrogance, and empty my heart of all pride. Please HaShem, You know how low I have become. My sins and transgressions have pushed me far away from You. I cannot base my request on any merit of

בַּקָּשָׁתֵנוּ עַל יָדוֹ, כִּי אִם בְּמַתְּנַת חִנָּם לְגַמְרֵי, כִּי דַּרְכְּךָ
לְהֵיטִיב לִבְרִיּוֹתֶיךָ, וְאַתָּה מְרַחֵם עַל כָּל מַעֲשֶׂיךָ בְּרַחֲמִים
רַבִּים וּבְמַתְּנַת חִנָּם,

עַל כֵּן מָלֵא רַחֲמִים תְּרַחֵם עָלֵינוּ לְבַל יַעֲלֶה בְּדַעְתֵּנוּ, חַס
וְשָׁלוֹם, שׁוּם מַחֲשֶׁבֶת חוּץ לְטָעוֹת, חַס וְשָׁלוֹם, וְלֹא יִכָּנֵס
בְּלִבִּי שׁוּם נִדְנוּד גֵּאוּת וְגַבְהוּת וּפְנִיּוֹת בָּעוֹלָם כְּלָל, לְבַל
תֹּאבַד תִּקְוָתִי לְגַמְרֵי, חַס וְשָׁלוֹם, כִּי מְעַט הַטּוֹב שֶׁיֵּשׁ בָּנוּ
הַכֹּל מֵאִתְּךָ,

כִּי מִמְּךָ הַכֹּל וּמִיָּדְךָ נָתַנּוּ לָךְ וְגַם זֶה הַמְּעַט דִּמְעַט טוֹב
מְעֹרָב בִּפְסֹלֶת הַרְבֵּה מְאֹד, עַד שֶׁגַּם מְעַט הַטּוֹב צָרִיךְ
תִּקּוּנִים גְּדוֹלִים רַבִּים בְּרַחֲמֶיךָ הָרַבִּים, שֶׁיּוּכַל לְהִתְבָּרֵר
וְלַעֲלוֹת לְפָנֶיךָ,

וְאֵיךְ יוּכַל מְגֻשָּׁם וּמְרֻחָק כָּזֶה לִזְכּוֹת עַל יְדֵי מְעַט טוֹב פָּחוֹת
מִטִּפָּה מִן הַיָּם, וְאֵין לִי שׁוּם מַשְׁעֵן וּמִשְׁעֵנָה כִּי אִם עַל
רַחֲמֶיךָ הָרַבִּים. וְאִם, חַס וְשָׁלוֹם, נִכְנָס בְּלִבִּי חֲלִילָה הַטָּעוּת
שֶׁל צַד גַּבְהוּת וְגֵאוּת, אָז אָבַדְתִּי בַּעֲנִיִּי, חַס וְשָׁלוֹם, כִּי
בַּמֶּה יִזְכֶּה נַעַר מְנֹעָר מִכָּל טוֹב כָּמוֹנִי.

mine. I am undeserving, and I can only ask Your help as a free gift of mercy. Your way is to be good to all Your creatures and Your love and mercy spread over all Your works.

Loving God: Don't let the least improper thought so much as enter my mind. Don't let the slightest hint of pride or self-importance, or motives of trying to impress others, ever enter my heart or affect my behavior, so that my hope should not be completely lost, God forbid.

The little good I have in me is all from You, because everything is from You. Anything I have given You was Yours in the first place. Even this tiny modicum of good is mixed up with a great deal of waste. Much work will be needed to refine it before it will be pure enough to rise up before You.

How can someone as distant and grossly material as myself rely on my own merits, when the good in me is less than a drop in the ocean? I have nothing to depend upon except Your boundless love and kindness. If I go astray and let the slightest hint of pride and arrogance enter my heart, I'd be lost in my wretchedness. How can a simple person like me, who is devoid of all good, claim to deserve anything?

יְיָ אֱלֹהִים דַּעְתִּי קְצָרָה לְבָאֵר וּלְפָרֵשׁ שִׂיחָתִי לְפָנֶיךָ, חוּס
וַחֲמֹל עָלַי וְתַצִּילֵנִי מִגַּאֲוָה וְגַבְהוּת. כִּי בֶּאֱמֶת שָׁפָל וְנִבְזֶה
כָּמוֹנִי. לֹא הָיָה צָרִיךְ לְהִתְפַּלֵּל כְּלָל לְהִנָּצֵל מִגַּאֲוָה. כִּי אֵיךְ
יַעֲלֶה עַל דַּעַת נִבְזֶה וְנִמְאָס וּמָלֵא פְגָמִים מִכַּף רֶגֶל וְעַד
רֹאשׁ, שֶׁיִּכְנַס בְּלִבּוֹ שְׁטוּת וְשִׁגָּעוֹן הַזֶּה, שֶׁיַּעֲלֶה עַל דַּעְתּוֹ
שׁוּם נִדְנוּד גֵּאוּת,

וְאִלְמָלֵא לֹא הָיִיתִי פּוֹגֵם כָּל יָמַי אֶלָּא פְּגַם אֶחָד לְבַד
קַל שֶׁבַּקַּלִּים, גַּם כֵּן לֹא הָיָה לִי יְכֹלֶת עוֹד לְהָרִים רֹאשׁ
לְהִתְגָּאוֹת עַל שׁוּם בְּרִיָּה קַלָּה שֶׁבָּעוֹלָם, לְפִי עֹצֶם גְּדֻלָּתְךָ
וְרוֹמְמוּתְךָ, וּלְפִי עֹצֶם רִבּוּי הַטּוֹבוֹת הַגְּדוֹלוֹת וְהַנּוֹרָאוֹת,
אֲשֶׁר אַתָּה עוֹשֶׂה עִמָּנוּ בְּכָל עֵת וּבְכָל שָׁעָה,

אֲשֶׁר לְפִי הִתְנוֹצְצוּת רוֹמְמוּתְךָ וּגְדֻלָּתְךָ אֲפִלּוּ בְּדָבָר קַל
בָּעַלְמָא. כְּשֶׁאֵין אָנוּ זוֹכִים, חַס וְשָׁלוֹם, לַעֲשׂוֹת אֵיזֶה דָּבָר
כָּרָאוּי בְּתַכְלִית הַשְּׁלֵמוּת בֶּאֱמֶת, שׁוּב אֵין אָנוּ יְכוֹלִים לְהָרִים
פָּנֵינוּ כְּלָל לְפָנֶיךָ, וּבְוַדַּאי לֹא הָיִיתִי צָרִיךְ לְבַקֵּשׁ כְּלָל עַל
בִּטּוּל הַגֵּאוּת:

אַךְ הֲלֹא אַתָּה יָדַעְתָּ יְיָ אֱלֹהֵינוּ, כִּי בָּשָׂר וָדָם אֲנַחְנוּ וְדַעְתֵּנוּ
מְעֹרָב וּמְבֻלְבָּל מְאֹד בְּכַמָּה מִינֵי שְׁטוּתִים וְשִׁגָּעוֹן, עַד

HaShem: I am incapable of explaining myself and expressing all my feelings to You. Just have pity on me, and save me from pride and arrogance. Someone as lowly as myself should really not have to pray about pride at all. It is absurd to think that it could even occur to someone so covered in blemishes from the soles of his feet to the top of his head to entertain the least trace of pride.

Even if I had never failed You all my days except in the most minor way, how could I lift up my head and look down on even the merest creature in the world, considering Your overwhelming greatness and exaltedness, and the countless favors and blessings You shower upon me every single moment.

Such is the radiance of Your majesty and greatness that even if our only failure was to have fallen a little short of absolute perfection in a matter of minor importance, it would be impossible for us to lift up our heads before You. After all the wrong I have done, I should certainly not have had to ask You at all about getting rid of arrogance.

But HaShem, You know that I am only flesh and blood. My mind is a turmoil of thoughts that

שֶׁאוֹרְבִים עָלֵינוּ גַּם בְּמַחֲשָׁבוֹת שְׁטוּת שֶׁל פְּנִיּוֹת וְגַבְהוּת. כַּאֲשֶׁר אַתָּה יָדַעְתָּ כִּי רַבִּים קָמִים עָלֵינוּ וּמִכָּל צַד אוֹרְבִים עָלֵינוּ בְּכָל עֵת וּמִצְּדֵי צְדָדִים, עַד שֶׁאֵינִי יָכוֹל לִפְתֹּחַ פִּי לְדַבֵּר אֵיזֶה דִּבּוּר הָגוּן לְפָנֶיךָ בֶּאֱמֶת כָּרָאוּי,

וְאֵינִי יוֹדֵעַ מַה לַּעֲשׂוֹת, לְהֵיכָן אָנוּס לְהֵיכָן אֶפְנֶה, מֵאַיִן יָבוֹא עֶזְרִי צַר לִי מְאֹד. "גַּם כִּי אֶזְעַק וַאֲשַׁוֵּעַ שָׂתַם תְּפִלָּתִי", מֵחֲמַת רִבּוּי הַמַּחֲשָׁבוֹת זָרוֹת וְהַפְּנִיּוֹת הַמִּתְגַּבְּרִים לְבַלְבֵּל אֶת תְּפִלָּתִי, חַס וְשָׁלוֹם.

מָה אֹמַר מָה אֲדַבֵּר מַה אֶצְטַדָּק, הָאֱלֹהִים מָצָא אֶת עֲוֹנִי. עֲשֵׂה עִמִּי מַה שֶּׁתִּרְצֶה, הִנְנִי בְיָדְךָ כַּחֹמֶר בְּיַד הַיּוֹצֵר רַחֵם רַחֵם, הַצֵּל הַצֵּל, הוֹשִׁיעָה הוֹשִׁיעָה, הַצֵּל לְקוּחִים לַמָּוֶת וּמָטִים לַהֶרֶג תַּחְשֹׂךְ וְתַצִּיל וּתְמַלֵּט בְּרַחֲמֶיךָ הָרַבִּים וְהַגְּדוֹלִים מִמָּוֶת לְחַיִּים, מִיָּגוֹן לְשִׂמְחָה, מֵאֲפֵלָה לְאוֹר גָּדוֹל:

רַחֵם עָלַי בְּרַחֲמֶיךָ הָרַבִּים שֶׁיָּגֵן עָלַי זְכוּת וְכֹחַ צַדִּיקֵי אֱמֶת, וְאֶזְכֶּה עַל יָדָם לְשַׁבֵּר וּלְבַטֵּל מֵעָלַי לְגַמְרֵי מִדַּת הַגַּאֲוֹת עַד

sometimes border on madness. I am prone to the most ridiculous motives of wanting to impress people, and I get all kinds of ideas about my own importance, as You know. I am constantly having thoughts like these. They crowd in on me from every conceivable side, to the point that I cannot open my mouth and say a single word with true sincerity.

I don't know what to do. Where should I run to? Where should I turn? Where will I get help from? It is very painful: "Even when I cry and scream, my prayer is closed up" because of all the improper thoughts and false motives which attack and confuse me when I'm praying.

What can I say? How can I justify myself? God has found out my sin. Do with me what You want. Here I am in Your hand like clay in the hand of the potter. Have pity! Save me! I am like a captive on the way to be killed. Save me! Free me! Loving God, help me, and bring me from death to life, from sorrow to joy, from darkness to brilliant light.

Loving God: Have pity on me. Let the merit and power of the true Tzaddikim protect me. With their help let me break my pride and free myself of arrogance completely. Let me genuine-

שֶׁאֶזְכֶּה לְהַרְגִּישׁ שִׁפְלוּתִי בְּכָל אֵיבֶר וְאֵיבֶר בֶּאֱמֶת לַאֲמִתּוֹ, וְלֹא יִכָּנֵס בְּלִבִּי וְדַעְתִּי שׁוּם צַד מַחֲשָׁבָה שֶׁל גֵּאוּת וְגַבְהוּת בָּעוֹלָם כְּלָל, וְאֶזְכֶּה לַעֲנָוָה אֲמִתִּיּוֹת וְלֶאֱמוּנָה שְׁלֵמָה בֶּאֱמֶת.

וְזַכֵּנִי לְבַטֵּל וּלְשַׁבֵּר כָּל מִינֵי כְּפִירוֹת וְקַשְׁיוֹת וּבִלְבּוּלִים וַעֲקִמִימִיּוּת שֶׁבַּלֵּב, שֶׁלֹּא יַעֲלֶה בְּלִבִּי וּבְלֵב כָּל עַמְּךָ יִשְׂרָאֵל לְעוֹלָם.

וְתַעַזְרֵנִי לְהִתְקַשֵּׁר בֶּאֱמֶת עִם רוּחַ הַקֹּדֶשׁ שֶׁל צַדִּיקֵי אֱמֶת, וְאֶזְכֶּה לִשְׁאֹב וּלְהַמְשִׁיךְ לְתוֹךְ לִבִּי אֶת רוּחַ הַקֹּדֶשׁ שֶׁל צַדִּיקֵי אֱמֶת, וְעַל־יְדֵי־זֶה אֶזְכֶּה לְיִשּׁוּר לֵבָב בֶּאֱמֶת שֶׁיִּהְיֶה לִבִּי נָכוֹן עִם יְיָ תָּמִיד בֶּאֱמֶת וּבֶאֱמוּנָה שְׁלֵמָה וּבַעֲנָוָה אֲמִתִּיּוֹת.

וְאֶזְכֶּה בְּרַחֲמֶיךָ שֶׁיִּהְיֶה נִמְשָׁךְ הָרוּחַ הַקֹּדֶשׁ הַזֶּה לְתוֹךְ יָדַי וְרַגְלַי, עַד שֶׁאֶזְכֶּה לְתַקֵּן פְּגַם הַיָּדַיִם וְהָרַגְלַיִם, לְגַלּוֹת וּלְהָאִיר הֶאָרַת הַיָּדַיִם וְהָרַגְלַיִם, עַד שֶׁיִּתְעוֹרֵר לִבִּי בְּשִׂמְחָה גְּדוֹלָה לְשִׁמְךָ הַגָּדוֹל בֶּאֱמֶת, עַד שֶׁתִּתְפַּשֵּׁט הַשִּׂמְחָה הַקְּדוֹשָׁה לְתוֹךְ יָדַי וְרַגְלַי. עַד שֶׁאֶזְכֶּה לְהַמְחָאַת כַּף וְרִקּוּדִין דִּקְדֻשָּׁה,

בְּאֹפֶן שֶׁנִּזְכֶּה לְהַמְתִּיק דִּינִים מֵעָלֵינוּ וּמֵעַל כָּל עַמְּךָ בֵּית

ly feel my own lowliness in every limb of my body. Don't let a single tinge of pride or arrogance enter my heart or mind in any way. Bring me to true humility and perfect faith.

Help me rid myself of all religious doubts and questions, and remove all confusion and dishonesty from my heart. Let them never enter my heart again, or the hearts of Your people Israel.

Let me clap and dance for joy
Help me attach myself to the true Tzaddikim and channel their holy spirit into my heart, so that I will come to inner purity and my heart will always be directed to HaShem in truth, faith and genuine humility.

Let this holy spirit be drawn into my arms and legs, so that I will be able to correct all the wrong I have done with them. Let the spiritual light of my hands and feet be revealed and radiate. Wake up my heart and fill me with the joy of closeness to God. Let this holy joy spread into my arms and legs until I clap my hands and dance.

Give me the power to sweeten and remove all harsh decrees from myself and all Your

יִשְׂרָאֵל, עַל-יְדֵי מַחֲאַת כַּף וְרִקּוּדִין דִּקְדֻשָּׁה, וְאֶזְכֶּה בְּרַחֲמֶיךָ לִנְשֹׂא וּלְהָרִים וּלְהַעֲלוֹת אֶת יָדַי וְרַגְלַי לְנַקּוֹתָם מִכָּל פְּגַם.

רִבּוֹנוֹ שֶׁל עוֹלָם, "חַזֵּק יָדַיִם רָפוֹת וּבִרְכַּיִם כּוֹשְׁלוֹת תְּאַמֵּץ", וּתְרַחֵם עָלַי וּתְטַהֵר וּתְקַדֵּשׁ אֶת יָדַי וְרַגְלַי, וְתֹאמַר לַאֲסוּרִים צֵאוּ, וְאַל תִּתֵּן לַמּוֹט רַגְלַי, וְתוֹצִיא אֶת רַגְלַי מִמַּאֲסָר, וְרַגְלַיִם אֲשֶׁר יָרְדוּ לַמָּוֶת, תּוֹצִיאֵם לָבֶטַח מְהֵרָה בְּרַחֲמֶיךָ הָרַבִּים, מִמָּוֶת לְחַיִּים. וִיקֻיַּם בִּי מִקְרָא שֶׁכָּתוּב: "רַגְלִי עָמְדָה בְמִישׁוֹר".

וְיָדַיִם פְּגוּמִים הַמְלֻכְלָכִים בְּכַמָּה מִינֵי לִכְלוּכִים וּפְגָמִים רַבִּים מְאֹד, תְּרַחֵם עֲלֵיהֶם לְנַקּוֹתָם וּלְטַהֲרָם, וְתוֹצִיאֵם מִטֻּמְאָה לְטָהֳרָה. וְתִמְחֹל וְתִסְלַח לִי בְּרַחֲמֶיךָ הָרַבִּים, עַל כָּל מִינֵי פְּגָמִים שֶׁפָּגַמְתִּי בְּיָדַי וּבְרַגְלַי, וּתְזַכֶּה אוֹתִי מֵעַתָּה שֶׁיִּהְיוּ יָדַי וְרַגְלַי קְדוֹשִׁים וּטְהוֹרִים מִכָּל מִינֵי פְּגָמִים שֶׁבָּעוֹלָם. וְתִהְיֶה בְּעֶזְרִי שֶׁאֶזְכֶּה לַעֲשׂוֹת מִצְווֹת רַבּוֹת בְּיָדַי וּבְרַגְלַי בְּכָל עֵת וּבְכָל שָׁעָה, בְּאֹפֶן שֶׁאֶזְכֶּה לְהָרִים אֶת יָדַי וְאֶת רַגְלַי לְשָׁרְשָׁם שֶׁבִּקְדֻשָּׁה, וְתִתְגַּלֶּה הָאָרָתָם הַגְּדוֹלָה, וְאֶזְכֶּה לְהַמְחָאַת כַּף וְרִקּוּדִין דִּקְדֻשָּׁה:

people, the House of Israel, through clapping my hands and dancing in holiness. Let me lift up my hands and feet and elevate them, and cleanse them of all impurity.

Master of the Universe: My hands are weak — put strength into them! My knees are unsteady — fortify them! Help me purify and sanctify my hands and feet. Tell the prisoners: "Go out!" Don't let my feet stumble. Release them from their chains. If my feet have walked the path of sin and death, quickly bring them back from death to life, so that I will be able to say, "My foot stood on firm ground."

My hands are soiled with all kinds of filth and dirt. Have pity on me, and cleanse them. Remove the pollution that clings to them. Loving God: Forgive me for all the damage I have done with my hands and feet. From now on, help me sanctify my hands and feet and keep them free of all wrong and impurity. Let me constantly use my hands and feet to do mitzvot, so as to elevate them to their holy source and reveal their spiritual radiance. Let me clap my hands and dance for joy.

לִימֵי הַסְּפִירָה

וְזַכֵּנִי בְּרַחֲמֶיךָ הָרַבִּים לְקַיֵּם מִצְוַת סְפִירַת הָעֹמֶר בִּקְדֻשָּׁה וּבְטָהֳרָה, וּבְלֵב טוֹב וּבְשִׂמְחָה גְדוֹלָה, עִם כָּל פְּרָטֶיהָ וְדִקְדּוּקֶיהָ וְכַוָּנוֹתֶיהָ וְתַרְיַ"ג מִצְווֹת הַתְּלוּיִים בָּהּ. וְעַל-יְדֵי-זֶה נִזְכֶּה לְהַכְנִיעַ וּלְשַׁבֵּר וְלַעֲקֹר וּלְבַטֵּל קְלִפַּת הָמָן-עֲמָלֵק מִן הָעוֹלָם.

וּתְעַזְּרֵנִי בְּרַחֲמֶיךָ לְקַיֵּם וּלְקַבֵּל אֶת יְמֵי הַפּוּרִים בְּשִׂמְחָה גְדוֹלָה, וְנִזְכֶּה שֶׁיִּמְשַׁךְ קְדֻשַּׁת הֶאָרַת פּוּרִים, קְדֻשַּׁת מָרְדְּכַי וְאֶסְתֵּר עָלֵינוּ וְעַל זַרְעֵנוּ וְעַל כָּל עַמְּךָ בֵּית יִשְׂרָאֵל. וְנִזְכֶּה לְקַיֵּם כָּל הַמִּצְווֹת הַנּוֹהֲגוֹת בְּפוּרִים בִּקְדֻשָּׁה וּבְטָהֳרָה וּבְלֵב טוֹב וּבְשִׂמְחָה גְדוֹלָה. וְתִתֵּן שִׂמְחָה בְּלִבֵּנוּ עַד שֶׁתִּתְפַּשֵּׁט הַשִּׂמְחָה בְּיָדֵינוּ וְרַגְלֵינוּ, וְנִזְכֶּה אָז לְהַמְחָאת כַּף וְרִקּוּדִין דִּקְדֻשָּׁה בְּשִׂמְחָה גְדוֹלָה לְשִׁמְךָ בֶּאֱמֶת.

וְעָזְרֵנוּ בְּרַחֲמֶיךָ הָרַבִּים שֶׁנְּקַבֵּל עַל עַצְמֵנוּ מֵחָדָשׁ לְקַיֵּם אֶת כָּל דִּבְרֵי תוֹרָתְךָ בְּאַהֲבָה, וְנִזְכֶּה לִלְמוֹד וּלְלַמֵּד לִשְׁמֹר וְלַעֲשׂוֹת וּלְקַיֵּם, וְתָאִיר עֵינֵינוּ בְּתוֹרָתֶךָ, וְנִזְכֶּה לִלְמוֹד

Counting the Omer

Loving God: Let me carry out the mitzvah of Counting the Omer in holiness and purity, joyously and with all my heart. Let me fulfil the mitzvah in all its details and fine points with the proper intentions, and all the six hundred and thirteen mitzvot that are bound up with it. Through the mitzvah of counting the Omer, let us break and uproot the husk of Haman-Amalek and rid the world of it completely.

Purim

Help me enter the Purim season and celebrate Purim with great joy. Let the holy radiance of Purim — the holiness of Mordechai and Esther — shine upon us and our children and all Your people Israel. Let me fulfil all the mitzvot of Purim in holiness and purity, joyously and with all my heart. Put joy into my heart and let it spread to my hands and feet until I clap my hands and dance for joy in praise of Your Name.

Let me renew my commitment to fulfil all the teachings of Your Torah with love. Help me learn, teach, guard, observe and fulfil the Torah. Enlighten my eyes and grant that I should study and understand both the revealed and the mys-

וּלְהָבִין וּלְהַשְׂכִּיל בַּנִּגְלֶה וּבַנִּסְתָּר בֶּאֱמֶת, וּתְזַכֵּנוּ לְהַשִּׂיג נִסְתָּרוֹת יְיָ בְּכָל פַּעַם, וְלֹא נֵעוֹל בְּכִסּוּפָא קַמָּךְ:

לְרֹאשׁ-חֹדֶשׁ

וְתַעַזְרֵנִי לַחֲזֹר בִּתְשׁוּבָה שְׁלֵמָה לְפָנֶיךָ בֶּאֱמֶת, וְלֹא אֵצֵא מִן הָעוֹלָם הַזֶּה עַד שֶׁאָשׁוּב מֵעֲוֹנוֹתַי, וַאֲתַקֵּן אֶת כָּל אֲשֶׁר פָּגַמְתִּי נֶגְדְּךָ בְּמַחֲשָׁבָה, דִּבּוּר וּמַעֲשֶׂה. וְתִהְיֶה בְּעֶזְרֵנוּ שֶׁנִּזְכֶּה לְהַמְשִׁיךְ עָלֵינוּ הֶאָרַת הַתְּשׁוּבָה הַשְּׁלֵמָה מִשָּׁרְשָׁהּ שֶׁהוּא רֹאשׁ חֹדֶשׁ, כַּאֲשֶׁר גִּלִּיתָ לָנוּ עַל-יְדֵי צַדִּיקֶיךָ הָאֲמִתִּיִּים.

וְנִזְכֶּה לְקַבֵּל רָאשֵׁי חֳדָשִׁים בִּקְדֻשָּׁה גְּדוֹלָה וְנִזְכֶּה לְהַמְשִׁיךְ עָלֵינוּ שֹׁרֶשׁ הַתְּשׁוּבָה בְּכָל שְׁנֵים-עָשָׂר רָאשֵׁי חֳדָשִׁים, אֲשֶׁר נָתַתָּ לְעַמְּךָ יִשְׂרָאֵל זְמַן כַּפָּרָה לְכָל תּוֹלְדוֹתָם, בְּאֹפֶן שֶׁנִּזְכֶּה לָשׁוּב אֵלֶיךָ בִּתְשׁוּבָה שְׁלֵמָה בֶּאֱמֶת:

וְזַכֵּנִי בְּרַחֲמֶיךָ הָרַבִּים לְהַאֲמִין לְצַדִּיקֶי אֱמֶת וְאֶזְכֶּה לְהִתְקָרֵב אֲלֵיהֶם בֶּאֱמֶת. וְתִהְיֶה בְּעֶזְרִי שֶׁאוּכַל לְעוֹרֵר רַחֲמִים תָּמִיד אֵצֶל הַצַּדִּיקֵי אֱמֶת, שֶׁיִּתְפַּלְלוּ עָלַי וְיַעְתִּירוּ בַּעֲדִי וִיעוֹרְרוּ רַחֲמִים אֶצְלְךָ לְקָרְבֵנִי אֵלֶיךָ בֶּאֱמֶת,

tical aspects of the Torah. Help me advance from level to level and grasp Your hidden secrets, so that I do not come before You with shame.

Rosh Chodesh — The New Moon

Help me to come to perfect Teshuvah. Let me not leave this world until I have repented of my sins and made amends for all the wrong I have done, whether in thought, word or deed. Help me draw down the light of perfect Teshuvah from its root — Rosh Chodesh — as we have learned from Your true Tzaddikim.

Let me always celebrate Rosh Chodesh with great holiness. You have given Your people Israel twelve New Moons as a time for atonement in every generation. On each one, let me draw down the light of Teshuvah from its root, so that I will come back to You in true, perfect Teshuvah.

Loving God: let me have faith in the true Tzaddikim, and help me come genuinely close to them. Let me always be able to arouse their concern, so that they will pray for me and awaken Your love for me, until You bring me truly close to You.

וְיַמְשִׁיכוּ עָלַי וְעַל זַרְעִי וְעַל כָּל עַמְּךָ בֵּית יִשְׂרָאֵל כָּל טוֹב. וְכָל מַה שֶּׁחָסֵר לָנוּ הֵן בְּגַשְׁמִיּוּת וְהֵן בְּרוּחָנִיּוּת הַכֹּל יִתְמַלֵּא לְטוֹבָה עַל-יְדֵי תְּפִלּוֹת הַצַּדִּיקִים הָאֲמִתִּיִּים שֶׁיִּתְפַּלְלוּ עָלַי וְעַל כָּל עַמְּךָ בֵּית יִשְׂרָאֵל. כִּי אַתָּה יָדַעְתָּ, כִּי אֵין לָנוּ כֹּחַ לְסַדֵּר תְּפִלּוֹתֵינוּ לְפָנֶיךָ כָּרָאוּי, וּדְבָרֵנוּ מְגֻמְגָּם מְאֹד, וּלְשׁוֹנֵנוּ מָלֵא פְגָם.

עַל כֵּן אֵין לָנוּ שׁוּם סְמִיכָה וְתִקְוָה, כִּי אִם עַל תְּפִלַּת הַצַּדִּיקִים הָאֲמִתִּיִּים, הֵן הַצַּדִּיקִים הָאֲמִתִּיִּים אֲשֶׁר הֵם בַּחַיִּים חִיּוּתָם לְאֹרֶךְ יָמִים וְשָׁנִים, הֵן הַצַּדִּיקִים אֲמִתִּיִּים שׁוֹכְנֵי עָפָר – עֲלֵיהֶם לְבַד תָּמַכְתִּי יְתֵדוֹתִי, עֲלֵיהֶם לְבַד אָשִׂים תִּקְוָתִי, עֲלֵיהֶם אֶשָּׁעֵן, וּבִזְכוּתָם וְכֹחָם הַגָּדוֹל בָּאתִי לְפָנֶיךָ יְיָ אֱלֹהַי וֵאלֹהֵי אֲבוֹתַי, חוּס וַחֲמֹל עָלֵינוּ, שֶׁיִּגְנוּ תְּפִלָּתָם בַּעֲדֵנוּ, שֶׁנִּזְכֶּה עַל-יְדֵי תְּפִלָּתָם לְהִתְקָרֵב אֵלֶיךָ בֶּאֱמֶת, וְנִזְכֶּה לָסוּר מֵרָע בֶּאֱמֶת וְלַעֲשׂוֹת הַטּוֹב בְּעֵינֶיךָ תָּמִיד מֵעַתָּה וְעַד עוֹלָם אָמֵן סֶלָה:

Israel need, physically or spiritually, be channeled to us through the prayers of the true Tzaddikim on our behalf. You know that I myself am unable to order my prayers in the right way. My words are halting and riddled with imperfection.

My only hope is to rely on the prayers of the true Tzaddikim, both those who are alive in this world — long may they live — and those who dwell in the earth. They are my only foundation. All my hopes are on them. I am relying on their great merit and power as I come before You, HaShem my God and God of my fathers. Have mercy and take pity on us. Let their prayers shield and protect us, so that we will genuinely come close to You, turn away from evil and always do good in Your eyes from now on and for ever. Amen. Selah.

11

Overcoming arrogance and attaining humility / Understanding Torah secrets / Teshuvah / Moral purity and marital harmony / Making a living

When studying Torah, even by oneself, it is important to say the words out loud: this way the words themselves shine to us, helping us to understand where we have made mistakes in our lives and how to correct them. The higher the level of Teshuvah we reach, the deeper our understanding of the Torah. However, when a person is arrogant, not only does the Torah not radiate to him: it becomes covered with a veil of materialism.

Arrogance is bound up with sexual immorality, whereas moral purity brings one to true humility. Moral purity is a central feature of God's Covenant with the Jewish People, which not only proscribes incest, adultery and promiscuity, but also enjoins us to cultivate self-control and sanctity within the marital relationship. The union of husband and wife in holiness has the power to bring about *yichudim* —

"unifications" — on various levels. The effect of a *yichud* is to reveal how apparently disparate parts of the creation are in fact bound together and express the underlying unity of God.

For the immoral person, the exertion involved in making a living can be a bitter punishment. The thirty-nine labors employed in building the Sanctuary are the prototype of all work and business activity. However for the immoral person the thirty-nine labors are experienced as the thirty-nine lashes which are the penalty for breaking Torah law. The more we sanctify ourselves, the easier it becomes to earn a living, and all our work activities come into the category of "building the sanctuary."

אָנָּא הַשֵּׁם הַנִּכְבָּד וְהַנּוֹרָא, מֶלֶךְ הַכָּבוֹד, אֲשֶׁר בָּרֵאתָ כָּל
הָעוֹלָם כֻּלּוֹ בִּשְׁבִיל כְּבוֹדְךָ יִתְבָּרֵךְ, כְּמוֹ שֶׁכָּתוּב: "כָּל הַנִּקְרָא
בִּשְׁמִי וְלִכְבוֹדִי בְּרָאתִיו יְצַרְתִּיו אַף עֲשִׂיתִיו".

וּבְכֵן תַּעַזְרֵנִי בְּרַחֲמֶיךָ הָרַבִּים, שֶׁאֶזְכֶּה שֶׁיִּתְגַּדֵּל וְיִשְׁתַּבַּח
וְיִתְעַלֶּה כְּבוֹדְךָ עַל יָדִי, וְתִהְיֶה בְּעֶזְרִי שֶׁאוּכַל לְבַטֵּל עַצְמִי
לְגַמְרֵי וּלְמַעֵט בִּכְבוֹדִי, שֶׁיִּהְיֶה כְּבוֹדִי לְאַיִן וָאֶפֶס, וְלֹא
אַשְׁגִּיחַ עַל כְּבוֹד עַצְמִי כְּלָל, רַק לְהַרְבּוֹת כְּבוֹד הַמָּקוֹם,
וְיִהְיוּ כָּל עֲסָקַי וַעֲשִׂיָּתִי וּמַחֲשַׁבְתִּי וּרְצוֹנִי כֻּלָּם רַק בִּשְׁבִיל
כְּבוֹדְךָ הַגָּדוֹל יִתְבָּרֵךְ.

וְתַעַזְרֵנִי בְּרַחֲמֶיךָ הָרַבִּים לְשַׁבֵּר וּלְסַלֵּק מֵעָלַי מִדַּת הַגַּאֲוָה,
שֶׁאֶזְכֶּה שֶׁלֹּא יַעֲלֶה בְּלִבִּי שׁוּם צַד וְנִדְנוּד גֵּאוּת בָּעוֹלָם וְאֶזְכֶּה
לַעֲנָוָה בֶּאֱמֶת. וְתִתֶּן לִי שֵׂכֶל וְחָכְמָה אֲמִתִּיּוּת מֵאִתְּךָ בְּאֹפֶן
שֶׁאוּכַל לְהָפִיק דַּרְכֵי הָעֲנָוָה,

וְאֶנָּצֵל מֵעֲנָוָה פְּסוּלָה, מֵעֲנָוָה שֶׁהִיא בִּשְׁבִיל כָּבוֹד, שֶׁזֹּאת
הָעֲנָוָה הִיא תַּכְלִית הַגַּדְלוּת, שֶׁלֹּא תִהְיֶה כַּוָּנָתִי, חַס וְשָׁלוֹם,
לִהְיוֹת עָנָו כְּדֵי לְהִתְכַּבֵּד וּלְהִתְיַקֵּר עַל יְדֵי זֶה, רַק תְּזַכֵּנִי

HaShem: majestic and awesome King of Glory!

You created the entire universe for Your glory, as it is written: "All who are called in My Name, I created, formed and made them for My glory."

Loving God: Let Your majesty be increased, enhanced and heightened through me. Help me to be able to nullify myself completely, and not seek the least honor for myself. Let me think nothing of my own importance, and pay no attention whatever to receiving honor for myself. Let all my efforts be only to magnify the glory of God. Let all my involvements and everything I do, think and want, be only for the sake of Your great glory, blessed God.

Bring me to true humility

Help me break and remove all arrogance from myself. Let not the slightest hint of arrogance ever enter my heart. Bring me to genuine humility. Grant me true Godly wisdom and understanding, so that I will be able to cultivate the ways of humility.

Save me from false humility — affected humility aimed at winning people's esteem. This kind of humility is the ultimate in arrogance. Let

בְּרַחֲמֶיךָ הָרַבִּים וַחֲסָדֶיךָ הַגְּדוֹלִים הָאֲמִתִּיִּים שֶׁאֶזְכֶּה לְתַכְלִית הָעֲנָוָה בֶּאֱמֶת לַאֲמִתּוֹ:

אָנָּא יְיָ מָלֵא רַחֲמִים רַבִּים, הָרַחֲמָן בֶּאֱמֶת, יְעוֹרְרוּ רַחֲמֶיךָ וַחֲסָדֶיךָ עַל נִבְזֶה וַחֲדַל אִישִׁים כָּמוֹנִי, שֶׁאֶזְכֶּה לְהַרְגִּישׁ שִׁפְלוּתִי בֶּאֱמֶת, וְאַל יִגְרְמוּ עֲווֹנוֹתַי לִדְחוֹת אוֹתִי, חַס וְשָׁלוֹם, לְבַלְבֵּל אֶת דַּעְתִּי וּמַחֲשַׁבְתִּי בְּמַחֲשָׁבוֹת שֶׁל שְׁטוּת שֶׁהֵם הַמַּחֲשָׁבוֹת שֶׁל פְּנִיּוֹת וְגַבְהוּת. רַחֵם עָלַי לְמַעַנְךָ וְהַצִּילֵנִי בְּרַחֲמֶיךָ הָרַבִּים מִשּׁוּם צַד גֵּאוּת וְגַבְהוּת בָּעוֹלָם כְּלָל,

כִּי בֶּאֱמֶת יָדַעְתִּי כִּי אֵינִי רָאוּי וּכְדַאי לְהִתְקָרֵב אֵלֶיךָ, כִּי פָגַמְתִּי בִּכְבוֹדְךָ מְאֹד כַּאֲשֶׁר אַתָּה יָדַעְתָּ יְיָ אֱלֹהָי. אַךְ נִשְׁעַנְתִּי עַל רַחֲמֶיךָ הָרַבִּים, שֶׁתִּהְיֶה בְּעֶזְרִי וְתִשְׁתַּדֵּל בְּהַצָּלָתִי.

עַל כֵּן עָזְרֵנִי יְיָ אֱלֹהָי, שֶׁלֹּא יִתְבַּלְבֵּל דַּעְתִּי בְּשׁוּם צַד פְּנִיּוּת וְגֵאוּת כְּלָל, וּתְרַחֵם עָלַי בְּרַחֲמֶיךָ הָרַבִּים וְלֹא תַנִּיחֵנִי לִתְעוֹת בִּדְרָכִים נְבוֹכִים, חַס וְשָׁלוֹם. וְתַעֲשֶׂה בְּרַחֲמֶיךָ אֶת אֲשֶׁר בְּחֻקֶּיךָ אֵלֵךְ, וְאֶת מִשְׁפָּטֶיךָ אֶשְׁמֹר בֶּאֱמֶת בְּתַכְלִית הָעֲנָוָה

me never pretend to be humble with the intention of winning admiration and esteem. Loving and merciful God: Just help me to come to complete humility in perfect sincerity.

Please, HaShem, loving God: Your love is true love. Let Your love and mercy be awakened for someone as lowly and miserable as me. Let me feel my true lowliness, and don't allow my sins to throw me off track by confusing my mind with any foolish motives of trying to impress people, or illusions about my own importance. Have pity on me for Your sake, and save me from the least hint of arrogance and pride.

I know I am not really fit to come close to You, because I have shown such a lack of respect for Your honor, as You know, HaShem my God. But I will rely on Your overflowing love and kindness, and ask You to help me and do everything to save me from pride.

HaShem, help me to keep my mind clear of all false motives and arrogance. Have mercy on me and don't let me stray into those treacherous pathways. Loving God, bring me to follow Your commandments and observe Your laws sincerely, with true and complete humility. Even at times when You grant me the opportunity to do

בֶּאֱמֶת לַאֲמִתּוֹ, וְתַעַזְרֵנִי שֶׁאֶפֹּלוּ בְּשָׁעָה שֶׁתְּזַכֵּנִי לַעֲשׂוֹת טוֹב, שֶׁלֹּא אֵדַע מֵעַצְמִי כְּלָל לְעוֹלָם.

הַשְׁמָטָה הַשַּׁיָּךְ כָּאן מִסֵּפֶר "לִיקוּטֵי תְפִילוֹת וְתַחֲנוּנִים" אוֹת ט

רִבּוֹנוֹ שֶׁל עוֹלָם, אַתָּה הוֹדַעְתָּנוּ חוֹמֶר עֲוֹן הַגַּדְלוּת עַד שֶׁהוּא כְּעוֹבֵד עֲבוֹדָה זָרָה חַס וְשָׁלוֹם, וְשֶׁכָּל עִקַּר גָּלוּת יִשְׂרָאֵל הָיָה רַק עַל יְדֵי עֲוֹן הַגַּדְלוּת שֶׁהוּא בְּחִינַת שֶׁבַע בָּתֵּי עֲבוֹדָה זָרָה, וְכֵן כָּל עִקַּר אֲרִיכַת הַגָּלוּת מַה שֶּׁנָּה יוֹתֵר מֵאֶלֶף וּשְׁמוֹנָה מֵאוֹת שָׁנָה אֲשֶׁר גָּלִינוּ מֵאַרְצֵנוּ וַעֲדַיִן אֵין אָנוּ יְכוֹלִין לָשׁוּב לְאַרְצֵנוּ, הַכֹּל הוּא רַק מֵחֲמַת עֲוֹן הַגַּדְלוּת וְהָרְדִיפָה אַחַר הַכָּבוֹד,

וְגַם הוֹדַעְתָּ לָנוּ כִּי עַל יְדֵי עֲוֹן הַגַּדְלוּת, עַל יְדֵי זֶה, הָאָדָם הוּא בִּבְחִינַת עֲבוֹדָה זָרָה וּכְתוּתֵיהֶ מִכְתַּת שְׁעוּרֵיהֶ. וְעַל יְדֵי זֶה אֵין יְכוֹלִין לִפְתּוֹחַ פֶּה וּלְדַבֵּר שׁוּם דִּבּוּר דִּקְדֻשָּׁה כִּי מֵאַחַר שֶׁמְּכֻתָּת כָּתִית שְׁעוּרֵיהֶ, מִמֵּילָא אֵין לוֹ כְּלֵי הַדִּבּוּר לְדַבֵּר עַל יָדָם.

good, help me be totally unselfconscious about it.

Master of the Universe: You have informed us how serious a sin arrogance is — it is like worshipping an idol, God forbid — and that the main reason for the exile of the Jewish People was because of the sin of pride. That is what the Rabbis meant when they said the land was ruined because of seven idolatrous temples. Similarly, pride is the main reason why the exile has gone on for so long. It is now more than eighteen hundred years that we have been away from our land, and we still cannot return — only because of the sin of pride and the race for honor.

Let the Torah radiate to me

You have also let us know that a person who is arrogant is like an idol. Since an idolatrous object must be burned, Torah law views it as if it has already been ground down to nothing. This is why people who are arrogant are unable to open their mouths to say a single holy word. It is as if they have already been ground down to nothing, and so they lack the necessary vocal apparatus.

וְלֹא עוֹד אֶלָּא שֶׁכְּשֶׁהַתּוֹרָה בָּאָה לְתוֹךְ דִּבּוּרִים פְּגוּמִים לְתוֹךְ פֶּה פָּגוּם כָּזֶה, עַל יְדֵי זֶה, לֹא דַי שֶׁאֵין דִּבּוּרֵי הַתּוֹרָה מְאִירִים לוֹ בִּבְחִינַת מַה שֶּׁאָמְרוּ רַבּוֹתֵינוּ זִכְרוֹנָם לִבְרָכָה: 'פְּתַח פִּיךְ וְיָאִירוּ דְבָרֶיךָ'. רַק אַדְּרַבָּא גַּם הַתּוֹרָה עַצְמָהּ כִּבְיָכוֹל נִתְגַּשֵּׁם וְנִתְחַשֵּׁךְ שָׁם מִפִּיו.

עַל כֵּן חוּס וַחֲמֹל עָלֵינוּ מֵעַתָּה עַל כָּל פָּנִים, וּמַלְּטָה נַפְשֵׁנוּ מֵעֲוֹן הַגַּדְלוּת, וְזַכֵּנוּ שֶׁלֹּא נִרְדֹּף עוֹד אַחַר כָּבוֹד עַצְמֵנוּ חַס וְשָׁלוֹם, רַק אַדְּרַבָּא נִזְכֶּה לְמַעֵט בִּכְבוֹד עַצְמֵנוּ וּלְהַרְבּוֹת בִּכְבוֹד הַמָּקוֹם, וְיִתְעַלֶּה וְיִתְגַּדֵּל וְיִתְגַּלֶּה כְּבוֹדְךָ עַל יָדֵנוּ, וְעַל יְדֵי זֶה נִזְכֶּה לְפֶה קָדוֹשׁ וּלְדַבֵּר דִּבּוּרִים הַמְּאִירִים בִּבְחִינַת: "וְהָאָרֶץ הֵאִירָה מִכְּבוֹדוֹ".

וְנִזְכֶּה לַעֲסוֹק הַרְבֵּה בַּתּוֹרָה בְּכָל יוֹם, וּלְדַבֵּר דִּבְרֵי הַתּוֹרָה בְּפֶה מָלֵא, כְּמוֹ שֶׁנֶּאֱמַר: "כִּי חַיִּים הֵם לְמוֹצְאֵיהֶם", וְדָרְשׁוּ רַבּוֹתֵינוּ, זִכְרוֹנָם לִבְרָכָה: 'לְמוֹצִאֵיהֶם בַּפֶּה'. וְנִזְכֶּה שֶׁהַדִּבּוּרִים יָאִירוּ לָנוּ לְכָל הַמְּקוֹמוֹת שֶׁצְּרִיכִים לַעֲשׂוֹת תְּשׁוּבָה עַד שֶׁנִּזְכֶּה לַעֲשׂוֹת תְּשׁוּבַת הַמִּשְׁקָל מַמָּשׁ.

וְנִזְכֶּה לֵילֵךְ מִמַּדְרֵגָה לְמַדְרֵגָה עַד אֲשֶׁר נֵצֵא מִשִּׁפְלוּת וּפְחִיתוּת מַדְרֵגָתֵינוּ עַתָּה, עַד שֶׁאָנוּ בִּבְחִינַת רַגְלִין וּמְשׁוּלִים לְעָפָר מַמָּשׁ. אֲבָל עַל יְדֵי הַדִּבּוּרִים הַמְּאִירִים, נִזְכֶּה לִתְשׁוּבָה

When a person speaks words of Torah, they ought to shine, as the Rabbis said: "Open your mouth and your words will shine." But when the Torah comes in the mouth of someone who talks and acts arrogantly, not only does it not shine to him: the very light of the Torah is darkened by a thick veil of materialism.

Have pity on me, and at least from now on, save me from the sin of pride. Help me to stop running after my own glory, God forbid. Let me think nothing of our own importance, and strive only to maximize the glory of God. Let Your glory be enhanced, magnified and revealed through me, and let me sanctify my mouth and speak words that radiate, until "the earth shines with His glory."

Help me study much Torah every day, and say the words out loud. "For they are life to those who find them" — "...to those who say them out loud." Let my words of Torah throw light on all the areas of my life in which I need to repent, until I reach a level of Teshuvah where I make amends for all the wrong I have ever done.

My present level is so low that I am down at the "feet" — I am no better than the dust. Help me rise up from level to level until I emerge from

שְׁלֵמָה, וְלָצֵאת מִמַּדְרֵגָתֵינוּ הַפְּחוּתָה, וְלָבֹא לְתְבוּנוֹת הַתּוֹרָה לְעָמְקָהּ:

אָנָּא יְיָ, רַחֲמָן הָאֱמֶת, מָלֵא רַחֲמִים, חֲמֹל עַל מַעֲשֶׂיךָ, וְתִפְתַּח פִּי וְלִבִּי שֶׁאוּכַל לְפָרֵשׁ שִׂיחָתִי לְפָנֶיךָ, וְאֶזְכֶּה לְעוֹרֵר רַחֲמֶיךָ הָאֲמִתִּיִּים עָלַי, שֶׁתְּרַחֵם עָלַי מֵעַתָּה, וְתַעֲזֹר לִי שֶׁאֶזְכֶּה לְקַדֵּשׁ וּלְטַהֵר עַצְמִי בִּקְדֻשַּׁת הַבְּרִית וְאֶנָּצֵל מֵעַתָּה מִכָּל מִינֵי פְגַם הַבְּרִית שֶׁבָּעוֹלָם. "הַעֲבֵר עֵינַי מֵרְאוֹת שָׁוְא בִּדְרָכֶיךָ חַיֵּנִי".

וְכָל מַה שֶּׁפָּגַמְתִּי עַד עַתָּה בִּבְרִית קֹדֶשׁ עַל הַכֹּל תִּמְחֹל וְתִסְלַח לִי, מוֹחֵל וְסוֹלֵחַ בְּרַחֲמֶיךָ הָרַבִּים וַחֲסָדֶיךָ הָעֲצוּמִים, הֵן מַה שֶּׁפָּגַמְתִּי בְּמַחֲשָׁבָה אוֹ בְּדִבּוּר אוֹ בְּמַעֲשֶׂה, הֵן מַה שֶּׁפָּגַמְתִּי בִּרְאִיַּת הָעַיִן וּבִשְׁמִיעַת הָאֹזֶן וּבְחוּשׁ הָרֵיחַ, בֵּין בְּשׁוֹגֵג בֵּין בְּמֵזִיד בֵּין בְּאֹנֶס בֵּין בְּרָצוֹן וְכָל מִינֵי פְגָמִים שֶׁפָּגַמְתִּי בִּפְגַם הַבְּרִית עַל הַכֹּל תִּמְחֹל וְתִסְלַח לִי חַנּוּן הַמַּרְבֶּה לִסְלֹחַ.

this degraded state. Through speaking radiant words of Torah, let me come to complete Teshuvah and emerge from my low level, and attain an understanding of the profoundest depths of the Torah.

The Covenant

Please HaShem: You are full of love and kindness, and Your love is true love. Take pity on Your works. Open my mouth and my heart so that I will be able to express myself before You and arouse Your true love for me. From now on, help me to sanctify and purify myself through observing the holy Covenant. Save me from any kind of immorality. "Keep my eyes from looking at falsehood: through following Your pathways, bring me to life."

Forgiving God: Be kind and merciful, and pardon and forgive me for everything I have ever done contrary to the Holy Covenant. Forgive me for all the immoral thoughts I have ever had, for everything immoral I have ever said or done, and for having abused my powers of vision, hearing and smell, whether deliberately or unintentionally, wilfully or under compulsion.

"לְמַעַן שִׁמְךָ יְיָ וְסָלַחְתָּ לַעֲוֹנִי כִּי רַב הוּא". וּתְרַחֵם עָלַי וּתְשַׁבֵּר וּתְמַגֵּר וְתַכְנִיעַ וּתְבַטֵּל אֶת כָּל מִינֵי קְשָׁרִים וַעֲבוֹתוֹת וְשַׁלְשְׁלֶת דְּסִטְרָא אָחֳרָא שֶׁנִּקְשְׁרוּ וְנִגְדְּלוּ עַל יְדֵי עֲוֹנוֹתַי הַמְרֻבִּים, אֲשֶׁר הֵם מִתְגַּבְּרִים עָלַי בְּכָל עֵת וְרוֹצִים לְמָשְׁכֵנִי, חַס וְשָׁלוֹם, מִפְּגָם לִפְגָם, וְאֵין מַנִּיחִים אוֹתִי לְקַדֵּשׁ וּלְטַהֵר עַצְמִי בֶּאֱמֶת כָּרָאוּי, וּמֵחֲמַת זֶה אֲנִי רָחוֹק מִקְּדֻשַּׁת הַבְּרִית בֶּאֱמֶת, כָּרָאוּי לְאִישׁ יִשְׂרְאֵלִי לְזֶרַע אַבְרָהָם יִצְחָק וְיַעֲקֹב אֲשֶׁר בָּהֶם בָּחָרְתָּ:

רִבּוֹנוֹ שֶׁל עוֹלָם, אַתָּה יָדַעְתָּ אֶת לְבָבִי, חוּס וַחֲמֹל עָלַי, וְתִפְסֹק וְתִקְרַע וּתְשַׁבֵּר וּתְבַטֵּל אֶת כָּל הַקְּשָׁרִים וְהַשַּׁלְשְׁלֶת דְּסִטְרָא אָחֳרָא, עַד שֶׁלֹּא יִהְיֶה לָהֶם שׁוּם כֹּחַ לְהִתְגַּבֵּר עָלַי כְּלָל. וּתְבַטְּלֵם בְּבִטּוּל גָּמוּר שֶׁלֹּא יִשָּׁאֵר מֵהֶם שׁוּם זֵכֶר וּרְשִׁימָה בָּעוֹלָם כְּלָל, רַק כָּל הָעֲווֹנוֹת יִתְהַפְכוּ לִזְכֻיּוֹת. וְאִם אָמְנָם לֹא זָכִיתִי עֲדַיִן לִתְשׁוּבָה זוֹ, כִּי עֲדַיִן לֹא הִתְחַלְתִּי לַעֲשׂוֹת תְּשׁוּבָה בֶּאֱמֶת כְּלָל, אַף עַל פִּי כֵן תִּתֵּן לִי בְּמַתְּנַת חִנָּם וְנִדְבַת חֶסֶד,

וּתְרַחֵם עָלַי בְּחַסְדְּךָ הַגָּדוֹל, וְתִרְאֶה בְּעָנְיִי וַעֲמָלִי אֲשֶׁר הֵם אוֹרְבִים עָלַי בְּכָל עֵת וּבְכָל שָׁעָה וּמְעַנִּים אֶת נַפְשִׁי וְרוּחִי

"For the sake of Your Name, HaShem, forgive my sin even though it is so weighty." Have pity on me: break and destroy and do away with all the knots, cords and chains of evil created by my many sins. They keep on attacking me and trying to drag me from one sin to the next, God forbid. They are preventing me from sanctifying and purifying myself the way I should, and because of this I am far from observing the holy Covenant in a way that befits a Jew descended from Avraham, Yitzchak and Yaakov, Your chosen ones.

Master of the Universe: You know my heart. Have mercy on me. Cut and break all the knots and chains of evil, until they will be powerless to attack me in any way. Do away with them so completely that not even the least trace or memory of them will remain. Let all my sins be turned into merits. I know I have not yet reached this level of Tesuhvah. So far I have not even started to repent genuinely. Even so, grant it to me as a free gift of mercy.

Save me from temptation

Loving, merciful God, look how low I am and how I'm struggling. Evil temptations and

וְנִשְׁמָתִי בְּכָל מִינֵי עִנּוּיִים, וְרוֹדְפִים אַחֲרַי בְּכָל מִינֵי רְדִיפוֹת שֶׁבָּעוֹלָם, וְרוֹצִים לְגָרְשֵׁנִי, חַס וְשָׁלוֹם, מֵאֶרֶץ הַחַיִּים, וְהֵם צוֹדִים אֶת נַפְשִׁי לְקַחְתָּהּ, חַס וְשָׁלוֹם.

וְאִם אָמְנָם אֲנִי בְּעַצְמִי רוֹדֵף אוֹתִי יוֹתֵר מִכֻּלָּם, כִּי בְּוַדַּאי הַבְּחִירָה חָפְשִׁית, וּמִי יוּכַל לְהַכְרִיחַ אוֹתִי לְהַטּוֹת לְדַרְכָּם, חַס וְשָׁלוֹם, הִנְנִי מוֹדֶה וּמִתְוַדֶּה כִּי בֶּאֱמֶת אֲנִי בְּעַצְמִי הַחַיָּב. כִּי אֲנִי אֲדֹנִי הֶעָוֹן, אֲבָל מָה אֶעֱשֶׂה יְיָ אֱלֹהַי כִּי מָטָה יָדֵינוּ מְאֹד, וְאֵינִי יוֹדֵעַ לְבַקֵּשׁ אֵיזֶה דֶּרֶךְ מָנוֹס לָנוּס מֵהֶם וּלְהִתְגַּבֵּר עַל כָּל הַתַּאֲווֹת וְהַהִרְהוּרִים רָעִים שֶׁהֵם מִתְגַּבְּרִים עָלַי בְּכָל עֵת,

וְאֵין לִי שׁוּם תִּקְוָה כִּי אִם עַל רַחֲמֶיךָ הָרַבִּים וַחֲסָדֶיךָ הַגְּדוֹלִים, שֶׁתַּעֲזֹר לִי וְתִתֶּן לִי כֹּחַ לְהִתְגַּבֵּר עַל כָּל מִינֵי תַּאֲווֹת וְהִרְהוּרִים רָעִים לְהַכְנִיעָם וּלְהַשְׁפִּילָם וּלְשַׁבְּרָם וּלְסַלְּקָם מֵעָלַי וּמֵעַל גְּבוּלִי מֵעַתָּה וְעַד עוֹלָם, שֶׁלֹּא יִכָּנֵס בְּדַעְתִּי וּמַחְשַׁבְתִּי שׁוּם צַד הִרְהוּר בָּעוֹלָם כְּלָל, רַק מֹחִי וּמַחְשַׁבְתִּי יִהְיוּ קְדוֹשִׁים וּטְהוֹרִים תָּמִיד בְּתַכְלִית הַקְּדֻשָּׁה בִּשְׁלֵמוּת:

desires lie in wait for me all the time, tormenting my *nefesh*, my *ru'ach* and my *neshamah* with all kinds of tortures. They pursue me and persecute me in every way. They want to drive me out of the land of the living. They want to trap my soul and take her into captivity.

I know that I am my own worst persecutor, because I have free will and no-one can force me to be swayed by these desires and temptations. I fully acknowledge and confess that I am the guilty one — "the sin is in me, my Lord." But what should I do, HaShem? All my power of resistance has been sapped, and I do not know how to find a way to escape the evil desires and fantasies that are constantly attacking me. I don't know how to fight against them.

My only hope is to rely on Your abundant love and mercy. Help me! Give me the strength to resist all evil thoughts and desires. Help me to overcome them and break their power over me, and drive them out of myself and my life from now and for ever. Don't let a single lustful thought ever enter my mind. Let my mind and my thoughts always be completely holy and pure.

וְתַעֲזְרֵנִי בְּרַחֲמֶיךָ הָרַבִּים, שֶׁאֶזְכֶּה לִקְדֻשָּׁה וְטָהֳרָה, שֶׁאֶזְכֶּה לְקַדֵּשׁ עַצְמִי בַּמֻּתָּר לִי, וְאֶזְכֶּה בְּכָל פַּעַם לְהוֹסִיף קְדֻשָּׁה עַל קְדֻשָּׁה, עַד שֶׁאֶזְכֶּה לִקְדֻשָּׁה וּפְרִישׁוּת בֶּאֱמֶת, עַד שֶׁאֶזְכֶּה שֶׁיִּתְיַחֵד עַל יָדִי יִחוּדָא עִלָּאָה וְיִחוּדָא תַּתָּאָה:

השמטה השייך כאן מספר "ליקוטי תפילות ותחנונים" אות י

רִבּוֹנוֹ שֶׁל עוֹלָם. אַתָּה יָדַעְתָּ אֵיךְ שֶׁגַּם הַתַּלְמִידֵי חֲכָמִים וּגְדוֹלֵי יִשְׂרָאֵל אֲשֶׁר זִוּוּגָם הוּא רַק מִשַּׁבָּת לְשַׁבָּת, גַּם הֵם צְרִיכִים הִתְגַּבְּרוּת גָּדוֹל וּזְהִירוּת יְתֵרָה בְּעִנְיַן קְדֻשַּׁת שְׁמִירַת הַבְּרִית. וּמִכָּל הָאֲנָשִׁים הַקְּטַנִּים בְּמַעֲלָה שֶׁזִּוּוּגָם גַּם בִּימֵי הַחֹל, שֶׁהֵם בְּוַדַּאי צְרִיכִים שְׁמִירָה גְּדוֹלָה וּזְהִירוּת יְתֵרָה בְּעִנְיַן קְדֻשַּׁת הַזִּוּוּג וּשְׁמִירַת הַבְּרִית.

וְגַם אַתָּה הוֹדַעְתָּנוּ גֹּדֶל מַעֲלַת קְדֻשַּׁת הַזִּוּוּג שֶׁל עַמְּךָ בֵּית יִשְׂרָאֵל בְּשָׁרְשׁוֹ, עַד אֲשֶׁר עַל יְדֵי זֶה נַעֲשֶׂה יִחוּדָא עִלָּאָה וְיִחוּדָא תַּתָּאָה, אֲשֶׁר כָּל אֶחָד מִיִּשְׂרָאֵל צָרִיךְ שֶׁיִּהְיֶה נַעֲשֶׂה זֹאת עַל יָדוֹ.

עַל כֵּן חוּס וַחֲמוֹל עָלֵינוּ בְּרַחֲמֶיךָ הָרַבִּים וְהַגְּדוֹלִים, וּשְׁלַח לָנוּ בְּלִבֵּנוּ וּבְלֵב כָּל עַמְּךָ בֵּית יִשְׂרָאֵל הִתְעוֹרְרוּת אֲמִתִּי

Loving God: Help me attain sanctity and purity, and conduct myself with holiness and restraint even in what is permitted to me. Let me constantly add more and more holiness, until I attain such a level of sanctity and detachment from material desire that the Upper and Lower Unifications will be brought about through me.

Master of the Universe: You know that even Torah scholars and great rabbinic leaders who only have marital relations from Shabbat to Shabbat also need to exercise tremendous self-control and caution in order to observe the Covenant in holiness. How much more this applies to average people, who have relations during the week as well. They must certainly act with the utmost care and caution in order to conduct their marriage relationship in holiness and guard the Covenant.

You have also let us know the high level of holiness of the Jewish marriage relationship at its root. Through it, the Upper and Lower Unifications are brought about. Every Jew needs to do his part to bring this about.

Loving God: Have mercy on us and and send a true holy awakening into our hearts and the hearts of all Your people, the House of Israel. Let

דְקְדָשָׁה, שֶׁנִּזְכֶּה לְהִתְעוֹרֵר כֻּלָּנוּ לְמִקְטַנֵּנוּ וְעַד גְּדוֹלֵנוּ לְקַדֵּשׁ עַצְמֵנוּ בַּמּוּתָר לָנוּ. וּלְהַמְשִׁיךְ עָלֵינוּ תּוֹסְפוֹת קְדֻשָּׁה יְתֵרָה בְּכָל פַּעַם בְּעִנְיַן שְׁמִירַת הַבְּרִית וּקְדֻשַּׁת הַזִּוּוּג,

עַד שֶׁיִּהְיֶה נַעֲשֶׂה עַל יָדֵינוּ קְדֻשַּׁת הַשְּׁנֵי יִחוּדִים הַקְּדוֹשִׁים, שֶׁהֵם יִחוּדָא עִלָּאָה וְיִחוּדָא תַּתָּאָה בִּשְׁלֵמוּת, עַד שֶׁעַל יְדֵי זֶה יִתְעַלֶּה וְיִתְגַּדֵּל כְּבוֹדְךָ הַקָּדוֹשׁ בִּשְׁלֵמוּת, "וְיִמָּלֵא כְבוֹד יְיָ אֶת כָּל הָאָרֶץ", תָּאִיר אֶרֶץ מִכְּבוֹדֶךָ נָגִילָה וְנִשְׂמְחָה בָּךְ. וִיקֻיַּם מִקְרָא שֶׁכָּתוּב: "יְהִי כְבוֹד יְיָ לְעוֹלָם יִשְׂמַח יְיָ בְּמַעֲשָׂיו":

אָנָּא יְיָ, עָזְרֵנִי בְּרַחֲמֶיךָ הָרַבִּים שֶׁלֹּא אֲאַבֵּד אֶת עוֹלָמִי, חַס וְשָׁלוֹם, עַל-יְדֵי טִרְדַּת הַפַּרְנָסָה, וְתַצִּילֵנִי בְּרַחֲמֶיךָ הָרַבִּים מִפְּגַם הַל"ט מְלָאכוֹת דְּסִטְרָא אָחֳרָא שֶׁהֵם ל"ט מַלְקִיּוֹת, שֶׁהֵם מַטְרִידִים אֶת רֹב הָעוֹלָם בִּיגִיעוֹת וְטִרְדוֹת הָעוֹלָם הַזֶּה, אֲשֶׁר הֵם רָצִים כָּל יְמֵיהֶם אַחַר פַּרְנָסָתָם בִּיגִיעוֹת וְטִרְחוֹת גְּדוֹלוֹת מְאֹד, וְהֵם אוֹכְלֵי לֶחֶם בְּעַצָּבוֹן.

all of us, from the smallest to the greatest, be aroused to sanctify ourselves in what is permitted to us and to constantly guard the Covenant and conduct our relationships with ever greater holiness.

Let the two holy Unifications, the Upper and the Lower, be brought about through us, so that Your holy glory will be enhanced and magnified to perfection "...and the glory of HaShem will fill all the earth." Radiate the earth with Your glory, let us exult and rejoice in You! And fulfil what is written: "The glory of HaShem will be for ever: HaShem will rejoice in His works."

Making a Living — Building the Sanctuary

Hashem, loving God: Please help me and provide me with my livelihood in such a way that I don't lose my eternal reward in the struggle to make a living. Save me from the scourge of the thirty-nine labors of the Sitra Achra, the side of evil. These are the "thirty-nine lashes" that drive and oppress the majority of people with worldly cares and struggles. They spend all their days running to make a living with the utmost pain and effort, "eating their bread in misery."

בְּזֵעַת אַפָּם יֹאכְלוּ לֶחֶם עַד שׁוּבָם אֶל הָאֲדָמָה וּמְאוּמָה לֹא יִשְׂאוּ בַּעֲמָלָם, כִּי טִרְדַּת הַפַּרְנָסָה מְבַלְבֶּלֶת אוֹתָם כָּל יְמֵיהֶם, וּמוֹנַעַת אוֹתָם מִלִּזְכֹּר וְלָשִׂים אֶל לִבָּם אֶת תַּכְלִיתָם – מַה יַּעֲשׂוּ לְיוֹם פְּקֻדָּה.

אָנָּא יְיָ, מָלֵא רַחֲמִים רַבִּים, רַחֵם עָלַי וְעַל כָּל חֲבֵרוֹתֵנוּ וְעַל כָּל עַמְּךָ בֵּית יִשְׂרָאֵל, וְתַצִּיל אוֹתָנוּ מִכָּל זֶה, וּתְזַכֶּה אוֹתָנוּ שֶׁלֹּא נִהְיֶה טְרוּדִים כְּלָל בְּטִרְדַּת הַפַּרְנָסָה, וַאֲפִלּוּ בְּעֵת שֶׁאָנוּ מֻכְרָחִים לַעֲשׂוֹת אֵיזֶה עֵסֶק אוֹ מַשָּׂא וּמַתָּן בִּשְׁבִיל פַּרְנָסָה, תַּעַזְרֵנוּ בְּרַחֲמֶיךָ הָרַבִּים שֶׁיִּהְיֶה הַכֹּל בִּקְדֻשָּׁה וּבְטַהֲרָה, בֶּאֱמֶת וּבֶאֱמוּנָה כִּרְצוֹנְךָ הַטּוֹב, בְּלִי טִרְדָּא וּבְלִי בִּלְבּוּל הַדַּעַת כְּלָל.

וְנֵדַע וְנַאֲמִין כִּי הַכֹּל מֵאִתְּךָ וְלֹא עַל יָדֵינוּ כְּלָל, וְכָל עָסְקֵנוּ וַעֲשִׂיָּתֵנוּ בְּמַשָּׂא וּבְמַתָּן וְעִסְקֵי פַרְנָסָה יִהְיֶה הַכֹּל מְזֻכָּךְ וּמְזֻקָּק, עַד שֶׁיִּהְיוּ מְאִירִים כָּל הל"ט מְלָאכוֹת וְיִכָּלְלוּ בְּטַ"ל אוֹרוֹת הַנִּמְשָׁכִים מִשִּׁמְךָ הַגָּדוֹל. וְכָל הל"ט מְלָאכוֹת יִהְיוּ בִּקְדֻשָּׁה וּבְטַהֲרָה. בִּבְחִינוֹת מְלֶאכֶת הַמִּשְׁכָּן,

With the sweat of their brow they will eat bread, until they return to the earth, taking nothing from all their toil — because the struggle to make a living so dominates their minds all their lives that they fail to remember their ultimate purpose. What will they do on the Day of Judgement?

Please HaShem, You are overflowing with love and kindness: have mercy on me and on all Your people Israel, and save us from all this. Don't let me be ground down by the struggle to make a living. In whatever work I have to do to make a living, help me do everything in holiness and purity, truth and faith, in accordance with Your will. Let me not have to struggle at all. Save me from all mental confusion.

Let me know and believe that everything comes from You and that nothing is in my hands at all. Let me carry out all my work and business activities with such purity and refinement that all the thirty-nine labors will shine and merge with the thirty-nine lights emanating from Your great Name. Let me carry out the thirty-nine labors in holiness and purity, so that in everything I do I will be "building the Sanctuary."

וּתְבָרֵךְ אֶת מַעֲשֵׂה יָדֵינוּ, וְתִשְׁלַח בְּרָכָה וְהַצְלָחָה בְּכָל עֲסָקֵנוּ
וַעֲשִׂיָּתֵינוּ. וְתַזְמִין פַּרְנָסָתֵנוּ קֹדֶם שֶׁנִּצְטָרֵךְ לָהֶם, בְּרֶוַח וְלֹא
בְּצִמְצוּם, בְּהֶתֵּר וְלֹא בְּאִסּוּר מִתַּחַת יָדְךָ הָרְחָבָה וְהַמְּלֵאָה.
"וִיהִי נֹעַם יְיָ אֱלֹהֵינוּ עָלֵינוּ וּמַעֲשֵׂה יָדֵינוּ כּוֹנְנָה עָלֵינוּ
וּמַעֲשֵׂה יָדֵינוּ כּוֹנְנֵהוּ".

וְעָזְרֵנוּ יְיָ שֶׁנִּהְיֶה שְׂמֵחִים בְּחֶלְקֵנוּ תָּמִיד וְתִהְיֶה תּוֹרָתֵנוּ קֶבַע
וּמְלַאכְתֵּנוּ עֲרָאי. וַאֲפִלּוּ בְּאוֹתָהּ הַשָּׁעָה הַמְּעוּטָה שֶׁנִּצְטָרֵךְ
לַעֲסֹק בְּאֵיזֶה עֵסֶק אוֹ מַשָּׂא וּמַתָּן בִּשְׁבִיל הַכְרֵחִיּוּת פַּרְנָסָתֵנוּ.
גַּם אָז נִהְיֶה דְּבוּקִים בְּךָ וּבְתוֹרָתְךָ הַקְּדוֹשָׁה, וְלֹא נִשְׁכַּח
אוֹתְךָ אֲפִלּוּ רֶגַע קַלָּה:

אָנָּא יְיָ. זַכֵּנִי לְהַגִּיעַ לְכָל מַה שֶּׁבִּקַּשְׁתִּי מִלְּפָנֶיךָ. וַעֲזוֹר לִי
מֵעַתָּה שֶׁאֶזְכֶּה לְקַדֵּשׁ אֶת עַצְמִי בִּקְדֻשַּׁת הַבְּרִית, וְאֶזְכֶּה
לְבַטֵּל עַצְמִי נֶגְדְּךָ בֶּאֱמֶת, וְלֹא יַעֲלֶה בְּלִבִּי וְדַעְתִּי שׁוּם צַד
גֵּאוּת וְגַבְהוּת וּפְנִיּוֹת בָּעוֹלָם, וְאֶזְכֶּה לַעֲנָוָה בֶּאֱמֶת לַאֲמִתּוֹ.

Bless the work of my hands. Send me bless-
ing and success in all my involvements and ac-
tivities. Send me my livelihood before I need it,
amply and not sparingly, through permitted and
not forbidden means, from Your wide-open,
generous hand. "And let the pleasantness of the
Lord our God be upon us, and may He give
success to the work of our hands, to the work of
our hands — success."

Let me be happy with my share

HaShem: Help me to be happy with my
share at all times. Let me put my main emphasis
on Torah study, and only have to work on a
casual basis. And even in the short periods of
time I have to engage in work or business in
order to earn what I need to make a living, let me
still be attached to You and to Your holy Torah.
Let me never forget You even for the briefest
moment.

HaShem: Please grant me everything I have
asked of You. Help me sanctify myself through
observing the holy Covenant from now on. Let
me subordinate myself to You in complete truth.
Do not let the least hint of pride or arrogance
come into my heart or my mind. Cleanse me of

וְתַעַזְרֵנִי וּתְזַכֵּנִי שֶׁיִּתְגַּדֵּל וְיִתְקַדֵּשׁ וְיִשְׁתַּבַּח כְּבוֹדְךָ הַגָּדוֹל עַל יָדִי,

וּתְזַכֵּנִי לְדִבּוּרִים הַמְּאִירִים בַּתּוֹרָה, וְיָאִירוּ לִי דִּבּוּרֵי הַתּוֹרָה לָצֵאת מִפְּחִיתוּת וְשִׁפְלוּת מַדְרֵגָתִי הַפְּחוּתָה וּשְׁפָלָה מְאֹד, וְאֶזְכֶּה שֶׁיָּאִירוּ לִי דִּבּוּרֵי הַתּוֹרָה בְּכָל פַּעַם לְכָל הַמְּקוֹמוֹת שֶׁאֲנִי צָרִיךְ לַעֲשׂוֹת תְּשׁוּבָה, בְּאֹפֶן שֶׁאֶזְכֶּה לַעֲשׂוֹת תְּשׁוּבַת הַמִּשְׁקָל מַמָּשׁ עַל כָּל חֲטָאַי וַעֲווֹנוֹתַי וּפְשָׁעַי הַמְּרֻבִּים, וְעַל כָּל הַפְּגָמִים שֶׁפָּגַמְתִּי בִּכְבוֹדְךָ הַגָּדוֹל יִתְבָּרֵךְ מִנְּעוּרַי עַד עַתָּה,

וּתְזַכֵּנִי לְתַקֵּן הַכֹּל בְּחַיָּי, וְתַעַזְרֵנִי בְּכָל פַּעַם לַעֲלוֹת מִדַּרְגָּא לְדַרְגָּא, עַד שֶׁאֶזְכֶּה לָבוֹא לִתְבוּנוֹת הַתּוֹרָה לְעָמְקָהּ, וּתְזַכֵּנִי לֵידַע וּלְהָבִין וּלְהַשִּׂיג הֲלָכָה וְקַבָּלָה, רָזִין וְרָזִין דְּרָזִין.

יְיָ אֱלֹהִים, נַפְשִׁי יוֹדַעַת מְאֹד כַּמָּה אֲנִי רָחוֹק כָּעֵת מִכָּל אֵלֶּה, עַד אֲשֶׁר מַסְוֶה הַבּוּשָׁה עַל פָּנָי. לְבַקֵּשׁ עַל כָּל אֵלֶּה, כִּי אֵיךְ יוּכַל נִבְזֶה וְנִמְאָס כָּמוֹנִי לְבַקֵּשׁ גְּדוֹלוֹת כָּאֵלֶּה, אַךְ עַל רַחֲמֶיךָ הַגְּדוֹלִים נִשְׁעַנְתִּי, וְעַל עַנְוְתָנוּתְךָ וְטוּבְךָ תְּמַכְתִּי

all motives of trying to impress others and win their admiration. Let me come to genuine humility, and let Your glory be magnified, sanctified and elevated through me.

Help me speak radiant words of Torah, and let the words of the Torah shine to me and help me emerge from my low level. Let the words of the Torah throw light on all the areas of my life where I need to repent, so that I will come to make complete amends for all my sins and transgressions, and for all the disrespect I have shown to Your great glory from my childhood until the present.

Grant that I should be able to rectify everything in my lifetime, and help me advance constantly from level to level, until I attain an understanding of the very depths of the Torah. Bring me to know and understand both the laws of the Torah and its mysteries — the secrets, and the secrets of the secrets!

HaShem: In my heart of hearts I know very well how far I am from all these levels at present. My face is covered with shame for even making such requests. How can someone as lowly as I am dare to ask for such great things? But I am relying on Your great love and kindness. I am

יִתְדּוֹתִי, כִּי אַתָּה טוֹב לַכֹּל וְאֵין דָּבָר נִמְנַע מִמֶּךָ, וְאַתָּה עוֹשֶׂה גְּדוֹלוֹת וְנִפְלָאוֹת עַד אֵין חֵקֶר בְּכָל עֵת וּבְכָל שָׁעָה, וּמִי יֹאמַר לְךָ מַה תַּעֲשֶׂה.

עַל כֵּן עֵינַי לְךָ תְלוּיוֹת עַד שֶׁתְּחָנֵּנִי בְּרַחֲמֶיךָ הָרַבִּים, לִזְכּוֹת לְהַגִּיעַ לְכָל מַה שֶּׁבִּקַּשְׁתִּי מִלְּפָנֶיךָ, חִישׁ קַל מְהֵרָה, וְאִם לֹא עַכְשָׁו אֵימָתַי, כִּי כְבָר כָּלִיתִי שְׁנוֹתַי בְּהֶבֶל וָרִיק. עָזְרֵנִי מֵעַתָּה בְּרַחֲמֶיךָ, שֶׁאֶזְכֶּה לְהִתְעוֹרֵר מֵהַיּוֹם לְהַמְשִׁיךְ עָלַי קְדֻשָּׁה וְטָהֳרָה בֶּאֱמֶת, עַד שֶׁאֶזְכֶּה לְהַגִּיעַ לְכָל מַה שֶּׁבִּקַּשְׁתִּי מִלְּפָנֶיךָ,

עֲשֵׂה לְמַעַן שְׁמֶךָ, עֲשֵׂה לְמַעַן כְּבוֹדֶךָ, עֲשֵׂה לְמַעַן קְדֻשָּׁתֶךָ, עֲשֵׂה לְמַעַן תּוֹרָתֶךָ, כִּי שִׁמְךָ וּכְבוֹדְךָ עָלֵינוּ נִקְרָא, וּכְבָר הִבְטַחְתָּנוּ שֶׁלֹּא תִתֵּן כְּבוֹדְךָ לְאַחֵר, כְּמוֹ שֶׁכָּתוּב: "אֲנִי יְיָ הוּא שְׁמִי וּכְבוֹדִי לְאַחֵר לֹא אֶתֵּן וּתְהִלָּתִי לַפְּסִילִים",

עָזְרֵנוּ יְיָ שֶׁיִּתְגַּדֵּל כְּבוֹדְךָ עַל יָדֵינוּ, וּכְבוֹדְךָ יִמָּלֵא כָל הָאָרֶץ, תָּאִיר אֶרֶץ מִכְּבוֹדֶךָ, "יְהִי כְבוֹד יְיָ לְעוֹלָם יִשְׂמַח יְיָ בְּמַעֲשָׂיו,

basing myself on Your humility and goodness. You are good to all, and nothing is impossible for You. You do the greatest, most unfathomable wonders all the time — who will tell You what to do?

My eyes are on You, waiting for You to show me Your love and kindness. Help me come to everything I have asked of You quickly and easily — if not now, when? So far I have wasted away my years in vanity and emptiness. Loving God: From now on, help me wake up and stir myself, and fill myself with holiness and purity, until I attain everything I have asked of You.

Do it for the sake of Your Name! Do it for the sake of Your glory! Do it for the sake of Your holiness! Do it for the sake of Your Torah! For as Jews, we are called by Your Name and associated with Your glory, and You have already promised that You will not give Your glory to another, as it is written: "I am HaShem, that is My Name, and my glory I will not give to another nor my praise to idols."

Help me, HaShem, and let Your glory be magnified through me. Let Your glory fill the whole earth. Light up the world with Your glory. "Let the glory of HaShem be for ever. HaShem

בָּרוּךְ יְיָ אֱלֹהִים אֱלֹהֵי יִשְׂרָאֵל עוֹשֶׂה נִפְלָאוֹת לְבַדּוֹ וּבָרוּךְ שֵׁם כְּבוֹדוֹ לְעוֹלָם וְיִמָּלֵא כְבוֹדוֹ אֶת כָּל הָאָרֶץ אָמֵן וְאָמֵן":

will rejoice in His works. Blessed be HaShem, the God of Israel, Who does amazing wonders by Himself. And blessed be His glorious Name for ever. Let His glory fill the entire world." Amen. Amen.

12

Torah study for its own sake / Attachment to the true Tzaddikim

Regardless of the depth of our spiritual exile, Torah study has the power to elevate us to ever higher levels of Teshuvah and connection with God, but only when we study the Torah for its own sake — "to learn, teach, observe and perform" the will of God, and to give God pleasure. Some of the strongest opposition to the true Tzaddikim comes from Torah scholars who study for motives of self-aggrandizement. However, the true Tzaddik has the power to lift up the "fallen Torah" of such scholars and restore it to its holy source.

The entire Oral Torah — the Mishnah, Gemara, Midrashim, Halakhah, Kabbalah, Chassidut, etc. — was revealed and transmitted by generations of Tzaddikim. Through intense study for its own sake, we can bind our soul to that of the departed Tanna (Mishnaic teacher) or Tzaddik who originally revealed the teaching we are studying. The intimate spiritual communion that comes from mouthing of the words of the Tzaddik's teachings is called "kissing."

בַּמֶּה נְקַדֵּם יְיָ, כְּעַל כָּל אֲשֶׁר גְּמָלָנוּ בְּרַחֲמָיו וְרֹב חֲסָדָיו, אֲשֶׁר נָתַן לָנוּ תּוֹרַת אֱמֶת וְחַיֵּי עוֹלָם נָטַע בְּתוֹכֵנוּ.

וְעַתָּה יְיָ אֱלֹהֵינוּ, אֲשֶׁר חֲסָדֶיךָ מֵעוֹלָם וְעַד עוֹלָם עָלֵינוּ, יֶהֱמוּ מֵעֶיךָ עָלֵינוּ, וּכְשֵׁם שֶׁחֲמַלְתָּ עָלֵינוּ, וְנָתַתָּ לָנוּ בְּרַחֲמֶיךָ הָרַבִּים תּוֹרָתְךָ הַקְּדוֹשָׁה, חֶמְדָּה גְּנוּזָה, שַׁעֲשׁוּעַ יוֹם יוֹם, כֵּן תְּזַכֵּנוּ בְּרַחֲמֶיךָ הָרַבִּים, וּתְחָנֵּנוּ בַּחֲסָדֶיךָ הַגְּדוֹלִים, וְתִהְיֶה בְּעֶזְרֵנוּ שֶׁנִּזְכֶּה כֻּלָּנוּ לִלְמֹד וְלַעֲסֹק בְּתוֹרָתְךָ הַקְּדוֹשָׁה לִשְׁמָהּ תָּמִיד,

וְנַהֲפֹךְ פָּנֵינוּ מֵהַבְלֵי הָעוֹלָם הַזֶּה לְגַמְרֵי, כִּי אִם בְּתוֹרַת יְיָ תִּהְיֶה חֶפְצֵנוּ, וּבְתוֹרָתְךָ נֶהְגֶּה יוֹמָם וָלַיְלָה. וְכָל לִמּוּדֵינוּ יִהְיֶה בִּקְדֻשָּׁה וּבְטָהֳרָה, וְכָל כַּוָּנָתֵנוּ תִּהְיֶה רַק בִּשְׁבִיל שִׁמְךָ הַגָּדוֹל וְהַקָּדוֹשׁ בֶּאֱמֶת, לַעֲשׂוֹת נַחַת רוּחַ לְפָנֶיךָ בְּלִמּוּדֵנוּ,

וְנִזְכֶּה לִלְמֹד וּלְלַמֵּד לִשְׁמֹר וְלַעֲשׂוֹת וּלְקַיֵּם אֶת כָּל דִּבְרֵי תוֹרָתְךָ בְּאַהֲבָה, וְתַעַזְרֵנוּ שֶׁיָּאִיר לָנוּ אוֹר הַתּוֹרָה הַקְּדוֹשָׁה שֶׁנִּזְכֶּה לִלְמוֹד וְלַהֲגוֹת בָּהּ, לְהוֹצִיאֵנוּ מֵאֲפֵלָה לְאוֹרָה

HaShem!

How can I approach You after all the love and kindness You have shown me?

You have given us the Torah of truth and planted eternal life among us. The kindness You have shown us is for all eternity. HaShem: Arouse Your love for me. Just as You had mercy on us and lovingly gave us Your holy Torah — that hidden treasure, that daily joy — so now help me and bring me to constantly immerse myself in Torah study for its own sake.

Let me pay no attention whatsoever to the vanities of this world. Let my only desire be for Your Torah. Let me meditate on Your Torah day and night. Let me conduct all my studies in holiness and purity, and let my only motive be to study for the sake of Your great and holy Name, and to cause You delight.

Bring me to study, teach, guard, practice and fulfil all the teachings of Your Torah in love. Let the light of the holy Torah shine upon me. Let my study and contemplation of the Torah take me from darkness to light, and bring me to repent and come to perfect Teshuvah. As our Rabbis

לְהַחֲזִירֵנוּ בִּתְשׁוּבָה שְׁלֵמָה לְפָנֶיךָ, כְּמוֹ שֶׁאָמְרוּ רַבּוֹתֵינוּ, זִכְרוֹנָם לִבְרָכָה: 'הַמָּאוֹר שֶׁבָּהּ מַחֲזִיר לְמוּטָב':

אָנָּא יְיָ, עָזְרֵנוּ שֶׁיִּהְיֶה נַעֲשֶׂה אֶצְלֵנוּ מִלִּמּוּד הַתּוֹרָה הַקְּדוֹשָׁה סַם חַיִּים, שֶׁנִּזְכֶּה עַל יְדֵי לִמּוּדֵנוּ לַחֲזֹר בִּתְשׁוּבָה שְׁלֵמָה לְפָנֶיךָ בֶּאֱמֶת וּלְחַדֵּשׁ כַּנֶּשֶׁר נְעוּרֵנוּ, לְחַדֵּשׁ יָמֵינוּ שֶׁעָבְרוּ בְּחשֶׁךְ גָּדוֹל,

וּבִזְכוּת וְכֹחַ הַתּוֹרָה הַקְּדוֹשָׁה יָגֵן עָלֵינוּ. לְהַצִּילֵנוּ מֵעַתָּה מִכָּל מִינֵי חֲטָאִים וַעֲווֹנוֹת וּפְשָׁעִים וּמִכָּל מִינֵי פְּגָמִים שֶׁבָּעוֹלָם, בֵּין בְּעֵת שֶׁנַּעֲסֹק בָּהּ וּבֵין בְּעֵת שֶׁאָנוּ מֻכְרָחִים שֶׁלֹּא לַעֲסֹק בָּהּ, תָּמִיד יָגֵן עָלֵינוּ זְכוּת וְכֹחַ הַתּוֹרָה הַקְּדוֹשָׁה לְהַצִּילֵנוּ מִכָּל מִינֵי חֲטָאִים וּפְגָמִים שֶׁבָּעוֹלָם. כְּמוֹ שֶׁהוֹדַעְתָּ לָנוּ עַל יְדֵי חֲכָמֶיךָ הַקְּדוֹשִׁים, שֶׁאָמְרוּ: 'אוֹרַיְתָא מְגִינָא וּמַצְּלָה בֵּין בְּעִדָּנָא דְּעָסִיק בָּהּ וּבֵין בְּעִדָּנָא דְּלָא עָסִיק בָּהּ.

וְנִזְכֶּה שֶׁיִּמְשֹׁךְ עָלֵינוּ קְדֻשָּׁה וְטָהֳרָה עַל יְדֵי לִמּוּד הַתּוֹרָה הַקְּדוֹשָׁה, שֶׁנִּזְכֶּה מֵעַתָּה לְקַדֵּשׁ וּלְטַהֵר עַצְמֵנוּ בִּקְדֻשָּׁה גְּדוֹלָה כִּרְצוֹנְךָ הַטּוֹב:

אָנָּא יְיָ, רַחֲמָן מָלֵא רַחֲמִים, חֲמֹל עָלַי וְעַל כָּל עַמְּךָ בֵּית יִשְׂרָאֵל בָּעֵת הַזֹּאת, אֲשֶׁר יָרַדְנוּ מְאֹד בְּאֵין עוֹזֵר וְסוֹמֵךְ,

said: "The radiance of the Torah has the power to bring people back to good."

Please, HaShem: Let my Torah study be an elixir of life. Let my learning bring me back to You in genuine, perfect Teshuvah. Let it restore my youth like the eagle, and give me back the times I have spent in such intense darkness.

From now on, let the merit and power of the holy Torah shield me and protect me from every kind of sin and transgression and from all wrong-doing, both when I am actually engaged in my studies and at times when I have to interrupt them. Let the merit and power of the Torah give me constant protection and save me from every kind of sin and wrong-doing, just as You have informed us through Your holy sages, who said that "The Torah shields and protects both while one is engaged in it and at times when one is not."

Let my Torah study bring a flow of holiness and purity into me, and from now on let me sanctify and purify myself the way You want me to — for my own good.

Please, God of love: Have pity on me and on all Your people Israel. We have fallen very low at this time, and we have no-one to help or

וּרְאֵה כִּי אָזְלַת יָד וְאֶפֶס עָצוּר וְעָזוּב, וְאֵין לָנוּ שׁוּם חִיּוּת
וּמְשִׁיבַת נֶפֶשׁ לְהַחֲיוֹת נַפְשׁוֹתֵינוּ הָאֻמְלָלוֹת מְאֹד, כִּי אִם עַל
יְדֵי לִמּוּד תּוֹרָתְךָ הַקְּדוֹשָׁה וְהַטְּהוֹרָה וְהַתְּמִימָה הַמְּאִירַת
עֵינַיִם וּמְשִׁיבַת נָפֶשׁ.

כַּאֲשֶׁר הִבְטַחְתָּ לָנוּ בְּתוֹרָתְךָ הַקְּדוֹשָׁה, אֲשֶׁר גַּם בְּאַחֲרִית
הַיָּמִים הָאֵלֶּה, בְּתֹקֶף הַהַסְתָּרָה שֶׁבְּתוֹךְ הַסְתָּרָה, גַּם אָז לֹא
תִשָּׁכַח הַתּוֹרָה מִפִּינוּ וּמִפִּי זַרְעֵנוּ.

כְּמוֹ שֶׁכָּתוּב: "וְאָנֹכִי הַסְתֵּר אַסְתִּיר פָּנַי מֵהֶם וְכוּ' וְעָנְתָה
הַשִּׁירָה הַזֹּאת לְפָנָיו לְעֵד כִּי לֹא תִשָּׁכַח מִפִּי זַרְעוֹ".

וְהִנֵּה עַתָּה בַּעֲווֹנוֹתֵינוּ הָרַבִּים כְּבָר נִתְקַיֵּם בָּנוּ וְאָנֹכִי הַסְתֵּר
אַסְתִּיר כִּי נִסְתַּרְתָּ מִמֶּנּוּ מְאֹד בְּהַסְתָּרָה שֶׁבְּתוֹךְ הַסְתָּרָה
בַּאֲלָפִים וּרְבָבוֹת הַסְתָּרוֹת, כַּאֲשֶׁר אַתָּה יָדַעְתָּ יְיָ אֱלֹהֵינוּ.

וּבְכֵן יֶעֱרְרוּ רַחֲמֶיךָ וַחֲסָדֶיךָ הָעֲצוּמִים עָלֵינוּ וְאַל תּוֹסִיף
לְהַסְתִּיר פָּנֶיךָ עוֹד מִמֶּנּוּ, פְּנֵה אֵלֵינוּ וְחָנֵּנוּ, וְהָאֵר פָּנֶיךָ בָּנוּ,

support us. "The enemy hand is ever stronger, and there is no one to lead us and save us." We have nothing to vitalize and uplift our downtrodden souls except the study of Your Torah, whose holiness, purity and perfection enlightens all eyes and restores the soul.

You have promised us in the Torah that even at this time, at the end of days, despite the intensity of the "concealment within the concealment" — when the very fact of God's concealment is itself hidden from us — even then, the Torah will not be forgotten: it will not cease to be heard from our mouths and the mouths of our children and descendants.

It is written: "I will surely hide my face from them" — a concealment within a concealment — "...and this song" — the Torah — "will give testimony before the People as a witness, for it will not be forgotten from the mouth of their descendants."

Well, the first part of the prophecy — "I will surely hide" — has already come true: You have hidden Yourself from us behind countless veils, as You know, HaShem.

Arouse Your great love for us and have mercy on us. Do not hide Your face from us any

וְקַיֵם לָנוּ הַבְטָחָתְךָ הַקְּדוֹשָׁה שֶׁהִבְטַחְתָּ לָנוּ: "וְעָנְתָה הַשִּׁירָה הַזֹּאת לְפָנָיו לְעֵד כִּי לֹא תִשָּׁכַח מִפִּי זַרְעוֹ":

וְעָזְרֵנוּ בְּרַחֲמֶיךָ, שֶׁנִּזְכֶּה לִלְמוֹד וְלַהֲגוֹת וּלְהַתְמִיד בְּתוֹרָתְךָ הַקְּדוֹשָׁה יוֹמָם וָלַיְלָה בִּקְדֻשָּׁה וּבְטָהֳרָה, אֲנַחְנוּ וְצֶאֱצָאֵינוּ וְצֶאֱצָאֵי צֶאֱצָאֵינוּ, וְלֹא תִשָּׁכַח הַתּוֹרָה מִפִּינוּ וּמִפִּי זַרְעֵנוּ לְעוֹלָם.

וִיקֻיַּם מִקְרָא שֶׁכָּתוּב: "וַאֲנִי זֹאת בְּרִיתִי אוֹתָם אָמַר יְיָ רוּחִי אֲשֶׁר עָלֶיךָ וּדְבָרַי אֲשֶׁר שַׂמְתִּי בְּפִיךָ לֹא יָמוּשׁוּ מִפִּיךָ וּמִפִּי זַרְעֲךָ וּמִפִּי זֶרַע זַרְעֲךָ אָמַר יְיָ מֵעַתָּה וְעַד עוֹלָם".

וְנִזְכֶּה עַל יְדֵי לִמּוּד הַתּוֹרָה הַקְּדוֹשָׁה לָשׁוּב אֵלֶיךָ בֶּאֱמֶת, וְלַחֲזֹר בִּתְשׁוּבָה שְׁלֵמָה לְפָנֶיךָ עַל כָּל חֲטָאֵינוּ וַעֲווֹנוֹתֵינוּ וּפְשָׁעֵינוּ הַמְרֻבִּים. וְנִזְכֶּה מֵעַתָּה לְקַיֵּם אֶת כָּל דִּבְרֵי תוֹרָתֶךָ בְּאַהֲבָה,

more. Turn to us. Be kind to us and shine Your face upon us. Fulfil Your holy promise to us that "this song" — the Torah — "will give testimony before the People as a witness, for *it will not be forgotten* from the mouth of their descendants" — it will not cease to be heard on our lips!

Loving God: Help us learn and meditate on Your holy Torah constantly, day and night, in holiness and purity — both us, our children and our children's children, and don't let us ever forget the Torah. Don't let the Torah ever cease to be heard on our mouths or the mouths of our descendants.

Let the prophecy of Isaiah be fulfilled in us: "And as for Me, this is My Covenant with them, says HaShem: My spirit which is upon You and My words which I have put in Your mouth will not depart from Your mouth or the mouth of Your children and Your children's children, says HaShem, from now and for ever."

Through our study of the holy Torah, help us come back to You in sincere Teshuvah and repent for all our many sins and transgressions and rebellions. From now on, let us carry out everything the Torah teaches in love.

וּתְעוֹרֵר רַחֲמֶיךָ עָלֵינוּ, וְתַשְׁפִּיעַ עָלֵינוּ קְדֻשָּׁתֶךָ, וּתְזַכֵּנוּ
שֶׁנִּלְמֹד בִּקְדֻשָּׁה גְדוֹלָה תּוֹרָתְךָ הַקְּדוֹשָׁה תּוֹרָה שֶׁבִּכְתָב
וְתוֹרָה שֶׁבְּעַל פֶּה, עַד שֶׁנִּזְכֶּה בְּעֵת הַלִּמּוּד לְקַשֵּׁר רוּחֵנוּ עִם
רוּחַ הַצַּדִּיק שֶׁחִדֵּשׁ זֹאת הַתּוֹרָה וְהַהֲלָכָה שֶׁאָנוּ לוֹמְדִים
אוֹתָהּ. עַד שֶׁנִּזְכֶּה לִבְחִינַת נְשִׁיקִין דִּקְדֻשָּׁה לְאַדְבָּקָא רוּחֵנוּ
בְּרוּחַ הַצַּדִּיק, וְיִהְיֶה דּוֹמֶה כְּאִלּוּ אָנוּ מְנַשְּׁקִין עַצְמֵנוּ עִם
הַצַּדִּיק וְהַתַּנָּא שֶׁחִדֵּשׁ הַתּוֹרָה הַזֹּאת.

וְנִזְכֶּה שֶׁיִּהְיֶה לְמוּדֵנוּ לְנַחַת רוּחַ לְהַצַּדִּיק וְהַתַּנָּא שֶׁחִדֵּשׁ זֹאת
הַתּוֹרָה וְהַהֲלָכָה שֶׁאָנוּ לוֹמְדִים אוֹתָהּ וְנִגְרֹם תַּעֲנוּג גָּדוֹל
לְהַתַּנָּא, וְהַצַּדִּיק הַזֶּה שֶׁיִּהְיוּ שִׂפְתוֹתָיו דּוֹבְבוֹת בַּקֶּבֶר עַל
יָדֵי לְמוּדֵנוּ בִּקְדֻשָּׁה גְדוֹלָה אֶת דְּבָרָיו הַקְּדוֹשִׁים וְנִזְכֶּה
לְאַקְמָא שְׁכִינְתָּא מֵעַפְרָא לְהַעֲלוֹת הַשְּׁכִינָה מֵהַגָּלוּת עַל יָדֵי
לְמוּדֵנוּ בִּקְדֻשָּׁה וּבְטָהֳרָה גְדוֹלָה:

אָנָּא יְיָ מָלֵא רַחֲמִים, חֲמֹל עַל נַפְשׁוֹתֵינוּ הָאֻמְלָלוֹת, וְהַצֵּל
אוֹתִי וְאֶת זַרְעִי וְאֶת כָּל עַמְּךָ בֵּית יִשְׂרָאֵל, וְתַבְדִּילֵנוּ מִן
הַתּוֹעִים מִדֶּרֶךְ הָאֱמֶת, וְתַצִּיל אוֹתָנוּ בְּרַחֲמֶיךָ הָרַבִּים שֶׁלֹּא

Connection with the Tzaddik through intense Torah study

Arouse Your love for me. Shine Your holy spirit upon me. Bring me to learn Torah — both the Written and the Oral Torah — with such holy intensity that when I am studying, I will have the power to connect my soul with the soul of the Tzaddik who first revealed the teaching or law I am learning. Help me come to the level of spiritual communion that is referred to as "kissing." Let me attach my soul to the soul of the Tzaddik with such intimacy that it will be as if I am "kissing" the Tzaddik or the Tanna who first revealed this teaching.

May my study give the Tzaddik or the Tanna profound pleasure. Let me cause the Tanna or Tzaddik supreme delight by studying his words in extreme holiness, so that even there in the grave his very lips will be gently whispering. And by studying the Torah in great holiness and purity, let me lift the Shekhinah up from the dust and out of exile.

Please HaShem, loving God: Our spirit is so crushed. Have pity on us. Protect me and my children, my descendants and those of all Your people, the House of Israel. Keep me well away

יִהְיֶה נַעֲשָׂה אֶצְלֵנוּ, חַס וְשָׁלוֹם, מִלִּמּוּד הַתּוֹרָה סַם מָוֶת, חַס וְשָׁלוֹם, שֶׁלֹּא יִהְיֶה נִכְנָס בְּלִבֵּנוּ, חַס וְשָׁלוֹם, שׁוּם צַד הִתְנַגְדוּת עַל צַדִּיקֵי אֱמֶת עַל יְדֵי לִמּוּדֵנוּ, וְלֹא יִהְיֶה לִמּוּדֵנוּ לְהִתְיַהֵר וּלְקַנְטֵר, חַס וְשָׁלוֹם, וּבִפְרָט בְּעֵת לִמּוּדֵינוּ בַּתּוֹרָה שֶׁבְּעַל פֶּה בַּגְּמָרָא וְתוֹסָפוֹת וּפוֹסְקִים.

אָנָּא יְיָ, תַּצִּיל וּתְמַלֵּט אוֹתָנוּ בְּרַחֲמֶיךָ הָרַבִּים שֶׁלֹּא יִכְנָס בְּלִבֵּנוּ שׁוּם צַד גֵּאוּת וְגַבְהוּת בָּעוֹלָם כְּלָל וְלֹא יִכְנַס בְּלִבֵּנוּ שׁוּם צַד עַרְמוּמִיּוּת כְּלָל. וְלֹא יִהְיֶה בְּלִבֵּנוּ שׁוּם הִרְהוּרִים וְקַשְׁיוֹת עַל צַדִּיקֵי הַדּוֹר הָאֲמִתִּיִּים. וּמִכָּל שֶׁכֵּן וְכָל שֶׁכֵּן שֶׁלֹּא יֵצֵא עָתָק מִפִּינוּ, חַס וְשָׁלוֹם, לְדַבֵּר עֲלֵיהֶם שׁוּם דִּבּוּר כְּנֶגֶד כְּבוֹדָם, חָלִילָה,

רַק אַדְרַבָּא, תְּזַכֵּנוּ בְּרַחֲמֶיךָ הָרַבִּים עַל יְדֵי לִמּוּדֵינוּ לְהִתְקַשֵּׁר וּלְהִתְקָרֵב לְצַדִּיקֵי אֱמֶת לִהְיוֹת נִכְנָע אֶצְלָם וּלְהַאֲמִין בָּם וּלְהִתְבַּטֵּל אֲלֵיהֶם וּלְהִתְאַבֵּק בַּעֲפַר רַגְלֵיהֶם וְלִשְׁתּוֹת בַּצָּמָא אֶת דִּבְרֵיהֶם הַקְּדוֹשִׁים שֶׁל הַצַּדִּיקֵי אֱמֶת כָּל יְמֵי חַיַּי אֲנִי

from those who have gone astray from the true path. Compassionate God: Don't ever let my Torah study turn into a fatal poison, God forbid. Don't allow the least hint of opposition to the true Tzaddikim ever come into my heart as a result of anything I study. Don't let me ever study for my own self-aggrandizement or in order to chide, especially when studying the Oral Torah — the Gemara and its commentaries, and the Law Codes.

HaShem, God of love: Save me from even the least hint of pride or arrogance. Don't let me ever be sly and over-clever in any way. Let me never harbor doubts or questions in my heart about the true Tzaddikim of the generation, and certainly never let a single insolent word against them leave my mouth. Let me never insult their honor in any way, God forbid.

On the contrary, let my studies bring me to a close bond of connection with the true Tzaddikim. Let me accept their authority, believe in them, and subordinate myself to them. Let me embrace the dust of their feet and drink their holy words thirstily all the days of my life — and so too my children, my children's children, and

וְזַרְעִי וְזֶרַע זַרְעִי וְכָל עַמְּךָ בֵּית יִשְׂרָאֵל מֵעַתָּה וְעַד עוֹלָם:

וּתְזַכֵּנוּ לְהִתְקַשֵּׁר וּלְהִתְקָרֵב לְצַדִּיקֵי אֱמֶת הַגְּדוֹלִים בַּמַּעֲלָה
מְאֹד, אֲשֶׁר יֵשׁ לָהֶם כֹּחַ לְהַעֲלוֹת וְלַהֲפֹךְ כָּל הַדִּבּוּרִים
וְהַצֵּרוּפִים רָעִים שֶׁמְּדַבְּרִים עַל הַצַּדִּיקֵי אֱמֶת לְהָפְכָם אֶל
הַקְּדֻשָּׁה, וְלַעֲשׂוֹת מֵהַדִּבּוּרִים רָעִים שֶׁלָּהֶם צֵרוּפֵי הֲלָכוֹת,
אֲשֶׁר מִשָּׁם נִשְׁתַּלְשְׁלוּ אֵלּוּ הַדִּבּוּרִים רָעִים שֶׁל הַמִּתְנַגְּדִים
אֶל הָאֱמֶת, אֲשֶׁר הָפְכוּ דִּבְרֵי אֱלֹהִים חַיִּים וְנַעֲשָׂה לָהֶם פֶּה
לְדַבֵּר עַל הַצַּדִּיקִים עָתָק בְּגַאֲוָה וָבוּז עַל יְדֵי לִמּוּדָם תּוֹרָה
שֶׁבְּעַל-פֶּה.

וּתְזַכֶּה אוֹתָנוּ בְּרַחֲמֶיךָ הָרַבִּים עַל יְדֵי כֹּחַ הַצַּדִּיקֵי אֱמֶת
לְהִתְקַדֵּשׁ וּלְהִטָּהֵר בֶּאֱמֶת, עַד שֶׁנִּזְכֶּה גַּם אֲנַחְנוּ לָבוֹא לְדַעַת
זֶה, שֶׁנֵּדַע לְבָרֵר וּלְהַעֲלוֹת וְלַהֲפֹךְ כָּל הַצֵּרוּפִים רָעִים אֶל
הַקְּדֻשָּׁה לְבָרְרָם וּלְהַעֲלוֹתָם לְשָׁרְשָׁם שֶׁבִּקְדֻשָּׁה לַעֲשׂוֹת מֵהֶם
צֵרוּפֵי הֲלָכוֹת קְדוֹשׁוֹת.

וְנִזְכֶּה לְהַעֲלוֹת הַשְּׁכִינָה מֵהַגָּלוּת וּלְחַבְּרָה עִם דּוֹדָהּ בְּאַהֲבָה
וְאַחֲוָה וְרֵעוּת, בִּבְחִינַת חִבּוּק וְנִשּׁוּק וְזִוּוּג, וּלְהוֹצִיא בִּלְעָם
מִפִּיהֶם: וְתַכְנִיעַ וּתְשַׁבֵּר וּתְבַטֵּל אֶת כָּל הַחוֹלְקִים עַל הָאֱמֶת,

those of all Your people, the House of Israel, from now on and for ever.

Let me come close and bind myself to the outstandingly great, true Tzaddikim who have the power to bring all the twisted words of slander spoken against the true Tzaddikim back to their holy source and to use them to reconstruct the original Torah laws from which these evil words of the enemies of the truth developed. For they used their study of the Oral Torah to twist the words of the living God, so as to give themselves an opening to speak out insolently and contemptuously against the Tzaddik.

Loving God: Through the power of the true Tzaddikim, let me become genuinely sanctified and purified until I too can attain this wisdom and know how to sift through these twisted words, and transform and elevate them back to their holy root, so as to turn them into genuine Torah laws.

Help me lift up the Shechinah from her exile and bring her to rejoin her Beloved in love, brotherhood and friendship, "embracing," "kissing" and perfectly unified. Ielp me humble and break all those who have set themselves in

וְתִתֵּן בְּלִבָּם אֱמֶת וֶאֱמוּנָה, שֶׁיִּתְגַּלֶּה לָהֶם הָאֱמֶת, וְיָשׁוּבוּ כֻלָּם אֵלֶיךָ בֶּאֱמֶת וּבְלֵב שָׁלֵם.

וְתִתְגַּלֶּה וּתְפַרְסֵם אֶת הָאֱמֶת בָּעוֹלָם. וּתְקַיֵּם מִקְרָא שֶׁכָּתוּב: "אֱמֶת מֵאֶרֶץ תִּצְמָח וְצֶדֶק מִשָּׁמַיִם נִשְׁקָף". וְתָשִׂים שָׁלוֹם בֵּין כָּל עַמְּךָ יִשְׂרָאֵל לְעוֹלָם.

וְזַכֵּנִי לַעֲבֹד אוֹתְךָ בְּשִׂמְחָה תָמִיד, וְעָזְרֵנִי לִהְיוֹת מִן הַנֶּעֱלָבִים וְאֵינָם עוֹלְבִים, שׁוֹמְעִים חֶרְפָּתָם וְאֵינָם מְשִׁיבִים, עוֹשִׂים מֵאַהֲבָה וּשְׂמֵחִים בְּיִסּוּרִים,

וְחָנֵּנוּ מֵאִתְּךָ חָכְמָה בִּינָה וָדַעַת. וְנִזְכֶּה כֻלָּנוּ לִלְמֹד תּוֹרָתְךָ הַקְּדוֹשָׁה לִשְׁמָהּ תָּמִיד, וְנָשׁוּב אֵלֶיךָ בֶּאֱמֶת, וְתַשְׁפִּיעַ עָלֵינוּ רַב בְּרָכוֹת מִמְּקוֹר הַבְּרָכוֹת. וְנִזְכֶּה לַעֲשׂוֹת רְצוֹנְךָ בֶּאֱמֶת כָּל יְמֵי חַיֵּינוּ אֲנַחְנוּ וְזַרְעֵנוּ וְכָל עַמְּךָ בֵּית יִשְׂרָאֵל מֵעַתָּה וְעַד עוֹלָם אָמֵן סֶלָה:

opposition to the truth, and let me take their prey from their mouths. Put truth and faith into their hearts, and let them realize the truth. Let them come back to You genuinely and whole-heartedly.

Reveal the truth and spread it throughout the world, and fulfil the verse in the Psalms: "Truth will blossom forth from the earth, and justice will be seen from the heavens." Let peace reign among all the members of Your people Israel for ever.

Let me serve You happily at all times. Help me be one of those people who bear insults without returning them, who do not answer even when they hear themselves abused, who act out of love and rejoice in their suffering.

Grant us all holy wisdom, understanding and knowledge. Let us come to learn the Holy Torah for its own sake at all times and return to You truly and sincerely. Let abundant blessings flow down to us from the source of blessings, and let us do Your will in truth all the days of our lives — we, our children, our descendants, and all Your people the House of Israel, from now and for ever. Amen. Selah.

13

Hashgachah — Divine Providence / Attachment to the Tzaddik / Hearing Torah from the Tzaddik / Breaking the desire for wealth / Charity

Certain outstanding Tzaddikim have a unique power to elevate the souls of those who come to hear their Torah teachings. The Tzaddik ascends spiritually together with the souls of those present, and is able to bring down exalted Torah teachings which renew and strengthen their souls, elevating even their lower cravings and desires. The followers of the true Tzaddik experience a powerful sense of fellow-feeling that makes them want to help one another and give each other support and encouragement in pursuing the spiritual path.

The Tzaddik's power to ascend with the souls of his followers derives from his having freed himself of the appetite for wealth. We too must break this desire, as a precondition for attaining spiritual insight and awareness of God's *hashgachah* — the constant loving, watchful providence over us that will eventually lead to the ingathering of the exiles, the revelation of Mashiach, and the rebuilding of the Temple.

The way to curtail our appetite for wealth is through occupying ourselves with charity — both giving charity ourselves, and encouraging others to give. We must also conduct all our business affairs faithfully and honestly. Only then can we perceive the Torah teachings that are contained even within worldly matters. The closer we are to the Torah, the more directly we are able to experience God's providence.

יוֹשֵׁב הַמְּרוֹמִים וּמַשְׁגִּיחַ הַתַּחְתּוֹנִים, עֵינֵי עַמְּךָ בְּךָ תְּלוּיוֹת כְּעֵינֵי עֲבָדִים אֶל יַד אֲדוֹנִים, מִשְׁתַּטְּחִים לְפָנֶיךָ וּפוֹרְשִׂים כַּפָּם מוּל שׁוֹכֵן מְעוֹנִים,

שֶׁתַּשְׁפִּיעַ עֲלֵיהֶם מִמְּעוֹן קָדְשָׁתֶךָ שֶׁיִּזְכּוּ כֻלָּם לַעֲשׂוֹת בְּאֵימָה וּבְיִרְאָה רְצוֹן קוֹנָם, וְתַשְׁגִּיחַ עֲלֵיהֶם בְּהַשְׁגָּחָתְךָ הַשְּׁלֵמָה לַהֲשִׁיבָם לְאֶרֶץ הַקְּדוֹשָׁה אֶל אֲרֻבּוֹתֵיהֶם כַּיּוֹנִים.

רִבּוֹנוֹ שֶׁל עוֹלָם, מַאֲזִין חֲנוּנִים וּמַקְשִׁיב רְנָנִים, הַנּוֹטֶה אֹזֶן לְשַׁוְעַת אֶבְיוֹנִים, מָרָא דְעָלְמָא כֻּלָּא, אַתָּה יָדַעְתָּ אֶת לְבָבֵנוּ כִּי אֵין בָּנוּ כֹּחַ לְסַדֵּר תְּפִלָּתֵנוּ לְפָנֶיךָ כָּרָאוּי בֶּאֱמֶת, כִּי אָפְפוּ עָלַי רָעוֹת עַד אֵין מִסְפָּר הַשִּׁיגּוּנִי עֲוֹנוֹתַי וְלֹא יָכֹלְתִּי לִרְאוֹת עָצְמוּ מִשַּׂעֲרוֹת רֹאשִׁי וְלִבִּי עֲזָבָנִי. וְעַתָּה יְיָ אֱלֹהַי מָלֵא רַחֲמִים, מָה אֶעֱשֶׂה וּמָה אֶפְעָל וּמֵהֵיכָן אֲבַקֵּשׁ מָנוֹחַ אֲשֶׁר יִיטַב לִי,

כִּי אָנֹכִי יָדַעְתִּי גַם יָדַעְתִּי גֹּדֶל הִתְרַחֲקוּתִי מִמְּךָ בְּתַכְלִית הָרָחוֹק, כִּי הֲרֵעוֹתִי אֶת מַעֲשַׂי מִנְּעוּרַי עַד הַיּוֹם הַזֶּה, מִדֵּי יוֹם יוֹם הִשְׁכֵּם וְחָטוֹא, וַאֲנִי מָלֵא חֲטָאִים וּפְגָמִים מִכַּף רֶגֶל

HaShem: You dwell in the most exalted heights, yet Your watchful care extends to the lowest of levels. Your people look to You as servants look to the eyes of their master. We prostrate ourselves before You; we stretch out our hands towards You:

Shine down upon us from Your holy place and help us carry out the will of our Maker in awe and reverence. Watch over us. Protect us and take perfect care of us, and bring us all back to Eretz Israel like doves to their nesting place.

Master of the Universe: You hear all prayers and entreaties, and listen attentively to the cry of the needy. Master of all the world: You know my heart. I am unable to express my prayer to You in an orderly way. I am surrounded by countless troubles. My sins have caught up with me — I cannot see a thing because of them. They are more than the hairs on my head. My heart has gone out of me. HaShem, loving God: What should I do? Where should I search in order to find genuine relief?

I know how totally far away from You I am, because of all the wrong I have done from my earliest days until today. Day after day I have

וְעַד רֹאשׁ אֵין בִּי מְתֹם, וְלֹא דַי שֶׁלֹּא זָכִיתִי עֲדַיִן לָצֵאת מִן הַחֹל אֶל הַקֹּדֶשׁ אֲפִלּוּ כְּחוּט הַשַּׂעֲרָה, אַף גַּם לֹא חַסְתִּי עַל נַפְשִׁי וְהוֹסַפְתִּי חֵטְא עַל פֶּשַׁע, חֲטָאִים עַל חֲטָאִים, פְּגָמִים עַל פְּגָמִים, עַד אֲשֶׁר אִי אֶפְשָׁר לְבָאֵר וּלְפָרֵט כְּלָל חֵלֶק אֶחָד מֵאַלְפֵי אֲלָפִים וְרִבֵּי רְבָבוֹת חֲטָאִים וַעֲווֹנוֹת וּפְגָמִים גְּדוֹלִים וְנוֹרָאִים מְאֹד שֶׁגָּרַמְתִּי עַל יְדֵי מַעֲשַׂי הָרָעִים,

מָה אֹמַר מָה אֲדַבֵּר מָה אֹמַר מָה אֲדַבֵּר: יְיָ אֱלֹהִים, אַתָּה יָדַעְתָּ כִּי אִי אֶפְשָׁר לְהַכְנִיס כְּלָל בְּתוֹךְ צֵרוּפֵי אוֹתִיּוֹת וְדִבּוּרִים אֶת רִבּוּי הַפְּגָמִים וְהַקִּלְקוּלִים שֶׁלָּנוּ, כִּי פָגַמְנוּ וְקִלְקַלְנוּ מְאֹד, וַאֲפִלּוּ מְעַט דִּמְעַט מַעֲשִׂים הַטּוֹבִים שֶׁהֵם בְּעֶרְכֵּנוּ מְכֻנִּים בְּשֵׁם מַעֲשִׂים טוֹבִים, הֵם גַּם כֵּן פְּגוּמִים מְאֹד. וְאֵיךְ יוּכַל פָּגוּם כָּזֶה, מְלֻכְלָךְ כָּזֶה, מְעֹרָב כָּזֶה, לְבַקֵּשׁ עֵזֶר וּתְרוּפָה וְהַצָּלָה וּמָנוֹס לְמַלֵּט נַפְשׁוֹ מִנִּי שַׁחַת לְהִתְדַּבֵּק בְּאוֹר הַחַיִּים.

וְאִם אֹמַר, חַס וְשָׁלוֹם, אָבְדָה תִקְוָתִי וְתוֹחַלְתִּי מֵיְיָ, זוֹ קָשָׁה מִן הָרִאשׁוֹנוֹת, כִּי כְּבָר הִזְהַרְתָּנוּ עַל יְדֵי נְבִיאֶיךָ וְצַדִּיקֶיךָ הַקְּדוֹשִׁים הָאֲמִתִּיִּים, כִּי אָסוּר לָאָדָם לְיָאֵשׁ עַצְמוֹ מֵהַשֵּׁם יִתְבָּרַךְ לְעוֹלָם,

sinned. I am covered with blemishes from the soles of my feet to the top of my head. There's not a single healthy spot. Not only have I been unable to make even the slightest movement from the profane to the holy; I haven't been able to control myself in the least. I've done one bad thing after another. I couldn't begin to specify even the minutest fraction of my countless sins, or assess the damage I have caused.

What can I say? What can I say? HaShem, You know that it would be quite impossible for me to recount how much damage I have done. Even the little good I have done — at least what on my level is called good — has been riddled with imperfection. How can someone like me, covered with sores and impurity, step forward and ask You to help me and save my soul from destruction and bring me to the light of life?

But if I were to say I've lost all hope in God, that would be worse than everything else put together. Through Your prophets and Your holy Tzaddikim You have taught us that one must never ever give up and lose hope in God.

אַךְ בְּרַחֲמֶיךָ הָרַבִּים חָשַׁבְתָּ מֵרָחוֹק לְהֵיטִיב אַחֲרִיתֵנוּ וְהִקְדַּמְתָּ רְפוּאָה לְמַכָּתֵנוּ וְשָׁלַחְתָּ לָנוּ בְּרַחֲמֶיךָ הָרַבִּים צַדִּיקֶיךָ הָאֲמִתִּיִּים הַקְּדוֹשִׁים אֲשֶׁר בָּאָרֶץ הֵמָּה, אֲשֶׁר הֵם הָיוּ לְמִשְׁעָן וּלְמָנוֹס לָנוּ, כִּי עַל יְדֵי מַעֲשֵׂיהֶם הַטּוֹבִים הָעֲצוּמִים וְהַנּוֹרָאִים זָכוּ אֲשֶׁר נָתַן לָהֶם כֹּחַ לְהַעֲלוֹת וּלְהָרִים אֶת כָּל בֵּית יִשְׂרָאֵל, אֲשֶׁר זָכוּ לְהִתְקָרֵב אֲלֵיהֶם בֶּאֱמֶת, לְהַחֲזִירָם בִּתְשׁוּבָה שְׁלֵמָה לְפָנֶיךָ.

וּבְכֹחָם הַגְּדוֹלִים הָיוּ יְכוֹלִים לְהָרִים וּלְהַגְבִּיהַּ גַּם אֶת נַפְשִׁי הָאֻמְלָלָה מְאֹד, לָקַחַת וּלְקַבֵּץ גַּם פְּזוּר נַפְשִׁי הַמְפֻזֶּרֶת בְּפִזּוּר גָּדוֹל מְאֹד הָעֲיֵפָה וְהָרְעֵבָה וְהַצְּמֵאָה, הַמָּרָה בִּמְרִירוּת גָּדוֹל מְאֹד, לְכַנֵּס וּלְקַבֵּץ וּלְהַעֲלוֹת גַּם אֶת נַפְשִׁי בְּתוֹךְ כְּלָלִיּוּת נַפְשׁוֹת בְּנֵי יִשְׂרָאֵל הַקְּדוֹשִׁים בִּבְחִינַת עִבּוּר, לְחַדֵּשׁ אֶת נַפְשִׁי לְטוֹבָה עִמָּהֶם יַחַד. וַתְּהִי לַדַּל תִּקְוָה וְעֹלָתָה קָפְצָה פִּיהָ. אַשְׁרֵי עַיִן רָאֲתָה צַדִּיקִים אֲמִתִּיִּים אֲשֶׁר הָיָה לָהֶם כָּל הַכֹּחַ הַזֶּה וְיוֹתֵר מִזֶּה. אַשְׁרֵי הַנְּפָשׁוֹת אֲשֶׁר הָיוּ עוֹלִים וְנִכְלָלִים וְנִתְחַדְּשִׁים לְטוֹבָה עַל יְדֵי צַדִּיקֵי אֱמֶת:

וְעַתָּה הִנֵּה בָּאתִי לְפָנֶיךָ יְיָ אֱלֹהַי וֵאלֹהֵי אֲבוֹתַי, שֶׁתִּתְחַמֵּל וְתָחוּס עַל נַפְשִׁי הָאֻמְלָלָה מְאֹד, וְתוֹרֵנִי וְתוֹדִיעֵנִי עֵצָה וְתַחְבּוּלָה מַה לַּעֲשׂוֹת עַכְשָׁו בָּעֵת אֲשֶׁר נִשְׁאַרְנוּ כַּתֹּרֶן

The true Tzaddik

Loving God: You have planned everything for our ultimate good, and You have sent us the remedy even before the wound. You have sent us true Tzaddikim — holy ones now at rest in the earth — who have been our support and refuge. Because of the awesome good they did, You gave them the power to elevate all those who had the privilege of coming genuinely close to them, and to bring them back to You in complete Teshuvah.

They even had the power to lift up my poor soul and restore it after having been so terribly shattered, so tired, so hungry, so thirsty and so bitter. Together with all the other souls gathered around them, I too was uplifted and inspired, proving that there *is* hope for the lowly. What a privilege it was to see Tzaddikim who had such powers and more! How fortunate were the souls who used to ascend to such heights of devotion with the help of these Tzaddikim, and experience renewal.

I have come before You now, Hashem, my God and God of my fathers, to ask You to have mercy on me and take pity on my poor soul. Show me what I should do now that the true Tzaddikim have left this world because of our

בְּרֹאשׁ הָהָר. כִּי הַצַּדִּיקֵי אֱמֶת נִסְתַּלְּקוּ בַּעֲווֹנוֹתֵינוּ הָרַבִּים "הַצַּדִּיק אָבָד וְאֵין אִישׁ שָׂם עַל לֵב וְאַנְשֵׁי חֶסֶד נֶאֱסָפִים בְּאֵין מֵבִין, כִּי מִפְּנֵי הָרָעָה נֶאֱסַף הַצַּדִּיק".

וְעַתָּה אַתָּה אָבִי שֶׁבַּשָּׁמַיִם, אָב הָרַחֲמָן, אָב הַחֶסֶד, הַחוֹמֵל בֶּאֱמֶת, רְאֵה נָא בְּעָנְיֵנוּ בָּעֵת הַזֹּאת כִּי בְּצָרָה גְדוֹלָה אֲנַחְנוּ, וְנִתְקַיֵּם בָּנוּ עַכְשָׁו: "וְהָיְתָה עֵת צָרָה לְיַעֲקֹב אֲשֶׁר כָּמוֹהוּ לֹא נִהְיָתָה, כִּי הִכִּיתָ אוֹתָנוּ מַכָּה אֲשֶׁר לֹא כְּתוּבָה בַּתּוֹרָה" זוֹ מִיתַת הַצַּדִּיקִים אֲשֶׁר הָיוּ נוֹשְׂאִים אוֹתָנוּ כַּאֲשֶׁר יִשָּׂא הָאוֹמֵן אֶת הַיּוֹנֵק, וְהָיוּ חָסִים עַל נַפְשׁוֹתֵינוּ וְהָיוּ מִסְתַּכְּלִים תָּמִיד בְּכָל עֵת עַל תִּקּוּן נַפְשׁוֹתֵינוּ, לְחַדֵּשׁ נַפְשׁוֹתֵינוּ לְטוֹבָה, לְחַדֵּשׁ כַּנֶּשֶׁר יָמֵינוּ שֶׁעָבְרוּ בַּחֹשֶׁךְ.

וְעַתָּה לְהֵיכָן נִפְנֶה, לְהֵיכָן נָנוּס, מֵאַיִן נְבַקֵּשׁ עֵזֶר לָנוּ.

רִבּוֹנוֹ שֶׁל עוֹלָם, הַבִּיטָה בְּעָנְיֵנוּ כִּי רַבּוּ מַכְאוֹבֵינוּ וְצָרוֹת לְבָבֵינוּ, מָרָא דְעָלְמָא כֹּלָּא, רְעֵה אֶת צֹאן הַהֲרֵגָה

many sins. We have been abandoned, like a solitary mast at the top of a mountain. "The Tzaddik has been lost, yet no-one stops to ponder it; the men of piety have been taken, yet no-one understands: the Tzaddik has been taken, so as not to see the coming evil."

Loving, merciful Father in Heaven: Look at the desperate plight we are in. We are now experiencing the fulfilment of the prophecy that "a time of trouble will come for Yaakov the like of which never was." You have struck us with "a blow which is not written in the Torah" — "this is the death of the Tzaddikim," those faithful leaders who used to carry us like a nurse carries a suckling child. They had compassion on our souls. They were constantly looking to heal and revive our souls and renew our days of darkness like the eagle.

Where should we turn to now? Where should we run for refuge? Where should we look for help?

Master of the Universe: See what a pitiful state we are in. Our hearts are full of pain and sorrow. We are like sheep being led to the slaughter.

וְהִנֵּה אָנֹכִי בְּעִנְיָנַי הוֹלֵךְ נָע וָנָד כְּגוּף בְּלֹא נְשָׁמָה, כְּגֹלֶם בְּלֹא דַעַת, כַּסְּפִינָה תּוֹעָה בְּלֵב יָם בְּלִי מַנְהִיג. וְהָרוּחַ סְעָרָה הוֹלֵךְ וְסוֹעֵר מְאֹד בְּכָל עֵת וּבְכָל רֶגַע.

לְהִתְקָרֵב אֵלֶיךָ אֵינִי יָכוֹל מֵחֲמַת עֲווֹנוֹתַי הַמְרֻבִּים, וְדַרְכֵי הַתְּשׁוּבָה נֶעֶלְמוּ מִמֶּנִּי, וְאֵינִי יוֹדֵעַ עֵצָה וְתַחְבּוּלָה אֵיךְ לְבַקֵּשׁ דַּעַת וְשֵׂכֶל וְכֹחַ וּגְבוּרָה, לְהִתְגַּבֵּר עַל יִצְרִי הָרָע, לְהַכְנִיעוֹ וּלְשַׁבְּרוֹ לְכוֹפוֹ לְהִשְׁתַּעְבֵּד לָךְ, לְהַטּוֹת לְבָבִי אֵלֶיךָ בֶּאֱמֶת,

כִּי תָעִיתִי מְאֹד מְאֹד מִקְּדֻשָּׁתְךָ הָאֲמִתִּיּוּת. "תָּעִיתִי כְּשֶׂה אֹבֵד בַּקֵּשׁ עַבְדֶּךָ כִּי מִצְוֹתֶיךָ לֹא שָׁכָחְתִּי". יְיָ אֱלֹהָי, אַתָּה יָדַעְתָּ כִּי כָל מַה שֶּׁאֲנִי מוֹסִיף וּמַרְבֶּה לְדַבֵּר וּלְהִתְוַדּוֹת לְפָנֶיךָ, עֲדַיִן לֹא הִתְחַלְתִּי כְּלָל לְפָרֵשׁ שִׂיחָתִי לְסַפֵּר הִתְרַחֲקוּתִי מִמְּךָ, כִּי הִתְרַחֲקוּתִי מִמְּךָ וּפְגָמַי הַמְרֻבִּים אִי אֶפְשָׁר לְהַכְנִיס כְּלָל בְּתוֹךְ דִּבּוּרִים וְצֵרוּפֵי אוֹתִיּוֹת וְגַם אֲנִי בְּעַצְמִי אֵינִי יוֹדֵעַ כְּלָל הֵיכָן אֲנִי בָּעוֹלָם, רַק אֲנִי רוֹאֶה הִתְרַחֲקוּתִי מִמְּךָ וּפְגָמַי הַמְרֻבִּים, כְּמוֹ מִי שֶׁמַּבִּיט מֵרָחוֹק מְאֹד, כִּי מִנְּעוּרַי

Look at what I've become! I go around like a "fugitive and a wanderer." I'm like a body without a soul, a mindless robot. I'm like a captainless boat drifting in the heart of the sea, with the storm wind blowing stronger and stronger every moment.

My sins make it seem impossible that I will ever be able to come close to You. The pathways of Teshuvah are hidden from me. I have no idea how to set about gaining wisdom and understanding, or how to develop the strength to fight against my evil inclination and break it and force it into submission to You, so that I will be able to turn to You sincerely with all my heart.

I have strayed far away from Your holiness, Hashem: "I have gone astray like a lost sheep. Search out Your servant, for I have not forgotten Your commandments." HaShem: You know that no matter how many confessions I make to You, I have still not begun to express my thoughts and explain to You how far I feel myself to be from You. It is impossible to find words to express how far away I am, and how many mistakes I have made. I don't know where I am in the world. All I know is how distant I feel from You, and how much damage I have done. From the

עַד הַיּוֹם הַזֶּה לֹא עָבַר עָלַי עֲדַיִן יוֹם אֶחָד שֶׁיִּהְיֶה שָׁלֵם בְּלִי פְּגָמִים:

וְגַם בְּעֵת אֲשֶׁר גּוֹבְרִים רַחֲמֶיךָ וַחֲסָדֶיךָ הָרַבִּים עָלַי, וְאַתָּה עוֹזֵר לִי מְעַט לְהִתְעוֹרֵר אֵלֶיךָ, וּלְהַתְחִיל לְכָנֵס בַּעֲבוֹדָתֶךָ, אֵינִי זוֹכֶה לְהִתְגַּבֵּר וּלְהִתְחַזֵּק בַּעֲבוֹדָתֶךָ, שֶׁיִּמָּשֵׁךְ דֶּרֶךְ הַקֹּדֶשׁ אֶצְלִי זְמַן רַב לְעוֹלָם וָעֶד, כִּי בְּכָל פַּעַם וּפַעַם שֶׁעֲזַרְתָּ לִי בְּרַחֲמֶיךָ לֹא חַסְתִּי עַל נַפְשִׁי וְלֹא הִשְׁתַּדַּלְתִּי לַעֲמֹד בְּטוֹבָתִי אֲפִלּוּ יוֹם אֶחָד בִּשְׁלֵמוּת, עַד שֶׁהַמֶּלֶךְ בִּמְסִבּוֹ נִרְדִּי נָתַן רֵיחוֹ.

וְאַף-עַל-פִּי-כֵן רַחֲמֶיךָ גּוֹבְרִים עָלֵינוּ תָּמִיד וְאַתָּה עוֹזֵר לָנוּ בְּכָל עֵת. אַתָּה גְּמַלְתָּנוּ הַטּוֹבוֹת וַאֲנַחְנוּ גְּמַלְנוּךְ הָרָעוֹת. וּבְעֹצֶם דּוֹחֲקֵנוּ וַעֲמָלֵנוּ וַחֲלִישׁוּתֵנוּ בָּעֵת הַזֹּאת אָנוּ צְרִיכִים שֶׁתִּתֶּן לָנוּ מַנְהִיג אֲמִתִּי, שֶׁיַּשְׁגִּיחַ עָלֵינוּ בְּכָל יוֹם וּבְכָל עֵת וּבְכָל שָׁעָה. "יָחֹס עַל דַּל וְאֶבְיוֹן וְנַפְשׁוֹת אֶבְיוֹנִים יוֹשִׁיעַ". אֲשֶׁר יֹאחֵז בְּיָדֵינוּ וְיַעֲלֶה אוֹתָנוּ וְיוֹצִיאֵנוּ מֵאֲפֵלָה לְאוֹרָה, וְיוֹרֶה לָנוּ אֶת הַדֶּרֶךְ אֲשֶׁר נֵלֵךְ בָּהּ וְאֶת הַמַּעֲשֶׂה אֲשֶׁר נַעֲשֶׂה.

וְעַתָּה עַתָּה רִבּוֹנוֹ שֶׁל עוֹלָם, רִבּוֹנוֹ שֶׁל עוֹלָם, מָרָא דְעָלְמָא כֻּלָּא, מָלֵא רַחֲמִים, אֱלֹהֵי יִשְׂרָאֵל, אוֹהֵב יִשְׂרָאֵל בֶּאֱמֶת. "הַגִּידָה לִי שֶׁאָהֲבָה נַפְשִׁי אֵיכָה תִרְעֶה אֵיכָה תַּרְבִּיץ

time I was young until today, I've not had a single day I could call perfect and flawless.

Even on those occasions when You helped me arouse myself and start trying to serve You, I was never able to persist and keep following the path of holiness for more than a short while. Even when You have helped me, I've not had pity on myself. I've not tried to stand firm for even a single day. "Even while the King was still sitting in His place, my behavior gave off its scent."

Even so, Your love and kindness are with me all the time, and You help me constantly. You have treated me kindly, but I have repaid You with evil. I am so weak and under such pressure that I desperately need You to send us a true leader — one who will constantly watch over us and "have pity on the poor and needy, and save the souls of the needy." I need someone who will take me by the hand and lift me out of my darkness into the light, showing me the path to take and what I should do.

Master of the Universe! Loving God! God of Israel, who truly loves the Jewish People: "Tell me, You whom my soul loves: where do You pasture Your flock? Where do You put them to

בַּצָּהֳרַיִם", כִּי נִתְקַיֵּם עַתָּה בָּנוּ בַּעֲוֹנוֹתֵינוּ הָרַבִּים מִקְרָא שֶׁכָּתוּב: "כִּי מִי יַחְמוֹל עָלַיִךְ יְרוּשָׁלַיִם וּמִי יָנוּד לָךְ וּמִי יָסוּר לִשְׁאֹל לְשָׁלוֹם לָךְ":

רִבּוֹנוֹ שֶׁל עוֹלָם, כְּבָר הִבְטַחְתָּנוּ כִּי אֵין דּוֹר יָתוֹם, וּבְוַדַּאי גַּם עַכְשָׁו בַּדּוֹר הַזֶּה נִמְצָאִים צַדִּיקִים אֲמִתִּיִּים בָּעוֹלָם, אֲשֶׁר יֵשׁ לָהֶם זֶה הַכֹּחַ לְקַבֵּץ אֶת נַפְשׁוֹתֵינוּ לְחַדֵּשׁ אוֹתָנוּ לְטוֹבָה וּלְהוֹרִיד וּלְהַמְשִׁיךְ לָנוּ חִדּוּשֵׁי תּוֹרָה, לְהַחֲזִירֵנוּ בִּתְשׁוּבָה שְׁלֵמָה לְפָנֶיךָ.

וּבְכֵן יְהִי רָצוֹן מִלְּפָנֶיךָ יְיָ אֱלֹהֵינוּ וֵאלֹהֵי אֲבוֹתֵינוּ, שֶׁתִּתְמַלֵּא עָלֵינוּ רַחֲמִים וְעַל תַּסְתֵּר פָּנֶיךָ מִמֶּנּוּ, וּתְזַכֶּה אוֹתָנוּ בַּחֲסָדֶיךָ הַגְּדוֹלִים לְגַלּוֹת לָנוּ וּלְהַרְאוֹת לָנוּ אֶת הַצַּדִּיקֵי אֱמֶת שֶׁבַּדּוֹר הַזֶּה, וּתְזַכֶּה אוֹתָנוּ לְהִתְקָרֵב אֲלֵיהֶם, כִּי אֵין לָנוּ עַל מִי לְהִשָּׁעֵן כִּי אִם עָלֶיךָ אָבִינוּ שֶׁבַּשָּׁמַיִם, וְעַל צַדִּיקֶיךָ הָאֲמִתִּיִּים אֲשֶׁר עַל יָדָם אַתָּה עוֹזֵר וְסוֹמֵךְ לְעַמְּךָ יִשְׂרָאֵל בְּרַחֲמִים:

אָנָּא יְיָ, זַכֵּנוּ בַּחֲסָדֶיךָ הַגְּדוֹלִים שֶׁנִּזְכֶּה לְהִתְגַּבֵּר עַל תַּאֲוֹותֵינוּ וּמַחְשְׁבוֹתֵינוּ הָרָעוֹת, וְתַעַזְרֵנוּ שֶׁנִּזְכֶּה לְבַטֵּל וּלְשַׁבֵּר אֶת

rest under the fierce sun of the harsh exile?" Our many sins have caused us to experience the fulfilment of words of the prophet: "Who will take pity upon You, Jerusalem, and who will nod in sympathy with you, and who will turn aside to ask how you are?"

Even so, Master of the Universe, You have already promised us that there is no orphaned generation. Even in this generation there must certainly be true Tzaddikim who have the power to gather up our souls and revive them, and reveal new, inspiring Torah teachings that will bring us back to You in complete Teshuvah.

HaShem our God and God of our fathers: Have compassion on us and do not turn away from us. Show us the true Tzaddikim of this generation, and grant that we should come close to them. We have no-one to depend on except You, our Father in Heaven, and the true Tzaddikim, through whom You lovingly help and support Your people Israel.

Overcoming the desire for wealth

God of mercy: Help me fight and control my appetites and my negative thoughts and feelings. Help me break my craving for material

תַּאֲוַת מָמוֹן מֵאִתָּנוּ. וְאֶהְיֶה שָׂמֵחַ בְּחֶלְקִי אֲשֶׁר נָתַתָּ לִי יְיָ, וְלֹא אֶהְיֶה אָץ לְהַעֲשִׁיר וְלֹא אֶרְדֹּף אַחַר מוֹתָרוֹת לְהַרְבּוֹת הוֹן מֵהֶבֶל.

וַאֲפִלּוּ הַהֶכְרֵחִיּוּת מַה שֶּׁאֲנִי מֻכְרָח לַעֲסוֹק בְּאֵיזֶה עֵסֶק אוֹ מַשָּׂא וּמַתָּן בִּשְׁבִיל פַּרְנָסָה תְּזַכֵּנִי בְּרַחֲמֶיךָ שֶׁיִּהְיֶה הָעֵסֶק בִּקְדֻשָּׁה וּבְטָהֳרָה לְשִׁמְךָ הַגָּדוֹל. וּתְזַכֵּנִי לַעֲשׂוֹת מַשָּׂא וּמַתָּן בֶּאֱמוּנָה וְתִהְיֶה תּוֹרָתִי קֶבַע וּמְלַאכְתִּי עֲרַאי. וְלֹא אַטְרִיד אֶת דַּעְתִּי וּמַחֲשַׁבְתִּי כְּלָל בְּהַמַּשָּׂא וּמַתָּן וַאֲפִלּוּ בְּעֵת עֲשִׂיַּת הַמַּשָּׂא וּמַתָּן אֶזְכֶּה בְּרַחֲמֶיךָ, שֶׁתִּהְיֶה מַחֲשַׁבְתִּי קְשׁוּרָה וּדְבוּקָה בְּךָ וּבְתוֹרָתְךָ הַקְּדוֹשָׁה הַמְלֻבֶּשֶׁת וְנֶעְלֶמֶת בְּכָל עִסְקֵי מַשָּׂא וּמַתָּן וּמְלָאכוֹת וַעֲסָקִים שֶׁבָּעוֹלָם,

וּזַכֵּנִי שֶׁיִּהְיֶה לִי מִדַּת הַבִּטָּחוֹן בֶּאֱמֶת בִּשְׁלֵמוּת, וְאֶהְיֶה בּוֹטֵחַ בֵּיהֹוָה תָּמִיד, וְאֶזְכֶּה לְהַשְׁלִיךְ אֶת כָּל יְהָבִי עָלֶיךָ וְאַתָּה תְכַלְכְּלֵנִי שֶׁתִּתֶּן לִי עֵצָה טוֹבָה בְּכָל פַּעַם בְּכָל עִנְיְנֵי הַמַּשָּׂא וּמַתָּן, שֶׁאֶזְכֶּה לֵידַע אֵיךְ לְהִתְנַהֵג בְּהַמַּשָּׂא וּמַתָּן, לָדַעַת מָה וּמָתַי לִקְנוֹת וְלִמְכּוֹר, בְּאֹפֶן שֶׁתַּצְלִיחַ אֶת מַעֲשֵׂי יָדַי. וְתַזְמִין

wealth, and let me be content with the portion You have given me, HaShem. Let me overcome the urge to get rich, and help me stop chasing after unnecessary extravagances and dishonest gain.

Whatever I have to do in the way of work or business in order to make a living, let me do it in holiness and purity for the sake of Your great Name. Help me to be honest in business. Let me make fixed times for Torah study, and let me give the Torah pride of place in my life, with work and business secondary. Don't let me be preoccupied with business worries. Even when I am involved in my work, let my thoughts always be bound to You and Your holy Torah — for there is no work or business activity in the world that does not contain Torah, even if it is heavily veiled.

Bring me to perfect trust. Let me trust You at all times, and throw my burden onto You. And You, Hashem, sustain me and guide me in all my business affairs. Let me know how I should conduct myself, when I should buy, when I should sell, and everything else I need to know. Lead me along the right path. Give success to my endeavors. Send me a good living easily and

לִי פַּרְנָסָתִי בְּרֶוַח בְּסִבָּה קַלָּה בְּלִי שׁוּם טִרְדָּא וּבִלְבּוּל כְּלָל, לְמַעַן אוּכַל לַעֲשׂוֹת רְצוֹנֶךָ וְלַעֲסֹק בְּתוֹרָתֶךָ וּבַעֲבוֹדָתֶךָ תָּמִיד:

אָנָּא יְיָ, חוּס וַחֲמֹל עַל נַפְשִׁי הָאֻמְלָלָה וְעַל נַפְשׁוֹת כָּל בֵּית יִשְׂרָאֵל עַמֶּךָ וְתַבְדִּילֵנוּ מִן הַתּוֹעִים הָאוֹבְדִים אֶת עוֹלָמָם עַל יְדֵי תַאֲוַת מָמוֹן, הַטְּרוּדִים כָּל יְמֵיהֶם בְּעִסְקֵי פַּרְנָסָתָם וְאוֹכְלֵי לֶחֶם בְּעִצָּבוֹן. בְּזֵעַת אַפָּם יֹאכְלוּ לֶחֶם עַד שׁוּבָם אֶל הָאֲדָמָה וּמְאוּמָה לֹא יִשְׂאוּ בַּעֲמָלָם. מָלֵא רַחֲמִים רַחֵם עָלֵינוּ וְהַצִּילֵנוּ מֵהֶם.

רַחֵם רַחֵם, הַצֵּל, הַצֵּל אוֹתִי וְאֶת כָּל חֲבֵרוֹתֵנוּ וְאֶת כָּל עַמְּךָ בֵּית יִשְׂרָאֵל מִתַּאֲוַת מָמוֹן, אֲשֶׁר זֹאת הַתַּאֲוָה הָרָעָה נִתְגַּבְּרָה וְנִתְפַּשְּׁטָה מְאֹד מְאֹד עַכְשָׁו בַּדּוֹרוֹת הַלָּלוּ, עַד שֶׁאִי אֶפְשָׁר לָנוּ כְּלָל לְהִסְתַּכֵּל עַל עַצְמֵנוּ לְיַשֵּׁב דַּעְתֵּנוּ, לַחֲשֹׁב הֵיטֵב מַה יְהֵא בְּסוֹפֵנוּ, בְּהָאֵיךְ אַנְפִּין נֵיעוֹל קֳדָם מַלְכָּא. מֵחֲמַת טִרְדַת דַּעְתֵּנוּ וּמַחְשְׁבוֹתֵינוּ בְּכָל עֵת עַל עִסְקֵי פַרְנָסוֹתֵינוּ. וַאֲפִלּוּ הַהֶכְרֵחִיּוֹת מְבַלְבְּלִין אוֹתָנוּ מְאֹד מְאֹד.

without my having to exert myself at all, so that I will be able to do Your will and occupy myself with Your Torah and serve You at all times.

Please, HaShem, have mercy on my soul and the souls of all the Jewish People. Separate us from those who have gone astray and thrown away their eternal reward because of their lust for money. Their days are consumed with worries about making a living. "With the sweat of their brow they will eat bread, until they go back to the earth" — and they will take nothing away with them after all their toil. Loving God, save us from such people.

Have mercy on me and on all Your people, the House of Israel, and save us from the lust for money, which has become so strong and widespread in recent generations. We have reached a point where we find it impossible to take a good, calm look at ourselves and carefully think what will become of us in the end and how we will appear when we come before the King. Instead, we are constantly preoccupied with thoughts about how to make a living. Even earning what is necessary causes us tremendous confusion.

יְיָ אֱלֹקִים, חוּסָה עָלֵינוּ בְּרַחֲמֶיךָ וְהַצֵּל אוֹתָנוּ מִתַּאֲוַת הָרָעָה הַזֹּאת שֶׁל מָמוֹן וְזַכֵּנוּ בְּרַחֲמֶיךָ הָרַבִּים רַב חֶסֶד וּמַרְבֶּה לְהֵיטִיב וְתִהְיֶה בְּעֶזְרֵנוּ, שֶׁנִּזְכֶּה לִתֵּן צְדָקָה הַרְבֵּה לַעֲנִיִּים מְהֻגָּנִים וְכָל עִקַּר כַּוָּנוֹת עִסְקֵנוּ בְּהַמַּשָּׂא וּמַתָּן יִהְיֶה רַק בִּשְׁבִיל הַצְּדָקָה. וְנִזְכֶּה לִתֵּן צְדָקָה יוֹתֵר מִכְּפִי כֹּחֵנוּ וְתַזְמִין לָנוּ בְּרַחֲמֶיךָ עֲנִיִּים מְהֻגָּנִים לִזְכוֹת בָּהֶם: וְתַעַזְרֵנוּ לְקַיֵּם מִצְוַת צְדָקָה כָּרָאוּי בֶּאֱמֶת בְּתַכְלִית הַשְּׁלֵמוּת, בְּשִׂמְחָה וּבְטוּב לֵבָב וּבְסֵבֶר פָּנִים יָפוֹת. וּתְזַכֵּנוּ לִתֵּן צְדָקָה בְּאֹפֶן שֶׁלֹּא יִתְבַּיֵּשׁ הֶעָנִי בְּקַבָּלָתוֹ, וְאֶזְכֶּה לְדַבֵּר עַל לֵב עֲנִיִּים וּמְרוּדִים לְפַיְּסָם וּלְהַרְחִיב דַּעְתָּם וּלְשַׂמֵּחַ אֶת לִבָּם.

הָשִׁיבָה לִּי שְׂשׂוֹן יִשְׁעֶךָ וְרוּחַ נְדִיבָה תִסְמְכֵנִי. שֶׁאֶזְכֶּה שֶׁיִּתְנַדֵּב לִבִּי תָּמִיד לַעֲזֹר לָעֲנִיִּים הַהֲגוּנִים בְּכָל כֹּחִי, הֵן לְפַזֵּר מִשֶּׁלִּי לָעֲנִיִּים הַהֲגוּנִים לְהַעֲנִיק לָהֶם וְלִתֵּן לָהֶם בִּשְׁתֵּי יָדַיִם מִבִּרְכַּת יְיָ אֲשֶׁר אַתָּה נוֹתֵן לִי בְּכָל עֵת, הֵן לְהִשְׁתַּדֵּל עֲבוּרָם בְּכָל כֹּחִי לֵילֵךְ וּלְסַבֵּב עֲבוּרָם וּלְקַבֵּץ עַל יָד נִדְבַת לֵב אַחֵינוּ בְּנֵי יִשְׂרָאֵל לְתָמְכָם וּלְסַעֲדָם. לְמַלֹּאת יְדֵי עֲנִיִּים הַהֲגוּנִים דֵּי

Charity

HaShem, loving God: Have mercy on me and save me from this evil lust for money. Help me give plenty of charity to genuinely deserving people. Let my main intention in all my work and business activities be to give charity. When I give, let me go beyond what I think to be my own limits. Send me deserving recipients. Help me fulfil the mitzvah of charity to perfection, sincerely, joyously, with good feelings and a kind expression. Let me give my charity in such a way that the receiver will not be ashamed. Help me speak to the hearts of those who are poor and unfortunate, to comfort them and help them to feel better.

"Send me the joy of Your salvation, and sustain me with a generous spirit." Let me always be generous and open-hearted, and let me put all my energy into helping those who are genuinely in need. Let me take from my own money and give it to them with both hands, so as to share with them the blessings You constantly shower upon me. And so too, when necessary, let me make every effort on their behalf and go out to my Jewish brothers and call upon their generosity and ask them to give charity. Help me

מַחְסוֹרָם אֲשֶׁר יֶחְסַר לָהֶם, הֵן מְזוֹנוֹת הֵן מַלְבּוּשִׁים וְכָל מַה שֶּׁהֵם צְרִיכִים.

וְתַשְׁפִּיעַ עָלַי בְּחַסְדְּךָ וְתִתְּנֵנִי לְחֵן וּלְחֶסֶד בְּעֵינֵי עַמְּךָ בֵּית יִשְׂרָאֵל, שֶׁאֶזְכֶּה שֶׁיִּהְיוּ נִשְׁמָעִים דְּבָרַי אֶצְלָם, וְיִכָּנְסוּ דְּבָרַי בְּאָזְנֵיהֶם שֶׁיִּתְנַדְּבוּ לְבָבָם לִתֵּן צְדָקָה הַרְבֵּה. וְאֶזְכֶּה לְקַבֵּל מֵהֶם מִכָּל אֶחָד וְאֶחָד מָנָה יָפָה אַפָּיִם. וְתַעַזְרֵנִי שֶׁיִּהְיֶה לִי כֹּחַ לַהֲפֹךְ בִּדְבָרַי לֵב אַכְזָר לְלֵב נְדִיבָה, וְאֶזְכֶּה לְהַרְבּוֹת בִּצְדָקָה בֶּאֱמֶת תָּמִיד כָּל יְמֵי חַיָּי:

וּבִזְכוּת וְכֹחַ הַצְּדָקָה שֶׁל כָּל עַמְּךָ בֵּית יִשְׂרָאֵל תְּזַכֶּה אוֹתָנוּ לְשַׁבֵּר תַּאֲוַת מָמוֹן מֵאִתָּנוּ. וְהָרוּחַ נְדִיבָה שֶׁל הַצְּדָקָה הַקְּדוֹשָׁה יִמְשֹׁךְ עָלֵינוּ וִישַׁכֵּךְ חֲמִימוּת תַּאֲוַת מָמוֹן תַּאֲוַת הַנְּגִידוּת וְהָעֲשִׁירוּת מַה שֶּׁהַלֵּב בּוֹעֵר וּמִתְאַוֶּה לְמָמוֹן הַרְבֵּה, לְהִתְעַשֵּׁר בָּעוֹלָם שֶׁאֵינוֹ שֶׁלּוֹ. וְנִזְכֶּה לְהַשְׁלִיךְ אֱלִילֵי כֶסֶף וְזָהָב, שֶׁלֹּא יִהְיֶה בְּלִבֵּנוּ שׁוּם תַּאֲוָה וַחֲמִימוּת וְהִתְלַהֲבוּת לְמָמוֹן כְּלָל,

רַק נִהְיֶה שְׂמֵחִים בְּחֶלְקֵנוּ תָּמִיד, וְנִהְיֶה מִסְתַּפְּקִים בַּמֶּה שֶׁאַתָּה חוֹנֵן אוֹתָנוּ בְּרַחֲמֶיךָ בְּכָל עֵת, אֶת כָּל אֶחָד וְאֶחָד כְּפִי רְצוֹנְךָ הַטּוֹב, וְלֹא נִתֵּן עֵינֵינוּ כְּלָל בַּמֶּה שֶׁאֵינוֹ שֶׁלָּנוּ. וְלֹא נַחְמֹד וְלֹא נִתְאַוֶּה כְּלָל לְכָל אֲשֶׁר לְרֵעֵנוּ, רַק נִזְכֶּה

fill the hands of the needy with everything they require, whether food, clothing or anything else.

When I appeal to others to donate, help me find favor in their eyes. Let my words enter their ears and hearts and inspire them to give generously of their own accord. Let me receive a handsome contribution from each one. Help me find words that will transform the instinctive cruelty of the heart into a spirit of generosity. And let me myself give abundantly and wholeheartedly all the days of my life.

Through the merit and power of the collective charity of Your People, the House of Israel, let us break our desire for money. Let the generous spirit of holy charity come upon us and cool our passion for money, our desire for riches and grandeur, and our burning ambition to be wealthy in a world which isn't even ours. Help us throw aside our gods of silver and gold, until we totally void our hearts of all lust and passion for money.

Let us always be happy with our portion. Let us be content with everything You have given each one of us so lovingly at all times. Let us not set eyes on what is not ours. Let us not envy what belongs to our friends. Let us always be happy

לִהְיוֹת שְׂמֵחִים בְּחֶלְקֵנוּ תָּמִיד בֶּאֱמֶת: וּתְזַכֵּנוּ בְּרַחֲמֶיךָ הָרַבִּים לְהִכָּלֵל וּלְהִתְדַּבֵּק לְצַדִּיקֵי הַדּוֹר הָאֲמִתִּיִּים אֲשֶׁר זָכוּ לְבַטֵּל וּלְשַׁבֵּר תַּאֲוַת מָמוֹן בְּתַכְלִית,

וְעַל-יְדֵי-זֶה יִהְיֶה נִמְשָׁךְ עָלֵינוּ חֶסֶד. וְעַל-יְדֵי חַסְדְּךָ הַגָּדוֹל תִּפְתַּח לָנוּ אוֹר הַדַּעַת, וּתְזַכֶּה אוֹתָנוּ לְהִתְקָרֵב לְצַדִּיק אֱמֶת כָּזֶה שֶׁיֵּשׁ לוֹ כֹּחַ הַזֶּה וְדַעַת הַזֶּה, שֶׁיּוּכַל לְקַבֵּץ וְלִקַּח אֶת נַפְשׁוֹתֵינוּ, כְּמוֹ שֶׁנֶּאֱמַר: "וְלוֹקֵחַ נְפָשׁוֹת חָכָם", וְיִהְיוּ כָּל נַפְשׁוֹתֵינוּ כְּלוּלוֹת יַחַד. וְהֶחָכָם הָאֱמֶת יִקַּח הַנְּפָשׁוֹת שֶׁלָּנוּ וְיַעֲלֶה עִמָּהֶם וִיחַדֵּשׁ אוֹתָם כֻּלָּם יַחַד לְטוֹבָה, וְיוֹרִיד לָנוּ חִדּוּשֵׁי תּוֹרָה מִפִּי עַתִּיק יוֹמִין, כְּמוֹ שֶׁנֶּאֱמַר: "עִיר גִּבּוֹרִים עָלָה חָכָם וַיּוֹרֶד עֹז מִבְטֶחָה". וּתְגַלֶּה לָנוּ בְּרַחֲמֶיךָ הָרַבִּים סִתְרֵי תּוֹרָה אוֹרַיְתָא דְּעַתִּיקָא סְתִימָאָה:

אָנָּא יְיָ עֲשֵׂה לְמַעַן שְׁמֶךָ, וּמַלֵּא בַקָּשָׁתֵנוּ בְּרַחֲמִים, שֶׁנִּזְכֶּה בְּרַחֲמֶיךָ הָרַבִּים וַחֲסָדֶיךָ הָעֲצוּמִים לְהִתְקָרֵב לְצַדִּיק הָאֱמֶת שֶׁבַּדּוֹר הַזֶּה, שֶׁיֵּשׁ לוֹ כֹּחַ הַזֶּה וְדַעַת הַזֶּה, שֶׁיּוּכַל לְקַבֵּץ

with our own portion. Loving God, help us to attach ourselves completely to the true Tzaddikim of this generation, who have succeeded in totally breaking the lust for money.

Reveal the secrets of the Torah

Let Your kindness then flow to us, and open up to us the light of Knowledge. Let us come close to a true Tzaddik who has the power and wisdom to gather all the souls together and lift them up, as it is said, "And the wise man takes souls." All our souls will be merged together in unity, and the true Sage will take them and ascend with them so as to renew them for good, bringing down new Torah teachings from the mouth of the Ancient of Days, as it is said, "The wise man ascended to the city of the mighty and brought down its secure stronghold" — the Torah. Loving God: Reveal to us the secrets of the Torah — the Torah of the concealed Ancient One.

Please, HaShem: lovingly grant my request for Your Name's sake. Kind and merciful God: Grant that I should come close to the true Tzaddik of this generation, who has the power and wisdom to gather our souls and elevate them,

נַפְשׁוֹתֵינוּ וּלְהַעֲלוֹת אוֹתָם וְלְגְרֹם עַל יָדָם יִחוּד קֻדְשָׁא בְּרִיךְ
הוּא וּשְׁכִינְתֵּיהּ וּלְחַדְּשָׁם לְטוֹבָה בִּבְחִינַת עִבּוּר, וּלְהַמְשִׁיךְ
לָנוּ חִדּוּשֵׁי תוֹרָה אֲמִתִּיִּים,

כִּי אַתָּה יָדַעְתָּ מְרִירוּת נַפְשִׁי וּפִזּוּר נַפְשִׁי כִּי נַפְשִׁי מָרָה לִי
מְאֹד מְאֹד, עַד אֲשֶׁר "כָּשַׁל כֹּחַ הַסַּבָּל", וְאִי אֶפְשָׁר לִסְבֹּל
עוֹד כְּלָל פִּזּוּר נַפְשִׁי וּמְרִירוּת נַפְשִׁי הַמְפֻזָּרֶת בְּפִזּוּר גָּדוֹל
וּבִמְרִירוּת עָצוּם מְאֹד, כַּאֲשֶׁר אַתָּה יָדַעְתָּ עֹצֶם מְרִירוּתִי.
וְאֵין מִי שֶׁיַּעֲמֹד בַּעֲדִי לִהְיוֹת בְּעֶזְרִי לְהוֹשִׁיעֵנִי וּלְהַצִּילֵנִי מִן
הַפִּזּוּר הַגָּדוֹל וְהַמְרִירוּת שֶׁל נַפְשִׁי הָאֻמְלָלָה מְאֹד,

כִּי אִם הַצַּדִּיקֵי אֱמֶת שֶׁיֵּשׁ לָהֶם כֹּחַ וָדַעַת לְקַבֵּץ גַּם פִּזּוּר
נַפְשִׁי וּלְלַקֵּט וּלְהַעֲלוֹת גַּם הַנְּפָשׁוֹת וְהָרְצוֹנוֹת הָרָעִים
וְהַמָּרִים שֶׁיֵּשׁ לִי לְבָרְרָם וּלְהַעֲלוֹתָם עִם כָּל הָרְצוֹנוֹת
וְהַנְּפָשׁוֹת הַטּוֹבוֹת שֶׁיִּמָּצֵא בִּי לְלַקְטָם וּלְקַבְּצָם וּלְהַעֲלוֹתָם
כֻּלָּם יַחַד וּלְחַדְּשָׁם לְטוֹבָה. לְהָאִיר אוֹר חָדָשׁ עַל נַפְשִׁי
הַמֻּנַּחַת בְּחֹשֶׁךְ גָּדוֹל, וְיַשְׁבִּיעַ בְּצַחְצָחוֹת נַפְשִׁי. וְנַפְשִׁי
הָרְעֵבָה יְמַלֵּא טוֹב וִיחַדֵּשׁ כַּנֶּשֶׁר נְעוּרָי, וְתִהְיֶה נַפְשִׁי נִכְלֶלֶת

unifying the Holy One blessed be He and His Indwelling Presence. And let our souls be reborn and renewed for good through the new Torah teachings he will reveal.

You know how bitter and confused I am. I'm so bitter that "...the power to endure has collapsed." I cannot bear my pain and confusion any more. My mind is racing everywhere. I have no-one to stand up for me and help me, and save me from this confusion and bitterness.

I have nothing to rely on except the true Tzaddikim. They are the only ones who have the wisdom and skill to save someone like me from this confusion, and elevate even my worst traits and desires. Only the Tzaddikim have the power to purify my negative characteristics and elevate them together with all my good traits and desires. Only they can gather together the scattered parts of my personality and lift them all up together so as to renew them for good, radiating new light to my darkened soul. I will then be able to experience the "brilliant lights," and my hungry soul will be filled with good, and my youth renewed like the eagle. My soul will be joined with all the souls of Your people, the

עִם נַפְשׁוֹת כָּל חֲבֵרֵנוּ וְנַפְשׁוֹת כָּל עַמְּךָ בֵּית יִשְׂרָאֵל, וְיִכָּלְלוּ כָּל הַנְּפָשׁוֹת יַחַד גְּדוֹלוֹת עִם קְטַנּוֹת.

עַל כֵּן זַכֵּנוּ בְּרַחֲמֶיךָ הָרַבִּים וַחֲנִינוֹתֶיךָ הַגְּדוֹלִים שֶׁנִּזְכֶּה לְהִתְקָרֵב לְצַדִּיק הָאֱמֶת שֶׁיֵּשׁ לוֹ כֹּחַ הַזֶּה וְדַעַת הַזֶּה, וִיקַבֵּץ כָּל נַפְשׁוֹתֵינוּ, וְיַעֲלֶה עִמָּהֶם לִפְנֵי כִּסֵּא כְבוֹדֶךָ, וְתִמָּלֵא רַחֲמִים עָלֵינוּ בִּזְכוּת וְכֹחַ הַצַּדִּיק הָאֱמֶת, וְיַעֲלוּ נַפְשׁוֹתֵינוּ לְנַחַת רוּחַ וּלְרָצוֹן לְפָנֶיךָ, וְתִשְׁתַּעֲשַׁע עִם כָּל נַפְשׁוֹתֵינוּ, וְיִהְיֶה נַעֲשֶׂה יִחוּד גָּדוֹל עַל-יְדֵי נַפְשׁוֹתֵינוּ יְחוּדָא דְקַדְשָׁא בְּרִיךְ הוּא וּשְׁכִינְתֵּיהּ וְיִתְחַדְּשׁוּ נַפְשׁוֹתֵינוּ כֻּלָּם יַחַד לְטוֹבָה בִּבְחִינַת עִבּוּר. וְיוֹרִיד לָנוּ הַצַּדִּיק הָאֱמֶת עַל-יְדֵי-זֶה חִדּוּשֵׁי תּוֹרָה אֲמִתִּיִּים, וְיִתְגַּלּוּ לָנוּ סִתְרֵי אוֹרַיְתָא דְּעַתִּיקָא סְתִימָאָה וְנִזְכֶּה שֶׁיְּתַקֵּן הַצַּדִּיק הָאֱמֶת עַל-יְדֵי נַפְשׁוֹתֵינוּ תִּקּוּנָא דְּמֶרְכַּבְתָּא עִלָּאָה וּמֶרְכַּבְתָּא תַּתָּאָה:

וּתְזַכֵּנוּ בְּרַחֲמֶיךָ הָרַבִּים שֶׁיִּהְיֶה אַהֲבָה וְשָׁלוֹם גָּדוֹל בֵּינֵינוּ תָּמִיד, עַד שֶׁנִּהְיֶה כֻּלָּנוּ נִכְלָלִים זֶה בָּזֶה, וּנְעוֹרֵר זֶה אֶת זֶה, וְנַזְכִּיר זֶה אֶת זֶה לָשׁוּב אֵלֶיךָ בֶּאֱמֶת, לְשַׁבֵּר וּלְבַטֵּל אֶת כָּל הַתַּאֲווֹת רָעוֹת וּמִדּוֹת רָעוֹת מֵאִתָּנוּ, וְלִזְכּוֹת לְכָל הַמִּדּוֹת טוֹבוֹת, לַעֲשׂוֹת הַטּוֹב וְהַיָּשָׁר בְּעֵינֶיךָ כָּל יְמֵי חַיֵּינוּ.

House of Israel, and we will all be united, great and small.

Loving, gracious God: Let me come close to the true Tzaddik who has this power and wisdom. Let him gather all our souls together and rise with them before the throne of Your glory, so as to arouse Your love for us. Let our souls rise up and give You pleasure and find favor before You. And You rejoice in our souls, and let Your unity be revealed through us — the unity of the Holy One blessed be He and the Indwelling Presence. Let all our souls be renewed and reborn. The Tzaddik will bring down new Torah teachings, and the secrets of the Torah — the Torah of the Ancient Concealed One — will be revealed to us. With this the Tzaddik will mend our souls, perfecting the Supreme Chariot and the Lower Chariot.

Let us help and support one another

Let love and harmony reign among us constantly, until we all become unified and inspire one another. Let us remind each other to turn to You sincerely, break all our bad traits and desires, and acquire good qualities by doing what is right in Your eyes all the days of our lives.

וְכָל מַה שֶּׁחָסֵר לְאֶחָד מֵאִתָּנוּ מִכָּל עַמְּךָ בֵּית יִשְׂרָאֵל אֵיזֶה
מִדָּה טוֹבָה אוֹ תִּקּוּן וּבִטּוּל אֵיזֶה מִדָּה רָעָה נִזְכֶּה תָּמִיד
לְהַזְכִּיר אֶחָד אֶת חֲבֵרוֹ לְעוֹרְרוֹ וּלְחַזְּקוֹ וּלְאַמְּצוֹ לְתַקֵּן הַכֹּל
בַּחַיִּים חַיּוֹתֵינוּ, וְנִזְכֶּה כֻּלָּנוּ לָשׁוּב אֵלֶיךָ בִּתְשׁוּבָה שְׁלֵמָה
בֶּאֱמֶת לְתַקֵּן אֶת כָּל אֲשֶׁר פָּגַמְנוּ מִנְּעוּרֵינוּ עַד הַיּוֹם הַזֶּה
וּמֵעַתָּה תִּהְיֶה בְּעֶזְרֵנוּ, שֶׁנִּהְיֶה כֻּלָּנוּ כִּרְצוֹנְךָ הַטּוֹב בֶּאֱמֶת,
וְלֹא נָסוּר מִן רְצוֹנְךָ לְיָמִין וְלִשְׂמֹאל מֵעַתָּה וְעַד עוֹלָם,
וְתַמְשִׁיךְ עָלֵינוּ הַשְׁגָּחָתְךָ בִּשְׁלֵמוּת.

רִבּוֹנוֹ שֶׁל עוֹלָם, הַטֵּה אֱלֹהַי אָזְנֶךָ וּשֲׁמָע פְּקַח עֵינֶיךָ וּרְאֵה
שׁוֹמְמוֹתֵינוּ וְאַל תַּעֲלִים עֵינֶיךָ מֵאִתָּנוּ, וַחֲמֹל עָלֵינוּ בְּרַחֲמֶיךָ
הָרַבִּים, וְתַשְׁגִּיחַ עָלֵינוּ בְּעַיִן הַחֶמְלָה וְהַחֲנִינָה, בְּעַיְנָא חַד
דְּרַחֲמֵי, עַיְנָא פְּקִיחָא דְּלָא נָאִים תָּדִיר. וְתַמְשִׁיךְ עָלֵינוּ
הַשְׁגָּחָה שְׁלֵמָה בְּרַחֲמֶיךָ הָרַבִּים, שֶׁנִּזְכֶּה שֶׁיְּמַשֵּׁךְ כֹּחַ הָרְאוּת
מֵעֵינֶיךָ עָלֵינוּ עַל-יְדֵי תּוֹרָתְךָ הַקְּדוֹשָׁה, אֲשֶׁר אַתָּה מַשְׁפִּיעַ
עָלֵינוּ עַל-יְדֵי צַדִּיקֵי אֱמֶת, וְנִהְיֶה סְמוּכִים וּקְרוֹבִים מְאֹד
אֶל כֹּחַ הָרְאוּת וְהַשְׁגָּחָתְךָ הַקְּדוֹשָׁה, עַד שֶׁנִּזְכֶּה לָשׁוּב
וּלְהִצְטַיֵּר בְּעֵינֶיךָ וְנִהְיֶה נִכְלָלִים בָּךְ.

וְתַמְשִׁיךְ עָלֵינוּ בְּרַחֲמֶיךָ הַשְׁגָּחָה שְׁלֵמָה תָּמִיד. וְעַל-יְדֵי-זֶה
תַּשְׁפִּיעַ עָלֵינוּ כָּל טוֹב, שֶׁפַע טוֹבָה וּבְרָכָה וּקְדֻשָּׁה וְטָהֳרָה
אֲמִתִּיּוֹת. וְתַשְׁגִּיחַ וְתֵרָאֶה בְּעִנְיָנֵנוּ וַעֲמָלֵינוּ וְדוֹחֲקֵנוּ בְּגוּף

If any Jew has a deficiency of any kind, whether through neglecting some good trait or failing to work on a bad one, let a friend point it out to him and give him encouragement so as to enable him to fix everything in this life. Let us all come back to You in perfect Teshuvah and fix all the wrong we have done from our youngest days until today. From now on, help us to attain the good You want for us. Don't let us ever turn aside right or left from what You want. Watch over us with perfect care.

HaShem, Master of the Universe: Incline Your ear and hear, open Your eyes and see our devastation. Don't hide Your eyes from us. Loving God: Take pity on us and watch over us with an eye of tender mercy and graciousness, a single eye of love, an open eye that never slumbers. Put us under Your perfect providence and let Your vision rest upon us through Your holy Torah, which You have radiated to us through the true Tzaddikim. Let us be close to Your holy, watchful eye, until we will be the focus of Your vision, and we will become merged with You.

Watch over us and take perfect care of us at all times, and send us a flow of goodness, blessing, holiness and purity. See our pitiful condition

וָנֶפֶשׁ וּמָמוֹן בְּגַשְׁמִיּוּת וְרוּחָנִיּוּת, וּתְרַחֵם עַל עַמְּךָ יִשְׂרָאֵל
הַנְּפוּצִים כַּצֹּאן אֲשֶׁר אֵין לָהֶם רוֹעֶה. וְתָשׁוּב וּתְקַבֵּץ
נְפוּצוֹתֵינוּ וְנִדָּחֵינוּ מֵאַרְבַּע כַּנְפוֹת הָאָרֶץ, וּתְמַהֵר וְתָחִישׁ
לְגָאֳלֵנוּ, וְתָבִיא לָנוּ אֶת מְשִׁיחַ צִדְקֵנוּ, כִּי אָרַךְ עָלֵינוּ הַגָּלוּת
מְאֹד בְּגוּף וָנֶפֶשׁ, עַד אֲשֶׁר "כָּשַׁל כֹּחַ הַסַּבָּל" כַּאֲשֶׁר אַתָּה
יָדַעְתָּ יְיָ אֱלֹהֵינוּ.

חוּס וַחֲמֹל עָלֵינוּ, וְתַשְׁפִּיעַ חֲסָדֶיךָ עָלֵינוּ וְתָבִיא לָנוּ מְהֵרָה
אֶת מְשִׁיחַ צִדְקֵנוּ, וְתִבְנֶה אֶת בֵּית הַמִּקְדָּשׁ בִּמְהֵרָה בְּיָמֵינוּ.
וִיקֻיַּם מִקְרָא שֶׁכָּתוּב: "וַאֲנִי בְּרֹב חַסְדְּךָ אָבוֹא בֵיתֶךָ
אֶשְׁתַּחֲוֶה אֶל הֵיכַל קָדְשְׁךָ בְּיִרְאָתֶךָ", יִהְיוּ לְרָצוֹן אִמְרֵי פִי
וְהֶגְיוֹן לִבִּי לְפָנֶיךָ יְיָ צוּרִי וְגוֹאֲלִי:

and how we are struggling. See the pressures we are under, physically and spiritually. Have pity on the Jewish People. We are scattered like a flock without a shepherd. Bring back our distant ones from the four corners of the earth. Redeem us quickly and send us our righteous Mashiach. For this exile of body and soul has gone on for so long that "the power to bear it has collapsed," as You know, Hashem.

Show us love and pity. Shine Your mercy upon us. Bring us our righteous Mashiach quickly, and build the Holy Temple very soon in our days. "And as for me, in Your abundant mercy I will come to Your House. I will prostrate towards the palace of Your holiness in awe of You." Let the words of my mouth and the meditation of my heart find favor before You, HaShem my Rock and my Redeemer.

14

Humility / Breaking pride and arrogance / Torah Study / Fighting the Yetzer HaRa / Teshuvah: Cleansing oneself of sin / Bringing others to Teshuvah / Marital harmony / Tzitzit / God's glory / Awe / Inner Peace / Healing / Peace among Jews / World Peace / Chanukah

For universal peace to reign, God's glory must be revealed to the world, and all must stand in awe of God.

The way to influence people to come closer to God is through *Torat Chessed* — the "Torah of Love". This means studying Torah with the intention of teaching others and forging a connection with them in the actual situation they are in. The Torah, which is called God's "Primordial Thought", is the blueprint of the Creation as a whole, and the source of the souls of the Jewish People. When studying Torah, we should aim to bring illumination to the very roots of the souls, which derive from the letters of the Torah. An important consequence of studying Torah with this aim is that it brings blessing to the souls of one's children.

True understanding of the Torah comes only through humility. One must therefore empty oneself of all pride. There are three areas in which people are particularly prone to pride: intelligence, power and wealth.

It is through the understanding of the Torah that one attains by cultivating humility that one is able to influence others to repent and come close to God. Repentance can be a painful process, because a person's sins cause his soul to be clothed in "filthy garments" (Zechariah 3:4), and these have to be removed. Nevertheless, there is nothing that enhances God's glory so much as when those who were very far from Him repent and come closer to Him. The enhancement of God's glory brings people to awe. This is the first step to universal peace, since peace can only come into the world through prayer, and perfect prayer depends upon awe of God. It is through awe of God that we are able to conquer our bodily passions, thereby attaining inner peace. Only with inner peace and harmony is one able to offer perfect prayer, since prayer is like a sacrificial offering, which must be without blemish.

We should pray for everything we need in life. Rather than devoting all our efforts to this-worldly means of trying to achieve what we need, we should have faith that "God is good to all" (Psalms 145:9). The Hebrew words could also be translated as "God is

good for everything" — meaning that God has the power to provide us with everything we need with a minimum of trouble on our part. The holy words of the prayers have the power to overcome conflict and thus bring about universal peace.

The Chanukah lamp is symbolic of the light of the Torah of Love, which radiates even to those who are farthest away. This is why the preferred position for the Chanukah lamp is next to the street door of one's house, where it shines out for all to see.

יְהִי רָצוֹן מִלְּפָנֶיךָ יְיָ אֱלֹהֵינוּ וֵאלֹהֵי אֲבוֹתֵינוּ, שֶׁתְּרַחֵם עָלַי
בְּרַחֲמֶיךָ הָרַבִּים וּתְבַטֵּל מֵעָלַי מִדַּת הַגַּאֲוָה בְּבִטּוּל גָּמוּר,
שֶׁלֹּא יְהֵא בְּלִבִּי שׁוּם צַד גֵּאוּת וְגַבְהוּת בָּעוֹלָם כְּלָל, וְאֶזְכֶּה
לֵידַע שִׁפְלוּתִי בֶּאֱמֶת לַאֲמִתּוֹ, וְאֶזְכֶּה לְבַטֵּל עַצְמִי לְגַמְרֵי
עַד שֶׁאֶהְיֶה קָטָן בְּעֵינַי יוֹתֵר מִמַּדְרֵגָתִי הַשְּׁפֵלָה מְאֹד:

אָנָּא יְיָ, עָזְרֵנִי בְּרַחֲמֶיךָ לְבַל יוּכְלוּ לְבַלְבֵּל אֶת דַּעְתִּי, לְבַל
יוּכְלוּ לְהַטְעוֹת אוֹתִי, חַס וְשָׁלוֹם, בְּמַחֲשָׁבוֹת שְׁטוּת שֶׁל שׁוּם
צַד גֵּאוּת וְגַבְהוּת בָּעוֹלָם כְּלָל. כִּי אֲנִי בְּעָנְיִי בְּעֶצֶם דּוֹחֲקִי
וְלַחֲצִי וְגֹדֶל הִתְרַחֲקוּתִי מִמְּךָ, וְצָרוֹת נַפְשִׁי גָּדְלוּ וְשָׂגְבוּ מְאֹד
מְאֹד זֶה זְמַן רַב מְאֹד. וְאַבִּיט וְאֵין עוֹזֵר וְאֶשְׁתּוֹמֵם כִּי אֵין
סוֹמֵךְ. וְאֵין לִי שׁוּם מָנוֹס כִּי אִם לִצְעֹק אֵלֶיךָ תָּמִיד, וּלְצַפּוֹת
לְרַחֲמֶיךָ, וּלְקַוּוֹת לִישׁוּעָתֶךָ, וּלְיַחֵל לַחֲסָדֶיךָ. וְאִם, חַס
וְשָׁלוֹם, בְּעֶצֶם הִתְרַחֲקוּתִי הַזֹּאת. עוֹלֶה, חַס וְשָׁלוֹם, עַל
דַּעְתִּי הַמְבֻלְבֶּלֶת גַּם הַשְּׁטוּת הַזֹּאת וְהַבִּלְבּוּל הַזֶּה שֶׁל צַד
גֵּאוּת וְגַבְהוּת, חַס וְשָׁלוֹם, אָבְדָה תִּקְוָתִי חָלִילָה. כִּי בַּמֶּה
יִזְכֶּה נַעַר הַמְנֹעָר מִכָּל טוֹב כָּמוֹנִי הַמָּלֵא חֲטָאִים וַעֲוֹנוֹת
וּפְשָׁעִים שֶׁחָטָאתִי וְעָוִיתִי וּפָשַׁעְתִּי לְפָנֶיךָ בְּמַחֲשָׁבָה דִּבּוּר
וּמַעֲשֶׂה, בְּשׁוֹגֵג וּבְמֵזִיד בְּאֹנֶס וּבְרָצוֹן, מִנְּעוּרַי עַד הַיּוֹם
הַזֶּה:

HaShem our God and God of our fathers:

May it be Your will to completely remove all pride from me. Don't let even the slightest hint of pride or arrogance enter my heart. Bring me to genuinely understand my own lowliness, and let me nullify myself to the point where I will look on myself as being even less significant than I really am.

Please, HaShem, loving God: Help me not to be pushed off course by foolish and deceptive thoughts of pride and arrogance. My situation is bad enough as it is. I'm under so much pressure. I feel so remote from You. My inner pain has grown unbearable. I've been suffering for so long. I look around, but I have no-one to help or support me. I feel desolate. My only hope is to call out to You constantly and wait for You to have pity on me and help me. If I allow myself to be swayed by foolish thoughts of pride or arrogance, there won't be any hope for me at all, God forbid. What personal merit do I have to rely on? I've been so foolish in my life. I'm so devoid of good. I have sinned and transgressed in my thoughts, words and deeds, intentionally and unintentionally, ever since my earliest days.

אָנָּא יְיָ, חֲמֹל עַל נַפְשִׁי הָאֻמְלָלָה מְאֹד. חוּס וַחֲמֹל נָא עָלַי,
עָזְרֵנִי, עָזְרֵנִי, הַצִּילֵנִי, הַצִּילֵנִי, כִּי בֶּאֱמֶת לֹא יָדַעְתִּי מַה
לְבַקֵּשׁ קֹדֶם, כִּי צְרָכַי הֵמָּה מְרֻבִּים מְאֹד מְאֹד וְדַעְתִּי קְצָרָה
לְבָאֵר וּלְפָרֵשׁ. וְגַם אִי אֶפְשָׁר לְבָאֵר וּלְפָרֵשׁ כְּלָל אֶת עֹצֶם
רִבּוּי צְרָכַי בַּקָּשׁוֹתַי כִּי נַעֲנֵיתִי עַד מְאֹד, וְחָבַלְתִּי אֶת נַפְשִׁי,
וְקִלְקַלְתִּי אֶת קְדֻשָּׁתִי הַרְבֵּה מְאֹד בְּלִי שִׁעוּר וָעֵרֶךְ, וְאֵין לִי
שׁוּם מְנוּחָה מֵרוֹדְפַי, כִּי אוֹרְבִים וְרוֹדְפִים עָלַי בְּכָל עֵת וּבְכָל
שָׁעָה וּבְכָל רֶגַע מַמָּשׁ, וּבַעֲוֹנוֹתַי הָרַבִּים מְאֹד, כֹּחִי חָלַשׁ
וְדַל מְאֹד, וְאֵינִי יוֹדֵעַ שׁוּם עֵצָה וְתַחְבּוּלָה לַעֲמֹד כְּנֶגְדָּם:

אָנָּא יְיָ, הוֹרֵנִי מַה שֶּׁאֶצְעַק אֵלֶיךָ הוֹדִיעֵנִי אֵיךְ לְהִתְחַנֵּן
לְפָנֶיךָ בֶּאֱמֶת וּבְלֵב שָׁלֵם, בְּאֹפֶן שֶׁאוּכַל לִפְעֹל בַּקָּשָׁתִי
בְּרַחֲמִים אֶצְלְךָ. שֶׁתְּחָנְּנִי וּתְזַכֵּנִי לָשׁוּב בִּתְשׁוּבָה שְׁלֵמָה
אֵלֶיךָ וְלִהְיוֹת כִּרְצוֹנְךָ הַטּוֹב מֵעַתָּה וְעַד עוֹלָם, שֶׁאֶזְכֶּה לִבְלִי
לָסוּר מֵרְצוֹנְךָ וּמִמִּצְוֹתֶיךָ יָמִין וּשְׂמֹאל מֵעַתָּה וְעַד עוֹלָם.
וְאֶזְכֶּה בְּרַחֲמֶיךָ הָרַבִּים לְשַׁבֵּר וּלְבַטֵּל מִדַּת הַגַּאֲוָה בְּתַכְלִית
מֵעָלַי וּמֵעַל גְּבוּלִי, וְלֹא יַעֲלֶה בְּלִבִּי שׁוּם צַד גֵּאוּת וְגַבְהוּת
בָּעוֹלָם כְּלָל. מִכָּל הַדְּבָרִים שֶׁדֶּרֶךְ בְּנֵי אָדָם לְהִתְגַּדֵּל בָּהֶם
הֵן בְּחָכְמָה וּמַעֲשִׂים טוֹבִים, וְהֵן בִּגְבוּרָה וְהֵן בַּעֲשִׁירוּת –

Please, HaShem, have pity on my poor soul. Help me! Help me! Save me! Save me! I don't know what to ask for first. I have so many needs, but I don't have the patience to set them all out in detail. I find it impossible to specify all the countless things I need to ask of You. I've fallen very low. I cannot begin to estimate how much damage I have done to my soul, and how I have degraded my own holiness. I have no rest from the forces hounding me. Evil thoughts and feelings are waiting to trap me all the time. They chase me every moment of every day. My sins have sapped my strength, and I have no idea what to do to resist them.

Please, HaShem: Show me how to cry out to You. Teach me how to plead to You with all my heart, so as to succeed in my request and persuade You to bring me back to You in perfect Teshuvah and achieve everything You want for me. Let me never turn aside from Your will and Your mitzvot. Help me break all pride and arrogance completely and totally remove them from my life. Let me never succumb to the least hint of arrogance about any of the things people tend to be proud about — wisdom and good deeds, wealth or power. Let me be genuinely

בְּכֻלָּם אֶזְכֶּה לִהְיוֹת עָנָו וְשָׁפָל בֶּאֱמֶת לְבַל אֶתְגָּאֶה וְאֶתְגַּדֵּל בָּהֶם כְּלָל.

אִם אָמְנָם יָדַעְתִּי יְיָ כִּי בַּעַר אָנֹכִי וַאֲנִי רֵיק וְחָסֵר מִכָּל אֵלּוּ הַדְּבָרִים, "כִּי בַעַר אָנֹכִי מֵאִישׁ וְלֹא בִינַת אָדָם לִי", וְאֵין לִי שׁוּם כֹּחַ וּגְבוּרָה בְּגוּף וָנֶפֶשׁ, וּבֵיתִי רֵיקָן מֵעֲשִׁירוּת, וְאֵין בְּיָדִי לֹא חָכְמָה וְלֹא גְבוּרָה וְלֹא עֲשִׁירוּת גַּשְׁמִי וְלֹא עֲשִׁירוּת רוּחָנִי שֶׁל מַעֲשִׂים טוֹבִים.

וּלְפִי גֹדֶל שִׁפְלוּתִי וְקַטְנוּתִי כָּעֵת וְשִׁפְלוּת מַדְרֵגָתִי הַקְּטַנָּה וְהַשְּׁפֵלָה מְאֹד וְעֹצֶם הִתְרַחֲקוּתִי מִמְּךָ, בְּוַדַּאי לֹא הָיִיתִי צָרִיךְ כְּלָל לְהִתְפַּלֵּל עַל בִּטּוּל הַגַּאֲוָה. אַךְ הֲלֹא אַתָּה יָדַעְתָּ אֶת רֹעַ לְבָבֵנוּ וַעֲכִירַת דַּעְתֵּנוּ וּבִלְבּוּל מַחֲשַׁבְתֵּנוּ, עַד שֶׁגַּם אֲפִלּוּ בְּעֹצֶם הִתְרַחֲקוּתֵנוּ הֵם מְבַלְבְּלִים וּמְעַרְבְּבִים אֶת דַּעְתֵּנוּ מְאֹד גַּם בִּשְׁטוּת וּבִלְבּוּל הַזֶּה שֶׁל פְּנִיּוֹת וְגֵאוּת, עַד אֲשֶׁר הָיְתָה הַמִּלְחָמָה עָלֵינוּ פָּנִים וְאָחוֹר, וּמִכָּל צַד אוֹרְבִים עָלֵינוּ וּמִצִּדֵּי צְדָדִים. וְאֵין מַנִּיחִים לָנוּ שׁוּם מָנוֹס אֵלֶיךָ, כַּאֲשֶׁר אַתָּה יָדַעְתָּ יְיָ אֱלֹהֵינוּ וֵאלֹהֵי אֲבוֹתֵינוּ.

אַךְ אַף עַל פִּי כֵן עֲדַיִן אֲנִי עוֹמֵד וּמְצַפֶּה וּמְקַוֶּה וּמְיַחֵל בְּכָל עֵת לִישׁוּעָתְךָ בֶּאֱמֶת וּלְרַחֲמֶיךָ הָרַבִּים, כִּי יָדַעְנוּ כִּי אַתָּה מָלֵא רַחֲמִים בְּכָל עֵת וְאַתָּה בּוֹחֵן לִבּוֹת וּכְלָיוֹת וְיוֹדֵעַ כָּל הַתַּעֲלוּמוֹת. וְאַתָּה יוֹדֵעַ שֶׁבִּפְנִימִיּוּת עֹמֶק לִבֵּנוּ אָנוּ חֲפֵצִים

humble and modest about whatever I may possess, and void myself of all arrogance.

In any case, don't I know that I am empty and lacking in all these areas, "for I am a brute, not a man and I do not have human understanding in me." I have no strength or power, physical, mental or spiritual. My house is bare of riches. I possess neither wisdom nor strength, nor physical wealth, nor the spiritual wealth of good deeds.

Considering my pitifully low level and my extreme distance from You, I really shouldn't need to pray about ridding myself of arrogance at all. But You know the evil of our hearts and the strange ideas we let into our minds. Despite my distance from You, I still indulge in ridiculous ideas about my own importance. So much so that it has become a war on every front. Pride and arrogance attack me on every side, preventing me turning to You, as You know, HaShem, my God and God of my fathers.

Even so, I live in constant hope that You will help me. I know that Your love is unending. You examine the innermost depths of the heart, and You know our most hidden secrets. You know that deep within my heart I yearn to come truly

וּמִשְׁתּוֹקְקִים מְאֹד לְהִתְקָרֵב אֵלֶיךָ בֶּאֱמֶת, וְלַעֲשׂוֹת רְצוֹנְךָ בֶּאֱמֶת תָּמִיד בְּלִי שׁוּם פְּנִיּוֹת וּבִלְבּוּלִים. עַל כֵּן חֲמֹל עָלֵינוּ לְמַעַנְךָ אָבִינוּ שֶׁבַּשָּׁמַיִם אֲדוֹן כֹּל וְזַכֵּנוּ בְּרַחֲמֶיךָ הָרַבִּים שֶׁנְּבַטֵּל וּנְסַלֵּק מֵעָלֵינוּ מִדַּת הַגַּאֲוָה בְּתַכְלִית הַבִּטּוּל עַד שֶׁנִּזְכֶּה לְכָל בְּחִינוֹת שְׁפֵלוּת בֶּאֱמֶת לַאֲמִתּוֹ,

לִהְיוֹת עָנָו וְשָׁפָל בֶּאֱמֶת לִפְנֵי כָל אָדָם שֶׁבָּעוֹלָם, לִפְנֵי גְדוֹלִים וּבֵינוֹנִים וּקְטַנִּים וְלִפְנֵי קָטָן שֶׁבַּקְּטַנִּים, כִּי בַּעֲווֹנוֹתַי הָרַבִּים קָטֹנְתִּי מְאֹד מִקָּטֹן שֶׁבַּקְּטַנִּים וּתְזַכֵּנִי לֵידַע וּלְהַרְגִּישׁ שִׁפְלוּתִי בֶּאֱמֶת בְּכָל הָאֵבָרִים, עַד שֶׁנִּזְכֶּה לִהְיוֹת עָנָו וְשָׁפָל וְקָטָן בְּעֵינַי בֶּאֱמֶת יוֹתֵר מִמַּדְרֵגָתִי הַקְּטַנָּה וְהַשְּׁפֵלָה, וְאֶזְכֶּה לָבוֹא לְתַכְלִית הַבִּטּוּל בֶּאֱמֶת כִּרְצוֹנְךָ הַטּוֹב:

אָנָּא יְיָ, יָדַעְתִּי כִּי דְבָרַי מְגֻמְגָּם מְאֹד וּלְשׁוֹנִי מָלֵא פְגָם, וְאֵינִי יוֹדֵעַ כְּלָל אֵיךְ לְסַדֵּר תְּפִלָּתִי וּתְחִנָּתִי לְפָנֶיךָ, אַךְ תָּמַכְתִּי יְתֵדוֹתַי כִּי אַתָּה שׁוֹמֵעַ תְּפִלַּת כָּל פֶּה, מָלֵא רַחֲמִים, חֲמֹל עָלַי וְעָזְרֵנִי וְזַכֵּנִי לִהְיוֹת כִּרְצוֹנְךָ הַטּוֹב מֵעַתָּה וְעַד עוֹלָם, וְעָזְרֵנִי שֶׁאֶזְכֶּה לַעֲנָוָה אֲמִתִּית:

וּבְכֵן יְהִי רָצוֹן מִלְּפָנֶיךָ יְיָ אֱלֹהֵינוּ וֵאלֹהֵי אֲבוֹתֵינוּ, שֶׁתְּזַכֵּנִי אוֹתִי וְאֶת כָּל עַמְּךָ בֵּית יִשְׂרָאֵל לַעֲסֹק בְּתוֹרָתְךָ הַקְּדוֹשָׁה

close to You and genuinely carry out Your will
without any false motives. For Your sake, take
pity on me, heavenly Father, Master of All. Grant
that I should be able to remove all my pride and
come to true humility.

Let me act humbly in all my dealings with
people — with the great, with ordinary people,
and even with the small and the smallest of the
small. The fact is that my many sins have made
me smaller than even the smallest of the small.
Let me know and feel my lowliness in every
single limb of my body, until I come to see myself
as being even smaller and humbler than I really
am, and I will attain the ultimate level of true
meekness.

Please, HaShem, I know that my words are
halting and confused. I have no idea how to
order my prayer before You. Still, I base myself
on the fact that You listen to all prayers. Kind and
loving God, take pity on me and help me to live
the way You want me to live from now on and
for ever, and bring me to attain true humility.

Torah Study

And so too, HaShem our God and God of our
fathers, help me labor in Your holy Torah con-

תָּמִיד יוֹמָם וָלַיְלָה בִּקְדֻשָּׁה וּבְטָהֳרָה, עַד שֶׁנִּזְכֶּה עַל יְדֵי
לִמּוּד הַתּוֹרָה הַקְּדוֹשָׁה לְעוֹרֵר שָׁרְשֵׁי נִשְׁמוֹת יִשְׂרָאֵל שֶׁעָלוּ
בְּמַחֲשָׁבָה תְּחִלָּה, וְכֻלָּם מְשֻׁרָשִׁים בְּאוֹתִיּוֹת הַתּוֹרָה הַקְּדוֹשָׁה.
עָזְרֵנִי יְיָ שֶׁיָּאִיר עֵסֶק הַתּוֹרָה שֶׁלָּנוּ עַד שֶׁנִּזְכֶּה לְעוֹרֵר עַל
יְדֵי לִמּוּד תּוֹרָתֵנוּ שָׁרְשֵׁי נִשְׁמוֹת יִשְׂרָאֵל, וְיָאִירוּ וְיִתְנוֹצְצוּ
הַנְּשָׁמוֹת זֶה לָזֶה, עַד שֶׁיִּתְעוֹרְרוּ וְיִתְנוֹצְצוּ בְּתוֹכָם נַפְשׁוֹת
כָּל הָרְשָׁעִים וְכָל הַפּוֹשְׁעֵי יִשְׂרָאֵל, עַד שֶׁיַּגִּיעַ אֲלֵיהֶם הָאָרָה
מִשֹּׁרֶשׁ נִשְׁמוֹתֵיהֶם, וְיִתְעוֹרְרוּ כֻלָּם בִּתְשׁוּבָה שְׁלֵמָה וְיָשׁוּבוּ
אֵלֶיךָ בֶּאֱמֶת. וְעַל יְדֵי הִתְנוֹצְצוּת הַנְּשָׁמוֹת נִזְכֶּה שֶׁיִּהְיוּ
נוֹלָדִים וְנִבְרָאִים נִשְׁמוֹת הַגֵּרִים, עַד שֶׁיָּבוֹאוּ רְחוֹקִים וְיִתְגַּיְּרוּ
וְיַכִּירוּ כֹּחַ מַלְכוּתְךָ וְיַעַבְדוּךָ כֻּלָּם בֶּאֱמֶת.

וְאִם אָמְנָם אָנֹכִי בְּעָנְיִי, רָחוֹק מְאֹד מֵעֵסֶק הַתּוֹרָה בִּקְדֻשָּׁה
כָּזוֹ לְעוֹרֵר נַפְשׁוֹת אֲחֵרִים בִּתְשׁוּבָה, עַל כָּל פָּנִים תְּרַחֵם
עָלַי בְּרַחֲמֶיךָ הָעֲצוּמִים וּתְזַכֵּנִי בַּחֲסָדֶיךָ הַגְּדוֹלִים, שֶׁאֶזְכֶּה
עַל יְדֵי לִמּוּד הַתּוֹרָה הַקְּדוֹשָׁה לְהִכָּלֵל בְּתוֹךְ נִשְׁמַת הַצַּדִּיק
הַדּוֹר הָאֲמִתִּי, אֲשֶׁר הוּא עוֹסֵק בַּתּוֹרָה בִּקְדֻשָּׁה כָּזוֹ, עַד
שֶׁאֶזְכֶּה לְהִתְעוֹרֵר עַל יְדֵי הַתּוֹרָה שֶׁל הַצַּדִּיק הָאֱמֶת שֶׁתָּאִיר
וְתִתְנוֹצֵץ נִשְׁמָתִי בְּשָׁרְשָׁהּ בְּמַחֲשָׁבָה עֶלְיוֹנָה דְּקֻדְשָׁא בְּרִיךְ
הוּא בְּתוֹךְ שְׁאָר נִשְׁמוֹת הַקְּדוֹשִׁים שֶׁל בְּנֵי יִשְׂרָאֵל עַמְּךָ, עַד

stantly, day and night, in holiness and purity. Let my Torah study arouse the very roots of the souls of Israel, which stem from the Primordial Thought of God. All the Jewish souls are rooted in the letters of the Holy Torah. HaShem, let my labor in the Torah so radiate that my Torah study will arouse the roots of the souls of Israel until they shine to one another, and even the souls of the wicked and the sinners will shine, inspiring them to repent and come back to You. Through the shining of the souls, create and give birth to the souls of converts, and let those who are distant come and convert. Let them acknowledge the power of Your Kingship, until the whole world will genuinely serve You.

I may be very lowly and far from studying Torah with such holiness that I can arouse the souls of others to repent. Even so, loving God, take pity on me and help me study Torah in such a way that I unite myself with the soul of the true Tzaddik of this generation, who does learn Torah with this degree of holiness. Let the Tzaddik's Torah teachings so inspire me that my soul will radiate at its very root in the Primordial Thought of the Holy One blessed be He together with the other holy souls of the Children of Israel, Your

שֶׁיַּגִּיעַ אֵלַי הֶאָרָה מִשֹּׁרֶשׁ נִשְׁמָתִי בְּאֹפֶן שֶׁאֶזְכֶּה לָשׁוּב בִּתְשׁוּבָה שְׁלֵמָה אֵלֶיךָ בֶּאֱמֶת:

אָנָּא יְיָ צַר לִי מְאֹד, פְּדֵנִי וְחָנֵּנִי, חוּס וַחֲמֹל עַל נַפְשִׁי הָאֻמְלָלָה וְהַפְּגוּמָה, הַמְטֹרֶפֶת וְנִדְכָּאת, כְּמוֹ בֵּין שְׁנֵי אֲרָיוֹת, הַמְלֵאָה חֲטָאִים וַעֲווֹנוֹת וּפְשָׁעִים הָרְחוֹקָה מִמְּךָ בְּכַמָּה וְכַמָּה הַרְחָקוֹת. וּמָתַי אֶעֱשֶׂה גַם אָנֹכִי לְבֵיתִי לְהָכִין לִי צֵידָה לְדַרְכִּי, כַּאֲשֶׁר הֵכִינוּ לָהֶם כָּל הַצַּדִּיקִים הַיְרֵאִים וְהַכְּשֵׁרִים שֶׁהָיוּ מִלְּפָנַי בְּכָל דּוֹר וָדוֹר. וּמָה אֶעֱשֶׂה לְיוֹם פְּקֻדָּה, אָנָה אוֹלִיךְ אֶת חֶרְפָּתִי הַגְּדוֹלָה וְאֵיךְ אוּכַל לְהִטָּמֵן. וּמָה אֶעֱשֶׂה כִּי יָקוּם אֵל וְכִי יִפְקֹד מָה אֲשִׁיבֶנּוּ.

וּכְבָר הוֹדַעְתָּנוּ עַל יְדֵי חֲכָמֶיךָ הַקְּדוֹשִׁים, שֶׁאֵין אַתָּה וַתְרָן כְּלָל בָּעוֹלָם הַבָּא, וְאַתָּה פוֹקֵד עַל כָּל אָדָם כִּדְרָכָיו וְכִפְרִי מַעֲלָלָיו, וְעִקַּר רַחֲמָנוּתֶיךָ וַחֲנִינוּתֶיךָ הוּא עַל הַשָּׁבִים אֵלֶיךָ בֶּאֱמֶת בָּעוֹלָם הַזֶּה אֲשֶׁר עֲלֵיהֶם אַתָּה מָלֵא רַחֲמִים וּמוֹחֵל לַעֲווֹנוֹתֵיהֶם וְסוֹלֵחַ לְכָל פִּשְׁעֵיהֶם, אֲפִלּוּ אִם הִרְבּוּ מְאֹד לִפְשֹׁעַ נֶגְדֶּךָ, כְּמוֹ שֶׁהוֹדַעְתָּ לְמֹשֶׁה עַבְדֶּךָ, כְּמוֹ שֶׁכָּתוּב:

People. Shine light to me from the root of my soul until I come back to You in genuine Teshuvah.

Teshuvah

Please, HaShem: I am in such pain! Redeem me! Have pity on my poor, wounded soul, which has been snatched and ground down as if between the teeth of a lion. I am full of sin. I am far from You in every way. When will I think about my destiny and prepare provisions for my journey, like all the pious, God-fearing Jews who have gone before me in all the generations? What will I do on the Day of Judgement? Where will I take my great shame? How will I hide myself away? What will I do when God will arise? When He recalls my deeds, what will I answer Him?

You have already informed us through Your holy sages that You overlook nothing in the World to Come. You pay each person according to his ways and the fruits of his deeds. Your love and forgiveness are mainly for the people who genuinely repent in This World. You pardon them for all their sins, even if they rebelled against You greatly. You made this known to Your servant Moses, as it is written: "and He will cleanse — will not cleanse." Our Rabbis ex-

"וְנַקֵּה לֹא יְנַקֶּה", וְדָרְשׁוּ חֲכָמֵינוּ, זִכְרוֹנָם לִבְרָכָה, וְנַקֵּה –
לַשָּׁבִים, לֹא יְנַקֶּה – לְשֶׁאֵינָן שָׁבִים.

עַל כֵּן בָּאתִי לְהִתְנַפֵּל וּלְהִתְחַנֵּן וּלְהִתְחַנֵּן לְפָנֶיךָ, וּלְהִשְׁתַּטֵּחַ מוּל הֲדָרַת
קָדְשֶׁךָ. מָלֵא רַחֲמִים, טוֹב וּמֵטִיב לָרָעִים וְלַטּוֹבִים, הַצּוֹפֶה
לָרָשָׁע וְחָפֵץ בְּהִצַּדְקוֹ, חוּס וְחָנֵּנִי, וְרַחֵם עָלַי בְּרַחֲמֶיךָ
הַגְּדוֹלִים, וְעָזְרֵנִי בָּעוֹלָם הַזֶּה, שֶׁאֶזְכֶּה לָשׁוּב בִּתְשׁוּבָה
שְׁלֵמָה אֵלֶיךָ, וְאֶזְכֶּה לְתַקֵּן כָּל מַה שֶׁפָּגַמְתִּי קֹדֶם שֶׁאֶסְתַּלֵּק
מִן הָעוֹלָם, וְעָזְרֵנִי מֵעַתָּה לַעֲזֹב דַּרְכֵּי הָרַע וּמַחְשְׁבוֹתַי הָרָעוֹת
וְהַמְּבַלְבְּלוֹת הַמְבַלְבְּלִים אוֹתִי וּמוֹנְעִים אוֹתִי מִדֶּרֶךְ הַטּוֹב
וְהַיָּשָׁר. עָזְרֵנִי לָשׁוּב מֵאֵלּוּ הַמַּחֲשָׁבוֹת הָרָעוֹת וְתֶן לִי כֹּחַ
לְגָרֵשׁ וּלְסַלֵּק וּלְבַטֵּל מֵעָלַי כָּל אֵלּוּ הַמַּחֲשָׁבוֹת הַמַּטְרִידִים
אֶת דַּעְתִּי אֲשֶׁר הֵם הָיוּ בְּעוֹכְרַי, וְגָרְמוּ לְהַרְחִיק אוֹתִי מִמָּךְ.
קוּמָה בְּעֶזְרָתִי וּתְטַהֵר וּתְקַדֵּשׁ אֶת מַחֲשַׁבְתִּי וּתְזַכֵּנִי מֵעַתָּה
לְדַבֵּק אֶת מַחֲשַׁבְתִּי אֵלֶיךָ בֶּאֱמֶת וּבִתְמִימוּת מֵעַתָּה וְעַד
עוֹלָם:

אָנָּא יְיָ, חֲמֹל עַל נַפְשִׁי וְצַוֵּה בְּרַחֲמֶיךָ הָרַבִּים לְהָסִיר
וּלְהַפְשִׁיט מֵעָלַי אֶת הַבְּגָדִים הַצּוֹאִים, שֶׁהִלְבַּשְׁתִּי אֶת נַפְשִׁי
עַל יְדֵי מַעֲשֵׂי הָרָעִים עַל יְדֵי חֲטָאֵינוּ וַעֲווֹנוֹתֵינוּ וּפְשָׁעֵינוּ,
שֶׁחָטָאנוּ וְשֶׁעָוִינוּ וְשֶׁפָּשַׁעְנוּ לְפָנֶיךָ. אֲשֶׁר אֵלּוּ הַבְּגָדִים
הַצּוֹאִים שֶׁנַּעֲשׂוּ מֵחֲטָאֵינוּ הֵם מוֹנְעִים וּמְעַכְּבִים אוֹתָנוּ מְאֹד
מִלָּשׁוּב אֵלֶיךָ בֶּאֱמֶת, וְלֵילֵךְ בִּדְרָכֶיךָ הַקְּדוֹשִׁים וְהַטּוֹבִים.
וְאַתָּה יָדַעְתָּ יְיָ אֱלֹהֵינוּ אֶת גֹּדֶל עֹצֶם הַיְגִיעוֹת הָרַבּוֹת מְאֹד,

plained this to mean that " 'He will cleanse' — those who repent, and 'will not cleanse' — those who do not repent."

I therefore throw myself down and prostrate myself before the radiance of Your holiness. Kind, loving God, who is good to the wicked and the righteous, who waits for the sinner, longing for him to be acquitted: take pity on me, and help me come to complete Teshuvah in This World. Let me repair all the damage I have done before I leave This World. From now on, help me abandon my bad ways, and release me from the evil and confused thoughts that are holding me back from the path of justice and goodness. Let me banish the thoughts that caused me to go wrong and become distanced from You. Rise and help me purify and sanctify my mind. Let me bind my thoughts to You truthfully and sincerely from now on and for ever.

Please, HaShem, take pity on my soul. Order all the dirty garments I have clothed my soul in through my sins to be removed. These filthy garments created by my sins are the biggest obstacles to my repentance, preventing me from following Your pathways of goodness and holiness. HaShem, You know what a tremendous

שֶׁאָנוּ צְרִיכִים לְהִתְיַגֵּעַ וְלִטְרֹחַ מְאֹד בְּכַמָּה וְכַמָּה יְגִיעוֹת רַבּוֹת וַעֲצוּמוֹת כְּדֵי לְהַפְשִׁיטָם מֵעָלֵינוּ, עַד אֲשֶׁר "כָּשַׁל כֹּחַ הַסַּבָּל" לִסְבֹּל עֹצֶם הַמְּרִירוּת וְהַיְגִיעוֹת הַקָּשׁוֹת וְהַכְּבֵדוֹת, שֶׁצְּרִיכִים לִסְבֹּל קֹדֶם שֶׁמְּשַׁבְּרִין מְנִיעוֹת וּמָסַכִים וּמְחִצּוֹת בַּרְזֶל כָּאֵלּוּ, הַמַּפְסִיקִים בֵּינֵינוּ וּבֵין הַקְּדֻשָּׁה, כִּי בַּעֲווֹנוֹתֵינוּ הָרַבִּים נִתְרַבּוּ מְאֹד הַבְּגָדִים הַצּוֹאִים, וְאַתָּה לְבַד יָדַעְתָּ גֹּדֶל רִחוּקֵנוּ מִמְּךָ עַל יְדֵי זֶה.

עַל כֵּן יֶהֱמוּ נָא מֵעֶיךָ וְרַחֲמֶיךָ עָלֵינוּ, וְחוּס וַחֲמֹל עַל נַפְשֵׁנוּ וְרוּחֵנוּ וְנִשְׁמָתֵנוּ, וְצַוֵּה לְמַלְאָכֶיךָ הַקְּדוֹשִׁים לְהָסִיר מֵעָלַי אֶת הַבְּגָדִים הַצּוֹאִים, וּלְהַלְבִּישׁ אוֹתִי מַחֲלָצוֹת, בְּאֹפֶן שֶׁאֶזְכֶּה שֶׁיִּתְבַּטְּלוּ מֵעָלַי וּמֵעַל גְּבוּלִי כָּל הַמּוֹנְעִים וְהַמַּבְדִּילִים וְהַמָּסַכִים וְהַמַּפְסִיקִים וּמְחִצּוֹת הַבַּרְזֶל שֶׁיֵּשׁ בֵּינֵינוּ לְבֵין הַקְּדֻשָּׁה, עַד שֶׁאִי אֶפְשָׁר לָנוּ עַתָּה לַעֲשׂוֹת שׁוּם דָּבָר שֶׁבִּקְדֻשָּׁה בִּשְׁלֵמוּת כָּרָאוּי כַּאֲשֶׁר אַתָּה יָדַעְתָּ. וְכָל אֵלּוּ הַמָּסַכִים וְהַמְּנִיעוֹת כֻּלָּם יִתְבַּטְּלוּ לְגַמְרֵי, לְמַעַן אֶזְכֶּה לָשׁוּב אֵלֶיךָ בֶּאֱמֶת, וְאֶזְכֶּה לִהְיוֹת מֵעַתָּה "סוּר מֵרָע" בֶּאֱמֶת וְלַעֲשׂוֹת הַטּוֹב בְּעֵינֶיךָ תָּמִיד:

וּבְכֵן תַּעַזְרֵנוּ בְּרַחֲמֶיךָ שֶׁנִּזְכֶּה, שֶׁיִּהְיֶה זִוּוּגֵנוּ בִּקְדֻשָּׁה גְדוֹלָה לְשִׁמְךָ הַגָּדוֹל בֶּאֱמֶת, וְנִזְכֶּה לְהַמְשִׁיךְ נְשָׁמוֹת קְדוֹשׁוֹת וּטְהוֹרוֹת לְבָנֵינוּ, נְשָׁמוֹת בְּהִירוֹת וְזַכּוֹת, הַנִּמְשָׁכִין מִשָּׁרְשֵׁי

struggle it is for me to try to strip myself of these clothes. My "power of endurance has tottered." I cannot endure the bitter struggle I have to suffer before I can break through the walls of iron separating me from holiness. I have sinned so much that these dirty clothes are very many. You alone know how far I am from You as a result.

Stir Your love and compassion for me and have mercy on my *nefesh*, my *ru'ach* and my *neshamah*. Command Your holy angels to take off these sullied garments and clothe me in garments of splendor, so as to remove all the obstacles and barriers of iron that prevent me from sanctifying myself, making it impossible for me to carry out any holy task in the proper way. Take away all these barriers and obstacles. Let me repent sincerely and from now on be a person who genuinely "turns from evil" and does only what is good in Your eyes.

Sanctity of the marriage relationship and God-fearing children

Loving God, help me genuinely sanctify myself in my marriage relationship for the sake of Your great Name. Let us draw pure, holy souls for our children — clear, radiant souls drawn

נִשְׁמוֹת יִשְׂרָאֵל הַקְּדוֹשִׁים הַמְשָׁרָשִׁים בְּאוֹתִיּוֹת הַתּוֹרָה הַקְּדוֹשָׁה. בְּמַחֲשָׁבָה עֶלְיוֹנָה דְּקוּדְשָׁא בְּרִיךְ הוּא, בְּאֹפֶן שֶׁנִּזְכֶּה שֶׁיִּהְיוּ בָּנֵינוּ תַּלְמִידֵי חֲכָמִים אֲמִתִּיִּים, וְיִהְיוּ כֻלָּם יְרֵאִים וּשְׁלֵמִים, עוֹסְקֵי תוֹרָתְךָ לִשְׁמָהּ וּמְקַיְּמֵי מִצְוֹתֶיךָ בֶּאֱמֶת וּבְלֵב שָׁלֵם. וְיִתְגַּדֵּל וְיִשְׁתַּבַּח וְיִתְקַדֵּשׁ שִׁמְךָ הַגָּדוֹל עַל יְדֵי בָּנֵינוּ וְיוֹצְאֵי חֲלָצֵינוּ, וְיִהְיֶה נֶאֱמַר עֲלֵיהֶם: "בֵּן חָכָם יְשַׂמַּח אָב". וִיקֻיַּם בָּהֶם: "יִשְׂמַח אָבִיךָ וְאִמֶּךָ וְתָגֵל יוֹלַדְתֶּךָ". וְתַאֲרִיךְ יְמֵיהֶם וּשְׁנוֹתֵיהֶם בַּטּוֹב וּבַנְּעִימִים, וְיַעֲשׂוּ רְצוֹנְךָ כָּל יְמֵיהֶם לְעוֹלָם:

אָנָּא יְיָ חֲמֹל עָלַי, רַחֵם עָלַי, וּמַלֵּא מִשְׁאֲלוֹתַי בְּרַחֲמִים, וּמְחֹל לִי עַל כָּל עֲוֹנוֹתַי, וְצַוֵּה לְהַפְשִׁיט מֵעָלַי כָּל הַבְּגָדִים הַצּוֹאִים וְהַלְבִּישֵׁנִי בִּבְגָדִים נְקִיִּים, בִּבְגָדִים טְהוֹרִים וּקְדוֹשִׁים, וֶהְיֵה בְּעֶזְרִי, וְזַכֵּנִי בְּרַחֲמֶיךָ הָרַבִּים לְקַיֵּם מִצְוַת צִיצִית כָּרָאוּי בְּתַכְלִית הַשְּׁלֵמוּת. וּכְשֵׁם שֶׁאֲנִי מִתְכַּסֶּה בְּטַלִּית

from the roots of the souls of the holy Jewish People, which lie in the letters of the Holy Torah, which is drawn from the Supernal Thought of the Holy One blessed be He. Grant that our children should be true Torah scholars, and that they should all be God-fearing and fully developed in all good traits. Let them labor in Your Torah for its own sake, and fulfil Your commandments sincerely and whole-heartedly. Let Your great Name be praised and sanctified through our children and descendants, and let it be said of them that "A wise son brings his father joy," so that "Your father and your mother will be happy, and the one who gave you birth will rejoice." Give them long days and years of goodness and pleasantness, and let them do Your will all their days for ever.

The Mitzvah of Tzitzit

Please, HaShem, have mercy and take pity on me. Fulfil my requests in love, and forgive me for all my sins. Order all my filthy garments to be removed, and clothe me in clean, pure, holy garments. Help me fulfil the mitzvah of Tzitzit properly, in the best possible manner. Just as I cover myself with the Tallit in This World, so

בָּעוֹלָם הַזֶּה כֵּן תַּלְבִּישׁ לְמַעְלָה אֶת נַפְשִׁי וְרוּחִי וְנִשְׁמָתִי
בְּטַלִּית נָאָה וּבַחֲלוּקָא דְּרַבָּנָן בִּבְגָדִים נְקִיִּים וּלְבָנִים. וִיקֻיַּם
בִּי מִקְרָא שֶׁכָּתוּב: "בְּכָל עֵת יִהְיוּ בְגָדֶיךָ לְבָנִים וְשֶׁמֶן עַל
רֹאשְׁךָ אַל יֶחְסָר".

קוּמָה בְּעֶזְרָתִי וְתֵן בְּלִבִּי וְזַכֵּנִי שֶׁאָחֹס עַל כְּבוֹדְךָ הַגָּדוֹל
וְהַקָּדוֹשׁ וְעַל כְּבוֹד נַפְשִׁי וְרוּחִי וְנִשְׁמָתִי, כִּי בַּעֲווֹנוֹתֵינוּ
הָרַבִּים דַּל כְּבוֹדֵנוּ, כִּי לֹא חַסְנוּ עַל כְּבוֹדְךָ וְעַל כְּבוֹדֵנוּ
וּבָזִינוּ אֶת נַפְשֵׁינוּ מְאֹד, עַד אֲשֶׁר נָפְלוּ חֶלְקֵי כְּבוֹדֵנוּ בְּעֹמֶק
זִלְזוּל הַגָּלוּת מְאֹד. "דַּל כְּבוֹדֵנוּ בַּגּוֹיִם, וְשִׁקְצוּנוּ כְּטֻמְאַת
הַנִּדָּה", וּרְאֵה אֶת עַמְּךָ יִשְׂרָאֵל מְרוּדִים מְאֹד בִּכְלָל וּבִפְרָט.

חוּסָה עַל כְּבוֹדְךָ הַגָּדוֹל וְהַקָּדוֹשׁ, אֲשֶׁר בִּשְׁבִיל זֶה בָּרָאתָ
כָּל הָעוֹלָמוֹת כֻּלָּם, כְּדֵי שֶׁיִּתְגַּדֵּל וְיִתְעַלֶּה כְּבוֹדְךָ עַל יְדֵי
עַמְּךָ יִשְׂרָאֵל. כְּמוֹ שֶׁכָּתוּב: "כֹּל הַנִּקְרָא בִשְׁמִי וְלִכְבוֹדִי
בְּרָאתִיו יְצַרְתִּיו אַף עֲשִׂיתִיו". וְלָמָּה נֶהְפַּךְ כָּל הַכָּבוֹד לְזָרִים,

clothe my *nefesh*, my *ru'ach* and my *neshamah* above with a beautiful Tallit and the robe of the Rabbis. Clothe them in clean, white garments, and fulfil in me the verse that says: "at all times your garments will be white and oil for your head will not be lacking."

God's Glory

Arise and help me. Put it into my heart to take up the cause of Your great and holy honor, and that of my own *nefesh*, *ru'ach* and *neshamah*. Owing to our many sins, our status has fallen very low, because we have neglected Your honor and despised our own souls. We have been stripped of so much of our honor during our humiliating exile. "Our honor has dropped low among the nations, and they abhor us like menstrual impurity." See how very lowly the Jewish People has become, both collectively and as individuals.

Take up the cause of Your great and holy glory. It was for Your glory that You created all the worlds, so that Your glory should be magnified and exalted through Your people, as it is written, "All that is called in My Name, for My glory I have created it, formed it and made it."

וְנָטַל כָּל הַכָּבוֹד מִיִּשְׂרָאֵל, וְנָפַל הַכָּבוֹד בַּגָּלוּת בֵּין הָעַכּוּ"ם
וְהָרְשָׁעִים, אֲשֶׁר יֵשׁ לָהֶם כָּל הַכָּבוֹד, וְעַמְּךָ יִשְׂרָאֵל לְחֶרְפָּה
וּלְבִזָּיוֹן, אֲשֶׁר מְחָרְפִים וּמְבַזִּים אוֹתָנוּ בְּכָל עֵת:

וּבְכֵן רַחֵם עָלֵינוּ לְמַעֲנָךְ וּלְמַעַן כְּבוֹדֶךָ וּשְׁלַח עֶזְרָךְ מִקֹּדֶשׁ,
וְסָעֳדֵנִי וְהוֹשִׁיעֵנִי שֶׁאֶזְכֶּה לְהִתְעוֹרֵר מֵעַתָּה בֶּאֱמֶת וּבְלֵב
שָׁלֵם לַעֲבוֹדָתְךָ וּלְיִרְאָתֶךָ, וְאֶזְכֶּה מֵעַתָּה לָשׁוּב בִּתְשׁוּבָה
שְׁלֵמָה לְפָנֶיךָ. וְאֶזְכֶּה לְקַשֵּׁט עַצְמִי וְגַם לְקַשֵּׁט אֲחֵרִים לְדַבֵּר
עַל לִבָּם וּלְגַלּוֹת לָהֶם הָאֱמֶת וְלַהֲשִׁיבָם בִּתְשׁוּבָה שְׁלֵמָה
לְפָנֶיךָ, כְּדֵי שֶׁיִּשְׁתַּבַּח וְיִתְעַלֶּה כְּבוֹדְךָ הַגָּדוֹל וְהַקָּדוֹשׁ עַל
יָדִי,

כִּי זֶה עִקַּר כְּבוֹדְךָ כְּשֶׁהַמְרֻחָקִים בְּיוֹתֵר מִתְקָרְבִים אֵלֶיךָ
בֶּאֱמֶת, כִּי אָז אִסְתַּלַּק וְאִתְיַקַּר שְׁמָא דְקֻדְשָׁא בְּרִיךְ הוּא עֵלָּא
וְתַתָּא. עַל כֵּן רַחֵם עָלַי וְקָרֵב אֵלֶיךָ מֵרָחָק כָּמוֹנִי וְגַלְגֵּל
זְכוּת עַל יְדֵי שֶׁתְּקָרֵב עוֹד שְׁאָר מְרֻחָקִים מִמְּךָ עַל יָדִי.

Why has all the honor gone to strangers instead? Why has all the honor been taken from Israel and fallen into exile among evil, idolatrous people? They have all the glory, while Your people Israel are despised. We are subject to constant abuse and contempt.

Take pity on us for Your sake and the sake of Your glory. Send us help from Your holy heights. From now on, inspire me to serve and revere You sincerely, with all my heart. Let me repent and follow the path of perfect Teshuvah. Let me adorn myself and others with good deeds and good character traits. Help me speak to people's hearts and show them the truth, and bring them back to perfect Teshuvah before You, in order that Your great and holy glory will be enhanced and elevated through me.

Your glory is most fully revealed when the people who were furthest away from You come genuinely close to You: then "the Name of the Holy One blessed be He is exalted and glorified above and below." Therefore have pity on me and draw me close to You, despite my present distance from You. Multiply merit by letting me be an instrument to help other people who are also distant to come closer. Magnify and sanctify

וְתִגַּדֵּל וְתִתְקַדֵּשׁ כְּבוֹדְךָ הַגָּדוֹל עַל יְדֵי דַּיְקָא עַל-יְדֵי מֵרָחָק כָּמוֹנִי, וְעָזְרֵנִי וְסַיְּעֵנִי וְחַזְּקֵנִי וְאַמְּצֵנִי, שֶׁאֶזְכֶּה לְהַעֲלוֹת הַכָּבוֹד דִּקְדֻשָּׁה מִזּוּלוּתָא דְּגָלוּתָא,

וְאֶזְכֶּה תָּמִיד לְהַעֲלוֹת וּלְגַדֵּל כְּבוֹדְךָ הַגָּדוֹל וְהַקָּדוֹשׁ. וְעָזְרֵנִי שֶׁאֶזְכֶּה לְהַעֲלוֹת הַכָּבוֹד לְשָׁרְשׁוֹ שֶׁהוּא הַיִּרְאָה, וְתַשְׁפִּיעַ עָלַי יִרְאָתְךָ הַקְּדוֹשָׁה שֶׁאֶזְכֶּה לִירְאָה מִפָּנֶיךָ תָּמִיד, לִירְאָה אֶת הַשֵּׁם הַנִּכְבָּד וְהַנּוֹרָא הַזֶּה, וְתַעַזְרֵנִי לְהַגִּיעַ לִירְאָה בִּשְׁלֵמוּת לִירְאַת הָרוֹמְמוּת בֶּאֱמֶת. וּתְזַכֵּנוּ בְּרַחֲמֶיךָ הָרַבִּים לְכַבֵּד יְרֵאֵי יְיָ בֶּאֱמֶת וּבְלֵב שָׁלֵם, שֶׁנִּזְכֶּה לְבַטֵּל עַצְמֵנוּ בֶּאֱמֶת נֶגְדָּם, וְלִתֵּן לָהֶם כָּל הַכָּבוֹד בֶּאֱמֶת וּבְלֵב שָׁלֵם, בְּאֹפֶן שֶׁיִּתָּקַן עַל יָדֵינוּ פְּגָמֵי הַיִּרְאָה. וְנִזְכֶּה לִירְאָה בִּשְׁלֵמוּת בְּלִי פְּגָם כְּלָל. וִיקֻיַּם בָּנוּ מִקְרָא שֶׁכָּתוּב: "יְראוּ אֶת יְיָ קְדוֹשָׁיו כִּי אֵין מַחְסוֹר לִירֵאָיו". וְנִזְכֶּה עַל-יְדֵי-זֶה לִשְׁלֵמוּת אֲמִתִּי. וְאֶזְכֶּה שֶׁיִּהְיֶה שָׁלוֹם בְּעַצְמִי וְתִרְפָּאֵנִי רְפוּאַת הַנֶּפֶשׁ וּרְפוּאַת הַגּוּף, בְּאֹפֶן שֶׁאֶזְכֶּה לִהְיוֹת שָׁלֵם בִּשְׁלֵמוּת אֲמִתִּי בְּלִי שׁוּם מוּם וּפְגָם.

רִבּוֹנוֹ שֶׁל עוֹלָם, יָדַעְתִּי כִּי עַכְשָׁו אֲנִי רָחוֹק מְאֹד מִשְּׁלֵמוּת, כִּי אֲנִי מָלֵא מוּמִים וּפְגָמִים הַרְבֵּה מְאֹד, מִכַּף רֶגֶל וְעַד רֹאשׁ אֵין בִּי מְתֹם. "אֵין מְתֹם בִּבְשָׂרִי מִפְּנֵי זַעְמֶךָ אֵין שָׁלוֹם בַּעֲצָמַי

Your great glory by carrying this out through me, distant as I am. Support me and give me strength, and help me restore Your glory after the humiliation of exile.

Help me do everything I can to enhance Your glory at all times, and let me raise Your glory to its source in Awe. Inspire me with holy awe of God. Let me always be in awe of You and revere Your glorious and awesome Name. Help me come to perfect awe of Heaven — awe at Your exaltedness. Let me accord honor to genuinely God-fearing people. Let me defer to them and treat them with sincere, heartfelt respect. If I have been lacking in genuine awe so far, let me now make amends and attain complete awe of Heaven, so as to fulfil the verse: "Fear HaShem, His holy ones, for those who fear Him will lack nothing." Let me thereby attain perfect inner peace and harmony. Heal me spiritually and physically. Let me be whole, with no flaws or blemishes.

Prayer

Master of the World, I know I'm still far away from perfection. I'm riddled with all kinds of flaws and deficiencies from the soles of my feet

מִפְּנֵי חַטָּאתִי". וְכָל אֵיבָרַי מְלֵאִים מוּמִים שֶׁהֻטַּלְתִּי בְּנַפְשִׁי עַל יְדֵי עֲווֹנוֹתַי וּפִשְׁעֵי הַמְרֻבִּים, מֵחֲמַת זֶה אֲנִי רָחוֹק מֵעֲבוֹדָתְךָ בֶּאֱמֶת וְאֵינִי יָכוֹל לַעֲבֹד עֲבוֹדָה תַמָּה וְאֵינִי זוֹכֶה לְהִתְפַּלֵּל שׁוּם תְּפִלָּה בִּשְׁלֵמוּת כָּרָאוּי. כִּי "כָּל אֲשֶׁר בּוֹ מוּם לֹא יִקְרָב". וּמֵאַחַר שֶׁאֲנִי רָחוֹק מִתְּפִלָּה, בַּמֶּה אֶזְכֶּה לְהִתְקָרֵב אֵלֶיךָ,

אָבִי שֶׁבַּשָּׁמַיִם, רִבּוֹנוֹ דְעָלְמָא כֹּלָּא, מְלֵא רַחֲמִים, אָמְנָם יָדַעְתִּי כִּי אַף עַל פִּי כֵן אַתָּה שׁוֹמֵעַ קוֹל שַׁוְעָתִי מִמֶּרְחַקִּים עַל כֵּן הֲרִימוֹתִי קוֹלִי וָאֶקְרָא אֵלֶיךָ: אָבִי, אָבִי, אֲדוֹנִי, אֲדוֹנִי, מַלְכִּי וֵאלֹהַי, אֵלֶיךָ אֶתְפַּלֵּל אֵלֶיךָ אֶזְעַק אֵלֶיךָ אֲשַׁוֵּעַ, אֵלֶיךָ אֶתְחַנָּן, לְפָנֶיךָ אֶשְׁתַּטֵּחַ, לְפָנֶיךָ אֶשְׁתַּחֲוֶה וְאֶכְרָעָה, אֵלֶיךָ שָׁטַחְתִּי כַפָּי, חוּס וְחָנֵּנִי וַחֲמֹל עָלַי בְּחֶמְלָתְךָ וּבְרַחֲמֶיךָ הַגְּדוֹלִים, יֶהֱמוּ נָא מֵעֶיךָ עָלַי וְתַשְׁגִּיחַ עָלַי מִמְּעוֹן קָדְשֶׁךָ בְּאַהֲבָה וּבְחֶמְלָה גְדוֹלָה וִיתֵרָה, וּתְרַפֵּא אֶת מַכְאוֹבֵי נַפְשִׁי הָאֻמְלָלָה מְאֹד, וְתָסִיר מֵעָלַי כָּל הַמּוּמִים שֶׁהֻטַּלְתִּי בְּנַפְשִׁי מִכָּל אֵבֶר וָאֵבֶר.

to the top of my head. There's not a healthy spot anywhere. "There is no healthy place in my flesh because of Your anger, there is no peace in my bones because of my sin." My limbs are suffering from the wounds I've inflicted on my soul through all my sins and transgressions. As a result, I am far away from Your service. Nothing I do is without flaws. I never manage to pray properly and without mistakes, for "whatever has a blemish in it shall not come as an offering." But if I am far from true prayer, what means of coming close to You do I have?

Loving Father in Heaven, Master of the Whole World: I know that in spite of all this, You *do* hear the sound of my cry even from such a distance, and I will raise my voice and call out to You. Father! Father! Master! Master! My King and my God: I beg You! I cry out to You! I scream to You! I plead with You! I reach out and prostrate myself before You! I bend my knee to You and stretch out my hands! Take pity on me! Have mercy on me! Stir Your compassion for me. Watch over me from Your holy dwelling place. Protect me. Heal the pain of my soul. Remove all the wounds I have caused to every limb of my soul.

כִּי דַרְכְּךָ לְהִשְׁתַּמֵּשׁ בְּכֵלִים נִשְׁבָּרִים וְאַתָּה עוֹשֶׂה גְדוֹלוֹת
וְנִפְלָאוֹת עַד אֵין חֵקֶר וְאֵין מִסְפָּר. וְאַתָּה מְחַיֶּה מֵתִים בְּרַחֲמִים
רַבִּים, וּבְכֹחֲךָ הַגָּדוֹל אַתָּה מַעֲלֶה וּמְקַבֵּץ שִׁבְרֵי כֵלִים
נִשְׁבָּרִים, שִׁבְרֵי שְׁבָרִים, וְאַתָּה מְחַבֵּר וּמְתַקֵּן אוֹתָם בַּחֲסָדֶיךָ,
וְאַתָּה מְחַדֵּשׁ אוֹתָם כְּבָרִאשׁוֹנָה בְּיֶתֶר שְׂאֵת וּבְיֶתֶר עָז, וְאֵין
שׁוּם נִצּוֹץ נֶאֱבַד וְנִדְחֶה מִמְּךָ, חָלִילָה, כִּי בְּיָדְךָ כֹּחַ וּגְבוּרָה
וּבְיָדְךָ לְגַדֵּל וּלְחַזֵּק לַכֹּל.

רוֹפֵא חִנָּם, יִכְמְרוּ רַחֲמֶיךָ עָלַי וְתִרְפָּאֵנִי וְתָסִיר מִמֶּנִּי כָּל
הַמּוּמִים וְהַפְּגָמִים. מִגּוּפִי וְנַפְשִׁי וְרוּחִי וְנִשְׁמָתִי, וּשְׁלַח
רְפוּאָה שְׁלֵמָה לְחוֹלֵי עַמֶּךָ (וּבְפְרָט וְכוּ'). רוֹפֵא נֶאֱמָן וְרַחֲמָן
אָתָּה. הָרוֹפֵא לִשְׁבוּרֵי לֵב וּמְחַבֵּשׁ לְעַצְּבוֹתָם. רְפָאֵנִי יְיָ
וְאֵרָפֵא הוֹשִׁיעֵנִי וְאִוָּשֵׁעָה כִּי תְהִלָּתִי אַתָּה, וְאֶזְכֶּה לִהְיוֹת
שָׁלֵם בִּשְׁלֵמוּת גָּמוּר בְּלִי שׁוּם מוּם וּפְגָם.

וְזַכֵּנִי שֶׁיִּהְיֶה שָׁלוֹם בְּעַצְמִי, שֶׁאֶזְכֶּה לְהַכְנִיעַ וּלְשַׁבֵּר וּלְבַטֵּל
אֶת גּוּפִי, שֶׁיִּתְבַּטְּלוּ מִמֶּנִּי לְגַמְרֵי כָּל תַּאֲווֹת הַגּוּף וּמִדּוֹתָיו
הָרָעִים, עַד שֶׁיִּתְבַּטֵּל גּוּפִי לְגַמְרֵי אֵצֶל הַנְּשָׁמָה, עַד שֶׁלֹּא
יִהְיֶה לְהַגּוּף שׁוּם תַּאֲוָה וְרָצוֹן אַחֵר כְּלָל חוּץ מֵרְצוֹן הַנְּשָׁמָה

Your way is to use broken vessels. The wonders You do are countless and unfathomable. In Your overwhelming mercy You revive the dead. In Your might You lift up and gather the shards of broken vessels — the shards of the shards — and mercifully mend them and restore them until they shine with greater strength than before. Not a single spark is lost or cast aside, for "In Your hand are strength and might, and it is in Your hand to make everything great and strong."

God, You are the free Healer. Arouse Your love for me and heal me. Remove all flaws and blemishes from my body, from my *nefesh*, my *ru'ach* and my *neshamah*. Send complete healing to all those Jews who are sick, and in particular to [specify the name of the sick person]. Faithful, loving Healer, who heals the broken-hearted and binds up their wounds: "heal me, HaShem, and I will be healed, save me and I will be saved, for You are my praise." Let me be whole and perfect, free of all flaws and blemishes.

Grant me inner peace, and give me control and mastery over my body so that I will be able to nullify all bodily desires and bad traits. Let my body be completely subordinate to my soul and

הַקְּדוֹשָׁה, שֶׁהוּא רְצוֹנְךָ הַטוֹב, וְיִהְיֶה שָׁלוֹם בֵּין נִשְׁמָתִי
וְגוּפִי. שֶׁגוּפִי יִתְקַדֵּשׁ וְיִזְדַּכֵּךְ עַד שֶׁיִּהְיֶה נִכְלָל בְּתוֹךְ הַנְּשָׁמָה
הַקְּדוֹשָׁה, וְאֶזְכֶּה לַעֲשׂוֹת כָּל הַמִּצְווֹת וְכָל הַדְּבָרִים שֶׁיֵּשׁ
בָּהֶם רְצוֹנְךָ בְּשִׂמְחָה גְּדוֹלָה וּבְרָצוֹן טוֹב בְּגוּף וָנֶפֶשׁ. וּשְׁנֵיהֶם
יִהְיוּ נִכְלָלִים כְּאֶחָד בְּאַהֲבָה וּבְשָׁלוֹם גָּדוֹל בֶּאֱמֶת לַעֲשׂוֹת
רְצוֹנְךָ בֶּאֱמֶת בְּשִׂמְחָה גְדוֹלָה תָּמִיד עַד שֶׁאֶזְכֶּה לִשְׁלֵמוּת
גְּמוּרָה דִקְדֻשָּׁה בֶּאֱמֶת. עַד שֶׁאֶהְיֶה מוּכָן וְרָאוּי לְסַדֵּר תְּפִלָּתִי
לְפָנֶיךָ בְּתַכְלִית הַשְּׁלֵמוּת. וְתִכּוֹן תְּפִלָּתִי לְפָנֶיךָ כְּמוֹ קְטֹרֶת
וְקָרְבְּנוֹת שְׁלָמִים הָעוֹלִים לְפָנֶיךָ עַל-יְדֵי אִישׁ תָּמִים וְשָׁלֵם.

השמטה השייך כאן מספר "ליקוטי תפילות תחנונים" אות יא

רִבּוֹנוֹ שֶׁל עוֹלָם, וְזַכֵּנִי שֶׁלֹּא אֶרְצֶה לְהִשְׁתַּדֵּל בְּשׁוּם עֵסֶק
מֵעִסְקֵי עוֹלָם הַזֶּה רַק בִּשְׁבִיל נִשְׁמָתִי, וְכֵן כָּל תְּפִלּוֹתַי יִהְיוּ
רַק בִּשְׁבִיל שְׁלֵמוּת תִּקּוּן נִשְׁמָתִי. וַאֲפִילוּ אֵלּוּ הַתְּפִלּוֹת
שֶׁיִּסְּדוּ לָנוּ חֲכָמֵינוּ הָרִאשׁוֹנִים זִכְרוֹנָם לִבְרָכָה, וּמְפֹרָשׁ בָּהֶם
לְצָרְכֵי הַגּוּף, כְּגוֹן, בִּרְכַּת רְפָאֵינוּ, וּבָרֵךְ עָלֵינוּ, שֶׁבִּתְפִלַּת
שְׁמוֹנָה עֶשְׂרֵה, גַּם בְּאֵלּוּ הַתְּפִלּוֹת לֹא תִהְיֶה כַּוָּנָתִי אֶלָּא
בִּשְׁבִיל רְפוּאַת נִשְׁמָתִי וּפַרְנָסָתָהּ וּשְׁלֵמוּתָהּ, וְאַאֲמִין וְאֵדַע
בֶּאֱמֶת, כִּי כַּאֲשֶׁר יִתְתַּקֵּן בְּרוּחָנִיּוּת מִמֵּילָא יִתְתַּקֵּן גַּם

have no other will or desire but to follow the desire of the holy soul, which is to do Your will. Let peace reign between my soul and my body. Let my body be sanctified and purified until it becomes united with the holy soul, and I carry out all Your commandments and do everything You want of me, body and soul, willingly and with great joy. Let my body and soul unite in love and peace to do Your will sincerely, until I attain complete inner harmony and am ready to order my prayer before You perfectly. Let my prayer rise before You like the incense and perfect sacrifices offered by those who are whole and perfect.

Master of the World, let my only motive in taking part in the affairs of this world be for the sake of my soul. Let my only intention in all my prayers be only to perfect my soul. Even when I offer the prayers arranged by Your sages of old, of blessed memory, which contain explicit requests for our bodily needs, as in the blessings of "Heal us" and "Bless this year for us" in the *Shmoneh Esray* prayer, let my only thought be for the healing of my soul, her livelihood and perfection. Let me believe and know that when everything is in order in the spiritual realm, the

בְּגַשְׁמִיּוּת, וְאֶזְכֶּה מִמֵּילָא לְקַבֵּל עַל יְדֵי זֶה גַּם כָּל הַהַשְׁפָּעוֹת וְטוֹבוֹת וּבְרָכוֹת הַנִּצְרָכִים לִי גַּם בְּגַשְׁמִיּוּת.

וַזַכֵּנִי לְהַאֲמִין בְּךָ בֶּאֱמֶת וּבֶאֱמוּנָה שְׁלֵמָה שֶׁאַתָּה טוֹב לַכֹּל, הַיְנוּ לְכָל הַדְּבָרִים הַנִּצְרָכִים לְהָאָדָם, הֵן רְפוּאָה אוֹ פַרְנָסָה וְכָל כַּיּוֹצֵא בָּזֶה, מִכֹּל אֲשֶׁר יֶחְסַר לוֹ לְהָאָדָם, אַתָּה טוֹב לַכֹּל, לְמַלְּאוֹת לוֹ כָּל מִשְׁאֲלוֹתָיו וּמַחְסוֹרָיו, כַּאֲשֶׁר יִתְפַּלֵּל לְפָנֶיךָ עֲלֵיהֶם בֶּאֱמֶת בְּרַחֲמִים וְתַחֲנוּנִים. וְנִזְכֶּה שֶׁיִּהְיֶה כָּל הִשְׁתַּדְּלוּתֵנוּ רַק אַחַר הַשֵּׁם יִתְבָּרַךְ, וְעַל כָּל אֲשֶׁר יִצְטָרֵךְ לָנוּ נִתְפַּלֵּל רַק לְפָנֶיךָ תִּתְבָּרַךְ בְּרַחֲמִים וְתַחֲנוּנִים וְלֹא נִרְדּוֹף אַחַר תַּחְבּוּלוֹת רַבּוֹת,

כִּי מַה לָּנוּ לְהִשְׁתַּדֵּל אַחֲרֵיהֶם אֲשֶׁר עַל פִּי רֹב אִי אֶפְשָׁר וְקָשֶׁה מְאֹד לְהַשִּׂיגָם, כְּגוֹן, הַסַּמִּים הַצְּרִיכִים לִרְפוּאָה, וְכֵן בְּעִנְיַן פַּרְנָסָה וְכַיּוֹצֵא. הֲלֹא טוֹב לָנוּ לְבַקֵּשׁ וּלְהִתְחַנֵּן עַל הַכֹּל, רַק לְפָנֶיךָ תִּתְבָּרַךְ, אֲשֶׁר אַתָּה בַּנִּמְצָא תָּמִיד וְקָרוֹב אֵלֵינוּ מְאֹד כְּמוֹ שֶׁכָּתוּב: "כִּי מִי גוֹי גָּדוֹל אֲשֶׁר לוֹ אֱלֹהִים קְרוֹבִים אֵלָיו כַּיְיָ אֱלֹהֵינוּ בְּכָל קָרְאֵנוּ אֵלָיו". וְאַתָּה יָכוֹל

fixing of the material realm will follow of itself, and I will automatically receive all the material blessings I need.

Bring me to genuine belief in You. Let me have complete faith that You are "good to all," and that no matter what a person requires, whether healing, livelihood or anything else, You are "good for everything" — You can satisfy all his needs and requirements if he prays to You for what he needs sincerely, begging for compassion. Let all my efforts be directed only to You, HaShem. No matter what I may need, let me only pray to You and appeal for You to help me, instead of trying to get what I need by resorting to worldly ploys and stratagems.

What use is it to expend energy on such things, when it is either impossible or extremely difficult to get exactly what we need — whether it be the right medicine, or the things we need to make a living? Surely it is better to turn to You for everything we need. You are very close to us, and available at all times, "For which great nation is there whose god is close to them the way HaShem our God is close to us whenever we call to Him?" You have the power to fulfil all our

לְמַלֹּאוֹת כָּל מִשְׁאֲלוֹתֵינוּ בְּסִבָּה קַלָּה וּקְרוֹבָה מְאֹד , כִּי מִמְּךָ יִתְבָּרֵךְ לֹא יִפָּלֵא כָּל דָּבָר ,

וְעַל יְדֵי זֶה יִהְיֶה כָּל הִשְׁתַּדְּלוּתֵינוּ רַק לְהַרְבּוֹת בִּתְפִלָּה וּבְתַחֲנוּנִים תָּמִיד , וְנִזְכֶּה לְהִתְפַּלֵּל בְּכַוָּנָה גְּדוֹלָה תָּמִיד , עַד אֲשֶׁר עַל יְדֵי זֶה יִהְיֶה נִמְשָׁךְ שָׁלוֹם הַכְּלָלִי , שָׁלוֹם בְּכָל הָעוֹלָמוֹת , וְיִתְקָרְבוּ כָּל הָעוֹלָמוֹת לִשְׁלֵמוּתָן , וְכֵן יִהְיֶה נִמְשָׁךְ שָׁלוֹם בֵּין כָּל הַבְּרוּאִים , שֶׁכָּל הַבְּרוּאִים יְרַחֲמוּ זֶה עַל זֶה וְיִהְיֶה שָׁלוֹם בֵּינֵיהֶם , וְעַל יְדֵי זֶה מִמֵּילָא תַמְשִׁיךְ חֲסָדֶיךָ וְרַחֲמֶיךָ עַל כָּל הַבְּרוּאִים , כְּמוֹ שֶׁאָמְרוּ רַבּוֹתֵינוּ , זִכְרוֹנָם לִבְרָכָה : "כָּל הַמְרַחֵם עַל הַבְּרִיּוֹת מְרַחֲמִין עָלָיו מִן הַשָּׁמַיִם' . וִיקֻיַּם מִקְרָא שֶׁכָּתוּב : "טוֹב יְיָ לַכֹּל וְרַחֲמָיו עַל כָּל מַעֲשָׂיו] :

רִבּוֹנוֹ שֶׁל עוֹלָם , פְּתַח פִּיךָ לְאִלֵּם כָּמוֹנִי וְזַכֵּנִי לְסַדֵּר תְּפִלָּתִי וְתַחֲנָתִי וּבַקָּשָׁתִי לְפָנֶיךָ כָּרָאוּי בֶּאֱמֶת בְּכָל עֵת , שֶׁאוּכַל לְפָרֵשׁ שִׂיחָתִי לְפָנֶיךָ תָּמִיד , וְאֶת כָּל אֲשֶׁר עִם לְבָבִי אֲשִׂיחָה בֶּאֱמֶת בְּרַחֲמִים וְתַחֲנוּנִים . בְּאֹפֶן שֶׁאֶזְכֶּה לְעוֹרֵר רַחֲמֶיךָ עָלַי . וּתְמַלֵּא בַקָּשָׁתִי בְּרַחֲמִים תָּמִיד :

אָנָּא יְיָ , רַחֵם עָלֵינוּ בְּרַחֲמֶיךָ הָרַבִּים , וְעָזְרֵנוּ שֶׁנִּזְכֶּה לְהַגִּיעַ לְכָל מַה שֶּׁבִּקַּשְׁנוּ מִלְּפָנֶיךָ , שֶׁנִּזְכֶּה בְּכֹחַ וּזְכוּת עֵסֶק הַתּוֹרָה שֶׁל צַדִּיקֵי אֱמֶת שֶׁיֻּמְשַׁךְ עָלֵינוּ הָאָרָה גְּדוֹלָה וְהִתְנוֹצְצוּת

requests through easily available means. Nothing is too wonderful for You.

Let us put all our efforts into constant prayer and supplication. Let us always pray with intense concentration, until we bring peace into all the worlds and they will all come to perfection. Let peace reign among all Your creatures. Let them all love one another. This will cause Your love, kindness and mercy to descend over all Your creatures, since, as our Rabbis taught, "Whoever shows love for God's creatures is shown love from Heaven." Let us see the fulfilment of the verse: "HaShem is good to all, and his love is upon all his works."

Master of the World: If my words are halting, open Your mouth to me and help me order my prayers and requests in a fitting manner and offer them truly and sincerely at all times. Let me always be able to express everything I need to say to You. Help me to explain everything I have in my heart in such a way as to elicit Your love and kindness, so that You will always grant my requests.

Please, HaShem, let me come to everything I have asked of You. Through the power and merit of the Torah-labors of the true Tzaddikim,

חָזָק מְשֹׁרֶשׁ נִשְׁמָתֵנוּ. עַד שֶׁנִּזְכֶּה לְהִתְעוֹרֵר בֶּאֱמֶת אֵלֶיךָ, וְלָשׁוּב בִּתְשׁוּבָה שְׁלֵמָה לְפָנֶיךָ בֶּאֱמֶת עַל כָּל עֲווֹנוֹתֵינוּ, עַד שֶׁנִּזְכֶּה לְהַעֲלוֹת הַכָּבוֹד דִּקְדֻשָּׁה מֵעֹמֶק הַגָּלוּת, מֵעִמְקֵי הַקְּלִפּוֹת, מִזָּלוּתָא דְגָלוּתָא, וְנִזְכֶּה שֶׁיִּתְגַּדֵּל וְיִתְקַדֵּשׁ וְיִתְעַלֶּה וְיִתְרוֹמֵם כְּבוֹדְךָ הַגָּדוֹל וְהַקָּדוֹשׁ עַל יָדֵינוּ תָּמִיד, וְיִתְגַּלֶּה כְּבוֹדְךָ בְּכָל הָעוֹלָם כֻּלּוֹ. תָּאִיר אֶרֶץ מִכְּבוֹדֶךָ, כְּמוֹ שֶׁכָּתוּב: "וְהָאָרֶץ הֵאִירָה מִכְּבוֹדוֹ" וִיקֻיַּם מִקְרָא שֶׁכָּתוּב: "וְנִגְלָה כְּבוֹד יְיָ וְרָאוּ כָל בָּשָׂר יַחְדָּו כִּי פִּי יְיָ דִּבֵּר".

וְנִזְכֶּה לְהַעֲלוֹת הַכָּבוֹד לְשֹׁרֶשׁ הַיִּרְאָה, וְיִהְיוּ נִשְׁלָמִים פְּגָמֵי הַיִּרְאָה, וְנִזְכֶּה לְיִרְאָה בִּשְׁלֵמוּת, לְיִרְאָה אֶת הַשֵּׁם הַנִּכְבָּד וְהַנּוֹרָא הַזֶּה אֶת יְיָ אֱלֹהֵינוּ. וְנִזְכֶּה לְיִרְאָה עִלָּאָה, יִרְאַת הָרוֹמְמוּת, וְלֹא יִהְיֶה לָנוּ שׁוּם יִרְאָה וָפַחַד מִשּׁוּם דָּבָר שֶׁבָּעוֹלָם. כִּי אִם מִמְּךָ לְבַד נִירָא וְנִפְחַד תָּמִיד, וְתִהְיֶה יִרְאָתְךָ עַל פָּנֵינוּ לְבִלְתִּי נֶחֱטָא כְּלָל מֵעַתָּה וְעַד עוֹלָם.

וְעַל יְדֵי הַיִּרְאָה תְּזַכֵּנוּ לְשָׁלוֹם שֶׁיִּהְיֶה שָׁלוֹם בַּעֲצָמֵינוּ. וְהַגּוּף יִתְבַּטֵּל וְיִהְיֶה נִכְלָל בְּתוֹךְ הַנְּשָׁמָה הַקְּדוֹשָׁה לַעֲשׂוֹת רְצוֹנְךָ בֶּאֱמֶת תָּמִיד. וְנִזְכֶּה לִתְפִלָּה בִּשְׁלֵמוּת, וְתִשְׁמַע תְּפִלָּתֵנוּ

let a great light shine down to us from the source of our souls, inspiring us to repent for all our sins so that we elevate the holy glory from its deep, humiliating exile amidst the husks. Let Your great and holy glory always be enhanced, sanctified, exalted and elevated through us. Let Your glory be revealed throughout the world. Let Your glory shine over the whole earth, as it is written: "And the earth will shine with His glory." ... "And the glory of God will be revealed, and all flesh will see together that the mouth of God has spoken."

Awe of Heaven

Let us elevate Your glory to its root in Awe, and rectify all its flaws. Bring us to perfect Awe of the glorious, awesome Name of HaShem, and let us attain the Higher Awe — awe of Your exalted greatness. Let us have no fear of anything in the world. Let us only fear You, and let Your awe be upon our faces, so that we will not sin in any way from now on and for ever.

Through this awe, grant us peace. Let peace reign within us. Let our bodies be subordinate to our holy souls and united with them to do Your will at all times. Bring us to perfect prayer, and

תָּמִיד, וְתַמְשִׁיךְ שָׁלוֹם בָּעוֹלָם. וּבְרַחֲמֶיךָ הָרַבִּים תָּשִׂים שָׁלוֹם בִּפְמַלְיָא שֶׁל מַעְלָה וּבִפְמַלְיָא שֶׁל מַטָּה, וּתְבַטֵּל אֶת כָּל מִינֵי מַחֲלֹקֶת מִן הָעוֹלָם, כִּי אַתָּה יְיָ לְבַדְּךָ יָדַעְתָּ כַּמָּה רָעוֹת וְקִלְקוּלִים גּוֹרְמִים, חַס וְשָׁלוֹם, הַמַּחֲלֹקֶת שֶׁיֵּשׁ עַכְשָׁו וּבִפְרָט עֶצֶם הַמַּחֲלֹקֶת שֶׁיֵּשׁ עַכְשָׁו בֵּין הַצַּדִּיקִים וּבֵין הַכְּשֵׁרִים שֶׁבַּדּוֹר, עַד אֲשֶׁר חָלַק לֵב כָּל אֶחָד וְאֶחָד מֵחֲבֵרוֹ.

אָנָּא יְיָ, רַחֵם עָלֵינוּ בְּרַחֲמֶיךָ הָרַבִּים וּתְגַלֶּה הָאֱמֶת בָּעוֹלָם, וְתָשִׂים שָׁלוֹם בֵּין עַמְּךָ יִשְׂרָאֵל לְעוֹלָם, וְתַשְׁפִּיעַ שָׁלוֹם בְּכָל הָעוֹלָמוֹת עַד שֶׁיִּמָּשֵׁךְ הַשָּׁלוֹם גַּם בָּעוֹלָם הַזֶּה הַגַּשְׁמִי, וְכָל הַבְּרוּאִים יְרַחֲמוּ זֶה עַל זֶה, וְיִהְיֶה הַשָּׁלוֹם גָּדוֹל בֵּין כָּל הַבְּרוּאִים שֶׁבָּעוֹלָם:

לחנוכה

וְעָזְרֵנוּ בְּרַחֲמֶיךָ הָרַבִּים, שֶׁנִּזְכֶּה לְקַיֵּם מִצְוַת הַדְלָקַת נֵר חֲנֻכָּה בִּזְמַנּוֹ בִּשְׁלֵמוּת כָּרָאוּי בִּקְדֻשָּׁה וּבְטָהֳרָה וּבְכַוָּנָה גְדוֹלָה וַעֲצוּמָה כָּרָאוּי. וְנִזְכֶּה לְתַקֵּן כָּל הַתִּקּוּנִים הָאֵלֶּה שֶׁהִזְכַּרְנוּ לְפָנֶיךָ עַל-יְדֵי מִצְוַת נֵר חֲנֻכָּה. וְיֵחָשֵׁב לְפָנֶיךָ קִיּוּם מִצְוָתֵנוּ כְּאִלּוּ קִיַּמְנוּהָ בְּכָל פְּרָטֶיהָ וְדִקְדּוּקֶיהָ וְכַוָּנוֹתֶיהָ וְתַרְיַ"ג מִצְוֹת

hear our prayers constantly and bring peace to the whole world. Loving God, bring peace to reign among the Heavenly Hosts and the hosts of the lower realms. Remove all strife from the world. HaShem, You alone know how much evil is caused by the strife plaguing us today, and in particular the terrible conflicts raging between the Tzaddikim and the pious people of this generation. Everyone's heart is divided from his friend's.

Loving God: Take pity on us, and reveal the truth in the world. Let peace reign among Your people Israel for ever. Send blessings of peace into all the worlds, and let peace descend into this material world, so that all the creatures on earth will show love one for the other, and great peace will reign between all of them.

Chanukah

Help me to carry out the mitzvah of kindling the Chanukah lamp in its season in the best possible way, in holiness and purity and with great devotion. Through the mitzvah of the Chanukah lights, let me rectify everything I have mentioned in my prayer. Consider my fulfilment of the mitzvah as if I had carried it out in all its

הַתְּלוּיִם בָּהּ. וְיָאִירוּ לְפָנֶיךָ אוֹר קְדֻשַּׁת מִצְוֹתֵנוּ בְּכָל הָעוֹלָמוֹת
כֻּלָּם. וְנִזְכֶּה לְתַקֵּן כָּל הָעוֹלָמוֹת כֻּלָּם, עַל-יְדֵי קִיּוּם מִצְוָה
זוֹ. וְעַל-יְדֵי קִיּוּם כָּל הַמִּצְוֹת דְּאוֹרַיְתָא וּדְרַבָּנָן שֶׁתְּזַכֵּנוּ
בְּרַחֲמֶיךָ לְקַיֵּם כֻּלָּם בְּאַהֲבָה וּבְיִרְאָה וּבְשִׂמְחָה גְּדוֹלָה
וּבִשְׁלֵמוּת גְּדוֹלָה, עַד שֶׁנִּזְכֶּה לְהַמְשִׁיךְ שָׁלוֹם מֵאִתְּךָ בְּכָל
הָעוֹלָמוֹת כֻּלָּם. וִיקֻיַּם מִקְרָא שֶׁכָּתוּב: "יְיָ עֹז לְעַמּוֹ יִתֵּן יְיָ
יְבָרֵךְ אֶת עַמּוֹ בַשָּׁלוֹם".

"עוֹשֶׂה שָׁלוֹם בִּמְרוֹמָיו הוּא בְּרַחֲמָיו יַעֲשֶׂה שָׁלוֹם עָלֵינוּ וְעַל
כָּל יִשְׂרָאֵל וְאִמְרוּ אָמֵן":

details and fine points and intentions, together with all the six hundred and thirteen mitzvot that are bound up with it. Let the light of the holiness of our mitzvot shine before You in all the worlds. Let us repair all the worlds through fulfilling this mitzvah, together with all the commandments laid down in the Torah and by the Rabbis. Help us carry out all of them perfectly, in love, awe and great joy, until we draw Godly peace into all the worlds, and "HaShem will give power to His people, HaShem will bless His people with peace."

He who makes peace in His high places will lovingly make peace for us and for all Israel, and say Amen.

15

Fear and awe of God / Freedom from mundane fears / Self-examination and spiritual accounting / Calm and clarity / Overcoming mental confusion / Hisbodidus / Torah study / Concentration / Prayer / Secrets of Torah / Knowledge and awareness of God

A person who wishes to taste the "hidden light" — the secrets of Torah which will be revealed in the future — must first free himself of all fears except the fear of God. Not only must we fear God because of His power to punish. We must also strive to reach a higher level of fear, where we are in awe of God for His supreme greatness.

The path by which this level of awe is attained is one of constant self-examination and self-judgement. We must set aside special times for introspection, and evaluate all our involvements and behavior against the yard-stick of the Torah. People who neglect to judge themselves are judged by Heaven, and may be sent all kinds of worldly fears and worries in order to goad and chastize them. But when a person judges himself, the need for such heavenly prompting is eliminated, as he

himself has taken the initiative to bring himself closer to God. He thus becomes free of mundane fears, and stands in true awe of God's greatness.

One who reaches this level of awareness is able to attain understanding of the revealed Torah, which requires humility. Through humility one can come to true prayer: instead of praying for one's own needs, one rises above materialistic interests, surrendering oneself to God. God in Himself is beyond all knowledge, but the words of the prayers, which are woven from Divine Names and attributes, are God-given "screens" through which we are able to gaze at His light. When a person prays with total surrender, God gives him a glimpse of the secrets of the Torah which will be revealed in the future.

יְהִי רָצוֹן מִלְּפָנֶיךָ יְיָ אֱלֹהֵינוּ וֵאלֹהֵי אֲבוֹתֵינוּ, הָאֵל הַגָּדוֹל הַגִּבּוֹר וְהַנּוֹרָא, אֲשֶׁר יִרְאָתְךָ וְאֵימָתְךָ עַל כָּל שְׁנַּאֲנֵי שַׁחַק וְעַל כָּל הַשְּׂרָפִים וְאוֹפַנִּים וְחַיּוֹת הַקֹּדֶשׁ וְעַל כָּל הָעוֹלָמוֹת כֻּלָּם, וְעַל כָּל בְּרוּאֵי מַעְלָה וּמַטָּה, כֻּלָּם יִרְעֲדוּן וְיִפְחֲדוּן מֵאֵימַת שְׁמֶךָ.

וּבְכֵן רַחֵם עָלַי בְּרַחֲמֶיךָ, עַל עֶצֶב נִבְזֶה וְנִמְאָס כָּמוֹנִי, שֶׁתַּמְשִׁיךְ עָלַי יִרְאָתְךָ הַקְּדוֹשָׁה תָּמִיד וְתִהְיֶה יִרְאָתְךָ עַל פָּנַי לְבִלְתִּי אֶחֱטָא, וְאֶזְכֶּה לְהַרְגִּישׁ יִרְאָתְךָ הַקְּדוֹשָׁה בְּכָל אֵיבָרַי:

אָנָּא יְיָ, זַכֵּנִי בְּרַחֲמֶיךָ הָרַבִּים וַחֲסָדֶיךָ הָעֲצוּמִים לְבַל אֲאַבֵּד אֶת עוֹלָמִי, חַס וְשָׁלוֹם, וְלֹא אִיגַע לָרִיק וְלֹא אֵלֵד לַבֶּהָלָה. וְאֶזְכֶּה לְהִסְתַּכֵּל עַל עַצְמִי תָּמִיד, וּלְיַשֵּׁב דַּעְתִּי הֵיטֵב הֵיטֵב; מַה אֲנִי עוֹשֶׂה בָּעוֹלָם הַזֶּה – עוֹלָם הָעוֹבֵר כְּהֶרֶף עַיִן. וְלַחֲשֹׁב דְּרָכַי, וְלִשְׁפֹּט בְּעַצְמִי אֶת כָּל הַמַּעֲשִׂים, אֲשֶׁר אֲנִי עוֹשֶׂה בְּכָל עֵת וּבְכָל יוֹם וּבְכָל שָׁעָה, לְהַשְׁפֹּט בְּעַצְמִי עֲלֵיהֶם בְּכָל עֵת אִם אֲנִי עוֹשֶׂה כַּהֹגֶן אִם לָאו, חַס וְשָׁלוֹם, לְמַעַן אֶזְכֶּה עַל יְדֵי זֶה לְרַחֵם עַל עַצְמִי וְלָשׁוּב מִמַּעֲשַׂי הָרָעִים

HaShem our God and God of our fathers! Great, mighty, awesome God, whose fear and awe are upon all the dwellers of Heaven, on all the Seraphim, the Ophanim and the holy Chayot, and upon all the worlds and all creatures above and below... all will quake and tremble in awe of Your Name.

Loving God: Have pity on me, sad, pathetic creature that I am. Fill me with holy awe of You at all times, and let the fear of God be on my face so that I will not sin. Let me feel awe of You in all my limbs.

Self-judgement

Please, HaShem, loving, merciful God: Don't let me lose my eternal reward. Don't let all my efforts come to nothing and bear no fruits. Help me to examine myself constantly and reflect carefully on what I am doing in this fleeting world. Let me think about my path in life. Let me evaluate everything I do every day and every moment. Let me always ask myself whether I am behaving the way I ought to or not, so that I will take myself in hand and repent for my wrongful thoughts and behavior. Let me genuinely "turn

וּמִמַּחְשְׁבוֹתַי הַמְגֻנּוֹת. לִהְיוֹת סוּר מֵרָע בֶּאֱמֶת הֵן בְּמַחֲשָׁבָה הֵן בְּדִבּוּר הֵן בְּמַעֲשֶׂה, וְלַעֲשׂוֹת רַק הַטּוֹב בְּעֵינֶיךָ תָּמִיד:

אָנָּא יְיָ חֲמָל עָלַי בְּחֶמְלָתֶךָ, חוּס עָלַי בְּרַחֲמֶיךָ הַגְּדוֹלִים, חוּס וְחָנְנִי וְרַחֵם עָלֵינוּ וּרְאֵה שִׁפְלוּתֵנוּ וַעֲנִיּוּתֵנוּ, כִּי בְּצָרָה גְדוֹלָה אֲנַחְנוּ, יוֹתֵר וְיוֹתֵר מִתּוֹעֶה בְּלֵב יָם וּמְשׁוּכָב בְּרֹאשׁ חֶבֶל. לֹא יָדַעְתִּי נַפְשִׁי, לְהֵיכָן אָנוּס לְהֵיכָן אֶבְרַח, לְהֵיכָן אָעוּף לִשְׁכֹּן, לְהִנָּצֵל מִצָּרוֹת נַפְשִׁי הַמְרֻבִּים מְאֹד מְאֹד. וְלֹא יָדַעְתִּי כְּלָל לִמְצוֹא אֵיזֶה דֶרֶךְ אֵיךְ לִצְעֹק וְלִזְעֹק אֵלֶיךָ, כִּי זֶה יָמִים וְשָׁנִים אֲשֶׁר אֲנִי עוֹסֵק לִקְרֹא אֵלֶיךָ לְעוֹרֵר חֲסָדֶיךָ לְגַלּוֹת רַחֲמֶיךָ, שֶׁתְּזַכֵּנִי לָצֵאת מֵרַע לְטוֹב מֵחשֶׁךְ לְאוֹר, שֶׁתְּעַזְּרֵנִי לַעֲזוֹב דַּרְכֵי הָרָע וּמַחְשְׁבוֹתַי הַמְגֻנּוֹת מְאֹד, כַּאֲשֶׁר לִמַּדְתָּנוּ עַל יְדֵי צַדִּיקֶיךָ הָאֲמִתִּיִּים שֶׁהַתְּפִלָּה מוֹעִילָה לְכָל דָּבָר, וְעִקַּר הַהִתְקָרְבוּת אֵלֶיךָ בֶּאֱמֶת הוּא עַל יְדֵי תְפִלָּה, וְאַתָּה שׁוֹמֵעַ תְּפִלַּת כָּל פֶּה, וַאֲפִלּוּ קוֹל צְעָקָה מִבֶּטֶן שְׁאוֹל, מֵעֻמְקֵי עֲמָקִים אַתָּה שׁוֹמֵעַ בְּרַחֲמֶיךָ, וְלָמָּה לֹא תַטֶּה אֹזֶן לִשְׁמֹעַ אֶת דִּבְרֵי עַבְדְּךָ הָעוֹמֵד לְפָנֶיךָ, הַצּוֹעֵק אֵלֶיךָ זֶה זְמַן רַב,

וְלֹא דַי שֶׁאֵינִי זוֹכֶה לְהֵיטִיב מַעֲשַׂי בְּכָל יוֹם, אַף גַּם בְּכָל יוֹם וָיוֹם צָרַת נַפְשִׁי מְרֻבָּה מֵחֲבֵרוֹ, וְאֵינִי יוֹדֵעַ כְּלָל מַה אֶעֱשֶׂה, אֵיזֶה עֵצָה וְתַחְבּוּלָה אֲבַקֵּשׁ, לְהַמְשִׁיךְ עָלַי כֹּחַ הַקְּדֻשָּׁה, שֶׁאֶזְכֶּה לְהִתְגַּבֵּר וְלִכְבֹּשׁ אֶת יִצְרֵי הָרָע, וְלָכוֹף

from evil" in thought, word and deed, and do only what is good in Your eyes at all times.

Please, HaShem, have mercy on me. Take pity on me. See how low I have fallen. I'm in terrible trouble — worse than someone adrift at sea and lying in the most dangerous place on the boat. I have no idea where I should run... where I should fly... to try to escape from my inner torment. I have no idea how to cry out to You. For years now I've been calling to You to stir Your love and mercy and release me from my evil thoughts and ways, so as to bring me out of my darkness to goodness and light. Through Your true Tzaddikim You have taught us that prayer helps in everything. Prayer is the basis for all true closeness to You. You hear all prayers, no matter whose. You even listen to a cry from the belly of hell and the lowest depths. Then why will You not attend to the words of Your servant, who has been standing and crying out to You for such a long time?

Not only have I failed to improve my behavior day by day. Every day my spiritual state is worse than it was the day before. I simply don't know what method I should use to try to bring holy power into myself in order to fight and

וּלְשַׁבֵּר וּלְבַטֵּל אֶת תַּאֲוָותַי כִּי אֵין לִי שׁוּם דֶּרֶךְ לָנוּס מִמַּה
שֶׁאֲנִי צָרִיךְ לָנוּס, לְהַצִּיל אֶת נַפְשִׁי מִדִּינָהּ שֶׁל גֵּיהִנָּם, כִּי
אִם עַל־יְדֵי תְּפִלָּה וְתַחֲנוּנִים וּצְעָקָה וְשַׁוְעָה וּזְעָקָה אֵלֶיךָ,
וְגַם זֶה נִמְנַע מִמֶּנִּי, כִּי אֵיךְ יִזְכֶּה נִרְדָּף וּמֻכֶּה, מְמֻשָּׁךְ וּמְמֹרָט
כָּמוֹנִי, לִתְפִלָּה וּצְעָקָה בֶּאֱמֶת כָּרָאוּי. רַק אֲנִי מְחֻיָּב לִצְעֹק
וּלְהִתְפַּלֵּל כְּפִי כֹחִי, וְאִם גַּם זֶה אֵינוֹ מוֹעִיל לִי, חַס וְשָׁלוֹם,
לֹא יָדַעְתִּי מַה לַּעֲשׂוֹת, אֵיךְ לְבַקֵּשׁ לִי מָנוֹס וּמִבְטָח:

רִבּוֹנוֹ שֶׁל עוֹלָם, אֱמֶת יָדַעְתִּי כִּי אֲנִי בְּעַצְמִי הַחַיָּב, וּבִי
אֲדוֹנִי הֶעָוֹן, כִּי אֵינִי מִתְגַּבֵּר עַל תַּאֲוָותַי אֲפִלּוּ שָׁעָה קְטַנָּה,
וּבַעֲוֹנוֹתַי הָרַבִּים הָיִיתִי כְּמִי שֶׁמּוֹשֵׁךְ עַל עַצְמוֹ אֶת הַתַּאֲווֹת,
חַס וְשָׁלוֹם, וְלֹא דַי שֶׁלֹּא הִשְׁתַּדַּלְתִּי לְגָרְשָׁם וּלְהִתְגַּבֵּר
עֲלֵיהֶם, אַף גַּם מָשַׁכְתִּים עָלַי רַחֲמָנָא לִצְלַן מֵעַתָּה, אַךְ הֲלֹא
גַם עַל זֶה כְּבָר בַּקַּשְׁתִּי מִלְּפָנֶיךָ, וְהִפַּלְתִּי תְחִנָּתִי לִפְנֵי חֲסָדֶיךָ
הָאֲמִתִּיִּים, שֶׁתִּמָּלֵא רַחֲמִים עָלַי וְתַצִּילֵנִי בְּרַחֲמֶיךָ מִמֶּנִּי
בְּעַצְמִי לְבַל אֶהְיֶה עוֹד אַכְזָר עַל נַפְשִׁי הָאֻמְלָלָה מְאֹד, וְאֶזְכֶּה
לְרַחֵם עַל עַצְמִי כִּי אֵין רַחֲמָנוּת בָּעוֹלָם כְּמוֹ הָרַחֲמָנוּת שֶׁיֵּשׁ
עַל מִי שֶׁנִּתְרַחֵק מִמָּךְ, וַעֲדַיִן אֵינִי זוֹכֶה לְהִתְקָרֵב אֵלֶיךָ
בֶּאֱמֶת כַּאֲשֶׁר אַתָּה יָדַעְתָּ בֶּאֱמֶת: יְיָ אֱלֹהַי, רוֹפֵא חוֹלִים

conquer my evil urge and break and remove my desires. There's only one way I can escape from my urges and save my soul from hell — through prayers and supplications, cries and screams. But even this I find impossible. How can someone as persecuted, beaten about and manhandled as I have been come to true prayer? I have no option but to cry out and pray to the best of my ability. But if even this does not help, God forbid, I don't know what I can do to escape.

Master of the World, I know the truth: I myself am the guilty one. "The sin is mine, Master" — because I don't try to fight my desires for even a brief moment. In fact, I encourage them. Not only have I made no effort to grapple with my desires and remove them. I've actively embraced them. God help me to stop doing so from now on. But I've already asked You to help me with this. I've begged You to have mercy and save me from my very self. Let me stop being so cruel to my poor soul. Let me have pity on myself. No-one is more pathetic than a person who is far away from You and still unable to come close to You. This You well know, Ha-Shem, my God, healer of the sick, who releases those who are in bondage and supports those

מַתִּיר אֲסוּרִים סוֹמֵךְ נוֹפְלִים, שׁוֹמֵעַ אַנְקַת אֶבְיוֹנִים, חֲמֹל עָלַי וְאַל תַּעַזְבֵנִי וְאַל תִּטְּשֵׁנִי, רְאֵה עָנְיִי וּמְרוּדִי לַעֲנָה וָרֹאשׁ,

וַאֲנִי יָדַעְתִּי גּוֹאֲלִי חָי וְאַתָּה חוֹשֵׁב מֵרָחוֹק לְהֵיטִיב אַחֲרִיתִי, וּלְהָשִׁיב אֶת שְׁבוּתִי, עֲנֵנִי יְיָ עֲנֵנִי, עָזְרֵנִי עָזְרֵנִי, חָנֵּנִי חָנֵּנִי, הוֹשִׁיעֵנִי הוֹשִׁיעֵנִי, תֶּן לִי חֲנִינָה וְלֹא אֹבַד, זַכֵּנִי וְעָזְרֵנִי לָשׁוּב אֵלֶיךָ בֶּאֱמֶת בִּתְשׁוּבָה שְׁלֵמָה וַעֲשֵׂה אֶת אֲשֶׁר בְּחֻקֶּיךָ אֵלֵךְ וְאֶת מִשְׁפָּטֶיךָ אֶשְׁמֹר,

וְזַכֵּנִי לְמִשְׁפָּט דִּקְדֻשָּׁה בֶּאֱמֶת, שֶׁאֶזְכֶּה לְיַשֵּׁב דַּעְתִּי בְּכָל יוֹם תָּמִיד וְאֶשְׁפֹּט אֶת עַצְמִי הֵיטֵב. וְאָדוּן בְּעַצְמִי אֶת כָּל הָעֲסָקִים וְהָעִנְיָנִים וְהַמַּעֲשִׂים אֲשֶׁר אֲנִי עוֹשֶׂה, אִם כָּךְ רָאוּי לִי לַעֲשׂוֹת, לְבַלּוֹת יָמִים בְּמַעֲשִׂים כָּאֵלֶּה, חַס וְשָׁלוֹם, וְאֶזְכֶּה לֶאֱחֹז אֶת דַּעְתִּי הֵיטֵב זְמַן מְסֻיָּם בְּיִשּׁוּב הַדַּעַת הַזֶּה וּבַמִּשְׁפָּט הַזֶּה, וְלֹא אָנִיחַ אֶת דַּעְתִּי וּמַחֲשַׁבְתִּי לִבְרֹחַ מִזֶּה מְהֵרָה, רַק אֶזְכֶּה לִכְנֹס בְּיִשּׁוּב הַדַּעַת הַזֶּה וּבַמִּשְׁפָּט הַזֶּה הֵיטֵב. עַד

who have fallen, and who hears the cry of the destitute. Have mercy on me! Don't abandon me! Don't throw me away! See how low I've fallen. See my bitter plight.

But I know that my Redeemer is alive and that from a distance You are planning to benefit me in the end and release me from my exile. Answer me, Hashem, answer me! Help me, help me! Save me, save me! Have compassion and save me from destruction. Help me repent sincerely and come to perfect Teshuvah. Let me walk the path of Your statutes and observe Your laws.

Calm and Concentration

Help me to judge myself. Help me to achieve a state of calm concentration every day, so that I will be able to examine myself carefully and weigh my various activities and involvements for myself. Let me decide if it is right for me to spend my days acting the way I do, God forbid. Help me to sustain my concentration for long enough to be able to examine myself calmly, without allowing my thoughts to wander or avoiding what I have to confront. Let me follow this practice of calm self-examination persist-

שֶׁאֶזְכֶּה שֶׁיִּתְחַזֵּק יִשּׁוּב דַּעְתִּי בֶּאֱמֶת בְּתֹקֶף גָּדוֹל וּבְהִתְגַּבְּרוּת חֲזָקָה, בְּאֹפֶן שֶׁאֶזְכֶּה לָסוּר וְלָשׁוּב מֵעַתָּה תֵּכֶף וּמִיָּד מִכָּל הַמַּעֲשִׂים רָעִים וּמִכָּל הַמַּחֲשָׁבוֹת רָעוֹת וְלֶאֱחֹז רַק בְּמַעֲשִׂים טוֹבִים תָּמִיד:

וְעַל-יְדֵי-זֶה תְּזַכֵּנִי בְּרַחֲמֶיךָ לְיִרְאָה שְׁלֵמָה לְיִרְאָה אֶת הַשֵּׁם הַנִּכְבָּד וְהַנּוֹרָא הַזֶּה אֶת יְיָ אֱלֹהֵינוּ. וְתִהְיֶה יִרְאָתִי בָּרָה וּנְקִיָּה בְּלִי שׁוּם פְּסֹלֶת, וְיִהְיֶה לִי רַק יִרְאַת יְיָ לְבַד. וּתְגַדֵּל חַסְדְּךָ עִמִּי וְתַמְתִּיק וּתְבַטֵּל מֵעָלַי וּמֵעַל זַרְעִי וּמֵעַל כָּל עַמְּךָ בֵּית יִשְׂרָאֵל כָּל מִינֵי דִינִים שֶׁבָּעוֹלָם. וְאַל תְּדִינֵנִי כְּמַעֲשַׂי, וְאַל תִּשְׁפְּטֵנִי כְּמִפְעָלַי, אַל תָּבוֹא בַּמִּשְׁפָּט עִמִּי כִּי לֹא יִצְדַּק לְפָנֶיךָ כָל חָי, רַק תִּגְזֹר בַּחֲסָדֶיךָ הַגְּדוֹלִים וְהַמְרֻבִּים לְבַטֵּל מֵעָלַי כָּל הַמִּשְׁפָּטִים וְכָל הַדִּינִים שֶׁבָּעוֹלָם, שֶׁלֹּא יִהְיֶה לָהֶם שׁוּם פִּתְחוֹן פֶּה לְעוֹרֵר דִּין וּמִשְׁפָּט, חַס וְשָׁלוֹם. רַק תְּזַכֵּנִי שֶׁאֲנִי בְּעַצְמִי אֶשְׁפֹּט עַצְמִי הֵיטֵב בְּכָל עֵת, לְעוֹרֵר עַצְמִי לִתְשׁוּבָה שְׁלֵמָה בֶּאֱמֶת תָּמִיד, עַד שֶׁאֶזְכֶּה לִהְיוֹת כִּרְצוֹנְךָ הַטּוֹב בֶּאֱמֶת לַאֲמִתּוֹ.

וְתַצִּילֵנוּ בְּרַחֲמֶיךָ הָרַבִּים מִכָּל מִינֵי יִרְאוֹת חִיצוֹנִיּוֹת, מִיִּרְאוֹת נְפוּלוֹת. שֶׁלֹּא אִירָא וְאֶפְחַד מִשּׁוּם שַׂר וְאָדוֹן, וְלֹא מִשּׁוּם

ently and diligently, until I develop the most intense powers of concentration. Let me then use them to direct myself away from all wrongful thoughts and actions without hesitating for a moment. Let me repent completely, and come to do only good.

Bring me to perfect fear of Heaven, so that I will "fear this glorious awesome Name — HaShem our God." Let my fear of God be pure and clear, without being mixed up with extraneous fears. Let me fear only God. Deal with me kindly, and sweeten and nullify all severe decrees against me, my children and descendants, and the entire Jewish People. Don't judge me according to my actions. Don't bring me to trial — because no-one alive can be vindicated before You. Loving God: Decree that any possible accusations against me should be null and void, so as to rule out all harsh judgements against me, God forbid. Help me to examine and judge myself at all times, so that I myself will take the initiative to repent genuinely, until I will eventually come to live and act the way You want me to.

Save me from all extraneous, "fallen fears," whether of officials and other influential people,

מִין חַיָּה רָעָה וְלִסְטִים, וְלֹא מִשּׁוּם דָּבָר שֶׁבָּעוֹלָם, כִּי אִם
מִמְּךָ לְבַד אִירָא וְאֶפְחַד. וְתִהְיֶה יִרְאָתְךָ עַל פָּנַי תָּמִיד לְבִלְתִּי
אֶחֱטָא, וְאֶזְכֶּה לְהַעֲלוֹת הַיִּרְאָה לְשָׁרְשָׁהּ לַדַּעַת הַקָּדוֹשׁ.
וְאֶזְכֶּה בְּרַחֲמֶיךָ הָעֲצוּמִים לְהַשְׁלִים דַּעְתִּי בִּשְׁלֵמוּת בִּקְדֻשָּׁה
וּבְטָהֳרָה, לְמַעַן אֵדַע מִמִּי אֶתְיָרֵא לִירָאָה אֶת שִׁמְךָ הַגָּדוֹל
לְבַד. וְיֻמְשַׁךְ הַיִּרְאָה הַקְּדוֹשָׁה בְּכָל אֵיבָרַי בְּרַמַ"ח אֵיבָרַי
וּבְשַׁסָ"ה גִּידַי, וְאֶזְכֶּה לִהְיוֹת מָלֵא אֵימָה וָפַחַד וְיִרְאָה גְּדוֹלָה
בֶּאֱמֶת מִשִּׁמְךָ הַגָּדוֹל וְהַקָּדוֹשׁ, בְּכָל עֵת וּבְכָל שָׁעָה תָּמִיד.
וּתְזַכֵּנִי בְּרַחֲמֶיךָ הָרַבִּים לָדַעַת שָׁלֵם בֶּאֱמֶת בִּקְדֻשָּׁה וּבְטָהֳרָה:

יְיָ אֱלֹהִים אַתָּה יָדַעְתָּ אֶת גֹּדֶל פְּחִיתוּת וְשִׁפְלוּת וּפְגַם דַּעְתֵּנוּ,
כִּי דַעְתֵּנוּ נִפְגְּמָה וְנִתְקַלְקְלָה מְאֹד עַל-יְדֵי מַעֲשֵׂינוּ הָרָעִים
וּמַחְשְׁבוֹתֵינוּ הַמְגֻנּוֹת וְדֵעוֹתֵינוּ הַמְבֻלְבָּלוֹת מְאֹד, עַד אֲשֶׁר
אֵין אָנוּ יוֹדְעִים כְּלָל לָתֵת עֵצָה בְּנַפְשֵׁנוּ אֵיךְ לְהִתְנַהֵג בְּשׁוּם
דָּבָר שֶׁבָּעוֹלָם. אָנָּא יְיָ, מָלֵא רַחֲמִים, חֲמֹל עָלַי וְחָנֵּנִי מֵאִתְּךָ
דֵּעָה שְׁלֵמָה, שֶׁאֶזְכֶּה לָדַעַת שָׁלֵם דִּקְדֻשָּׁה, לְמַעַן אֵדַע אֶת
שִׁמְךָ בֶּאֱמֶת, וְאִירָא מִמְּךָ תָּמִיד, וְאֶזְכֶּה לִירָאָה עִלָּאָה יִרְאַת
הָרוֹמְמוּת:

or of wild animals, thieves, or anything else in the world. Let me only fear and revere You, and let Your fear be on my face at all times so as not to sin. Let me elevate my fear to its root in *Da'at* — holy knowledge and awareness of HaShem. Help me attain complete knowledge and awareness of You in holiness and purity, so that I will know Who I am afraid of, and fear only Your great Name. Let holy awe penetrate every part my entire body, my two hundred and forty-eight limbs and my three hundred and sixty-five sinews. Let me be filled with true fear and awe of Your great and holy Name at every moment, and lovingly bring me to genuine, perfect *Da'at* in holiness and purity.

HaShem, You know how minimal and distorted my awareness of You is. My evil deeds, my foul thoughts and confused ideas have corrupted my mind. I have reached a point where I simply do not know how to work out the best course for me to take in any sphere of life. Loving God, treat me tenderly and mercifully, and grant me perfect holy *Da'at*. Let me know Your Name and always fear You, and bring me to the higher level of holy fear: awe at Your supreme greatness.

וּבְכֵן תְּזַכֵּנִי בְּרַחֲמֶיךָ הָרַבִּים, שֶׁאֶזְכֶּה לַעֲסֹק בְּתוֹרָתְךָ
הַקְּדוֹשָׁה תָּמִיד יוֹמָם וָלַיְלָה, וְתִפְתַּח אֶת דַּעְתִּי וְתָאִיר עֵינַי
בְּתוֹרָתֶךָ. וְאֶזְכֶּה לִלְמֹד תּוֹרָתְךָ הַקְּדוֹשָׁה בְּשֵׂכֶל צַח וָזַךְ.
וְאֶזְכֶּה לֵידַע וּלְהָבִין בִּמְהִירוּת גָּדוֹל בְּכָל מָקוֹם שֶׁאֲנִי לוֹמֵד,
וְלֹא יִהְיֶה כֹּחַ לְשׁוּם מְבַלְבֵּל לְבַלְבֵּל אֶת דַּעְתִּי, חַס וְשָׁלוֹם,
בִּשְׁעַת לִמּוּדִי בְּשׁוּם בִּלְבּוּל שֶׁבָּעוֹלָם, הֵן מַחֲשָׁבוֹת חוּץ
מַחֲשָׁבוֹת זָרוֹת מֵהֲבָלֵי עוֹלָם, הֵן בִּלְבּוּלִים וְעִרְבּוּבִים
וְעַקְמוּמִיּוֹת בְּעִנְיָן הַלִּמּוּד בְּעַצְמוֹ, מִכֻּלָּם תַּצִּיל אוֹתִי אָבִי
שֶׁבַּשָּׁמַיִם בְּרַחֲמֶיךָ הָרַבִּים. רַק אֶזְכֶּה לְהִתְגַּבֵּר בְּרַחֲמֶיךָ
לְסַלֵּק וּלְבַטֵּל מֵעָלַי כָּל מִינֵי בִּלְבּוּלִים וְעַקְמוּמִיּוֹת שֶׁבָּעוֹלָם
בִּשְׁעַת הַלִּמּוּד, וְאֶזְכֶּה לִלְמֹד הַרְבֵּה בִּמְהִירוּת גָּדוֹל, בְּשֵׂכֶל
צַח וָזַךְ בֶּאֱמֶת. וְאֶזְכֶּה לְהַתְחִיל וְלִגְמֹר כָּל סִפְרֵי הַתּוֹרָה
הַקְּדוֹשָׁה שֶׁבִּכְתָב וּבְעַל פֶּה, וּלְלַמֵּד אוֹתָם כַּמָּה פְּעָמִים.

אָנָּא יְיָ, מָלֵא רַחֲמִים, אַתָּה יָדַעְתָּ אֶת עֹצֶם הַבִּלְבּוּלִים
וְהָעִרְבּוּבִים שֶׁמְּעָרְבְּבִים וּמְסַבְּבִים וּמְבַלְבְּלִים אֶת דַּעְתִּי
תָּמִיד וּבִפְרָט בְּעֵת לִמּוּדִי, עַד שֶׁלֹּא זָכִיתִי עַד הֵנָּה לִלְמֹד
שָׁעָה קַלָּה בְּמַחֲשָׁבָה זַכָּה וּנְכוֹנָה וְכָל הַיּוֹם כֻּלּוֹ אֲפִלּוּ בְּעֵת
לִמּוּדִי דַּעְתִּי מְבֻלְבֶּלֶת וּמְטֹרֶפֶת מְאֹד בְּכַמָּה מִינֵי בִּלְבּוּלִים
וְעִרְבּוּבִים וּמַחֲשָׁבוֹת שֶׁל שְׁטוּת וְעַקְמִימִיּוֹת הַלֵּב, אַלְפֵי

Torah Study

Help me labor at Your holy Torah constantly, day and night. Open my mind and let my eyes see the light of Your Torah. Grant me a clear, pure intellect with which to study Your holy Torah. Give me a rapid grasp of everything I study. Let nothing in the world have any power to distract me and throw me off course during my study-sessions — whether irrelevant thoughts, or fantasies about the vain pleasures of this world, or confused and distorted ideas about my studies themselves and how to approach them. Help me fight off all such distractions and confusion while studying. Let me rapidly cover plenty of ground with clear understanding. Let me start and finish all the books of the holy Torah, both the Written and the Oral Torah, and go through them again and again many times.

HaShem, loving God: You know the powerful distractions and mental confusion I suffer from constantly, especially when studying. Until now I have never once managed to study with a clear head for even a brief moment. All day, and even when I'm studying, my mind is in turmoil, with an endless succession of thousands upon thousands of twisted and confused thoughts and

אֲלָפִים וְרִבֵּי רְבָבוֹת, בְּלִי שִׁעוּר וָעֵרֶךְ בְּכָל עֵת וּבְכָל שָׁעָה, וְאֵין אֲנִי יוֹדֵעַ לְהֵיכָן אֶבְרַח לְהַצִּיל אֶת נַפְשִׁי אֶת מֵהֶם:

יְיָ אֱלֹהִים, אַתָּה יָדַעְתָּ, אַתָּה יָדַעְתָּ אֶת פִּזּוּר דַּעְתֵּנוּ, כִּי פָּגַמְנוּ וְקִלְקַלְנוּ אֶת דַּעְתֵּנוּ מְאֹד, וְזֶה יָמִים וְשָׁנִים אֲשֶׁר דַּעְתִּי מְפֻזֶּרֶת מְאֹד וּמְשׁוֹטֶטֶת בְּכָל עֵת בִּשְׁטוּתִים וּבְלִבּוּלִים וּבְהִרְהוּרִים רָעִים וּבְכַמָּה מִינֵי פְגָמִים, אֲשֶׁר אִי אֶפְשָׁר לְבָאֵר וּלְפָרֵשׁ כְּלָל, אִם אָמַרְתִּי אֲסַפְּרָה כְּמוֹ אֶפֶס קָצֵהוּ מֵעֹצֶם בִּלְבּוּל עֲכִירַת הַדַּעַת יִכְלֶה הַזְּמַן. וְכָל הָעֵצוֹת טוֹבוֹת שֶׁגִּלִּיתָ לָנוּ עַל-יְדֵי צַדִּיקֵי אֱמֶת, אֵיךְ לְהִנָּצֵל מֵהֶם, בְּשֵׁב וְאַל תַּעֲשֶׂה, מָרַדְנוּ בָּהֶם וְלֹא קִיַּמְנוּם, עַד שֶׁבַּעֲווֹנוֹתֵינוּ הָרַבִּים קִלְקַלְנוּ וּפָגַמְנוּ מְאֹד בְּכָל הָעֵצוֹת טוֹבוֹת שֶׁגִּלִּיתָ לָנוּ כְּבָר, וַאֲשֶׁר אַתָּה מְגַלֶּה לָנוּ וּמְרַמֵּז לָנוּ בְּכָל עֵת עֵצוֹת יְשָׁרוֹת אֵיךְ לְהִנָּצֵל מִבִּלְבּוּל וּפִזּוּר דַּעְתֵּנוּ. כִּי לֹא הָיִיתִי מִתְגַּבֵּר כְּלָל לְקַיְּמָם עַד אֲשֶׁר נִתְבַּלְבְּלָה וְנִתְפַּזְּרָה דַּעְתֵּנוּ כָּל כָּךְ, שֶׁאֲפִלּוּ בְּשָׁעָה שֶׁאֲנַחְנוּ רוֹצִים לְהִתְגַּבֵּר וְלַעֲזֹב מַחְשְׁבוֹתֵינוּ הָרָעוֹת, וְלֶאֱחֹז בְּדַרְכֵי מִצְוֹתֶיךָ הַטּוֹבוֹת, שׁוּב אֵין אָנוּ יְכוֹלִים כְּלָל לְהַחֲזִיק מַחְשְׁבוֹתֵינוּ בִּמְנוּחָה, בִּקְדֻשָּׁה וּבְטָהֳרָה אֲפִלּוּ זְמַן מוּעָט:

יְיָ אֱלֹהִים, אָבִינוּ שֶׁבַּשָּׁמַיִם, רַחֲמָן הָאֱמֶת, מָלֵא רַחֲמִים בְּכָל עֵת וּבְכָל רֶגַע תָּמִיד. אַתָּה יָדַעְתָּ כַּמָּה אֲנַחְנוּ רְחוֹקִים עַכְשָׁו

feelings. I have no idea where to run to escape them.

HaShem: You know how disjointed my thoughts are. I've damaged my mind so much. For years and years now my thoughts just go everywhere. My mind wanders along every avenue of folly, confusion and evil. I cannot possibly go into all the details. If I wanted to describe even a tiny fraction of the turmoil in my mind, it would take for ever. The true Tzaddikim have given much good advice about how to escape such thoughts by just sitting passively without pursuing them further. But I have neglected their teachings and done the very opposite. I have thrown away all the good advice You have revealed and continue to reveal through various hints, as to how to escape mental confusion and turmoil. I've made no effort to follow any of it. My mind is so confused that even when I want to fight my evil thoughts and keep to Your advice I am no longer capable of keeping calm and concentrating on holy thoughts for even a short time.

HaShem, loving Father in Heaven: You are filled with love and kindness every single moment. You know how far I am from purity of

מְקֻדֶּשֶׁת הַמַּחֲשָׁבָה וּמִשְׁלֵמוּת הַדַּעַת, וּכְבָר כָּלִינוּ שְׁנוֹתֵינוּ בְּהֶבֶל וָרִיק, בְּבִלְבּוּל הַדַּעַת וּבְמַחֲשָׁבוֹת רָעוֹת וּפְגוּמוֹת מְאֹד בְּכָל עֵת וּבְכָל שָׁעָה, וַעֲדַיִן לֹא זָכִינוּ לְיִשּׁוּב הַדַּעַת כָּרָאוּי בֶּאֱמֶת אֲפִלּוּ שָׁעָה אַחַת מִנְּעוּרֵינוּ עַד הַיּוֹם הַזֶּה, כִּי חָטָאנוּ עָוִינוּ וּפָשַׁעְנוּ מְאֹד וּפָגַמְנוּ בַּהַבְּרִית קֹדֶשׁ, אֲשֶׁר עַל-יְדֵי-זֶה נִטְרַף וְנִתְבַּלְבֵּל דַּעְתֵּנוּ מְאֹד. וְאֵין אָנוּ יוֹדְעִים כְּלָל אֵיךְ לְהַחֲיוֹת אֶת עַצְמֵנוּ, וּבְאֵיזֶה דֶּרֶךְ נִזְכֶּה לָשׁוּב אֶל הַדַּעַת דִּקְדֻשָּׁה בִּשְׁלֵמוּת כָּרָאוּי בֶּאֱמֶת, כִּי קִלְקַלְנוּ וּפָגַמְנוּ בְּכָל הַדְּרָכִים וְהַשְּׁבִילִים שֶׁל הַדַּעַת דִּקְדֻשָּׁה:

אָנָּא יְיָ, חֲמֹל עָלַי בְּרַחֲמֶיךָ הָרַבִּים חוּס וַחֲמֹל נָא עַל נַפְשִׁי הָאֻמְלָלָה מְאֹד, הַיְגֵעָה מְאֹד, הַחֲלוּשָׁה מְאֹד, הָרְעֵבָה וּצְמֵאָה מְאֹד, הַמֻּנַּחַת בִּמְקוֹם שֶׁמֻּנַּחַת, כַּאֲשֶׁר אַתָּה לְבַד יָדַעְתָּ גֹּדֶל עֹצֶם הָרַחֲמָנוּת אֲשֶׁר עָלֵינוּ בָּעֵת הַזֹּאת, בְּעוּמְקָא דִּמְשִׁיחָא בְּעֹמֶק הַגָּלוּת. צָרוֹת נַפְשֵׁנוּ הִרְחִיבוּ מְאֹד בְּלִי שִׁעוּר וָעֵרֶךְ, אֲשֶׁר אִי אֶפְשָׁר לְבָאֵר וּלְסַפֵּר כְּלָל חֵלֶק אֶחָד מֵאֶלֶף וּרְבָבָה מֵהֶם. אָבִינוּ שֶׁבַּשָּׁמַיִם עָזְרֵנוּ, אָבִינוּ שֶׁבַּשָּׁמַיִם חָנֵּנוּ, אָבִינוּ שֶׁבַּשָּׁמַיִם, אֵין אָנוּ יוֹדְעִים כְּלָל מַה לְּדַבֵּר, וּבְאֵיזֶה דֶּרֶךְ נִזְכֶּה לִרְצוֹת וּלְפַיֵּס אוֹתְךָ, אַחַר שֶׁנִּאַצְנוּ עֲצוֹתֶיךָ הָעֶלְיוֹנוֹת וּמָרַדְנוּ נֶגְדְּךָ הַרְבֵּה מְאֹד:

thought and holy knowledge. My years have been wasted on vanity, emptiness, confusion: I've had nothing but evil, corrupt thoughts the whole time. In my entire life I've never had even a single hour of true inner calm and concentration. My sins and immorality have left my mind turbulent and confused. I have no idea how to heal myself and go about cultivating true holy knowledge and awareness, because I have failed in all the pathways of holy knowledge.

Please HaShem, have mercy on me. Have pity on my poor, exhausted, weak, hungry, thirsty soul, which has descended to such a level of degradation. You alone know the true pathos of our condition at this time of deep exile, as we await the coming of Mashiach. The dimensions of our spiritual tragedy cannot begin to be described. It is impossible to express even a tiny fraction of our troubles in words. Heavenly Father, be kind to us and help us! Heavenly Father, I have no idea what to say and how I can placate You, seeing that I've rejected Your profound guidance and rebelled against You so much.

רִבּוֹנוֹ שֶׁל עוֹלָם, אַתָּה יָדַעְתָּ כִּי כָל דְּבוּרַי וּבַקָּשׁוֹתַי וּתְחִנּוֹתַי
וְכָל מַה שֶּׁאֲנִי מְצַפֶּה וּמְקַוֶּה וּמְיַחֵל עֲדַיִן לִישׁוּעָתְךָ בֶּאֱמֶת
כְּהֶרֶף עַיִן בְּכֻלָּם אֵין לִי שׁוּם סְמִיכָה וּמִבְטָח וּמָנוֹס כִּי אִם
בְּכֹחַ הַצַּדִּיקֵי אֱמֶת, אֲשֶׁר זָכִיתָ אוֹתָנוּ בְּכָל הַדּוֹרוֹת וְגַם בַּדּוֹר
הַזֶּה זָכִיתָ אוֹתָנוּ לְצַדִּיקִים אֲמִתִּיִּים גְּדוֹלִים וְנוֹרָאִים אֲשֶׁר
נִקְרָא שְׁמָם עָלֵינוּ, וְעַל כֹּחָם הַגָּדוֹל לְבַד נִשְׁעָנְנוּ. וּבְכֵן
יֶהֱמוּ נָא מֵעֶיךָ עָלֵינוּ יֶהֱמוּ וְיִכְמְרוּ רַחֲמֶיךָ הָעֲצוּמִים עָלֵינוּ,
עַל מֻרְדָּף בְּלִי חֵשֶׁךְ כָּמוֹנוּ, עַל עָנִי וְכוֹאֵב, נִכְאֵה לֵבָב
כָּמוֹנוּ. וְעָזְרֵנוּ בְּרַחֲמֶיךָ הָרַבִּים בְּכֹחַ וּזְכוּת הַצַּדִּיקֵי אֱמֶת,
שֶׁאֶזְכֶּה לְהִתְגַּבֵּר עַל כָּל מַחְשְׁבוֹתַי הָרָעוֹת, וְאֶזְכֶּה לְהַשְׁלִים
דַּעְתִּי בִּקְדֻשָּׁה וּבְטָהֳרָה בְּרַחֲמֶיךָ הָרַבִּים. וּתְזַכֵּנִי לִלְמֹד
וְלַהֲגוֹת בְּתוֹרָתְךָ הַקְּדוֹשָׁה תָּמִיד יוֹמָם וָלַיְלָה, וְאֶזְכֶּה לִלְמֹד
בִּמְהִירוּת גָּדוֹל בְּלִי שׁוּם בִּלְבּוּלִים כְּלָל, וְאֶזְכֶּה שֶׁיְּזֻדַּכֵּךְ
מֹחִי וְיִהְיֶה מֹחִי וְשִׂכְלִי זַךְ וְצַח וְנָקִי בְּלִי שׁוּם פְּסֹלֶת כְּלָל,
וְיִהְיֶה מֹחִי וְשִׂכְלִי מָהִיר וְחָרִיף לְהָבִין הַדָּבָר עַל בּוּרְיוֹ בֶּאֱמֶת
לַאֲמִתּוֹ בִּמְהִירוּת גָּדוֹל בְּלִי עִיּוּן כְּלָל.

וּתְרַחֵם עָלַי שֶׁאֶזְכֶּה לַעֲנָוָה וְשִׁפְלוּת אֲמִתִּי שֶׁלֹּא יַעֲלֶה בְּלִבִּי
שׁוּם צַד גֵּאוּת וּפְנִיּוֹת כְּלָל. וְגַם כַּאֲשֶׁר תְּזַכֵּנִי בְּרַחֲמֶיךָ לִלְמֹד

The Power of the Tzaddikim

Master of the World: You know that regardless of anything I might say to You or ask of You, if I have any hopes of speedy salvation, the only thing I can depend on is the power of the true Tzaddikim. You have sent us Tzaddikim in every generation. In this generation too You have sent us awesomely great Tzaddikim. I have nothing to rely on except their strength. And so, let Your great love and compassion for me be aroused. I am under continuous attack. I've fallen so low. I'm in such pain. My heart is so stricken. Loving God, help me! Through the power of the true Tzaddikim and in their merit, help me fight against all my evil thoughts and develop perfect knowledge and awareness of God in holiness and purity. Help me study and ponder Your holy Torah constantly, day and night. Let my thoughts and intellect be cleansed and purified until they are free of all waste. Let my mind be sharp and alert, and help me gain a true, clear grasp of whatever subject I am studying quickly and without my having to pore over it at all.

Bring me to true meekness and humility. Let me never be swayed by the least hint of pride or

תּוֹרָה הַרְבֵּה, אֶזְכֶּה לְבַל אַחֲזִיק טוֹבָה לְעַצְמִי כְּלָל, וְלֹא
יַעֲלֶה בְּלִבִּי, חַס וְשָׁלוֹם, עַל-יְדֵי לִמּוּד הַתּוֹרָה שׁוּם פְּנִיּוֹת
וְגַסּוּת הָרוּחַ כְּלָל. וְאֶזְכֶּה לִלְמֹד תּוֹרָה הַרְבֵּה לִשְׁמָהּ בִּקְדֻשָּׁה
וּבְטָהֳרָה בַּעֲנָוָה וְשִׁפְלוּת בֶּאֱמֶת. וְאֶזְכֶּה לִלְמֹד וּלְלַמֵּד לִשְׁמֹר
וְלַעֲשׂוֹת וּלְקַיֵּם אֶת כָּל דִּבְרֵי תוֹרָתֶךָ בְּאַהֲבָה:

וּבְכֵן תְּזַכֵּנִי בְּרַחֲמֶיךָ הָרַבִּים לִתְפִלָּה בֶּאֱמֶת בִּשְׁלֵמוּת כָּרָאוּי,
וְאֶזְכֶּה לְהִתְפַּלֵּל כָּל הַיּוֹם כֻּלּוֹ בֶּאֱמֶת. וּתְעוֹרֵר אֶת לְבָבִי
בְּרַחֲמֶיךָ הָרַבִּים שֶׁאֶזְכֶּה לִשְׁפֹּךְ שִׂיחִי לְפָנֶיךָ לְפָרֵשׁ שִׂיחָתִי
לְפָנֶיךָ תָּמִיד בִּתְפִלָּה וְתַחֲנוּנִים, וְאֶת כָּל הַטּוֹב אֲשֶׁר נִסְתָּר
וְנִצְפָּן בִּנְקֻדָּתִי הַטּוֹבָה אוּכַל לְהוֹצִיא לָאוֹר עַל-יְדֵי דִּבּוּרֵי
הַתְּפִלָּה וּתְחִנוֹת וּבַקָּשׁוֹת בֶּאֱמֶת מֵעוּמְקָא דְלִבָּא, עַד שֶׁאֶזְכֶּה
שֶׁיִּתְגַּלֶּה הַטּוֹב הַנֶּעְלָם וְהַנִּסְתָּר אֶצְלִי וְיִתְגַּבֵּר הַטּוֹב עַל
הָרָע, עַד שֶׁאַכְנִיעַ וַאֲבַטֵּל אֶת הָרָע לְגַמְרֵי, עַד שֶׁאֶזְכֶּה לָצֵאת
מֵרַע לְטוֹב מֵחשֶׁךְ לְאוֹר גָּדוֹל.

וּתְזַכֵּנִי בְּרַחֲמֶיךָ לְהִתְפַּלֵּל בִּמְסִירוּת נֶפֶשׁ בֶּאֱמֶת וְאֶזְכֶּה לְבַטֵּל
כָּל יְשׁוּתִי וְגַשְׁמִיּוּתִי וְלֹא אֶתְפַּלֵּל בִּשְׁבִיל תּוֹעֶלֶת עַצְמִי כְּלָל,

by false motives. Even when You help me and enable me to learn much Torah, don't let me take any of the credit for myself. Don't allow my Torah studies to lead me into arrogance. Let me learn much Torah for its own sake, in holiness, purity, and true humility. Help me study, teach, guard, practice and fulfil all Your Torah teachings in love.

Rising beyond oneself through prayer

Loving God, bring me to true prayer. Throughout the day let me always pray in the proper way, truthfully and sincerely. Arouse my feelings until I pour out my very heart to You in prayer and supplication. Help me bring all the goodness concealed within my inner good "point" out into the light. Let me draw the words of my prayers and supplications from the very depths of my heart, until the goodness concealed within me will be revealed and the good will outweigh the evil, enabling me to subdue my evil side and remove it completely. Bring me from evil to good, from darkness to great light.

Help me pray with complete surrender, until I lose all sense of my own independent existence and material being. Let me not pray for my own

רַק אֶזְכֶּה לְהִתְבַּטֵּל לְגַמְרֵי בִּשְׁעַת הַתְּפִלָּה כְּאִלּוּ אֵינֶנִּי בָּעוֹלָם כְּלָל, וְכָל כַּוָּנָתִי בַּתְּפִלָּה יִהְיֶה רַק לְשִׁמְךָ בֶּאֱמֶת לְהַעֲלוֹת הַשְּׁכִינָה מֵהַגָּלוּת, לְגַלּוֹת אֱלֹהוּתְךָ בָּעוֹלָם.

וְכַאֲשֶׁר כְּבָר הִתְחַלְתָּ בְּרַחֲמֶיךָ וַחֲסָדֶיךָ הָרַבִּים לְגַלּוֹת אֱלֹהוּתְךָ בָּעוֹלָם, וְלִמַּדְתָּנוּ עַל-יְדֵי צַדִּיקֶיךָ הָאֲמִתִּיִּים לְסַדֵּר שִׁירוֹת וְתִשְׁבָּחוֹת וּתְפִלּוֹת וְתַחֲנוּנִים לְפָנֶיךָ, וְהוֹרֵיתָ לָנוּ שְׁמוֹתֶיךָ הַקְּדוֹשִׁים, וְגָזַרְתָּ בְּחַסְדְּךָ לִסְמֹךְ אוֹתָנוּ בְּתָאֲרֶיךָ וּשְׁבָחֶיךָ, שֶׁיִּהְיֶה לָנוּ רְשׁוּת וְכֹחַ לְכַנּוֹת וְלִקְרוֹת אוֹתְךָ בְּתָאֲרִים וּשְׁבָחִים אֲשֶׁר עַל-יְדֵי-זֶה לְבַד יֵשׁ לָנוּ סְמִיכָה וְתִקְוָה לְהִתְקָרֵב אֵלֶיךָ בֶּאֱמֶת וְלָדַעַת אוֹתְךָ בְּלֵב שָׁלֵם, כֵּן בְּרַחֲמֶיךָ הָרַבִּים תְּזַכֶּה אוֹתָנוּ בְּכָל דּוֹר וָדוֹר. וּבִכְלַל יִשְׂרָאֵל תְּזַכֶּה אוֹתִי גַּם כֵּן וְתִתֶּן לִי דַּעַת אֲמִתִּי דִּקְדֻשָּׁה עַל-יְדֵי תּוֹרָתְךָ הַקְּדוֹשָׁה, שֶׁאֶזְכֶּה לְסַדֵּר שִׁירוֹת וְתִשְׁבָּחוֹת וּתְפִלָּה וְתַחֲנוּנִים לְפָנֶיךָ תָּמִיד כָּל יְמֵי חַיַּי בֶּאֱמֶת בֶּאֱמוּנָה וּבְדֵעָה נְכוֹנָה וּמְיֻשֶּׁבֶת, וְאֶזְכֶּה לְכַוֵּן אֶל הָאֱמֶת וּלְכַנּוֹת וְלִקְרוֹת אוֹתְךָ בְּתָאֲרִים וּשְׁבָחִים הֲגוּנִים הָרְאוּיִים לִקְרוֹת אוֹתְךָ בָּהֶם, בְּאֹפֶן שֶׁיַּעֲלוּ דִּבְרֵי תַחֲנוּנַי וּבַקָּשׁוֹתַי וְשִׁירוֹת וְתִשְׁבָּחוֹת שֶׁאֲנִי מְסַדֵּר לְפָנֶיךָ לְרָצוֹן, וְיִתְעוֹרְרוּ רַחֲמֶיךָ הָרַבִּים עָלַי וְתִתְרַצֶּה וְתִתְפַּיֵּס אֵלֵינוּ.

benefit. Help me to rise beyond all the limitations of self, as if I am not in the world at all. Let my only aim in my prayers be for the sake of Your Name, to lift up the Divine Presence from the exile and reveal Your Godliness throughout the world.

Loving God: You have already begun to reveal Yourself to the world. Through the true Tzaddikim, You have taught us to offer You songs and praises, prayers and supplications. You have sustained us by teaching us Your holy Names and attributes, thereby permitting us to address You and call upon You. This is the only support we have in our hopes of drawing close to You with all our hearts and knowing You. Now too, help all of us in every generation. Help every Jew, including me. Through the Torah that I study, give me holy understanding and help me offer You constant songs, praises, prayers and supplications all the days of my life. Let me pray with perfect sincerity, with faith, complete calm and full concentration. Guide me toward the truth, so that I will call to You and address You in fitting terms, and my requests and praises will find favor before You and arouse Your love and good will.

וּתְזַכֵּנוּ מֵעַתָּה לְהִתְקָרֵב אֵלֶיךָ בֶּאֱמֶת וּמֵאוֹצַר מַתְּנַת חִנָּם חָנֵּנִי כִּי עֵינַי לְךָ תְלוּיוֹת וּמְחַכּוֹת, שֶׁתְּזַכֵּנוּ לָבוֹא לִתְפִלָּה בֶּאֱמֶת וְאֶזְכֶּה לַעֲסֹק בִּתְפִלָּה תָּמִיד, עַד שֶׁאֶזְכֶּה עַל-יְדֵי הַתְּפִלָּה לָבוֹא וּלְהַגִּיעַ וּלְהַשִּׂיג סוֹדוֹת הַתּוֹרָה הָאֲמִתִּיִּים וְאֶזְכֶּה לִטְעֹם טַעַם אוֹר הַגָּנוּז, אֲשֶׁר אַתָּה עָתִיד לְגַלּוֹת לְצַדִּיקֶיךָ הָאֲמִתִּיִּים שֶׁהוּא פְּנִימִיּוּת סִתְרֵי תוֹרָה וּתְזַכֵּנִי לַחֲזוֹת בְּנֹעַם יְיָ וּלְבַקֵּר בְּהֵיכָלוֹ.

אֲדוֹן כֹּל מָלֵא רַחֲמִים, חָנֵּנִי וְזַכֵּנִי בְּרַחֲמֶיךָ הָרַבִּים לְתוֹרָה וּתְפִלָּה בֶּאֱמֶת בִּמְסִירַת נֶפֶשׁ, עַד שֶׁאֶזְכֶּה בְּרַחֲמֶיךָ לִטְעֹם גַּם בָּעוֹלָם הַזֶּה טַעַם אוֹר הַגָּנוּז אֲשֶׁר גָּנוּז וְצָפוּן לִירֵאֶיךָ, כְּמוֹ שֶׁכָּתוּב: "מָה רַב טוּבְךָ אֲשֶׁר צָפַנְתָּ לִּירֵאֶיךָ פָּעַלְתָּ לַחוֹסִים בָּךְ נֶגֶד בְּנֵי אָדָם",

כִּי אַתָּה טוֹב וּמֵיטִיב לַכֹּל וְאַתָּה יָדַעְתָּ כִּי אֵין טוֹב אֲמִתִּי בָּעוֹלָם כִּי אִם לִהְיוֹת סוּר מֵרָע בֶּאֱמֶת וְלַעֲשׂוֹת מַעֲשִׂים טוֹבִים, לִהְיוֹת מְשֻׁעְבָּד וּבָטֵל אֶל הַתּוֹרָה וְאֶל הָעֲבוֹדָה בֶּאֱמֶת

The Hidden Light

From now on, bring me genuinely close to You and lavish me with kindness from Your treasury of goodness. My eyes are hanging on You, waiting for You to bring me to true prayer. Help me to immerse myself in constant prayer, until I come to grasp the true secrets of the Torah, and I will have a taste of the hidden light which You are going to reveal to the true Tzaddikim in the future — the innermost secrets of the Torah. Let me gaze upon the pleasantness of HaShem and contemplate in His sanctuary.

Master of all, kind, loving God: Grant that I should attain such a level of Torah and fervent prayer that, even in this world, I will be worthy of a taste of the hidden light that is concealed and stored away for those who fear You, as it is written: "How great is Your goodness that You have hidden away for those that fear You and have made for those who take refuge in You against the sons of man."

HaShem: You are good and benevolent to all. You know that there is no true good in the world except to turn from evil and to do good, to genuinely subject ourselves to the Torah and divine service with complete sincerity at all

תָּמִיד, עַד שֶׁנִּזְכֶּה לִטְעֹם טַעַם אוֹר הַגָּנוּז גַּם בָּעוֹלָם הַזֶּה
אֲשֶׁר זֹאת הִיא הַטּוֹבָה הָאֲמִתִּית וְהַנִּצְחִיִּת. עֲשֵׂה עִמִּי
כְּחַסְדֶּךָ, וְזַכֵּנִי לִטְעֹם מִטּוּבְךָ הָאֲמִתִּי. "מֵקִים מֵעָפָר דָּל
מֵאַשְׁפוֹת יָרִים אֶבְיוֹן". חָנֵּנִי וַהֲקִימֵנִי וּמִטּוּבְךָ תַּשְׂבִּיעֵנִי,
וּמִזִּיו כְּבוֹדְךָ תַּרְאֵנִי, וּלְחַיִּים נִצְחִיִּים תְּזַכֵּנִי מֵעַתָּה וְעַד עוֹלָם
אָמֵן סֶלָה:

times, until we are granted a taste of the hidden light even in this world. This is the true and enduring good. Deal with me mercifully and grant that I should taste Your true goodness. "He lifts up the lowly from the dust, He will raise up the destitute from the trash-heap." Be kind to me. Elevate me and satisfy me with Your goodness. Show me the radiance of Your glory and grant me eternal life from now and for ever. Amen. Selah.

16

Striking the right balance between Torah study and relaxation / Mashiach

There are times when "making a break from Torah is the way to keep the Torah" (*Menachot* 99). It is impossible to study and pray continuously without a break. The question is how to strike the right balance between study and devotion on the one hand and relaxation on the other without *wasting* time.

During the period of the exile, the forces of evil and the seventy nations are "clouds covering the eyes" (*Zohar* III:252) — preventing the eyes of the intellect from "shining like the sun and the moon." However in the time of Mashiach, these clouds will be removed, and it will be possible to devote ourselves to Torah and service of God constantly.

רִבּוֹן הָעוֹלָמִים, אַתָּה בָּרָאתָ אוֹתָנוּ בִּרְצוֹנְךָ הַטּוֹב בָּעוֹלָם
הַשָּׁפָל הַזֶּה, וְגָזַרְתָּ עַל נִשְׁמָתֵנוּ שֶׁתֵּרֵד מֵעוֹלָם הָעֶלְיוֹן,
מֵהֵיכָלָא דְּמַלְכָּא מִקַּדְשֵׁי קָדָשִׁים, וְתִכְנֹס בַּגּוּף הַגַּשְׁמִי
בָּעוֹלָם הַזֶּה. וְכַוָּנָתְךָ הַקְּדוֹשָׁה הָיְתָה לְטוֹבָתֵנוּ, כְּדֵי שֶׁנִּזְכֶּה
לְדַבֵּק עַצְמֵנוּ בְּךָ בָּעוֹלָם הַשָּׁפָל הַזֶּה. עַל כֵּן בְּוַדַּאי חוֹבָה
עָלֵינוּ לִהְיוֹת דְּבֵקִים בְּךָ תָּמִיד בְּלִי הֶפְסֵק רֶגַע, וְלַעֲסֹק
בְּתוֹרָתְךָ הַקְּדוֹשָׁה יוֹמָם וָלַיְלָה בְּלִי שׁוּם הֶפְסֵק וּבִטּוּל כְּלָל,
כִּי הִיא חַיֵּינוּ וְאֹרֶךְ יָמֵינוּ וְאֵין לָנוּ שׁוּם חַיּוּת כִּי אִם כְּשֶׁאָנוּ
דְּבֵקִים בְּךָ וּבְתוֹרָתְךָ הַקְּדוֹשָׁה.

אֲבָל מַה נַּעֲשֶׂה יְיָ אֱלֹהֵינוּ כִּי אַתָּה יָדַעְתָּ, כִּי מֵחֲמַת עֲכִירַת
גַּשְׁמִיּוּת גּוּפֵנוּ וּמֵעֹצֶם גָּלוּתֵינוּ בֵּין הָעַכּוּ"ם בַּעֲוֹנוֹתֵינוּ
הָרַבִּים, אִי אֶפְשָׁר לָנוּ עַכְשָׁו בְּשׁוּם אֹפֶן לִהְיוֹת תָּמִיד דְּבוּקִים
בְּךָ וּבְתוֹרָתְךָ הַקְּדוֹשָׁה בְּלִי שׁוּם הֶפְסֵק, כַּמֻּטָּל עָלֵינוּ,
וּבְהֶכְרֵחַ אָנוּ מֻכְרָחִים לִפְעָמִים לְבַטֵּל קְצָת מְעַט מִדִּבְרֵי
תוֹרָה, מִלְשׁוֹטֵט בְּחָכְמָתְךָ הַקְּדוֹשָׁה, כִּי מֵעֹצֶם הַבִּלְבּוּלִים
הַבָּאִים עַל הַמֹּחַ עַל יְדֵי הָעֲנָנִים דִּמְכַסְּיָן עַל עֵינִין,

Master of the Universe:

You created us in this lowly world for a good purpose. You decreed that our souls should descend from the upper world, the palace of the King, the Holy of Holies, and enter a physical body in this world. Your holy intention was for *our* good, to enable us to attach ourselves to You in this lowly world. Because of this, it is clearly our obligation to remain attached to You constantly without a moment's break. We should busy ourselves with Your holy Torah day and night, without the least interruption and without wasting any time. For the Torah is our source of vitality and long life. We have no vitality except when attached to You and Your holy Torah.

But HaShem, what should we do? You know that because of the gross materialism of our bodies and our long exile among the nations caused by our many sins, it is quite impossible for us to be constantly attached to You and Your holy Torah the way we should, without a break. We have no choice but to leave aside our Torah studies every so often and interrupt our exploration of Your holy wisdom for a while. Our minds are subject to such powerful distractions owing

הַמִּתְגַּבְּרִים עַתָּה בְּתֹקֶף גָּלוּתֵנוּ, מֵחֲמַת זֶה הַהֶכְרֵחַ אֲפִלּוּ
לְהַצַּדִּיק הָאֲמִתִּי שֶׁיִּתְבַּטֵּל לִפְעָמִים מִדְּבֵקוּתוֹ וּמֵחָכְמָתוֹ
הָעֶלְיוֹנָה, כְּדֵי לָתֵת נַיְחָא לְהַמּוֹחִין שֶׁלֹּא יִתְגַּבְּרוּ הַבִּלְבּוּלִים,
חַס וְשָׁלוֹם, לְבַלְבֵּל וּלְבַטֵּל לְגַמְרֵי.

וְאָנֹכִי הֶעָנִי בְּדַעַת הָרָשׁ בְּחָכְמָה, לֹא יָדַעְתִּי נַפְשִׁי, אֵיךְ
לְהִתְנַהֵג בְּעִנְיַן הַלִּמּוּד וְהַבִּטּוּל, אֵיךְ לְפַלֵּס דַּרְכִּי, שֶׁיִּהְיֶה
הַבִּטּוּל בְּעֵת הַהֶכְרֵחַ לְבַד בְּמוֹעֲדוֹ וּבִזְמַנּוֹ שֶׁלֹּא לְהִתְבַּטֵּל
יוֹתֵר מִדַּי.

וּבְכֵן בָּאתִי לְפָנֶיךָ לְבַקֵּשׁ רַחֲמִים מִלְּפָנֶיךָ יְיָ אֱלֹהַי וֵאלֹהֵי
אֲבוֹתַי, שֶׁתְּזַכֵּנִי וְתַדְרִיכֵנִי בְּדֶרֶךְ הַנָּכוֹן וְהָאֱמֶת, וְתַשְׁפִּיעַ
עָלַי מִמְּעוֹן קְדֻשָּׁתְךָ חָכְמָה בִּינָה וָדָעַת. וְתַעַזְרֵנִי שֶׁאֵדַע אֵיךְ
לְהִתְנַהֵג בְּעִנְיָן זֶה, בְּעִנְיַן בְּטוּלָהּ שֶׁל תּוֹרָה זֶהוּ קִיּוּמָהּ.
וְתַדְרִיכֵנִי וּתְלַמְּדֵנִי, בְּאֹפֶן שֶׁאֶזְכֶּה לְהִתְנַהֵג תָּמִיד כִּרְצוֹנְךָ
הַטּוֹב, לַעֲשׂוֹת הַכֹּל יָפֶה בְּעִתּוֹ,

לַעֲסֹק בְּתוֹרָה וּתְפִלָּה וּבְמַעֲשִׂים טוֹבִים לְשִׁמְךָ תָּמִיד יוֹמָם
וָלַיְלָה בְּהַתְמָדָה גְּדוֹלָה וּבִזְרִיזוּת גְּדוֹלָה, וְאֶזְכֶּה לְהַרְבּוֹת

to "the clouds that cover the eyes" during this deep exile. Even the true Tzaddik is forced to take a break from his devotions and his pursuit of the higher wisdom in order to rest his mind. Otherwise the distractions would become overwhelming, and they could throw him off course and thwart him completely.

If this applies to the Tzaddik, what should *I* do? I am bereft of understanding and wisdom. I have no idea how to conduct myself as regards learning and resting. How can I strike the right balance between them, so that I rest only when necessary, without wasting too much time?

I have therefore come before You to ask Your help. HaShem my God and God of my fathers: guide me on the right path. Send me wisdom, understanding and knowledge from Your holy dwelling-place. Help me know how to conduct myself in regard to the teaching that "making a break from the Torah is sometimes the way to keep the Torah." Guide me and teach me to act at all times as You would want me to for my own good. Let me do everything properly at the right time.

Let me constantly devote myself to Torah, prayer and good deeds for the sake of Your

בְּכָל יוֹם בַּעֲבוֹדַת יְיָ בֶּאֱמֶת. וּתְחָנֵּנִי לָדַעַת מָתַי אֲנִי מֻכְרָח
לְבַטֵּל קְצָת, וְאֶזְכֶּה שֶׁלֹּא יִהְיֶה לִי שׁוּם בִּטּוּל כִּי אִם בְּעֵת
הַהֶכְרֵחַ לְבַד, וַאֲפִלּוּ בָּעֵת שֶׁאֲנִי מֻכְרָח לְהִתְבַּטֵּל קְצָת מִדִּבְרֵי
תוֹרָה, תַּעַזְרֵנִי וּתְזַכֵּנִי שֶׁלֹּא אֶתְבַּטֵּל, חַס וְשָׁלוֹם, לְגַמְרֵי
מִכֹּל וָכֹל. רַק תְּחָנֵּנִי דֵּעָה בִּינָה וְהַשְׂכֵּל, וְתַשְׁפִּיעַ עָלַי שֵׂכֶל
מֵאִתְּךָ, שֶׁאוּכַל לִהְיוֹת דָּבוּק בְּהֶעָלֵם אֶל הַשֵּׁם יִתְבָּרַךְ וְאֶל
הַתּוֹרָה הַקְּדוֹשָׁה, אֲפִלּוּ בְּעֵת בִּטּוּלָהּ שֶׁל תּוֹרָה.

וְיִהְיוּ מְאִירִין עֵינֵי שִׂכְלִי בְּעֵת הַבִּטּוּל עַל-יְדֵי הָרְשִׁימוּ
שֶׁנִּשְׁאַר מֵאוֹר הַחָכְמָה שֶׁל הַתּוֹרָה הַקְּדוֹשָׁה שֶׁהָיִיתִי עוֹסֵק
בָּהּ וְיִהְיוּ עֵינַי מְאִירוֹת כַּשֶּׁמֶשׁ וְכַיָּרֵחַ. לִפְעָמִים כַּשֶּׁמֶשׁ
כְּשֶׁאָנוּ דְּבֵקִים בַּחָכְמָה הָעֶלְיוֹנָה בְּתוֹרָתְךָ הַקְּדוֹשָׁה,
וְלִפְעָמִים כַּיָּרֵחַ כְּשֶׁאָנוּ מֻכְרָחִין לְהִתְבַּטֵּל מִן הַחָכְמָה וּמֵעֵסֶק
הַתּוֹרָה שֶׁאָז יָאִירוּ עֵינַי כַּיָּרֵחַ יְקָר הוֹלֵךְ, בְּאֹפֶן שֶׁאֶזְכֶּה
לְהִתְדַּבֵּק בְּךָ תָּמִיד לְעוֹלָם וָעֶד:

וְתִהְיֶה בְּעֶזְרִי תָּמִיד, וְתוֹשִׁיעֵנִי לָשׁוּב אֵלֶיךָ בֶּאֱמֶת בִּתְשׁוּבָה
שְׁלֵמָה לְפָנֶיךָ. וְאֶזְכֶּה מֵעַתָּה לְהִתְדַּבֵּק בְּךָ בֶּאֱמֶת כִּרְצוֹנְךָ

Name, day and night. Let me apply myself un-remittingly and with all my energy. Help me fill every day with genuine service of God. Grant me to know when I need to rest a little. Let me never rest except when necessary. Even when I do need to take a break from Torah study, help me not to lose everything, God forbid. Grant me knowledge and understanding, and inspire me with the wisdom to be able to be inwardly at-tached to HaShem and to the holy Torah even at times when I am not studying.

Even when I have to interrupt my studies, let the eyes of my mind shine with the trace of the light of the wisdom of the holy Torah that still remains from when I was studying. Let my eyes shine like the sun and the moon — sometimes like the sun, as when I am attached to the higher wisdom in Your holy Torah, and sometimes like the moon, as when I am forced to take a break from the pursuit of wisdom and Torah study. Let my eyes then radiate like the sheen of the waxing moon, so that I will be able to be attached to You constantly for ever.

Help me at all times, and bring me to genuine and complete teshuvah. From now on, let me be truly attached to You the way You

הַטּוֹב וְאֶזְכֶּה לְבַלּוֹת כָּל יָמַי בְּתוֹרָה וּתְפִלָּה וּבְמַעֲשִׂים טוֹבִים, בִּקְדֻשָּׁה וּבְטָהֳרָה בֶּאֱמֶת וּבֶאֱמוּנָה וּבְיִרְאָה וּבְאַהֲבָה, בְּשִׂמְחָה וּבְטוֹב לֵבָב מֵרֹב כֹּל. עָזְרֵנִי בְּרַחֲמֶיךָ הָרַבִּים שֶׁלֹּא אֲאַבֵּד מֵעַתָּה שׁוּם שָׁעָה וְשׁוּם רֶגַע מִימֵי חַיֵּי הַמְעַטִּים בְּחִנָּם כִּי מְעַט יָמַי, וְאִם לֹא עַכְשָׁו אֵימָתָי.

כִּי הֲלֹא אַתָּה עָתִיד לְקַבֵּל דִּין וְחֶשְׁבּוֹן מֵאִתָּנוּ עַל כָּל שָׁעָה וְרֶגַע מִימֵי חַיֵּינוּ. עָזְרֵנִי שֶׁאֲפִלּוּ בְּעֵת שֶׁאֲנִי מֻכְרָח לְהִתְבַּטֵּל מִדִּבְרֵי תוֹרָה, שֶׁתַּזְמִין לִי אָז אֵיזֶה עֲסָקִים מֵעֲבוֹדָתְךָ וּרְצוֹנֶךָ, שֶׁאוּכַל עַל יָדָם לְפַקֵּחַ אֶת דַּעְתִּי וְלָתֵת נַיְחָא לְמוֹחִי, וְאַף-עַל-פִּי-כֵן אֶעֱסֹק אָז בִּדְבָרִים קְדוֹשִׁים שֶׁהֵם רְצוֹנְךָ בֶּאֱמֶת. חוּס וַחֲמֹל עָלַי וְעָזְרֵנִי מֵעַתָּה לִהְיוֹת כִּרְצוֹנְךָ הַטּוֹב תָּמִיד בֶּאֱמֶת:

וּתְעוֹרֵר רַחֲמֶיךָ הָרַבִּים עָלֵינוּ וּתְמַהֵר וְתָחִישׁ לְגָאֳלֵנוּ, וְתִשְׁלַח לָנוּ מְהֵרָה אֶת מְשִׁיחֵנוּ – מָשִׁיחַ בֶּן דָּוִד וּמָשִׁיחַ בֶּן יוֹסֵף. וּשְׁנֵיהֶם יִתְחַבְּרוּ וְיִכָּלְלוּ וְיִכָּנְעוּ יַחַד וְיַשְׁפִּילוּ אֶת כָּל הַשִּׁבְעִין עַכּוּ"ם וְכָל הַסִּטְרָא אַחֲרָא עַד עָפָר וִיגַלּוּ חָכְמָתָם

want, and let me spend all my days in Torah, prayer and good deeds, in holiness and purity, truth and faith, awe and love, joy and satisfaction at the abundance of everything. Loving God: help me not to waste a single hour or even a single moment of my short life. My days are few, and if not now, then when?

The time will come when You will ask me to account for every hour and every moment of every day of my life. Help me! Even when I am forced to take a break from Torah study, send me activities that are bound up with Your service and in accord with Your will, through which I can exercise my intellect and relax my mind, and still be involved in holy activities that are truly in accordance with Your will. Have pity on me, and help me live the way You want me to from now and at all times.

Mashiach

Arouse Your great love for us and redeem us very soon. Send us Mashiach quickly — Mashiach ben David and Mashiach ben Yosef. Let them both be joined and merged together. Let them subdue all the seventy nations and all the forces of evil and throw them down into the

בָּעוֹלָם, וְיָפוּצוּ מַעְיְנוֹתֵיהֶם חוּצָה. "וְתִמָּלֵא הָאָרֶץ דֵּעָה
לָדַעַת אֶת יְיָ כַּמַּיִם לַיָּם מְכַסִּים". וְיֵדַע כָּל פָּעוּל כִּי אַתָּה
פְּעַלְתּוֹ וְיָבִין כָּל יְצוּר כִּי אַתָּה יְצַרְתּוֹ. לַעֲבוֹדָתְךָ וּלְיִרְאָתְךָ
עַל-יְדֵי חָכְמָתָם שֶׁל הַתְּרֵין מְשִׁיחִין. לַעֲבוֹדָתְךָ וּלְיִרְאָתְךָ
וִיקָיַם מִקְרָא שֶׁכָּתוּב: "כִּי אָז אֶהְפֹּךְ אֶל כָּל הָעַמִּים שָׂפָה
בְרוּרָה לִקְרֹא כֻלָּם בְּשֵׁם יְיָ לְעָבְדוֹ שְׁכֶם אֶחָד".

וְתַעֲבִיר מֶמְשֶׁלֶת זָדוֹן מִן הָאָרֶץ וּמַלְכוּת הָרִשְׁעָה מְהֵרָה
תְעַקֵּר וּתְשַׁבֵּר וּתְמַגֵּר וּתְכַלֵּם וְתַכְנִיעֵם וְתַשְׁפִּילֵם בִּמְהֵרָה
בְיָמֵינוּ. וּתְבַטֵּל וּתְבַעֵר כָּל הָעִנְיָנִין דִּמְכַסְּיָן עַל עֵינָיַן, וְאָז
נִזְכֶּה לִהְיוֹת דְּבֵקִים בְּךָ וּבְתוֹרָתְךָ הַקְּדוֹשָׁה תָּמִיד בְּלִי שׁוּם
הֶפְסֵק וּבִטּוּל כְּלָל. וְלֹא יִהְיֶה כֹּחַ לְשׁוּם מוֹנֵעַ וּלְשׁוּם מְבַלְבֵּל
לְבַלְבֵּל אֶת דַּעְתֵּנוּ כְּלָל, רַק נִזְכֶּה לִהְיוֹת דְּבֵקִים בְּךָ תָּמִיד
כָּל יְמֵי חַיֵּינוּ לְעוֹלְמֵי עַד וּלְנֵצַח נְצָחִים. וִיקָיַם מִקְרָא
שֶׁכָּתוּב: "וְהָיָה אוֹר הַלְּבָנָה כְּאוֹר הַחַמָּה" בִּמְהֵרָה בְיָמֵינוּ
אָמֵן:

dust. Let their wisdom be revealed to the world. Let their fountains spread outwards, and let the earth be filled with the knowledge of HaShem as the waters cover the sea. Let every being know that You made it and every creature understand that You created it, and let all the nations repent and come to serve and fear You through the wisdom of the two Mashiachs. Fulfil the prophecy: "For then I will send the nations a pure language, so that all will call on the Name of HaShem and serve Him with one accord."

Remove the dominion of arrogance from the earth, and speedily uproot, break, cast down, destroy and humble the forces of evil speedily in our days. Take away all the clouds covering the eyes. We will then be able to be attached to You and Your holy Torah constantly, without any interruption at all. No obstacle will have any power to distract our minds at all. We will be able to remain attached to You constantly all the days of our lives for ever, and the verse will be fulfilled: "The light of the moon will be as the light of the sun." Speedily in our days. Amen.

17

Realizing one's true worth and the preciousness of one's soul / Charity / Mental clarity / Spiritual awareness / Eating / Sensitivity to the Tzaddik and his message / Teshuvah / Converts

---

There is a tremendous potential for good in the world as a whole and within each one of us, but today much of it is trapped in exile. As individuals we struggle with our own inner barriers, while the world at large continues to resist the truth of Godly revelation. For centuries, this resistance took the form of ruthless persecution of the Jews, which among other things prevented them from doing much of the good they could have accomplished. This unrealized potential for good fell into captivity, as it were, among the non-Jews.

The true Tzaddik labors to reveal and arouse this goodness by restoring our awareness of the lofty status of our souls. The entire creation was brought about for the sake of the souls of the Jewish People, and God takes pride in each one, even in the smallest gesture a sinner makes to bring himself a little nearer to God. The

Tzaddik also has the power to stir the good held in captivity among the non-Jews, which comes out in the form of righteous converts.

When a person is insensitive to the message of the Tzaddik, it is because of his own sins, which cause his Godly intellect to become clouded, leaving him prey to all kinds of specious doubts and questions. One of the main keys to restoring the clarity of the Godly intellect is giving charity — both to those in need materially, and to the true Tzaddik, who uses the money to spread his teachings and provide for the spiritual needs of the world. By giving charity one becomes unified with the many souls who benefit from it, thereby strengthening the power of good in oneself and the world as a whole.

A second key to mental and spiritual clarity is to eat in holiness and purity. On the other hand, excessive self-indulgence leads to mental confusion and the blunting of the faculties of awe and love that are central to our relationship with God.

רִבּוֹן כָּל הָעוֹלָמִים אֲדוֹן כָּל הַנְּשָׁמוֹת,

אַתָּה בָּרָאתָ עוֹלָמְךָ בִּרְצוֹנְךָ הַטּוֹב בִּשְׁבִיל יִשְׂרָאֵל עַמְּךָ, כְּמוֹ
שֶׁכָּתוּב: "בְּרֵאשִׁית בָּרָא אֱלֹהִים אֵת הַשָּׁמַיִם וְאֵת הָאָרֶץ",
וְאָמְרוּ רַבּוֹתֵינוּ, זִכְרוֹנָם לִבְרָכָה, בִּשְׁבִיל יִשְׂרָאֵל שֶׁנִּקְרְאוּ
רֵאשִׁית, כִּי יִשְׂרָאֵל עָלָה בְּמַחֲשָׁבָה תְּחִלָּה, וּבִשְׁבִילֵנוּ בָּרָאתָ
כָּל הָעוֹלָמוֹת כֻּלָּם, מִן תְּחִלַּת הָאֲצִילוּת עַד עוֹלָם הַגַּשְׁמִי
הַזֶּה, הָאָרֶץ וְכָל אֲשֶׁר עָלֶיהָ הַיַּמִּים וְכָל אֲשֶׁר בָּהֶם, וְהַכֹּל
בָּרָאתָ בִּרְצוֹנְךָ הַטּוֹב לְמַעַן אֲשֶׁר תִּתְפָּאֵר בָּנוּ בְּכָל דּוֹר וָדוֹר,

וּבְכֵן תְּרַחֵם עָלֵינוּ אָבִינוּ אָב הָרַחֲמָן וּתְזַכֵּנוּ לַעֲשׂוֹת הַטּוֹב
בְּעֵינֶיךָ תָּמִיד, וְנִזְכֶּה לִהְיוֹת כִּרְצוֹנְךָ הַטּוֹב בֶּאֱמֶת, לָסוּר
מֵרָע וְלַעֲשׂוֹת טוֹב תָּמִיד, לְמַעַן יִתְגַּלֶּה הַהִתְפָּאֲרוּת
וְהַשַּׁעֲשׁוּעִים שֶׁלְּךָ בָּנוּ, לְעוֹלְמֵי עַד וּלְנֶצַח נְצָחִים:

וְזַכֵּנִי בְּרַחֲמֶיךָ הָרַבִּים לִתֵּן צְדָקָה הַרְבֵּה לַעֲנִיִּים מְהֻגָּנִים
הַרְבֵּה וּלְצַדִּיקֵי אֱמֶת, לְמַעַן נִזְכֶּה לְהַכְלֵל בְּנַפְשׁוֹת רַבִּים
שֶׁל בְּנֵי יִשְׂרָאֵל עַמֶּךָ, וְעַל יְדֵי זֶה תְּזַכֵּנִי בְּרַחֲמֶיךָ הָרַבִּים,

Ruler of all the worlds, Master of all the souls:

You created Your universe for the sake of Your people Israel, as it is written: "*Be-reishit* — In the beginning, God created the heaven and the earth" — on which our Rabbis commented: "*Be-reishit* — for Israel, who are called *reishit*, the first." Israel arose in the Divine thought first. For our sake You created all the worlds, from the beginning of *Atzilut*, the World of Emanation, down to this physical world, the earth and everything on it, the seas and all that is in them. You created everything for a good purpose, in order that You could take pride in us in every generation.

And so, loving Father, have pity on us, and help us always to do what is good in Your eyes. Let us genuinely become the people You want us to be. Let us turn aside from evil and always do good, so that Your pride and delight in us can be revealed for all time.

Charity — the key to unlocking the exiled Godliness

Loving God, help me give plenty of charity to needy people who genuinely deserve it and to the true Tzaddikim, so that I can become unified

שֶׁנִּזְכֶּה לְגַלּוֹת וּלְהָאִיר אֶת הַטּוֹב הַכָּבוּשׁ בָּנוּ, כִּי אַתָּה יָדַעְתָּ
אֶת עֹצֶם יֹפִי קְדֻשַּׁת הַטּוֹב הַכָּבוּשׁ אֶצְלִי בְּגָלוּת גְּדוֹלָה וּמָרָה
מְאֹד זֶה כַּמָּה שָׁנִים, מִיּוֹם הֱיוֹתִי עַל הָאֲדָמָה עַד הַיּוֹם הַזֶּה,
וְאֵינִי זוֹכֶה עֲדַיִן לְרַחֵם עַל עַצְמִי, לְהוֹצִיא לָאוֹר תַּעֲלוּמוֹת
וְהַסְתָּרַת הַטּוֹב שֶׁבִּי הַכָּבוּשׁ בַּגָּלוּת, וְאֵינִי זוֹכֶה לְהַזְכִּיר אֶת
עַצְמִי הֵיטֵב הֵיכָן אֲנִי בָּעוֹלָם, וְאֵינִי יוֹדֵעַ מַה לַּעֲשׂוֹת, בְּאֵיזֶה
דֶּרֶךְ וּמָנוֹס אֶזְכֶּה לְגַלּוֹת הַטּוֹב שֶׁיֵּשׁ בִּי:

אָנָּא יְיָ, תֶּן לִי עֵצָה, תֶּן לִי חֲנִינָה, תֶּן לִי יְשׁוּעָה שְׁלֵמָה,
עֲשֵׂה עִמִּי פֶּלֶא לְחַיִּים לְבַל אֶהְיֶה, חַס וְשָׁלוֹם, כְּמֵת בְּחַיָּי.
עֲשֵׂה עִמִּי חֶסֶד חִנָּם כַּאֲשֶׁר נָאֶה לְךָ, לֹא כְמַעֲשַׂי הָרָעִים
וּפְעֻלּוֹתַי הַמְגֻנּוֹת וְדֵעוֹתַי הַמְעֹרָבְבוֹת. חוּס וַחֲמֹל נָא עַל
נַפְשִׁי הָאֻמְלָלָה מְאֹד. יֶהֱמוּ נָא מֵעֶיךָ וְרַחֲמֶיךָ עַל עֹצֶם הַטּוֹב
שֶׁיֵּשׁ בִּי, שֶׁיּוּכַל לְהִתְגַּבֵּר לִכְבֹּשׁ אֶת הַגּוּף וְתַאֲווֹתָיו תַּחְתָּיו,
שֶׁיִּהְיֶה הָרָע כָּפוּף וּבָטֵל תַּחַת הַטּוֹב, עַד שֶׁיִּתְבַּטְּלוּ מִמֶּנִּי

with a multitude of Jewish souls and thereby bring the good hidden within me out into the light. You know the great beauty, the holiness and goodness I have inside me. It's just that they've been suppressed and locked away in a long, bitter exile for years and years, from my very first day on earth until today. I've still not been able to take myself in hand and bring this hidden good out of exile and into the light. I find it impossible to keep in mind where I am in the world. I don't know what to do to bring out the good I have inside me.

Please, HaShem, guide me as to what I should do. Show me Your love and give me complete success. Do wonders with me and give me *life*. Don't let me be like a dead person in my own lifetime! Treat me with the unstinting kindness that befits You, not according to my wrongful, shameful behavior and attitudes. Please have pity on my poor, broken soul and stir up Your compassion for the essential good inside me. Only with this will I be able to fight and conquer the body and its desires, until the good will take command over the bad and all my bodily desires and bad character traits will be removed, and I

כָּל תַּאֲווֹת הַגּוּף וּמִדּוֹתָיו הָרָעוֹת, בְּאֹפֶן שֶׁאֶזְכֶּה לִהְיוֹת
כִּרְצוֹנְךָ הַטּוֹב בֶּאֱמֶת תָּמִיד:

אָבִי שֶׁבַּשָּׁמַיִם, אָבִי שֶׁבַּשָּׁמַיִם אָב הַחֶסֶד, אָב הָרַחֲמָן בֶּאֱמֶת
הַחוֹמֵל דַּלִּים, הַשּׁוֹמֵעַ אַנְקַת אֶבְיוֹנִים, הָרוֹאֶה בְּעֶלְבּוֹן
עֲלוּבִים, הַשּׁוֹמֵעַ וּמַאֲזִין צַעֲקָה מֵעִמְקֵי הַשְּׁאוֹל תַּחְתִּיּוֹת
וּמִתַּחְתָּיו, עַד אֲשֶׁר אֵין מָקוֹם אֲשֶׁר לֹא תִּשְׁמַע מִמֶּנּוּ קוֹל
אֲנָחָה וַאֲנָקָה. לַמְּדֵנִי מַה לְּדַבֵּר לְפָנֶיךָ, הוֹרֵינִי מַה שֶּׁאֹמַר
לְפָנֶיךָ, הוֹדִיעֵנִי מַה שֶּׁאֶצְעַק אֵלֶיךָ,

חֲמֹל נָא עַל עָלוּב נֶפֶשׁ כָּמוֹנִי עַל נִכְאֵה לֵבָב כָּמוֹנִי עַל חֲסַר
דֵּעָה חֲסַר לֵב כָּמוֹנִי עַל חֲלוּשׁ כֹּחַ כָּמוֹנִי עַל מְבֻלְבָּל וּמְטֹרָף
וּמְעֹרָבָב בְּכָל מִינֵי עִרְבּוּבִים כָּמוֹנִי, אֲשֶׁר הַטּוֹב שֶׁבִּי הוּא
כָּבוּשׁ כְּמוֹ בְּבֵית הַסֹּהַר מַמָּשׁ, וּבַגָּלוּת גְּדוֹלָה וּמָרָה מְאֹד.
וְכַמָּה אַלְפֵי אֲלָפִים מְחִצּוֹת וְחוֹמוֹת בַּרְזֶל וּמַסְגֵּר עַל מַסְגֵּר
הַמְסַבְּבִים אוֹתִי, וְכַמָּה וְכַמָּה אַלְפֵי אֲלָפִים שׁוֹמְרִים וְאוֹרְבִים
עוֹמְדִים עָלַי בְּכָל עֵת וּבְכָל רֶגַע לֹא יִתְּנוּנִי הָשֵׁב רוּחִי.

וְאֵינִי יָכוֹל לַעֲשׂוֹת שׁוּם תְּנוּעָה שֶׁתִּהְיֶה כָּרָאוּי, אֲפִלּוּ בְּעֵת
שֶׁאֲנִי מִתְעוֹרֵר לַעֲשׂוֹת אֵיזֶה דָּבָר שֶׁבִּקְדֻשָּׁה, אֵינִי זוֹכֶה
לַעֲשׂוֹת תְּנוּעָה קַלָּה שֶׁיִּהְיֶה לָהּ יֹפִי וְהִדּוּר כָּרָאוּי לְאִישׁ

will always lead my life the way You want me to.

Father in Heaven! Father in Heaven! Kind, truly loving Father, who takes pity on the poor and hears the cry of the needy; who sees the disgrace of the wretched, and hears and attends to a cry from the lowest depths of hell and lower. There is no sigh or cry from anywhere that You do not hear. Teach me and guide me as to what I should say to You. Let me know what I should cry out to You.

Please, please have pity on me. I feel so humiliated. My heart is so crushed. I feel so bereft of intelligence and sensitivity. I am so weak, so confused, so driven, so mixed up. The good inside me is literally trapped and imprisoned in a bitter exile. I'm hemmed in by thousands and thousands of fences, barriers and walls of iron. Thousands upon thousands of guards and lurking enemies stand waiting for me the whole time, and they won't give me back my soul!

I find it impossible to do even the slightest thing the way I'm supposed to. Even when I feel inspired to do something holy, I feel incapable of taking the smallest step with the beauty and

יִשְׂרָאֵלִי, כַּאֲשֶׁר אַתָּה יָדַעְתָּ. אוֹי לִי מְאֹד, אוֹי וְמַר לִי מְאֹד
מְאֹד. אֲהָהּ עֲלֵי מַר לִי מְאֹד, אוֹיָה עַל נַפְשִׁי, אוֹי לְהַנֶּפֶשׁ
אֲשֶׁר עָשְׂתָה מַעֲשִׂים כָּאֵלֶּה, אוֹי לְהַיָּמִים וְהַשָּׁנִים אֲשֶׁר כִּלִּיתִי
בַּהֲבָלִים וּבִלְבּוּלִים רָעִים מְאֹד כָּאֵלֶּה. אֲדוֹן כֹּל, אֵלֶיךָ זָעַקְתִּי
וְשִׁוַּעְתִּי, מָלֵא רַחֲמִים, הַטֵּה אֵלַי אָזְנְךָ וּשְׁמַע פְּקַח עֵינֶיךָ
וּרְאֵה שׁוֹמְמוּתִי, רְאֵה בְּעָנְיִי וַעֲמָלִי:

רִבּוֹנוֹ שֶׁל עוֹלָם, אַתָּה זִכִּיתַנִי בְּרַחֲמֶיךָ הָרַבִּים לִהְיוֹת בִּכְלַל
זֶרַע יִשְׂרָאֵל עֲבָדֶיךָ, וְקֵרַבְתָּ אוֹתִי בְּרַחֲמֶיךָ הָרַבִּים לְצַדִּיקֵי
אֱמֶת, לְהַאֲמִין בָּהֶם וּלְהִשְׁתּוֹקֵק לָהֶם. עֲשֵׂה עִמִּי כַּחֲסָדֶיךָ
בִּזְכוּת הַקְּדוֹשִׁים אֲשֶׁר בָּאֶרֶץ הֵמָּה, וְעָזְרֵנִי וְסַיְּעֵנִי שֶׁיַּגִּיעַ
לִי הֶאָרָה וְהִתְעוֹרְרוּת אֲמִתִּי שֶׁיִּזְכֹּר וְיִתְעוֹרֵר אֶת עַצְמוֹ בֶּאֱמֶת
הַטּוֹב שֶׁבִּי, וְיִתְוַדַּע לְהַטּוֹב שֶׁבִּי מַעֲלָתוֹ הַגְּדוֹלָה, מֵהֵיכָן
הוּא נִלְקַח וְנִמְשָׁךְ, מִמַּחֲשָׁבָה עֶלְיוֹנָה דְּקֻדְשָׁא בְּרִיךְ הוּא,
אֲשֶׁר שָׁם עָלִיתִי בְּמַחֲשָׁבָה תְּחִלָּה בְּתוֹךְ כְּלַל נִשְׁמוֹת יִשְׂרָאֵל.
וַאֲנִי בְּרִיָּה קַלָּה שֶׁבָּהֶם, לְמַעְלָה מִכָּל הָאַרְבַּע עוֹלָמוֹת, שֶׁהֵם:
אֲצִילוּת, בְּרִיאָה, יְצִירָה, עֲשִׂיָּה,

וַאֲנִי בְּשָׁרְשִׁי לְמַעְלָה מִכֻּלָּם, כִּי אָנֹכִי מִזֶּרַע יִשְׂרָאֵל שֶׁעָלוּ
בְּמַחֲשָׁבָה תְּחִלָּה, וּבָנוּ נִמְלַךְ הַשֵּׁם יִתְבָּרֵךְ וְנִתְיָעֵץ עִמָּנוּ

splendor that befit a Jew, as You know. Oy! It is so bitter! bitter! Oy! It's all so very bitter. Oy for my soul — the soul that acted this way! Oy! The days and years I've wasted on vain emptiness, futility and evil. Master of everything: to You I cry and scream. Compassionate God! Turn Your ear to me and hear! Open Your eyes and see my devastation! See my wretched plight!

Master of the Universe, in Your great love You gave me the privilege of being a Jew. You were kind to me and brought me close to the true Tzaddikim — to believe in them and long for them. In the merit of those holy saints, now at rest in the earth, deal with me kindly and help me experience a true spiritual awakening. Let the good within me be genuinely aroused and let me be aware of it! Let the good in me come to understand its great worth and know from where it was taken — from the Supreme Thought of the Holy One, blessed be He. There I arose in the Primordial Thought, together with all the souls of Israel — and I, the lightest creature in the "sea" — above all the four worlds, *Atzilut, Beriyah, Yetzirah* and *Asiyah*...

In my root I am higher than all of them, for I am a member of the People of Israel, who arose

לִבְרֹא אֶת כָּל הָעוֹלָמוֹת כֻּלָּם וְכָל אֲשֶׁר בָּהֶם, עַד תַּכְלִית הָעֲשִׂיָּה שֶׁהוּא הָעוֹלָם הַזֶּה וְכָל אֲשֶׁר בּוֹ, בַּשָּׁמַיִם וּבָאָרֶץ בַּיַּמִּים וְכָל אֲשֶׁר בָּהֶם,

וְעַתָּה עַתָּה, עָזְרֵנִי נָא, חַזְּקֵנִי נָא, אַמְּצֵנִי נָא, הַקִּיצֵנִי נָא, עוֹרְרֵנִי נָא, שֶׁאֶזְכֶּה בְּרַחֲמֶיךָ וַחֲסָדֶיךָ הָאֲמִתִּיִּים, לְהַזְכִּיר אֶת עַצְמִי הֵיטֵב הֵיטֵב, הֵיכָן אֲנִי, לְהֵיכָן נִשְׁלַחְתִּי, לְהֵיכָן נִתְרַחַקְתִּי מִמְּךָ עַד הֵנָּה, הֲיֵאָמֵן כִּי יְסֻפַּר שֶׁטּוֹב אֲמִתִּי כָּזֶה הַמְשֻׁרָשׁ בִּי יִהְיֶה מֻשְׁלָךְ בְּמָקוֹם אָפֵל וְחשֶׁךְ כָּזֶה, בִּמְקוֹם שָׁפָל כָּזֶה, בַּאֲפֵלָה מְנֻדָּח כָּזֶה, בִּמְקוֹמוֹת פְּגוּמִים כָּאֵלֶּה בִּמְקוֹמוֹת נְמוּכִים וּרְחוֹקִים מִן הַקְּדֻשָּׁה כָּאֵלֶּה, בִּמְקוֹמוֹת שֶׁאֵינָם רְאוּיִים לְהִקָּרֵא בְּשֵׁם מָקוֹם כְּלָל:

אָנָּא יְיָ חֲמֹל עָלַי, חוּסָה עָלַי, כִּי בְּכָל עֵת שֶׁאֲנִי רוֹצֶה לְדַבֵּר וּלְפָרֵשׁ שִׂיחָתִי לְפָנֶיךָ, אֵינִי יוֹדֵעַ מֵהֵיכָן אַתְחִיל לְבַקֵּשׁ וְאֵיךְ אֲסַיֵּם, וּמֵרֹב דָּחְקִי וְעָנְיִי אֲשֶׁר צָרְכַי מְרֻבִּים מְאֹד, אֲשֶׁר לֹא יַסְפִּיקוּ אֲלָפִים וּרְבָבוֹת יְרִיעוֹת לְבָאֲרָם, מֵחֲמַת זֶה אֵינִי יָכוֹל לִפְתֹּחַ פִּי כְּלָל. וַאֲפִלּוּ בְּעֵת שֶׁאֲנִי מַתְחִיל לְדַבֵּר קְצָת, דְּבָרַי מְבֻלְבָּלִים מְאֹד מֵעֹצֶם רִבּוּי צָרְכַי אֲשֶׁר הֵם מְרֻבִּים בְּיוֹתֵר,

in the Primordial Thought. With us God took counsel in creating all the worlds and everything in them, down to the depths of *Asiyah* — this world, together with everything in it, in the heavens, on earth and in the seas.

And now, after all this, please help me! Strengthen me! Fortify me! Stir me and let me *wake up!* Kind, loving God: Help me realize exactly where I am, where I've been cast down to, and how distanced I've been from You for so long. Would anyone believe that the true goodness rooted inside me could have been cast down to such a dismal, shadowy, lowly place, into such abject darkness, down to such degraded, lowly places — places so remote from holiness that they can't even be called places?

Please, HaShem, have pity on me! Every time I want to speak to You and express my feelings, I have no idea where to start or how to finish. I'm under such extreme pressures and my needs are so many that even tens of thousands of pages wouldn't be enough to explain them all. As a result, I can't open my mouth at all. Even when I do start to talk a little, everything I say is confused, because I have so many different

אֲשֶׁר אִי אֶפְשָׁר לְבָאֵר וּלְפָרֵשׁ כְּלָל בְּשׁוּם אֹפֶן,

כִּי אִם לְפָנֶיךָ אָדוֹן כֹּל נִגְלוּ כָּל הַתַּעֲלוּמוֹת וַהֲמוֹן נִסְתָּרוֹת
שֶׁמִבְּרֵאשִׁית, וְאַתָּה יוֹדֵעַ צָפוּן לְבָבֵנוּ וְעֹמֶק מַחְשְׁבוֹתֵינוּ,
אֲשֶׁר בְּתוֹךְ פְּנִימִיּוּת פְּנִימִיּוּת מַחְשַׁבְתִּי צוֹעֵק הַטּוֹב שֶׁבִּי
בְּקוֹל עָצוּם וָמַר מְאֹד, זְעָקָה גְּדוֹלָה וּמָרָה מְאֹד מְאֹד, אֲשֶׁר
אִי אֶפְשָׁר לִסְבֹּל עֹצֶם מְרִירוּת צַעֲקַת הַטּוֹב הַכָּבוּשׁ בְּקִרְבִּי
וְגֹדֶל הָרַחֲמָנוּת שֶׁיֵּשׁ עָלַי בְּלִי שִׁעוּר וָעֵרֶךְ וּמִסְפָּר כְּלָל,
וְלָמָּה תֵּעָלֵם אָזְנֶךָ וְתַסְתִּיר פָּנֶיךָ מִמֶּנִּי זְמַן רַב מְאֹד, וַהֲמוֹן
מֵעֶיךָ וְרַחֲמֶיךָ עָלַי הִתְאַפָּקוּ:

וּבְכֵן יְהִי רָצוֹן מִלְּפָנֶיךָ יְיָ אֱלֹהֵינוּ וֵאלֹהֵי אֲבוֹתֵינוּ, כְּשֵׁם
שֶׁגָּבְרוּ רַחֲמֶיךָ וַחֲסָדֶיךָ הָעֲצוּמִים עָלַי, וּבָרָאתָ אוֹתִי בֵּין זֶרַע
יִשְׂרָאֵל עֲבָדֶיךָ, כֵּן יֶהֱמוּ מֵעֶיךָ וַחֲנִינוּתֶיךָ וַחֲסָדֶיךָ הַגְּדוֹלִים
עָלַי, שֶׁאֶזְכֶּה לִשְׁמֹעַ הֵיטֵב אֶת קוֹל דִּבְרֵי הַצַּדִּיקִים אֲמִתִּיִּים,
וְיִפָּקְחוּ עֵינַי, וְיִשְׁמְעוּ אָזְנַי, וּלְבָבִי יָבִין הֵיטֵב אֶת קוֹל דִּבְרֵי
הַצַּדִּיקִים אֲמִתִּיִּים, אֲשֶׁר עוֹסְקִים תָּמִיד לְעוֹרֵר וּלְהַעֲלוֹת אֶת
הַטּוֹב הַנִּמְשָׁךְ מִנִּשְׁמוֹת יִשְׂרָאֵל הַכָּבוּשׁ בַּגָּלוּת, וְלַעֲשׂוֹת
בַּעֲלֵי תְשׁוּבָה וְגֵרִים.

הֵן קוֹל דִּבְרֵי הַצַּדִּיקִים אֲמִתִּיִּים שֶׁבַּדוֹר הַזֶּה הֵן הֵן דִּבְרֵי צַדִּיקִים
אֲמִתִּיִּים שׁוֹכְנֵי עָפָר, הַכְּתוּבִים בְּסִפְרֵיהֶם הַקְּדוֹשִׁים, עַד

needs that I cannot begin to set them all out and explain everything.

But to You, Master of everything, all secrets are revealed going right back to the very beginnings of creation. You know what is hidden in our hearts and in the depths of our thoughts, and how in my innermost, innermost thoughts, the good in me screams out in the most heart-rending, unbearably bitter voice. The true pity of my condition is beyond all measure. Then why have You closed Your ear to me and hidden Your face for so long? Why have You held back Your love from me?

HaShem our God and God of our fathers: Just as You showed such abundant love and kindness in creating me a Jew, so too may it be Your will to arouse Your mercy for me now and help me attend carefully to the words of the true Tzaddikim. Let my eyes be open and my ears hear and my heart understand their message, because their constant labor is to awaken the goodness rooted in the souls of the Jewish People and lift it out of its exile, by bringing people to repent and making converts.

Let me hear the voice of the Tzaddikim of this generation, and the words of the true Tzad-

שֶׁאֶשְׁמַע וְאֶרְאֶה וְאָבִין הֵיטֵב אֶת דִּבְרֵיהֶם הַקְּדוֹשִׁים, עַד שֶׁהַטּוֹב שֶׁבִּי יִתְעוֹרֵר בְּתֹקֶף גָּדוֹל, וּבְכֹחַ וּגְבוּרָה גְּדוֹלָה דִקְדֻשָּׁה, עַד שֶׁאֶזְכֶּה לְהִתְגַּבֵּר בֶּאֱמֶת עַל הָרַע לְשַׁבְּרוֹ וּלְגָרְשׁוֹ וּלְבַטְּלוֹ מִמֶּנִּי בְּבִטּוּל גָּמוּר, בְּאֹפֶן שֶׁאֶזְכֶּה לָשׁוּב בִּתְשׁוּבָה שְׁלֵמָה לְפָנֶיךָ בֶּאֱמֶת וּבְלֵב שָׁלֵם, וְאֶזְכֶּה לִהְיוֹת כִּרְצוֹנְךָ הַטּוֹב בֶּאֱמֶת בִּקְדֻשָּׁה וּבְטָהֳרָה בְּשִׂמְחָה וּבְטוּב לֵבָב:

אָנָּא יְיָ חֲמֹל עָלַי, וּמַלֵּא בַּקָּשָׁתִי בְּרַחֲמִים, וּבְכֵן תְּעוֹרְרֵנוּ יְיָ אֱלֹהֵינוּ בְּרַחֲמֶיךָ הָרַבִּים, שֶׁיִּתְגַּלֶּה הָאֱמֶת בָּעוֹלָם, עַד שֶׁיִּתְעוֹרְרוּ כָּל יִשְׂרָאֵל בִּתְשׁוּבָה שְׁלֵמָה לְפָנֶיךָ בֶּאֱמֶת, וְיִשְׁמְעוּ רְחוֹקִים וְיָבוֹאוּ וְיַכִּירוּ כֹּחַ מַלְכוּתֶךָ, וְתִמָּלֵא רַחֲמִים עַל עַמְּךָ יִשְׂרָאֵל, וַאֲפִלּוּ עַל הַטּוֹב הַכָּבוּשׁ בֵּין הָאֻמּוֹת, וְתַעֲשֶׂה כְּגֹדֶל נִפְלְאוֹתֶיךָ הַנּוֹרָאוֹת, בְּאֹפֶן שֶׁתּוֹדִיעַ לְהַטּוֹב הַכָּבוּשׁ בֵּינֵיהֶם, הַמְפֻזָּר וּמְפֹרָד בֵּין הָעַמִּים בַּמְּקוֹמוֹת הָרְחוֹקִים מֵהַקְּדֻשָּׁה מְאֹד מְאֹד, וְתוֹדִיעַ לָהֶם הֵיטֵב הֵיכָן הֵם בָּעוֹלָם, וּלְהֵיכָן הֵם מוּכָנִים לֵילֵךְ אִם לֹא יָשׁוּבוּ, חַס וְשָׁלוֹם,

dikim now at rest in the earth, as written in their holy works. Let me hear, see and understand their holy words, until the good within me is awakened in its full strength and holy power, so that I will fight against the evil in me, break it, and drive it out of me completely. Let me return to You with all my heart in perfect, genuine teshuvah, and live the way You want me to in holiness, purity, joy and good-heartedness.

Please, HaShem, have pity on me and do what I'm asking of You. And so too, loving God, let the truth be revealed to the whole world, and let the entire Jewish People be aroused so that they come to complete repentance. Let those who are far from You hear and come to recognize the power of Your kingship. Show Your love for the Jewish People, and for the good that is imprisoned among the nations of the world. God: it is in Your power to work mighty miracles and wonders. Do so now, and send a new awareness to the goodness that is scattered and dispersed amongst the nations, so far away from holiness. Let those scattered, exiled souls realize where they are in the world, and where they are likely to go, God forbid, if they do not come back to their source. Arouse them until they take them-

עַד שֶׁיִּתְעוֹרְרוּ הֵיטֵב, וִירַחֲמוּ עַל עַצְמָם, וְיִזְכְּרוּ אֶת יְיָ וְיָשׁוּבוּ
אֵלֶיךָ, וְיִתְגַּיְּרוּ בֶּאֱמֶת,

כִּי אַתָּה יְיָ לְבַד יָדַעְתָּ, אֶת גֹּדֶל עֹצֶם הָרַחֲמָנוּת שֶׁיֵּשׁ עַל
הַטּוֹב הַכָּבוּשׁ בִּמְקוֹמוֹת כָּאֵלּוּ וְאַתָּה יָדַעְתָּ בֶּאֱמֶת, כִּי אֵין
רַחֲמָנוּת בָּעוֹלָם יוֹתֵר מִזֶּה וְאֵין שׁוּם צַעַר וְיִסּוּרִים שֶׁבָּעוֹלָם
נֶחְשָׁבִים כְּלָל כְּנֶגֶד הַצַּעַר וְהַיִּסּוּרִים וְהָעִנּוּיִים הַקָּשִׁים
וְהַמָּרִים שֶׁיֵּשׁ לְהַטּוֹב הַזֶּה, אֲשֶׁר אִי אֶפְשָׁר לִסְבֹּל כְּלָל אֶת
גֹּדֶל הָרַחֲמָנוּת שֶׁיֵּשׁ עַל זֶה הַטּוֹב הַכָּבוּשׁ בְּמָקוֹם שֶׁהוּא
כָּבוּשׁ, אֲשֶׁר נִתְרַחֵק מֵאָבִיו שֶׁבַּשָּׁמַיִם, וּמַה לּוֹ לָאָב שֶׁהִגְלָה
אֶת בָּנָיו וְאוֹי לַבֵּן שֶׁגָּלָה מֵעַל שֻׁלְחַן אָבִיו, אוֹי וַאֲבוֹי לַבֵּן
הַזֶּה, אוֹי וָמַר, אוֹי וָמַר מִכָּל מִינֵי מְרִירוּת לְהַבֵּן הַזֶּה, שֶׁהָיָה
בְּמָקוֹם שֶׁהָיָה, וְעַכְשָׁו נָפַל לְמָקוֹם שֶׁנָּפַל,

וְאִם אַתָּה בְּעַצְמְךָ לֹא תְּרַחֵם עָלֵינוּ, חַס וְשָׁלוֹם, מִי יְרַחֵם
עָלֵינוּ, וּמִי יַעֲמֹד בַּעֲדֵנוּ, כִּי עַתָּה אֵין לָנוּ עַל מִי לְהִשָּׁעֵן
כִּי אִם עָלֶיךָ אָבִינוּ שֶׁבַּשָּׁמַיִם. כִּי הַצַּדִּיקֵי אֱמֶת שֶׁהָיָה לָהֶם
זֶה הַכֹּחַ לְהוֹדִיעַ הָאֱמֶת לְהַטּוֹב הַכָּבוּשׁ, הֲלֹא הֵמָּה נִסְתַּלְּקוּ
בַּעֲוֹנוֹתֵינוּ הָרַבִּים. וּמַה נַּעֲשֶׂה עַכְשָׁו בְּעֵת צָרָה הַזֹּאת אֲשֶׁר
כָּמֹהוּ לֹא נִהְיְתָה, אֲשֶׁר נִשְׁאַרְנוּ כַּתֹּרֶן בְּרֹאשׁ הָהָר וְכַנֵּס עַל
הַגִּבְעָה, בְּאֵין מַשְׁעֵן וּמַשְׁעֵנָה. וּרְאֵה כִּי אָזְלַת יָד וְאֶפֶס עָצוּר

selves in hand and remember HaShem and repent and convert wholeheartedly.

HaShem: only You know the full tragedy of this goodness, imprisoned as it is in such places. You know the truth, that nothing in the world is more pitiful. No pain and suffering on earth can compare with the unbearably bitter torment suffered by this good, which is in such deep exile and so far away from its Father in Heaven. "What does it benefit the Father to have banished his children? And woe to the son who has gone into exile from his Father's table." Oy! How bitter for this son! Oy! how terribly, terribly bitter for this son, who was once in such an exalted place and has now fallen so low.

If You Yourself won't take pity on us, who will? Who will stand up for us? We have no-one to depend on except You, heavenly Father. The true Tzaddikim who had the power to arouse the imprisoned good to awareness of the truth have passed away because of our many sins. What are we to do in this time of trouble, the like of which has never been? We have been left like a solitary mast on top of a mountain, like a lone banner on a hill. We have nothing to lean on for support. Our strength is gone. We have no-one to lead us

וְעָזוּב, וְאֵין עוֹזֵר וְאֵין סוֹמֵךְ. הַבִּיטָה בְּעָנְיֵנוּ כִּי רַבּוּ מַכְאוֹבֵינוּ וְצָרוֹת לְבָבֵנוּ. עָזְרֵנוּ כִּי עָלֶיךָ נִשְׁעָנְנוּ, טוֹב וּמֵיטִיב לַכֹּל

עֲשֵׂה לְמַעַן טוּבְךָ, עֲשֵׂה לְמַעַן כְּבוֹדֶךָ, וַעֲשֵׂה אֶת אֲשֶׁר תַּעֲשֶׂה, בְּאֹפֶן שֶׁיַּחֲזֹר כָּל הַטּוֹב הַמְפֻזָּר וּמְפֹרָד בֵּין הָעַמִּים אֶל הַקְּדֻשָּׁה, וְיִתּוֹסְפוּ וְיִתְרַבּוּ בְּכָל פַּעַם גֵּרִים וּבַעֲלֵי תְשׁוּבָה אֲמִתִּיִּים, עַד שֶׁיָּשׁוּבוּ כָּל יִשְׂרָאֵל וְכָל בָּאֵי עוֹלָם אֵלֶיךָ בֶּאֱמֶת, וְנִזְכֶּה לִרְאוֹת מְהֵרָה בְּתִפְאֶרֶת עֻזֶּךָ, לְהַעֲבִיר גִּלּוּלִים מִן הָאָרֶץ וְהָאֱלִילִים כָּרוֹת יִכָּרֵתוּן, לְתַקֵּן עוֹלָם בְּמַלְכוּת שַׁדַּי, וְכָל בְּנֵי בָשָׂר יִקְרְאוּ בִשְׁמֶךָ, לְהַפְנוֹת אֵלֶיךָ כָּל רִשְׁעֵי אָרֶץ, יַכִּירוּ וְיֵדְעוּ כָּל יוֹשְׁבֵי תֵבֵל כִּי לְךָ תִּכְרַע כָּל בֶּרֶךְ תִּשָּׁבַע כָּל לָשׁוֹן:

וּבְכֵן תַּעַזְרֵנוּ בְּרַחֲמֶיךָ הָרַבִּים, שֶׁנִּזְכֶּה לְשַׁבֵּר אֶת תַּאֲוַת אֲכִילָה בְּתַכְלִית בֶּאֱמֶת, עַד שֶׁלֹּא יִהְיֶה לָנוּ שׁוּם תַּאֲוָה גַּשְׁמִית לֶאֱכֹל וְלִשְׂבֹּעַ בִּשְׁבִיל תַּאֲוַת וַהֲנָאַת הַגּוּף, חַס וְשָׁלוֹם, רַק

and help us. See how impoverished we are. Our hearts are full of pain and sorrow. Help us, because we are relying on You, for You are good to all.

For the sake of Your goodness and glory, do what You will do to bring all this scattered and dispersed goodness out of its exile among the nations and back to holiness. Keep on bringing more and more true converts and penitents back, until the whole Jewish People and all the people in the world will turn to You with all their hearts. Let us see the splendor of Your power, and let all the idols and false gods be utterly cut off, until the dominion of the eternal God will be revealed over the whole world and all flesh will call on Your Name. Let all the wicked turn to You, and all the inhabitants of the earth will acknowledge You and know that to You every knee must bend and every tongue swear.

Breaking the desire to eat unnecessarily, and avoidance of forbidden foods

Loving God: Help me break my urge to eat unnecessarily, until I become totally free of any urge to eat purely for the sake of gratifying my physical appetite. Let me eat and drink only for

430 / ליקוטי תפילות

כָּל אֲכִילָתֵנוּ וּשְׁתִיָּתֵנוּ יִהְיֶה הַכֹּל לְשִׁמְךָ בֶּאֱמֶת, כְּדֵי שֶׁיִּהְיֶה
לָנוּ כֹּחַ לַעֲסֹק בְּתוֹרָתְךָ בֶּאֱמֶת, וְנִזְכֶּה לֶאֱכֹל בִּקְדֻשָּׁה וּבְטָהֳרָה
לְמַעַן שִׁמְךָ לְבַד.

וְתִהְיֶה בְּעֶזְרֵנוּ. וְתִשְׁמְרֵנוּ בְּרַחֲמֶיךָ הַגְּדוֹלִים וְתַצִּילֵנוּ מִכָּל
מִינֵי מַאֲכָלוֹת אֲסוּרוֹת הֵן מֵאִסּוּרִין דְּאוֹרַיְתָא הֵן מֵאִסּוּרִין
דְּרַבָּנָן, וְתִשְׁמֹר אוֹתָנוּ תָּמִיד, שֶׁלֹּא יֶאֱרַע לָנוּ שׁוּם מִכְשׁוֹל
לְעוֹלָם, חַס וְשָׁלוֹם. וְלֹא יָבוֹא לְתוֹךְ פִּינוּ שׁוּם מַאֲכָל הָאָסוּר
לָנוּ. כִּי אַתָּה יָדַעְתָּ רִבּוֹנוֹ דְּעָלְמָא כֻּלָּא, שֶׁאִי אֶפְשָׁר לְבָשָׂר
וָדָם לְהִזָּהֵר וּלְהִשָּׁמֵר בְּעַצְמוֹ מִכָּל מִינֵי מַאֲכָלוֹת אֲסוּרוֹת
וּמִתַּעֲרוּבוֹתֵיהֶם, אֲשֶׁר פְּרָטֵיהֶם וְדִקְדּוּקֵיהֶם רַבִּים מְאֹד,
וְעַצְמוּ מִסַּפֵּר, וְאַתָּה יוֹדֵעַ גֹּדֶל הַפְּגָם הֶעָצוּם הַפּוֹגֵם בְּנֶפֶשׁ
יִשְׂרָאֵל עַל יְדֵי מַאֲכָלוֹת אֲסוּרוֹת, חַס וְשָׁלוֹם.

עַל כֵּן רַחֵם עָלֵינוּ לְמַעַנְךָ וְעָזְרֵנוּ וְהוֹשִׁיעֵנוּ וּשְׁמֹר אֶת נַפְשֵׁנוּ,
שֶׁנִּזְכֶּה לִהְיוֹת נְצוּלִים וּפְרוּשִׁים וּמֻבְדָּלִים לְגַמְרֵי מִכָּל מִינֵי
מַאֲכָלוֹת אֲסוּרוֹת. מְנֻבֵּלוֹת וּטְרֵפוֹת, מִשְׁקָצִים וּמֵרְמָשִׂים,
מִבָּשָׂר בֶּחָלָב וּמִיֵּין נֶסֶךְ, מֵחֵלֶב וָדָם, מִגִּיד הַנָּשֶׁה וְאֵבֶר מִן
הַחַי, וּמִפַּת שֶׁל עַכּוּ"ם וּמִבִּשּׁוּלֵי עַכּוּ"ם, וּמִשְּׁאָר כָּל מִינֵי
מַאֲכָלוֹת אֲסוּרוֹת, מֵהֶם וּמִתַּעֲרוּבוֹתֵיהֶם וּמִמַּשֶּׁהוּ חָמֵץ
בְּפֶסַח, מִכֻּלָּם תִּשְׁמְרֵנוּ וְתַצִּילֵנוּ בְּרַחֲמֶיךָ הָעֲצוּמִים, שֶׁלֹּא

Your sake — in order to have the strength to follow the path of Your Torah with all my heart. Let me eat in holiness and purity for Your Name's sake.

Loving God: help me and protect me from ever eating any forbidden foods, both those forbidden by the Torah and those forbidden by our Sages. Always guard me from all hidden pitfalls, and never let any forbidden food come into my mouth. Master of the entire universe: You know that it is impossible for a mere human constantly to be on guard against all the different kinds of forbidden foods or mixtures of them. There is such an enormous number of complex details. And You also know the terrible damage it does to a Jewish soul to eat forbidden foods.

Please have pity on me and help me for Your sake. Guard my soul, and keep me well away from any kind of forbidden food — non-kosher animals, worms and bugs, mixtures of meat and milk, non-kosher wine, forbidden fat and blood, the sciatic nerve, the limb of a living animal, non-Jewish bread, food cooked by a non-Jew, *chametz* on Pesach, and all other kinds of forbidden foods and mix-ins. Protect me and save me from all of them. Don't let any of them ever come

יִכָּנְסוּ לְתוֹךְ פִּינוּ, וְלֹא יְטַמְּאוּ אֶת נַפְשׁוֹתֵינוּ, וְנִהְיֶה אֲנַחְנוּ
וְצֶאֱצָאֵינוּ נְקִיִּים וּטְהוֹרִים וּמֻבְדָּלִים מֵהֶם לְגַמְרֵי. וּתְקַדְּשֵׁנוּ
בִּקְדֻשָּׁתְךָ הָעֶלְיוֹנָה, וּתְקַיֵּם בָּנוּ מִקְרָא שֶׁכָּתוּב: "וִהְיִיתֶם לִי
קְדֹשִׁים כִּי קָדוֹשׁ אָנִי".

חוּס וַחֲמֹל עָלֵינוּ, וּפְדֵנוּ וְהַצִּילֵנוּ וּמַלְּטֵנוּ מִכָּל מִינֵי טֻמְאוֹת
מִכָּל הַדְּבָרִים הַמְשַׁקְּצִין אֶת הַנֶּפֶשׁ, וְקַדְּשֵׁנוּ בְּכָל מִינֵי
קְדֻשּׁוֹת, וְעָזְרֵנוּ וְזַכֵּנוּ לַאֲכִילָה דִּקְדֻשָּׁה בִּשְׁלֵמוּת בֶּאֱמֶת
כָּרָאוּי לְאִישׁ יִשְׂרְאֵלִי. וְנִזְכֶּה לְהַשְׁלִים פְּגָמֵי הַמִּזְבֵּחַ דִּקְדֻשָּׁה,
עַל יְדֵי אֲכִילָתֵנוּ בִּקְדֻשָּׁה וּבְטָהֳרָה, עַד שֶׁיִּהְיֶה הַשֻּׁלְחָן שֶׁלָּנוּ
מְכַפֵּר כַּמִּזְבֵּחַ. וּתְזַכֵּנוּ בְּרַחֲמֶיךָ הָרַבִּים לֶאֱמוּנָה שְׁלֵמָה בֶּאֱמֶת
וְתִתֶּן לָנוּ כֹּחַ וְשֵׂכֶל דִּקְדֻשָּׁה לְהַכְנִיעַ וּלְבַטֵּל כָּל מִינֵי אֱמוּנוֹת
כּוֹזְבִיּוֹת, וּלְהָשִׁיב וּלְהַחֲזִיר כָּל הַתּוֹעִים בֶּאֱמוּנוֹת כּוֹזְבִיּוֹת
שֶׁיָּשׁוּבוּ כֻּלָּם לֶאֱמוּנָתְךָ הַקְּדוֹשָׁה:

אָנָּא יְיָ, עָזְרֵנוּ לָצֵאת מִתַּאֲוַת גּוּפֵנוּ וּמֵעֲכִירַת מַעֲשֵׂינוּ,
וּמִכְּסִילוּת דַּעְתֵּנוּ, וְזַכֵּנִי בְּרַחֲמֶיךָ הָרַבִּים לִתֵּן צְדָקָה הַרְבֵּה
לַעֲנִיִּים מְהֻגָּנִים הַרְבֵּה, וְלַצַּדִּיקִים אֲמִתִּיִּים שֶׁבְּדוֹרֵנוּ, לְמַעַן
נִזְכֶּה עַל-יְדֵי-זֶה לְהַשְׁלִים וּלְתַקֵּן פְּגַם הַמִּזְבֵּחַ שֶׁנִּפְגַּם
עַל-יְדֵי עֲווֹנוֹתֵינוּ, עַד אֲשֶׁר אֵין לָנוּ לֹא אִשִּׁים וְלֹא קָרְבָּן
וְלֹא כֹהֵן שֶׁיְּכַפֵּר בַּעֲדֵינוּ:

into my mouth or bring impurity into my soul. Let me and my children, my descendants and the whole Jewish People be clean and pure, and keep us away from all forbidden foods. Sanctify us with Your exalted holiness and let us follow Your commandment to "be holy, for I am holy."

Have compassion on me, and save me from all kinds of impurity and anything that makes the soul disgusting. Sanctify me in every way. Help me eat with the holiness that befits a Jew. By eating in holiness and purity, let me repair the damage to the holy altar, and let my table atone for me like the altar itself. Bring me to perfect faith, and give me the strength and wisdom to banish all kinds of false beliefs. Help me bring people who have strayed into false beliefs back to true faith in God.

Please, HaShem: help me overcome my bodily desires and my lack of self-control, and give me mental clarity. Grant that I should be able to give charity generously to large numbers of deserving people, and to the true Tzaddikim of our generation, so as to be able to repair the damage to the altar caused by our sins. Today we cannot bring fire-offerings and sacrifices, and we have no priest to atone for us.

וּבְכֵן תְּרַחֵם עָלֵינוּ, שֶׁנִּזְכֶּה לְתַקֵּן אֶת פְּגַם תַּאֲוַת אֲכִילָה, וְנִזְכֶּה מֵעַתָּה לֶאֱכֹל בִּקְדֻשָּׁה וּבְטָהֳרָה עַד שֶׁיִּהְיֶה הַשֻּׁלְחָן שֶׁלָּנוּ מְכַפֵּר כַּמִּזְבֵּחַ, וְנִזְכֶּה לְהַכְנִיס אוֹרְחִים הֲגוּנִים עַל שֻׁלְחָנֵנוּ, וְלִתֵּן חֵלֶק מִסְעֻדָּתֵנוּ לַעֲנִיִּים הַהֲגוּנִים. וְזַכֵּנוּ לִלְמֹד תּוֹרָה עַל הַשֻּׁלְחָן, וְיִהְיֶה הַשֻּׁלְחָן שֶׁלָּנוּ שָׁלֵם בְּכָל מִינֵי שְׁלֵמוּת דִּקְדֻשָּׁה בְּלִי שׁוּם פְּגַם כְּלָל,

עַד שֶׁנִּזְכֶּה שֶׁהַשֻּׁלְחָן שֶׁלָּנוּ יְטַהֵר אוֹתָנוּ מִכָּל עֲווֹנוֹתֵינוּ, וִיזַכֶּה אוֹתָנוּ לָעֲלָמָא דְאָתֵי וּלְפַרְנָסָה טוֹבָה. וְנִהְיֶה רְשׁוּמִים לְטוֹב לְעֵלָּא וּלְעֵלָּא. וְנִזְכֶּה שֶׁיִּתּוֹסֵף לָנוּ כֹּחַ וּגְבוּרָה בְּשָׁעָה שֶׁנִּצְטָרֵךְ. וְנִזְכֶּה שֶׁלֹּא יִהְיֶה שׁוּם כֹּחַ לְהַסִּטְרָא אַחֲרָא לִינֹק כְּלָל מִשֻּׁלְחָנֵנוּ וַאֲכִילָתֵנוּ, כִּי אִם מְעַט דִּמְעַט חִיּוּת הַמֻּכְרָח לִתֵּן לָהֶם בְּצִמְצוּם גָּדוֹל כְּפִי רְצוֹנְךָ הַטּוֹב וְלֹא יוֹתֵר מֵהַהֶכְרֵחַ כְּלָל.

וְנִזְכֶּה לְקַיֵּם מִצְוַת נְטִילַת יָדַיִם בְּמַיִם רִאשׁוֹנִים וְאַחֲרוֹנִים כָּרָאוּי בִּשְׁלֵמוּת. וְנִזְכֶּה לְקַדֵּשׁ יָדֵינוּ עַל-יְדֵי נְטִילַת יָדַיִם, וְיִמְשַׁךְ עָלֵינוּ קְדֻשָּׁה וְטָהֳרָה שְׁלֵמָה עַל-יְדֵי נְטִילַת יָדַיִם רִאשׁוֹנִים וְאַחֲרוֹנִים. וִיקַיֵּם בָּנוּ מִקְרָא שֶׁכָּתוּב: "וְהִתְקַדִּשְׁתֶּם וִהְיִיתֶם קְדוֹשִׁים כִּי קָדוֹשׁ אֲנִי יְיָ". וְתַעַזְרֵנוּ לְבָרֵךְ בִּרְכַּת הַמּוֹצִיא וּבִרְכַּת הַמָּזוֹן וְכָל בִּרְכַּת הַנֶּהֱנִין תְּחִלָּה וָסוֹף בְּכַוָּנָה

Have pity on me: let me overcome my desire to eat unnecessarily, and from now on help me eat in holiness and purity so that my table will atone like the altar. Let me have guests at my table; let me give a portion of my meals to those in need; let me study Torah at the table, and let me eat all my meals in complete holiness.

Let my conduct at the table purify me from all my sins and earn me my share in the world to come, as well as a good livelihood in this world. Let me be marked for good in the highest worlds, and let me develop my strength for the time I will need it. Don't allow the forces of unholiness to draw nourishment from my table and my eating, except for the barest minimum that has to be given to them in accordance with Your will, but no more.

Let me fulfil the mitzvah of washing my hands before eating bread and at the end of the meal, and let me thereby sanctify my hands and bring perfect holiness and purity into myself in fulfilment of the verse: "You shall sanctify yourselves and be holy, for I, HaShem am holy." Help me say the blessing over bread, the grace after meals, and all the other blessings before and after food, with full concentration and devotion, in

גְּדוֹלָה כָּרָאוּי בִּקְדֻשָּׁה וּבְטָהֳרָה. וְנִזְכֶּה שֶׁיְּקֻיַּם בַּשֻּׁלְחָן שֶׁלָּנוּ מִקְרָא שֶׁכָּתוּב: "וַיְדַבֵּר אֵלַי זֶה הַשֻּׁלְחָן אֲשֶׁר לִפְנֵי יְיָ", וְנִזְכֶּה עַל יְדֵי אֲכִילָתֵנוּ בִּקְדֻשָּׁה לְהַכְנִיעַ וּלְבַטֵּל כְּסִילוּת דַּעְתֵּנוּ וְכִעוּר מַעֲשֵׂינוּ. וְתַעֲזְרֵנוּ שֶׁיִּהְיֶה נִשְׁלָם דַּעְתֵּנוּ עַל יְדֵי אֲכִילָתֵנוּ בִּקְדֻשָּׁה וּבְטָהֳרָה כִּרְצוֹנְךָ הַטּוֹב:

אָנָּא יְיָ, אַתָּה יָדַעְתָּ אֶת עֹצֶם בִּלְבּוּל וּכְסִילוּת דַּעְתִּי שֶׁמִּתְגַּבֵּר עָלַי בְּכָל עֵת וּבְכָל שָׁעָה, עַד אֲשֶׁר "כָּשַׁל כֹּחַ הַסַּבָּל", וְאֵינִי יוֹדֵעַ מַה לַּעֲשׂוֹת וְאֵיזֶה תַּחְבּוּלָה אֲבַקֵּשׁ לְתַקֵּן אֶת דַּעְתִּי לְהַכְנִיעַ כְּסִילוּת דַּעְתִּי, אֲשֶׁר מִזֶּה בָּאוּ מַעֲשַׂי הַמְכֹעָרִים. וְלֹא דַי שֶׁלֹּא זָכִיתִי לְתַקֵּן דַּעְתִּי וּמַעֲשַׂי, אַף גַּם הוֹסַפְתִּי בְּכָל פַּעַם קִלְקוּלִים עַל קִלְקוּלִים, וּפְגָמִים עַל פְּגָמִים וַעֲבֵירוֹת עַל עֲבֵירוֹת, וּכְסִילוּת עַל כְּסִילוּת, וּבִלְבּוּלִים רַבִּים עַל בִּלְבּוּלִים.

"דָּלוּ עֵינַי לַמָּרוֹם יְיָ עָשְׁקָה לִּי עָרְבֵנִי, עֲרֹב עַבְדְּךָ לְטוֹב אַל יַעַשְׁקֻנִי זֵדִים. הוֹצִיאָה מִמַּסְגֵּר נַפְשִׁי". חָנֵּנוּ מֵאִתְּךָ דֵּעָה בִּינָה וְהַשְׂכֵּל, וְעָזְרֵנוּ שֶׁאֶזְכֶּה לָשׁוּב מִמַּחְשְׁבוֹתַי הָרָעוֹת, וְאֶזְכֶּה לַעֲזֹב דַּרְכֵי הָרַע וּמַחְשְׁבוֹתַי הַפְּגוּמוֹת

holiness and purity. Let my table be worthy of having applied to it the verse: "And he spoke to me, 'This is the table that is before HaShem.'" Through eating in holiness, let me overcome my mental confusion and lack of self-control, and help me attain perfect wisdom and connection with God.

Please, HaShem: You know the constant mental confusion and turbulence I suffer from. I just cannot stand it. But I have absolutely no idea what to do to try to clear my mind and rid myself of my impulsiveness and folly. These are the cause of my sinful behavior, but far from being able to bring some order into my mind and behave the way I should, I constantly do what I should not: my behavior is becoming more and more impulsive and reckless, and my mind ever more turbulent.

"My eyes are lifted up above, HaShem. Redeem me and save me! Intercede for the good of Your servant, and don't let my arrogant thoughts and sins overwhelm me. Take my soul out of prison." Grant me knowledge, understanding and wisdom, and help me repent of my evil thoughts. Let me abandon my wicked path and my corrupt and confused thoughts, which

וְהַמְבַלְבְּלוֹת, הַמְבַלְבְּלִים אוֹתִי וּמוֹנְעִים אוֹתִי מְאֹד מִלָּשׁוּב
אֵלֶיךָ בֶּאֱמֶת. חוּס נָא עָלַי חוּס וַחֲמֹל נָא עָלַי, יֶהֱמוּ מֵעֶיךָ
וַחֲסָדֶיךָ עָלַי, וְתֶן לִי תִּקְוָה טוֹבָה, שֶׁאֶזְכֶּה מֵעַתָּה לְרַחֵק
וּלְגָרֵשׁ מֵעָלַי כָּל מִינֵי מַחֲשָׁבוֹת רָעוֹת וְכָל מִינֵי בִּלְבּוּל הַדַּעַת
שֶׁבָּעוֹלָם,

עַד שֶׁאֶזְכֶּה חִישׁ קַל מְהֵרָה לְהַשְׁלִים אֶת דַּעְתִּי. וְאֶזְכֶּה
לִשְׁלֵמוּת הַדַּעַת דִּקְדֻשָּׁה וְעַל-יְדֵי-זֶה תְּזַכֵּנִי בְּרַחֲמֶיךָ הָרַבִּים
לַעֲזֹב מֵעַתָּה אֶת כָּל מַעֲשַׂי הָרָעִים וְאֶזְכֶּה מֵעַתָּה לִהְיוֹת סוּר
מֵרַע בֶּאֱמֶת. וְתַעַזְרֵנִי לְתַקֵּן אֶת מַעֲשַׂי. וְתַחַת מַעֲשַׂי
הַמְכֹעָרִים אֶזְכֶּה מֵעַתָּה לַעֲשׂוֹת תַּחְתָּם מַעֲשִׂים נָאִים, מַעֲשִׂים
הֲגוּנִים, מַעֲשִׂים טוֹבִים שֶׁיִּהְיוּ לְנַחַת וּלְרָצוֹן לִפְנֵי כִסֵּא
כְּבוֹדֶךָ:

וּבְכֵן יְהִי רָצוֹן מִלְּפָנֶיךָ יְיָ אֱלֹהֵינוּ וֵאלֹהֵי אֲבוֹתֵינוּ, שֶׁיִּפָּקַח
לִי אוֹר הַשֵּׂכֶל דִּקְדֻשָּׁה. וְיִתְגַּלֶּה לִי אוֹר הַצַּדִּיקֵי אֱמֶת
הַמְּאִירִים בְּכָל הָעוֹלָמוֹת כֻּלָּם, וּמִכָּל-שֶׁכֵּן בָּעוֹלָם הַשָּׁפָל
הַזֶּה. וּמֵעֹצֶם עֲכִירַת מַעֲשֵׂינוּ וּכְסִילוּת דַּעְתֵּנוּ, נִסְתָּם וְנִסְתָּר
מִמֶּנּוּ אוֹרָם הַגָּדוֹל, עַד אֲשֶׁר אֲפִלּוּ כְּשֶׁאָנוּ זוֹכִים לְהִתְקָרֵב
אֲלֵיהֶם וְלַעֲסֹק בְּסִפְרֵיהֶם הַקְּדוֹשִׁים, אֵין אָנוּ זוֹכִים לְהַרְגִּישׁ
וְלִרְאוֹת כְּלָל אוֹרָם הַצַּח וְהַמְצֻחְצָח, וְאֵין אָנוּ מַרְגִּישִׁים

create such barriers against my turning to You. Have pity on me. Have compassion on me. Stir up Your love and mercy for me. Give me hope. Help me make a new start. From now on, let me drive away all evil thoughts and distractions and free myself of all mental confusion.

Enable me to develop my mind to perfection, quickly and easily, until I come to perfect holy wisdom and knowledge. And through this, help me to stop doing all the wrong I've done until now. From now on let me be a person who truly turns away from evil. Help me improve and perfect my behavior. In place of my former sinful behavior, let me devote myself from now on to good and noble activities that will evoke favor and joy before Your throne of glory.

HaShem my God and God of my fathers: please open me to the light of holy wisdom, and let me see the radiance of the true Tzaddikim, which shines in all the worlds, and nowhere more than in this lowly world. But because of the wrong I have done and my lack of spirituality, the light of the Tzaddikim has become so concealed from me that even when I try to bring myself closer to them and study their holy works, I am still unable to feel and see their pure,

נְעִימוּת קְדֻשַּׁת דִּבְרֵיהֶם מֵעֹצֶם חֶשְׁכַּת שִׂכְלֵנוּ וּכְסִילוּת דַּעְתֵּנוּ
וַעֲכִירַת מַעֲשֵׂינוּ. וּמֵחֲמַת זֶה נֶחְשַׁךְ אוֹר הַיִּרְאָה וְהָאַהֲבָה
הַקְּדוֹשָׁה מֵאִתָּנוּ, עַד אֲשֶׁר בַּעֲווֹנוֹתֵינוּ אָנוּ רְחוֹקִים מְאֹד
מִיִּרְאָה וְאַהֲבָה אֲמִתִּיּוֹת:

אָנָּא יְיָ חֲמֹל עָלֵינוּ וְאַל תַּזְנִיחֵנוּ וְאַל תִּטְּשֵׁנוּ, וְתַעַזְרֵנוּ
לְהַשְׁלִים אֶת דַּעְתֵּנוּ וּלְתַקֵּן אֶת מַעֲשֵׂינוּ. וְתִפְתַּח לָנוּ אֶת אוֹר
הַדַּעַת דִּקְדֻשָּׁה, שֶׁיִּתְגַּלֶּה לָנוּ הָאֱמֶת. וְנִזְכֶּה לִרְאוֹת בְּעֵינֵי
שִׂכְלֵנוּ אֶת אוֹר צַדִּיקֵי הָאֱמֶת, וְנִזְכֶּה לְהִכָּלֵל בָּהֶם, וּלְהִתְדַּבֵּק
בְּדַרְכֵיהֶם וּבְמַעֲשֵׂיהֶם הַטּוֹבִים אֲשֶׁר הוֹרוּ אוֹתָנוּ, וְעַל יְדֵי
זֶה נִזְכֶּה לְיִרְאָה וְאַהֲבָה דִּקְדֻשָּׁה בִּשְׁלֵמוּת בֶּאֱמֶת.

וְנִזְכֶּה לְהִתְקָרֵב לְצַדִּיקֵי אֱמֶת שֶׁיֵּשׁ לָהֶם כֹּחַ לְגַלּוֹת אֶת גֹּדֶל
הַהִתְפָּאֲרוּת שֶׁאַתָּה מִתְפָּאֵר עִם עַמְּךָ יִשְׂרָאֵל בְּכָל דּוֹר וָדוֹר.
כְּמוֹ שֶׁכָּתוּב: "יִשְׂרָאֵל אֲשֶׁר בְּךָ אֶתְפָּאָר". הֵן בִּכְלָל מַה
שֶּׁאַתָּה מִתְפָּאֵר עִם כְּלָלִיּוּת יִשְׂרָאֵל עַמְּךָ הַקָּדוֹשׁ, אֲשֶׁר בָּחַרְתָּ
בָּנוּ מִכָּל הָעַמִּים וְרוֹמַמְתָּנוּ מִכָּל הַלְּשׁוֹנוֹת, הֵן בִּפְרָטִיּוּת מַה
שֶּׁאַתָּה מִתְפָּאֵר עִם כָּל אֶחָד וְאֶחָד מִיִּשְׂרָאֵל בִּפְרָט, אֲפִלּוּ

radiant light. I am insensitive to the sweetness of
their holy words, because of my own spiritual
darkness and bad habits. For me, the light of holy
awe and love is shrouded in darkness, and be-
cause of my sins I am far, far away from true awe
and love.

Please, HaShem, have pity on me! Don't
reject me, and don't abandon me. Help me
develop my mind and soul and improve my
behavior. Open me to the light of holy wisdom,
and reveal the truth to me. Let me see the light
of the true Tzaddikim with the eyes of my soul.
Grant that I should become one with them and
cling to the pathways and good practices they
have taught us. Through following them, bring
me to complete holy awe and love.

Let me come close to the Tzaddikim who
have the power to reveal the great pride and
pleasure You have from the Jewish People in
every generation, as it is written: "Israel, in
whom I take pride." These Tzaddikim reveal
both the pride and pleasure You take in the
Jewish People as a whole — Your holy people,
whom You chose from all the nations and exalted
above all languages — and also the pride and
pleasure You have from every individual Jew,

עִם הַפָּחוֹת שֶׁבַּפְּחוּתִים, וַאֲפִלּוּ עִם פּוֹשְׁעֵי יִשְׂרָאֵל. כָּל זְמַן שֶׁשֵּׁם יִשְׂרָאֵל נִקְרָא עָלָיו אַתָּה מִתְפָּאֵר וּמִתְגַּדֵּל וּמִתְרוֹמֵם בּוֹ, וְהֵן בִּפְרָטֵי פְרָטִיּוּת מַה שֶּׁאַתָּה מִתְפָּאֵר וּמִתְנַשֵּׂא בִּפְרָטֵי הַמַּעֲשִׂים וְהַתְּנוּעוֹת טוֹבוֹת שֶׁל כָּל אֶחָד מִיִּשְׂרָאֵל

כָּל אֵלּוּ הַהִתְפָּאֲרוּת יִתְגַּלּוּ עַל-יְדֵי צַדִּיקֵי הָאֱמֶת, וְעַל יְדֵי זֶה יִתְגַּלּוּ לָנוּ כָּל הָרְצוֹנוֹת שֶׁהָיוּ לְךָ בִּבְרִיאַת עוֹלָמְךָ. בִּכְלָלִיּוּת הַבְּרִיאָה וּבִפְרָטִיּוּת כָּל נִבְרָא וְנִבְרָא וּבִפְרָטֵי פְרָטִיּוּת, אֲשֶׁר הַכֹּל הָיָה רַק בִּשְׁבִיל יִשְׂרָאֵל עַמֶּךָ, כְּדֵי שֶׁתִּתְפָּאֵר וְתִתְגַּדֵּל וְתִתְרוֹמֵם וְתִתְנַשֵּׂא עַל יְדֵי יִשְׂרָאֵל עַמֶּךָ. וְעַל יְדֵי זֶה תִּזְכֵּנוּ בְּרַחֲמֶיךָ הָרַבִּים שֶׁיִּמְשַׁךְ עָלֵינוּ יִרְאָה וְאַהֲבָה בִּשְׁלֵמוּת בֶּאֱמֶת, שֶׁנִּזְכֶּה לְיִרְאָה אֶת שִׁמְךָ הַגָּדוֹל וְהַנּוֹרָא, וּלְאַהֲבָה אוֹתְךָ בֶּאֱמֶת בְּכָל לְבָבֵנוּ וּבְכָל נַפְשֵׁנוּ וּבְכָל מְאֹדֵנוּ:

אָנָּא יְיָ שׁוֹמֵעַ תְּפִלָּה, שׁוֹמֵעַ צְעָקָה, שׁוֹמֵעַ אֲנָחָה, שְׁמַע קוֹל תְּפִלָּתֵנוּ בְּרַחֲמִים, וּמַלֵּא בַּקָּשָׁתֵנוּ לְמַעַנְךָ וְלֹא לְמַעֲנֵנוּ, שֶׁנִּזְכֶּה לָתֵן צְדָקָה הַרְבֵּה לָעֲנִיִּים הַהֲגוּנִים וּלְצַדִּיקִים אֲמִתִּיִּים

even the most insignificant, even the Jewish sinners, as long as they still bear the name Jew — because even then You still take pride in them and Your glory is enhanced and elevated through them. And these Tzaddikim also have the power to reveal even the pride and pleasure You take in the smallest details of the good deeds and gestures of every single Jew.

Let all this pride and pleasure be revealed by the true Tzaddikim, so as to reveal all Your intentions in creating the Universe as a whole and each of the different creatures in particular, and all of the unique details of each individual creature. For You created everything only for the sake of Your people Israel, so that You could take pride and pleasure in them and be magnified and exalted. Grant that we should be able to see and understand all this, so that we will attain complete awe and love of God, and we will come to fear Your mighty, awesome Name and genuinely love You with all our hearts, all our souls and all our might.

Please HaShem: You listen to every prayer, every cry and every sigh. Listen kindly to my prayer and grant my request — for Your sake and not for mine. Let me give much charity to

שֶׁבַּדּוֹר הַזֶּה, וְעַל יְדֵי זֶה נִזְכֶּה לְהַזְכִּיר אֶת הַטּוֹב הַכָּבוּשׁ בַּגָּלוּת, וּבִפְרָט הַטּוֹב הַכָּבוּשׁ אֶצְלִי בְּגָלוּת גָּדוֹל. שֶׁיִּזְכֹּר אֶת מַעֲלָתוֹ הַגְּדוֹלָה, וְיִתְעוֹרֵר בֶּאֱמֶת וְיִתְגַּבֵּר עַל הָרָע, עַד שֶׁאֶזְכֶּה לְהַכְנִיעַ וּלְשַׁבֵּר וּלְגָרֵשׁ אֶת הָרָע מִמֶּנִּי לְגַמְרֵי וְאֶזְכֶּה לָשׁוּב בִּתְשׁוּבָה שְׁלֵמָה לְפָנֶיךָ בֶּאֱמֶת חִישׁ קַל מְהֵרָה. וְנִזְכֶּה לְתַקֵּן אֶת פְּגַם תַּאֲוַת אֲכִילָה, וְתַעַזְרֵנוּ לֶאֱכֹל בִּקְדֻשָׁה וּבְטָהֳרָה לְמַעַן שִׁמְךָ לְבַד בֶּאֱמֶת, וְנִזְכֶּה לְהַכְנִיעַ וּלְבַטֵּל כְּסִילוּת הַדַּעַת וַעֲכִירַת הַמַּעֲשִׂים.

וּתְזַכֵּנוּ בַּחֲסָדֶיךָ הָרַבִּים לִשְׁלֵמוּת הַדַּעַת דִּקְדֻשָׁה, וְלַעֲשׂוֹת מַעֲשִׂים טוֹבִים וַהֲגוּנִים בְּעֵינֶיךָ, וְתִפְתַּח לָנוּ אוֹר הַשֵּׂכֶל בֶּאֱמֶת, בְּאֹפֶן שֶׁנִּזְכֶּה שֶׁיִּתְגַּלֶּה לָנוּ הֵיטֵב בֶּאֱמֶת לַאֲמִתּוֹ אוֹר הַצַּדִּיקִים הָאֲמִתִּיִּים, הַמְּאִירִים בְּכָל הָעוֹלָמוֹת כֻּלָּם. וְנִזְכֶּה עַל יְדֵי זֶה לְיִרְאָה וְאַהֲבָה בִּשְׁלֵמוּת, וּתְיַחֵד לְבָבֵנוּ לְאַהֲבָה וּלְיִרְאָה אֶת שִׁמְךָ בֶּאֱמֶת בְּתַכְלִית הַשְּׁלֵמוּת, מֵעַתָּה וְעַד עוֹלָם אָמֵן סֶלָה:

genuinely deserving people and to the true Tzaddikim of this generation, and let me thereby bring the exiled good to recall its great worth, especially the good inside me, which is trapped in such a deep exile. Arouse and awaken it, and let it fight back against the evil in me, until I am able to conquer the evil and drive it out of me completely. Quickly bring me to complete repentance. Help me remove my physical appetite for unnecessary food. Help me eat in holiness and purity for the sake of Your Name, and remove the mental turbulence and folly that cause me to do wrong.

Kind and loving God: bring me to perfect holy knowledge and true spirituality. Let me do what is good in Your eyes. Open me to the light of wisdom, and let the radiance of the true Tzaddikim, which shines in all the worlds, be revealed in its true power. Let it bring me to perfect awe and love of God, and unite my heart to genuinely love and fear Your Name from now on and for ever. Amen. Selah.

18

The ultimate purpose of life / The afterlife / Breaking anger / Faith / Avoiding superstition / The true spiritual leader

---

Everything has a purpose, and this purpose itself serves a higher purpose. The ultimate purpose of everything is the bliss of the World to Come: it was to attain this that the entire universe was created. The only ones who can grasp this purpose are the Tzaddikim. To the extent that each individual Jew is rooted in the soul of the Tzaddik, he can receive from him and attain his ultimate destiny, but only on condition that he breaks his own anger.

We must not allow anger to make us act cruelly. We must show love instead. Anger is in effect self-worship, and causes Divine "anger" — the withholding of Divine favor. One of the ways this expresses itself in the world is that the true Tzaddikim feel the need to conceal themselves. But when we break our anger, God responds by causing the Tzaddikim to reveal themselves and accept responsibility for leading the Jewish People. In his humility, the Tzaddik truly loves the Jewish People, as opposed to false leaders, who may purport to be altruistic but are in fact intent on enjoying power and glory.

רִבּוֹן עָלְמִין, טוֹב וּמֵטִיב לַכֹּל,

אַתָּה בָּרָאתָ עוֹלָמְךָ בִּרְצוֹנְךָ הַטּוֹב כְּפִי מַה שֶּׁעָלָה בְּמַחֲשַׁבְתְּךָ
הַקְּדוּמָה, וְתַכְלִית כַּוָּנָתְךָ הַטּוֹבָה הָיְתָה לְטוֹבָתֵנוּ, כְּדֵי
שֶׁנִּזְכֶּה עַל יְדֵי זֶה לְהַשִּׂיג הַתַּכְלִית הַטּוֹב תַּכְלִית הָאֲמִתִּי,
תַּכְלִית הַטּוֹב שֶׁל כָּל הַתַּכְלִיתִין. וּבִשְׁבִיל זֶה בָּרָאתָ כָּל
הָעוֹלָמוֹת כֻּלָּם בְּחָכְמָה נִפְלָאָה מֵרֵאשִׁית הָאֲצִילוּת עַד סוֹף
הָעֲשִׂיָּה, כְּדֵי שֶׁנִּזְכֶּה מִסּוֹף הַמַּעֲשֶׂה לָבוֹא וּלְהַכְּלֵל בְּמַחֲשָׁבָה
תְּחִלָּה, לְהַשִּׂיג הַתַּכְלִית הָאַחֲרוֹן טוֹב הַנִּצְחִי:

וּבְכֵן יְהִי רָצוֹן מִלְּפָנֶיךָ יְיָ אֱלֹהֵינוּ וֵאלֹהֵי אֲבוֹתֵינוּ, שֶׁתַּעַזְרֵנוּ
בְּרַחֲמֶיךָ הָרַבִּים, שֶׁנִּזְכֶּה לְמַלֹּאת רְצוֹנְךָ הַטּוֹב. וְנִזְכֶּה לַעֲסֹק
בַּעֲבוֹדָתְךָ תָּמִיד בֶּאֱמֶת וּבְלֵב שָׁלֵם. וְנִזְכֶּה לָסוּר מֵרַע לְגַמְרֵי
בֶּאֱמֶת. וְלַעֲשׂוֹת הַטּוֹב בְּעֵינֶיךָ תָּמִיד, לְמַעַן נִזְכֶּה עַל-יְדֵי-זֶה
לְהַשִּׂיג הַתַּכְלִית הָאֲמִתִּי. וּבְכָל עֲשִׂיָּתֵנוּ וַעֲסָקֵינוּ שֶׁנַּעֲשֶׂה
וְנַעֲסֹק בְּזֶה הָעוֹלָם בְּכֻלָּם יִהְיוּ כַּוָּנָתֵנוּ רַק בִּשְׁבִיל תַּכְלִית

Master of the worlds! Source of all good! You who are good to all:

You created Your universe for a good purpose, in accordance with Your primordial plan. Your ultimate purpose was for our good, that we should thereby be able to fulfil our true destiny and come to the ultimate good. This true good is the ultimate goal of everything — all other goals must ultimately lead to this. It was for this that You created all the worlds with such amazing wisdom, from the source of *Atzilut* to the very end of *Asiyah*, this World of Action. Through our labor in this world, which came last in the actual work of creation, we can become merged and united with that which arose first in thought: the ultimate goal of eternal good.

Achieving the ultimate goal

HaShem, my God and God of my fathers, God of compassion: Help me fulfil Your purpose and attain the good You want to give me. Let me serve You at all times, genuinely and whole-heartedly. Let me turn away from all evil and always do what is good in Your eyes, so as to come to my true destiny. In every action I take in this world and everything I become involved in,

הַטּוֹב הָאַחֲרוֹן, כְּדֵי שֶׁיִּתְגַּלְגֵּל מִזֶּה הַדָּבָר הַשָּׂגַת תַּכְלִית הָאֲמִתִּי, וְלֹא נַעֲשֶׂה שׁוּם דָּבָר, וְלֹא נַעֲסֹק בְּשׁוּם עֵסֶק וְלֹא נְדַבֵּר שׁוּם דִּבּוּר, שֶׁאֵין בָּהֶם הַשָּׂגַת הַתַּכְלִית הָאַחֲרוֹן, וְנִזְכֶּה לְקַיֵּם מִקְרָא שֶׁכָּתוּב: "בְּכָל דְּרָכֶיךָ דָעֵהוּ, וְהוּא יְיַשֵּׁר אֹרְחוֹתֶיךָ", וְכָל מַעֲשֵׂינוּ יִהְיוּ לְשֵׁם שָׁמַיִם:

רִבּוֹנוֹ שֶׁל עוֹלָם, אַתָּה יָדַעְתָּ כַּמָּה אֲנִי רָחוֹק מִתַּכְלִית הָאֲמִתִּי, וְלֹא דַי שֶׁלֹּא נִזְהַרְתִּי בְּכָל מַעֲשַׂי שֶׁלֹּא לַעֲשׂוֹת דָּבָר שֶׁאֵין בּוֹ הַשָּׂגַת הַתַּכְלִית הָאַחֲרוֹן אַף גַּם עָשִׂיתִי מֵהֶפֶךְ אֶל הַהֵפֶךְ, וְעָשִׂיתִי מַעֲשִׂים הַגּוֹרְמִים לְהִתְרַחֵק מְאֹד, חַס וְשָׁלוֹם, מִן הַתַּכְלִית, וּפָגַמְתִּי הַרְבֵּה וְנִתְרַחַקְתִּי מִן הַתַּכְלִית הָאֲמִתִּי בְּתַכְלִית הָרִחוּק. וְעַתָּה אָבִי שֶׁבַּשָּׁמַיִם, לָמָּה לִי חַיִּים כָּאֵלֶּה, חַיֵּי צַעַר כָּאֵלֶּה, חַיִּים מָרִים וּמְרוֹרִים כָּאֵלֶּה, הַאִם זֶה נִקְרָא חַיִּים, הֲלֹא אֶלֶף מִיתוֹת טוֹבִים מֵחַיִּים מָרִים כָּאֵלֶּה, מֵאַחַר שֶׁאֵינִי זוֹכֶה בַּחַיִּים הָאֵלֶּה לְהַשָּׂגַת הַתַּכְלִית הָאֲמִתִּי:

רִבּוֹנוֹ שֶׁל עוֹלָם, מָרֵא דְעָלְמָא כֹּלָּא, מְחַיֶּה מֵתִים בְּרַחֲמִים רַבִּים, חַי הַחַיִּים, תֶּן לִי חַיִּים וְאֶחְיֶה וְלֹא אָמוּת, תֶּן לִי חַיִּים אֲמִתִּיִּים, חַיִּים נִצְחִיִּים, חַיִּים טוֹבִים, חַיִּים אֲרֻכִים, חַיִּים

let my only purpose be to attain the ultimate goal, so that eventually this action or involvement will lead me to my true destiny. Don't let me do anything, say anything or become involved in anything that is not bound up with attaining this ultimate purpose. Let me fulfil the verse: "Know Him in all your ways, and He will straighten your paths." Let all my actions be for the sake of Heaven.

Master of the Universe: You know how far I am from my ultimate purpose. Not only have I failed to take care not to do anything that isn't bound up with attaining my destiny. On the contrary, I've done the very opposite. My involvements have taken me far, far away from my goal. I've done so much wrong. I'm as far away as I could possibly be from my true purpose. Heavenly Father: what point is there in a life of pain and bitterness like this? Is this called *life*? Wouldn't a thousand deaths be better than this bitter life, seeing as my life is not bringing me to my true purpose?

Master of the World! Master of the entire Universe, who lovingly gives life to the dead! Source of all life! Give me *life*! Let me live and not die! Give me true life, eternal life, good, long life,

שֶׁיֵּשׁ בָּהֶם יִרְאַת שָׁמַיִם, חַיִּים שֶׁנִּזְכֶּה עַל יָדָם בְּכָל עֵת וּבְכָל
רֶגַע לְהַשָּׂגַת הַתַּכְלִית הָאַחֲרוֹן הָאֲמִתִּי אֲשֶׁר בִּשְׁבִיל זֶה בָּרָאתָ
כָּל הָעוֹלָמוֹת כֻּלָּם, וּבִשְׁבִיל זֶה בָּאנוּ מֵעוֹלָם הָעֶלְיוֹן מְרוֹם
הַמַּעֲלוֹת לָעוֹלָם הַשָּׁפָל הַזֶּה.

חוּס וַחֲמֹל עָלַי וְתֶן לִי תִּקְוָה וְלֹא אֹבַד, וְחַזְּקֵנִי וְאַמְּצֵנִי
שֶׁאֶזְכֶּה מֵעַתָּה לְרַחֵם עָלַי לְהִתְרַחֵק וְלָסוּר מֵרַע לְגַמְרֵי, וְלֹא
אֶעֱשֶׂה עוֹד שׁוּם דָּבָר שֶׁאֵין בּוֹ הַשָּׂגַת הַתַּכְלִית הָאַחֲרוֹן
הָאֲמִתִּי, חֲמֹל עַל מַעֲשֶׂה יָדֶיךָ, וְזַכֵּנִי לָשׁוּב אֵלֶיךָ בֶּאֱמֶת,
עַד שֶׁאֶזְכֶּה אֶל הַתַּכְלִית הָאֲמִתִּי, לְהָרִים וּלְהַגְבִּיהַּ וּלְהַכְלִיל
סוֹף הַמַּעֲשֶׂה בְּמַחֲשָׁבָה תְּחִלָּה:

וּבְכֵן יְהִי רָצוֹן מִלְּפָנֶיךָ יְיָ אֱלֹהֵינוּ וֵאלֹהֵי אֲבוֹתֵינוּ, מָלֵא טוֹב
מָלֵא רַחֲמִים, מָלֵא רָצוֹן, שֶׁתִּהְיֶה בְּעֶזְרִי, וְתִשְׁמְרֵנִי וְתַצִּילֵנִי
מִן הַכַּעַס וּמִן הָרֹגֶז וּמִכָּל מִינֵי קְפֵּידוּת. וְתָגֵן עָלַי בְּרַחֲמֶיךָ
וְתִשְׁמְרֵנִי תָּמִיד. וַאֲפִלּוּ בְּשָׁעָה שֶׁיָּבוֹא, חַס וְשָׁלוֹם, לִידֵי
אֵיזֶה כַּעַס, תַּחְמֹל עָלַי בְּרַחֲמֶיךָ וְתִשְׁמְרֵנִי וְתַצִּילֵנִי שֶׁלֹּא
אֶפְעַל בְּכַעֲסִי שׁוּם אַכְזָרִיּוּת כְּלָל. רַק אֶזְכֶּה לְשַׁבֵּר וּלְהָפֵר
הַכַּעַס לְרַחֲמָנוּת, וְאֶזְכֶּה לְהִתְגַּבֵּר עַל יִצְרִי לְשַׁבֵּר הַכַּעַס

a life of awe of Heaven — a life in which I will use every single moment to come nearer to the true, ultimate goal for which You created all the worlds and for which we came down from the supreme heights of the highest world into this lowly world.

Have pity on me! Give me hope! Don't destroy me! Strengthen me and fill me with determination. Help me take pity on myself and keep myself well away from all evil. Let me never again do anything which does not take me closer to the ultimate purpose. Have pity on Your handiwork. Bring me to turn to You with all my heart, so that I will attain the true goal of life, raising and elevating this world, the last to be created, so as to join it and unite it with what arose first in thought.

Breaking anger

HaShem, my God and God of my fathers! Good and loving God: Help me! Guard and protect me from all anger, temper and resentment. Even if I do start to become angry at times, have pity on me and keep me from doing anything vicious out of anger. Help me break my anger, and instead show love and kindness. Help

וְלַהֲפֹךְ הַכַּעַס לְרַחֲמָנוּת, לְרַחֵם דַּיְקָא בְּרַחֲמָנוּת גְּדוֹלָה בְּמָקוֹם שֶׁהָיִיתִי רוֹצֶה לִכְעֹס, חַס וְשָׁלוֹם. וְלֹא יִהְיֶה בִּי אֵל זָר וְלֹא אֶשְׁתַּחֲוֶה לְאֵל נֵכָר, שֶׁזֶּה נֶאֱמַר עַל הַכּוֹעֵס, שֶׁנֶּחְשָׁב כְּאִלּוּ עוֹבֵד עֲבוֹדָה זָרָה.

רִבּוֹנוֹ שֶׁל עוֹלָם, אַתָּה יָדַעְתָּ כַּמָּה קָשֶׁה לָנוּ לְשַׁבֵּר וּלְבַטֵּל מִדָּה רָעָה זוֹ שֶׁל כַּעַס וּקְפֵּידוּת, כִּי כְּשֶׁמַּתְחִיל הַכַּעַס לִבְעֹר בָּנוּ, חַס וְשָׁלוֹם, כִּמְעַט אֵין אָנוּ בְּדַעְתֵּנוּ וְקָשֶׁה עָלֵינוּ לִכְבּוֹת אֲשֶׁר הַכַּעַס וּלְכוֹבְשׁוֹ. עַל כֵּן רַחֵם עָלֵינוּ לְמַעַן שְׁמֶךָ, וֶהֱיֵה בְּעֶזְרֵנוּ וְשָׁמְרֵנוּ וְהַצִּילֵנוּ תָּמִיד בְּרַחֲמֶיךָ וַחֲסָדֶיךָ הַגְּדוֹלִים, וְעָזְרֵנוּ לְשַׁבֵּר וּלְבַטֵּל מִדַּת הַכַּעַס וּקְפֵּידוּת מֵעָלֵינוּ וּמֵעַל גְּבוּלֵנוּ, וְלֹא נִכְעַס לְעוֹלָם, וְלֹא אֶהְיֶה שׁוּם קַפְּדָן כְּלָל, רַק אֶזְכֶּה לִהְיוֹת טוֹב לַכֹּל תָּמִיד מֵעַתָּה וְעַד עוֹלָם:

וְעַל יְדֵי זֶה נִזְכֶּה לְעוֹרֵר רַחֲמֶיךָ וַחֲסָדֶיךָ הָאֲמִתִּיִּים עָלֵינוּ, עַל עַם עָנִי וְאֶבְיוֹן כָּמוֹנוּ הַיּוֹם, עַל עַם מְמֻשָּׁךְ וּמְמֹרָט, הַנְּפוֹצִים עַל הֶהָרִים כַּצֹּאן אֲשֶׁר אֵין לָהֶם רוֹעֶה, צֹאן נִדָּח וְאֵין מְקַבֵּץ. וְתָפֵר כַּעַסְךָ מֵעַמֶּךָ, וְתַמְתִּיק וּתְבַטֵּל חֲרוֹן אַפֶּךָ

me control my impulses and break my temper, and turn anger into love. Let me make a point of acting kindly where I might have wanted to show anger. Don't let me have a strange god inside me, and don't let me worship idols — because this injunction applies to someone who becomes angry: he is considered as if he worshipped idols.

Master of the Universe: You know how hard it is to break this evil trait of anger and resentment. Once my anger starts to burn, I'm just not in my right mind. It is so hard to put out the fire of anger and suppress it. Take pity on me for Your Name's sake, and *You* help me! Guard me and protect me at all times. Help me break this trait and totally remove all anger and resentment from within me. Let me never ever become angry or resentful. Let me always be good to everyone, from now on and for ever.

And through this, let me arouse Your true kindness and tender love for our poor nation, destitute as we are today. We have been so despised and pushed around. We are scattered on all the mountains like a dispersed flock without a shepherd and with no-one to gather us in. Stop being angry with us. Set aside Your

מֵעָלֵינוּ, וְיִגְּלוּ רַחֲמֶיךָ עַל מִדּוֹתֶיךָ, וְתָשִׁיב פָּנֶיךָ אֵלֵינוּ, וְתַחְמֹל עָלֵינוּ בְּחֶמְלָתְךָ הַגְּדוֹלָה, וְתִשְׁלַח לָנוּ צַדִּיקֵי אֱמֶת מַנְהִיגִים אֲמִתִּיִּים דִּקְדֻשָּׁה, שֶׁיַּנְהִיגוּ אוֹתָנוּ בְּרַחֲמִים וְיַכְנִיסוּ הַשָּׂגַת הַתַּכְלִית הָאַחֲרוֹן בְּלִבֵּנוּ וּבְשִׂכְלֵנוּ, עַד שֶׁנִּזְכֶּה עַל יָדָם לִרְדֹּף וְלָרוּץ כָּל יָמֵינוּ, לְהַשִּׂיג הַתַּכְלִית הָאֲמִתִּי, וְנַשְׁלִיךְ כָּל תַּאֲווֹת עוֹלָם הַזֶּה אַחֲרֵי גֵוֵנוּ. וְנָשִׂים כָּל מְגַמּוֹתֵינוּ וְכָל חֶפְצֵנוּ וְכָל תְּשׁוּקָתֵנוּ וְכָל יְגִיעוֹתֵינוּ וְכָל טִרְחוֹתֵינוּ רַק בִּשְׁבִיל הַתַּכְלִית הָאַחֲרוֹן הָאֲמִתִּי. כִּרְצוֹנְךָ הַטּוֹב בֶּאֱמֶת:

לז' אדר הילולא דמשה רבינו ע"ה

רִבּוֹנוֹ שֶׁל עוֹלָם, אַתָּה לְבַד יָדַעְתָּ עֹצֶם הָרַחֲמָנוּת שֶׁיֵּשׁ עָלֵינוּ עַכְשָׁו בַּדּוֹר הַזֶּה עַל כָּל עַמְּךָ יִשְׂרָאֵל בִּכְלָלִיּוּת וּבִפְרָטִיּוּת עַל כָּל אֶחָד וְאֶחָד מִיִּשְׂרָאֵל, כִּי הַכֹּל חֲפֵצִים לְיִרְאָה אֶת שְׁמֶךָ, וְהַכֹּל תְּאֵבִים וּמִשְׁתּוֹקְקִים וּמְצַפִּים וּמְחַכִּים לְהִתְקָרֵב אֵלֶיךָ בֶּאֱמֶת. וְכָל אִישׁ אֲשֶׁר יוֹדֵעַ אֶת נִגְעֵי לְבָבוֹ מְצַפֶּה וּמְחַכֶּה לְרוֹפֵא נֶאֱמָן מַנְהִיג אֲמִתִּי, שֶׁיְּקָרֵב אוֹתוֹ וִירַפֵּא תַּחֲלוּאֵי נַפְשׁוֹ וּמַכְאוֹבָיו וְאֵין מִי שֶׁיַּעֲמֹד בַּעֲדֵנוּ, כִּי לָקַחְתָּ מִמֶּנּוּ מַחְמַד עֵינֵינוּ, כָּל הַצַּדִּיקֵי אֱמֶת וּמַנְהִיגִים אֲמִתִּיִּים.

burning fury, and replace it with sweetness. Let Your compassion take the upper hand, and show us favor. Have mercy on us and send us true Tzaddikim, holy leaders, who will lovingly guide us and put into our hearts and minds an understanding of our true goal and purpose in life. With their help, let us spend all our days in pursuit of the true goal, throwing all our worldly appetites behind our back. Let our whole aim, desire, effort and struggle be only for the true, ultimate purpose, in accordance with Your will.

The true leader (appropriate on 7th Adar, anniversary of the death of Moshe Rabenu)

Master of the Universe: You alone know the true depths of our plight in this generation — the desperate plight of the Jewish People as a whole and of every single Jew individually. We are all hungry, yearning, longing, hoping and waiting to come truly close to You. Everyone who knows the wounds of his heart is longing and waiting for the true healer and leader who will bring us closer and heal the sickness and pain of his soul. We have no one to stand up for us, because You have taken away from us the joy of our eyes — the true Tzaddikim, the true leaders. We have no

וְהִסְתַּרְתָּ פָּנֶיךָ מִמֶּנּוּ וְאֵין לָנוּ לֹא מַנְהִיג וְלֹא מְנַהֵל אֲמִתִּי, שֶׁיּוּכַל לְהַנְהִיג אוֹתָנוּ. לְקָרְבֵנוּ לַעֲבוֹדָתְךָ בֶּאֱמֶת.

מָרֵיהּ דְּעָלְמָא כֻּלָּא. אַתָּה יָדַעְתָּ אֶת מַכְאוֹבֵנוּ, וְאֶת צַעֲקָתֵנוּ שָׁמַעְתָּ מִפְּנֵי נוֹגְשֵׂינוּ. קוּמָה בְּעֶזְרָתֵנוּ בְּעֵת צָרָה הַזֹּאת, בְּעוּקְבָּא דִּמְשִׁיחָא, בְּתֹקֶף מְרִירוּת גָּלוּת הַנֶּפֶשׁ וְהַגּוּף, כִּי אֵין לָנוּ שׁוּם שֵׂכֶל וָדַעַת אֵיךְ לְרַצּוֹת וּלְפַיֵּס אוֹתְךָ וְאֵיךְ לִקְרֹא אוֹתְךָ שֶׁתָּשִׁיב פָּנֶיךָ אֵלֵינוּ. אָבִינוּ שֶׁבַּשָּׁמַיִם, חֲמֹל עָלֵינוּ

אָבִינוּ שֶׁבַּשָּׁמַיִם אַל תַּסְתֵּר פָּנֶיךָ מִמֶּנּוּ. מוֹשֵׁל בַּכֹּל, מֶלֶךְ עַל כָּל הָאָרֶץ, שְׁלַח לָנוּ מַנְהִיג וּמוֹשֵׁל אֲמִתִּי דִּקְדֻשָּׁה, שֶׁיּוּכַל לְהַנְהִיג אוֹתָנוּ בְּרַחֲמִים, כַּאֲשֶׁר יִשָּׂא הָאוֹמֵן אֶת הַיּוֹנֵק, לְקָרְבֵנוּ לַעֲבוֹדָתְךָ בֶּאֱמֶת. תֵּן לָנוּ מַנְהִיג אֲמִתִּי כְּמוֹ מֹשֶׁה רַבֵּנוּ, עָלָיו הַשָּׁלוֹם. כִּי יִשְׂרָאֵל הָיוּ שְׁקוּעִים בְּמִצְרַיִם בְּמ"ט [בְּאַרְבָּעִים וְתִשְׁעָה] שַׁעֲרֵי טֻמְאָה, וְלֹא הָיָה אֶפְשָׁר שֶׁיֵּצְאוּ מִשָּׁם כִּי אִם עַל יְדֵי מֹשֶׁה רַבֵּנוּ. וְחָמַלְתָּ עֲלֵיהֶם, וְגָזַרְתָּ עַל מֹשֶׁה שֶׁיֵּלֵךְ מֹשֶׁה וְיִגְאָלֵם, אַף עַל פִּי שֶׁמֹּשֶׁה רַבֵּנוּ מִגֹּדֶל עַנְוְתָנוּתוֹ הָיָה מַסְתִּיר פָּנָיו, וְלֹא רָצָה לְקַבֵּל הַמֶּמְשָׁלָה

true leader who can guide us and bring us genuinely close to Your service.

Master of the whole world: You know our pains. You have heard our cries in the face of our oppressors. Arise and come to our aid at this time of trouble, as we stand on the threshold of Mashiach at the peak of this bitter exile of soul and body. We lack any skill and understanding that could enable us to elicit Your favor and call out to You to shine Your face on us again.

Father in Heaven: have compassion on us. Father in Heaven: don't hide Your face from us. Controller of everything, King of all the earth: send us a true holy leader and ruler with the power to guide us lovingly the way a nurse carries a suckling baby, so as to bring us genuinely close to Your service. Give us a true leader like Moshe Rabenu, may he rest in peace. In Egypt the Jewish People were sunk in the forty-nine gates of impurity and it was impossible for them to get out of there except through Moshe. You had pity on them and decreed that Moshe should go there.. Moshe should redeem them... even though Moshe Rabenu, in his great humility, wanted to hide his face. He did not want to take on the role of leader. Even so, You had mercy on

וְהַמַּנְהִיגוּת. אֲבָל אַתָּה חָמַלְתָּ עַל עַמְּךָ יִשְׂרָאֵל, וְגָזַרְתָּ שֶׁיֵּלֵךְ בְּעַל כָּרְחוֹ, וְהָיִיתָ עִמּוֹ תָּמִיד עַד שֶׁזָּכָה לְגָאֳלָם.

וְהִנֵּה עַכְשָׁו בַּעֲווֹנוֹתֵינוּ, אָנוּ שְׁקוּעִים בַּגָּלוּת יוֹתֵר מִגָּלוּת מִצְרַיִם, וְאַתָּה יוֹדֵעַ שֶׁאֵין מִי שֶׁיּוּכַל לַעֲזֹר אוֹתָנוּ, כִּי אִם מַנְהִיג אֲמִתִּי שֶׁיִּהְיֶה בִּבְחִינַת מֹשֶׁה רַבֵּנוּ, עָלָיו הַשָּׁלוֹם. עַל כֵּן רַחֵם עָלֵינוּ לְמַעַן שְׁמֶךָ, וּשְׁבֹר וְהָפֵר וְהָבֵר כַּעַסְךָ מֵעָלֵינוּ וּשְׁלַח רַחֲמָנוּת בְּלֵב הַמַּנְהִיג הָאֱמֶת שֶׁיַּחְמֹל עָלֵינוּ, וְיָשׁוּב פָּנָיו אֵלֵינוּ, וִיקַבֵּל הַמַּנְהִיגוּת וְהַמֶּמְשָׁלָה, וְיַנְהִיג אוֹתָנוּ בְּרַחֲמָיו, וִיקָרְבֵנוּ לַעֲבוֹדָתְךָ בֶּאֱמֶת:

וְזַכֵּנוּ בְּרַחֲמֶיךָ הָרַבִּים לֶאֱמוּנָה שְׁלֵמָה בֶּאֱמֶת, לֶאֱמוּנָה הַקְּדוֹשָׁה, לְהַאֲמִין בְּךָ וּבְצַדִּיקֶיךָ הָאֲמִתִּיִּים, בֶּאֱמוּנָה שְׁלֵמָה בֶּאֱמֶת. וְתַצִּילֵנוּ בְּרַחֲמֶיךָ הָרַבִּים מֵאֱמוּנוֹת כָּזְבִיּוֹת, מֵאֱמוּנוֹת שֶׁל שְׁטוּת וָהֶבֶל. וְלֹא יִהְיֶה לָנוּ שׁוּם אֱמוּנָה כָּזְבִיִּית, וְלֹא נַאֲמִין בְּשׁוּם דָּבָר שֶׁהוּא מִדַּרְכֵי הָאֱמוֹרִי. וְלֹא נֵלֵךְ בְּדַרְכֵיהֶם וְחֻקּוֹתֵיהֶם, וְלֹא נַטֶּה לִבֵּנוּ אַחַר שְׁטוּתֵיהֶם וְשִׁקְרֵיהֶם, רַק נִזְכֶּה לֶאֱמוּנָה דִּקְדֻשָּׁה בִּשְׁלֵמוּת, לֶאֱמוּנָה זַכָּה וּנְקִיָּה בְּךָ, יְיָ אֱלֹהֵינוּ, וּבְצַדִּיקֶיךָ הָאֲמִתִּיִּים, וּבְתוֹרָתְךָ הַקְּדוֹשָׁה, בַּתּוֹרָה

Your people Israel and ordered him to go against his will. And You were with him constantly until he was able to redeem them.

Today, because of our sins, we are sunk in an exile deeper than that in Egypt. You know that only a true leader on the level of Moshe Rabenu can help us. Have pity on us for Your Name's sake. Put aside Your anger against us, and inspire the heart of the true leader with pity, so that he will have compassion on us, turn his face to us, and take on the responsibility of leadership so as to guide us lovingly to Your service.

Faith, not superstition

Loving God: bring us to perfect, holy faith. Bring us to believe in You and Your true Tzaddikim with genuine and complete faith. Save us from false and nonsensical beliefs. Keep us from all false beliefs, and let us never put our trust in any form of superstition. Let us never follow any kind of superstitious practices or even pay the least attention to such primitive lies and nonsense. Let our hearts be filled only with holy *Emunah*, and bring us to pure, clear, wholehearted faith in You, HaShem our God, and in the true Tzaddikim, in the Holy Torah —

שֶׁבִּכְתָב וְתוֹרָה שֶׁבְּעַל פֶּה, וּבְכָלָלִיוּת עַמְּךָ יִשְׂרָאֵל הַקָּדוֹשׁ. בֶּאֱמֶת וּבְלֵב שָׁלֵם.

וּבְכֵן רַחֵם עָלֵינוּ, וְשָׁמְרֵנוּ וְהַצִּילֵנוּ בְּרַחֲמֶיךָ הָרַבִּים מִמַּנְהִיגֵי שֶׁקֶר, מִמַּנְהִיגִים אַכְזָרִים, מִפַּרְנָסִים הַמִּתְגָּאִים עַל הַצִּבּוּר שֶׁלֹּא לְשֵׁם שָׁמַיִם, הָרוֹדְפִים אַחַר הַכָּבוֹד לַהֲנָאָתָם וְתוֹלִין רְדִיפָתָם בְּרַחֲמָנוּת, כְּאִלּוּ הֵם רוֹצִים לְרַחֵם עַל הָעוֹלָם לְהַנְהִיגָם, אֲשֶׁר בֶּאֱמֶת הֵם רְחוֹקִים מִזֶּה, וְאֵינָם יְכוֹלִים לְהַנְהִיג אֶת עַצְמָן מִכָּל שֶׁכֵּן אֲחֵרִים, וְלֹא נִתַּן לָהֶם הַגְּדֻלָּה מִן הַשָּׁמַיִם כְּלָל, רַחֵם עָלֵינוּ בְּרַחֲמֶיךָ הָרַבִּים, וְהַצִּילֵנוּ מֵהֶם וּמֵהֲמוֹנָם, וּתְבַטֵּל וּתְשַׁבֵּר וְתַכְנִיעַ גְּדֻלָּתָם וּמֶמְשַׁלְתָּם מִן הָעוֹלָם.

וְעָזְרֵנוּ בְּרַחֲמֶיךָ הָרַבִּים, וְהַצֵּל אוֹתִי וְאֶת זַרְעִי וְכָל עַמְּךָ בֵּית יִשְׂרָאֵל מִתַּאֲוָה רָעָה הַזֹּאת שֶׁל פַּרְנָסוּת וּמַנְהִיגוּת, שָׁמְרֵנִי וְהַצִּילֵנִי וּמַלְּטֵנִי, שֶׁלֹּא יַעֲלֶה עַל לִבִּי שׁוּם תַּאֲוָה וְחֶמְדָּה וְשׁוּם מַחֲשָׁבָה כְּלָל שֶׁל פַּרְנָסוּת וּמַנְהִיגוּת וְרָאשׁוּת וְהִתְנַשְּׂאוּת, וְלֹא אֶרְדֹּף אַחַר הַכָּבוֹד לְעוֹלָם.

both the written and oral Torah — and in the entire holy Jewish People.

Protect us from false leaders

Loving God: protect us from false, cruel leaders and administrators who lord it over the community not for the sake of Heaven but because they want honor for their own enjoyment. Save us from those who present themselves as if seeking the good of the community, as if their desire to run people's affairs is motivated by altruism, when in fact they are far from this and cannot even run their own lives, let alone other people's. They've not been given greatness from Heaven at all. Loving God, protect us from all of them: break their power and remove their influence from the world.

Kindly help me and save me, my children and descendants and all of the Jewish People from this evil desire to be powerful and run things. Protect me from ever feeling even the slightest desire for positions of power, leadership and pre-eminence or even having the merest thought about striving for them. Let me never ever chase after honor.

וְעָזְרֵנוּ בְּרַחֲמֶיךָ הָרַבִּים לְמַעַנְךָ, וְזַכֵּנִי לָשׁוּב בִּתְשׁוּבָה שְׁלֵמָה לְפָנֶיךָ מְהֵרָה, בֶּאֱמֶת וּבְלֵב שָׁלֵם. וְתֵן בְּלִבִּי לַעֲשׂוֹת רְצוֹנֶךָ, וְכוֹף אֶת יִצְרִי לְהִשְׁתַּעְבֶּד לָךְ, וְתִתֶּן לִי כֹּחַ וּגְבוּרָה דִּקְדֻשָּׁה לִכְבֹּשׁ אֶת יִצְרִי וּלְשַׁבֵּר תַּאֲווֹתַי הָרָעוֹת, וּלְהַמְשִׁיךְ עַצְמִי רַק אֶל הַתַּכְלִית הָאֲמִתִּי. וְאֶזְכֶּה לְקַשֵּׁט עַצְמִי וּלְקַשֵּׁט אֲחֵרִים הַרְבֵּה לְקָרְבָם וּלְהַכְנִיסָם לְתוֹךְ הַקְּדֻשָּׁה לְקָרְבָם אֶל הַתּוֹרָה וְאֶל הָעֲבוֹדָה הָאֲמִתִּיּוֹת כִּרְצוֹנְךָ הַטּוֹב.

וְזַכֵּנִי בְּרַחֲמֶיךָ הָרַבִּים לְאַהֲבַת חֲכָמִים אֲמִתִּיִּים, וְאֶזְכֶּה לְכַבֵּד אוֹתָם בְּכָל מִינֵי כָבוֹד וּפְאֵר, וְלִמְסֹר נַפְשִׁי עֲבוּרָם. וְתִתֶּן לִי כֹּחַ לִסְכֹּר פִּי כָּל דּוֹבְרֵי שֶׁקֶר, הַמְבַזִּים וּמְחָרְפִים אוֹתָם. וְתַעַזְרֵנִי לְהִתְגַּבֵּר עֲלֵיהֶם לְנַצְּחָם וּלְשַׁבְּרָם וּלְהַשְׁפִּילָם וּלְהַכְנִיעָם עַד עָפָר.

חוּס וַחֲמֹל עָלַי וְזַכֵּנִי לָבוֹא מְהֵרָה לְכָל מַה שֶּׁבִּקַּשְׁתִּי מִלְּפָנֶיךָ, וְאֶזְכֶּה לָבוֹא חִישׁ קַל מְהֵרָה אֶל הַתַּכְלִית הָאֲמִתִּי לְתַכְלִית הַטּוֹב הַנִּצְחִי. וּמֵעַתָּה תִּהְיֶה בְּעֶזְרִי, שֶׁלֹּא אֶעֱשֶׂה עוֹד שׁוּם דָּבָר שֶׁאֵין בּוֹ הַשָּׂגַת הַתַּכְלִית הָאֲמִתִּי. וַאֲבַלֶּה כָּל יָמַי וּשְׁנוֹתַי רַק בִּשְׁבִיל הַשָּׂגַת הַתַּכְלִית הָאַחֲרוֹן הָאֲמִתִּי, וּתְזַכֵּנִי לְהַשִּׂיג

Loving God: for Your sake, help me turn to You and come to complete repentance with all my heart. Put into my heart the desire to do what You want. Bend my will into submission to You. Give me holy strength and power to conquer my will, break my evil desires and draw myself only towards the true purpose of life. Help me put my self and my life in order, and influence many others to lead a good life, come close to You, and enter the realm of the holy. Let me guide them to the life of Torah and Godly service You want us to have.

Loving God: help me cherish the true sages and give them every kind of respect and honor, and sacrifice myself for them. Give me the power to silence all the liars who hold them in contempt and abuse them. Help me overcome such people and bring them down to the dust.

Have pity on me and help me attain everything I have asked of You very soon. Bring me quickly and easily to my true destiny — the ultimate goal of eternal good. From now on help me never to do anything that does not lead to the true purpose. Let me spend all my days and years coming ever closer to the true, ultimate purpose. Let me attain it in this lifetime in this

בֶּאֱמֶת, בַּחַיִּים חִיּוּתִי בְּגוּפִי הַזֶּה, קֹדֶם שֶׁאֶסְתַּלֵּק מִן הָעוֹלָם הַזֶּה. וְתַצִּילֵנִי שֶׁלֹּא אֶצְטָרֵךְ לְהִתְגַּלְגֵּל, חַס וְשָׁלוֹם, בְּגוּף אַחֵר בִּשְׁבִיל הַשָּׂגַת הַתַּכְלִית הַזֶּה, רַק אֶזְכֶּה לְהַשִּׂיגוֹ בְּעַצְמִי בָּעוֹלָם הַזֶּה בַּחַיִּים חִיּוּתִי, בְּרַחֲמֶיךָ הָרַבִּים וּבַחֲסָדֶיךָ הַגְּדוֹלִים לְמַעַנְךָ וּלְמַעַן הַצַּדִּיקִים הָאֲמִתִּיִּים, וְלֹא לְמַעֲנִי כְּלָל. וְאֶזְכֶּה בְּרַחֲמֶיךָ לְחַיֵּי עוֹלָם הַבָּא בְּלִי שׁוּם צַעַר גֵּיהִנָּם וְחִבּוּט הַקֶּבֶר. וּתְחַנֵּנִי בְּרַחֲמֶיךָ לְחַיִּים טוֹבִים וַאֲרֻכִּים, לְחַיִּים נִצְחִיִּים, לְעוֹלָם שֶׁכֻּלּוֹ טוֹב וְכֻלּוֹ אָרֹךְ.

"כְּחַסְדְּךָ חַיֵּנִי וְאֶשְׁמְרָה עֵדוּת פִּיךָ, תּוֹדִיעֵנִי אֹרַח חַיִּים שׂבַע שְׂמָחוֹת אֶת פָּנֶיךָ נְעִימוֹת בִּימִינְךָ נֶצַח, יִהְיוּ לְרָצוֹן אִמְרֵי פִי וְהֶגְיוֹן לִבִּי לְפָנֶיךָ יְיָ צוּרִי וְגוֹאֲלִי":

body, before I leave this world. Save me from having to be reincarnated in another body, God forbid, in order to attain this purpose. Let me myself attain it during my life in this world. Loving and merciful God: do it for Your sake and that of the true Tzaddikim, not for my sake. Grant me the life of the world to come without having to suffer any pain in Gehinnom or in the judgment of the grave. Kindly and lovingly grace me with a good, long life — eternal life in the world of total, everlasting goodness.

"Give me life in accordance with Your kindness and I will observe Your spoken testament. Let me know the path of the life of satisfaction and joy in the light of Your countenance, the pleasantness of Your merciful right hand for ever. Let the words of my lips and the meditation of my heart find favor before You, HaShem, my Rock and Redeemer."

19

The Holy Language / Sanctity of speech / Awe of Heaven / Overcoming bodily desires / Sleep / Dreams / Vain emissions / Eating / Shabbat

"You have chosen us from all the nations and exalted us above all languages." The unique holiness of the Jewish People is founded on God's Covenant, which requires that we overcome the physical lusts that separate us from God, especially immoral sexual desire. The instrument God gave us to conquer our desires is the "Holy Language." This refers first and foremost to Hebrew, the language through which God brought about the creation, the language of the Torah and the prayerbook. However in a broader sense this term is also applied to our own private prayers and conversations with God in our mother-tongue. To cultivate the art of prayer is to master the Holy Language. The more we do so, the greater our ability to cool the furnace of our physical passions.

In consequence of the eating of the fruit of the Tree of Knowledge of Good and Evil, we live in a world in which good and evil are mixed up in every sphere, including the language we use in our mundane affairs.

(This corresponds to Aramaic, which was the vernacular of the Jews of ancient times, and is the language of the Targum — translation of the Torah.) In our everyday conversations it is all too easy to fall into falsehood, slander, vulgarity, idle talk, obscenity and so on. Only when we refine and sanctify our everyday language can we attain complete mastery of the Holy Language of Torah and prayer.

The opening verse of the Torah (Genesis 1:1) contains twenty-eight (*Kaph-Chet*) Hebrew letters: these are the source of the *Ko'aCh* — creative power — of the Hebrew letters that animate everything in creation. One who achieves mastery of the Holy Language is able to arouse this creative power, and can reach a level where all his pleasure in eating and drinking, etc. derives not from physical food and drink but from the spiritual letters of the Holy Language they contain.

Divine power is channelled to the letters animating the creation through the thirty-two names of God [Elokim] found in the account of creation (Genesis 1). These thirty-two (*Lamed-Beit*) names are, as it were, the heart (*LeV*) of creation. When a person is nourished by the letters underlying the physical creation, *his* heart radiates, shining to his face, which becomes so pure that other people are moved to repent purely by looking at him.

The relationship between the Holy Language and the language of everyday life — the Targum — cor-

responds to that between Shabbat and the days of the week. Our task is to sanctify the days of the week by bringing the Shabbat spirit into them, until the entire creation becomes reunified in its Source.

אֲדֹנָי שְׂפָתַי תִּפְתָּח וּפִי יַגִּיד תְּהִלָּתֶךָ . פְּתַח פִּיךָ לְאִלֵּם וְזַכֵּנִי לְסַדֵּר תְּפִלָּתִי לְפָנֶיךָ , בִּלְשׁוֹן רַחֲמִים וְתַחֲנוּנִים בְּלָשׁוֹן צַח וְזַךְ , בִּלְשׁוֹן שֶׁמַּלְאֲכֵי הַשָּׁרֵת מִשְׁתַּמְּשִׁין בּוֹ , בִּלְשׁוֹן שֶׁאוּכַל לְעוֹרֵר רַחֲמֶיךָ הָאֲמִתִּיִּים עָלַי , בִּשְׁלֵמוּת לְשׁוֹן הַקֹּדֶשׁ:

רִבּוֹנוֹ שֶׁל עוֹלָם, מָלֵא רַחֲמִים זַכֵּנִי בְּרַחֲמֶיךָ הָרַבִּים לִשְׁלֵמוּת לְשׁוֹן הַקֹּדֶשׁ, לְמַעַן אֶזְכֶּה עַל יְדֵי זֶה לְהַפִּיל וּלְהַכְנִיעַ וּלְשַׁבֵּר כָּל הַתַּאֲווֹת רָעוֹת וְכָל הַמִּדּוֹת רָעוֹת הַנִּמְשָׁכִין מִשִּׁבְעִין עַמָּמִין, אֲשֶׁר כָּל הַתַּאֲווֹת וְהַמִּדּוֹת רָעוֹת שַׁיָּכִים לָהֶם וְלֹא לָנוּ, וּבִפְרָט תַּבְעֵרַת הַמְּדוּרָה שֶׁל תַּאֲוַת נִאוּף, הַחֲפֵצָה לְהִתְגַּבֵּר עָלֵינוּ בְּכָל עֵת. חוּס וַחֲמֹל עָלֵינוּ, וְזַכֵּנוּ לְהַפִּיל וּלְהַכְנִיעַ וּלְבַטֵּל תַּבְעֵרַת הַמְּדוּרָה הַזֹּאת מֵעָלֵינוּ וּמֵעַל גְּבוּלֵנוּ,

כִּי אַתָּה בְּרַחֲמֶיךָ בָּחַרְתָּ בָּנוּ מִכָּל הָעַמִּים, וְרוֹמַמְתָּנוּ מִכָּל הַלְּשׁוֹנוֹת, וְנָתַתָּ לָנוּ לְחֶלְקֵנוּ שְׁלֵמוּת לְשׁוֹן הַקֹּדֶשׁ, אֲשֶׁר בּוֹ בָּרָאתָ עוֹלָמֶךָ . כְּמוֹ שֶׁכָּתוּב: "בִּדְבַר יְיָ שָׁמַיִם נַעֲשׂוּ וּבְרוּחַ

God: Open my lips and my mouth will declare Your praise. Open Your mouth to the dumb, and help me offer my prayer to You in the language of love and entreaty, in words of crystal clarity, in the language used by the ministering angels. Let me find words that can arouse Your true love for me. Let me speak to You in language of perfect holiness — the Holy Language.

Master of the Universe! Loving God! Help me attain complete mastery of the Holy Language, so as to enable me to subdue and break all my evil instincts and bad character traits. They all derive from the seventy nations of the world, because all base impulses and character traits really belong to them, not to us, especially the burning furnace of sexual lust, which attacks me constantly. Have pity on me, and help me overcome this burning lust and remove it from myself completely.

You chose the Jewish People from all the nations and exalted us above all tongues. You gave us as our portion the Hebrew Language, the perfect Holy Language. This is the language with which You created Your universe, as it is written: "With the word of God the heavens were made

פִּיו כָּל צְבָאָם". וְנָתַתָּ לָנוּ תּוֹרָתְךָ הַקְּדוֹשָׁה עַל יְדֵי מֹשֶׁה נְבִיאֶךָ בִּלְשׁוֹן הַקֹּדֶשׁ, וּבוֹ נִדְבַּרְתָּ עִם כָּל נְבִיאֶךָ הַנֶּאֱמָנִים הַמְדַבְּרִים בְּשִׁמְךָ בְּרוּחַ נְבוּאָה וְרוּחַ הַקֹּדֶשׁ, אֲשֶׁר עִם כֻּלָּם דִּבַּרְתָּ בִּלְשׁוֹן הַקֹּדֶשׁ אֲשֶׁר הִיא כְּלִילַת יֹפִי מָשׂוֹשׂ לְכָל הָאָרֶץ.

עַל כֵּן בָּאתִי לְהַפִּיל תְּחִנָּתִי לְפָנֶיךָ יְיָ אֱלֹהַי וֵאלֹהֵי אֲבוֹתַי, יֶהֱמוּ נָא מֵעֶיךָ עָלַי, תִּיקַר נָא נַפְשִׁי בְּעֵינֶיךָ, שֶׁתְּעוֹרֵר חֲסָדֶיךָ הָאֲמִתִּיִּים עָלַי, וְתַשְׁפִּיעַ עָלַי בְּרַחֲמֶיךָ הַגְּדוֹלִים שְׁלֵמוּת לְשׁוֹן הַקֹּדֶשׁ, בְּאֹפֶן שֶׁאֶזְכֶּה בְּרַחֲמֶיךָ לְהִתְגַּבֵּר עַל יִצְרִי הָרַע, לְהַכְנִיעַ וּלְשַׁבֵּר וּלְבַטֵּל מֵעָלַי תַּבְעֵרַת הַמְדוּרָה שֶׁל תַּאֲוַת נִאוּף. כִּי אַתָּה יָדַעְתָּ יְיָ אֱלֹהֵינוּ, כִּי תַאֲוָה זוֹ הִיא עִקַּר הַנִּסָּיוֹן וְהַמִּתְקַלָּא, אֲשֶׁר רַק בִּשְׁבִיל זֶה בָּאנוּ לָעוֹלָם הַזֶּה, כְּדֵי לְהִתְנַסּוֹת וּלְהִצְטָרֵף בְּתַאֲוָה זוֹ. כִּי רְצוֹנְךָ הַטּוֹב הָיָה לְנַסּוֹת אוֹתָנוּ בַּתַּאֲוָה הַזֹּאת, אִם יְהֵא לָנוּ כֹּחַ לְהִתְגַּבֵּר עַל יִצְרֵנוּ לְהַכְנִיעַ וּלְשַׁבֵּר תַּאֲוַת גּוּפֵנוּ, וּלְדַבֵּק עַצְמֵנוּ לְשִׁמְךָ הַגָּדוֹל בֶּאֱמֶת כָּל יְמֵי חַיֵּינוּ כְּדֵי לְהֵיטִיב אַחֲרִיתֵנוּ, לְמַעַן תִּתְפָּאֵר

and with the breath of His mouth all their host."
Through Your prophet Moshe You gave us Your
holy Torah, which is written in Hebrew. This was
the language You spoke to all the faithful
prophets who spoke in Your Name with holy,
prophetic spirit. With all of them You spoke in
the Holy Language, which is "the perfection of
beauty, the joy of all the earth."

HaShem, my God and God of my fathers: I
have come to plead with You. Have pity on me.
Let my soul be precious in Your eyes. Arouse
Your true love for me and grant me perfect
mastery of the Holy Language, so that I will be
able to bring my evil urge under control and
totally break and remove my sexual lust. Ha-
Shem: You know that this instinct is our main test
and stumbling block. The only reason we had to
come into this world was to be tried and refined
through grappling with this instinct. You
wanted to test us with this desire, to see if we
would have the strength to control our urges,
break our bodily appetites and attach ourselves
wholeheartedly to Your great Name all the days
of our lives, in order to come to true good in the
end, so that You could take pride in us in all the

בָּנוּ בְּכָל הָעוֹלָמוֹת כְּשֶׁנִּזְכֶּה לְהַכְנִיעַ וּלְשַׁבֵּר וּלְבַטֵּל תַּאֲוָה הַזֹּאת.

וּבַעֲוֹנוֹתֵינוּ הָרַבִּים לֹא נִזְהַרְנוּ לַעֲמֹד בַּנִּסָּיוֹן וְצֵרוּף הַזֶּה כָּרָאוּי. כְּמוֹ שֶׁאָמַר דָּוִד הַמֶּלֶךְ עָלָיו הַשָּׁלוֹם: "בָּחַנְתָּ לִבִּי פָּקַדְתָּ לַּיְלָה צְרַפְתַּנִי בַל תִּמְצָא זַמֹּתִי בַּל יַעֲבָר פִּי", עַד אֲשֶׁר "כָּלוּ בְיָגוֹן חַיֵּינוּ וּשְׁנוֹתֵינוּ בַּאֲנָחָה", כִּי רַק עַל-יְדֵי-זֶה סָרְנוּ מִמִּצְוֹתֶיךָ וּמִמִּשְׁפָּטֶיךָ הַטּוֹבִים. וּבְכָל יוֹם וָיוֹם יִצְרוֹ שֶׁל אָדָם מִתְגַּבֵּר עָלָיו בְּיוֹתֵר.

וּבְרַחֲמֶיךָ הָרַבִּים גִּלִּיתָ לָנוּ עַל יְדֵי צַדִּיקֵי הַדּוֹר הָאֲמִתִּיִּים עֵצוֹת טוֹבוֹת לְהִמָּלֵט מִזֶּה בְּשֵׁב וְאַל תַּעֲשֶׂה בְּמַעֲשֶׂה וּבְמַחֲשָׁבָה. אֲבָל לֹא נִזְהַרְנוּ לְקַיֵּם עֲצוֹתֶיךָ הַטּוֹבוֹת בֶּאֱמֶת, וְלֹא שָׁמַרְנוּ אֶת הַמַּחֲשָׁבָה מִבִּלְבּוּלִים וְהִרְהוּרִים וּשְׁטוּתִים.

אֲבָל אַף-עַל-פִּי-כֵן אַתָּה מָלֵא רַחֲמִים, וַעֲדַיִן לֹא כָלוּ רַחֲמֶיךָ מִמֶּנִּי. וְאַתָּה גָּדוֹל הָעֵצָה פֶּלֶא יוֹעֵץ, חֲמֹל עָלַי וְתַשְׁפִּיעַ לִי עֵצָה טוֹבָה עֵצָה אֲמִתִּית בְּאֹפֶן שֶׁאֶזְכֶּה לְקַיֵּם עֲצוֹתֶיךָ הַטּוֹבוֹת, בְּאֹפֶן שֶׁאֶזְכֶּה מֵעַתָּה לְהִמָּלֵט וּלְהִנָּצֵל מֵאֵשׁ הַמְּדוּרָה

worlds when we break this desire and remove it from ourselves.

But I have sinned repeatedly and I have not been careful to stand up to the test properly. In the words of King David (may he rest in peace): "You tried my heart, You tested me in the night, but You did not find in me what You wanted. If I once thought to challenge You to test me, I won't let such words leave my mouth." My life and my years have gone on pain and sighing. Only because of this lust have I strayed from Your laws and commandments. "Each day one's instincts attack ever more strongly."

Through the true Tzaddikim of the generation You have given us good advice as to how to avoid falling to temptation — by sitting passively and refusing to act on our urges or dwell on lustful thoughts. But I've made little effort to follow this advice, and I've failed to guard myself against lustful thoughts and idle fantasies.

Even so, You are full of mercy, and Your love for me is still not exhausted. You are the great source of counsel, and You guide in the most amazing way. Have pity on me and guide me to a good, true pathway — one that I will really be

הַזֹּאת. וְתַצִּילֵנִי בְּרַחֲמֶיךָ הָרַבִּים מֵרוּחַ שְׁטוּת שֶׁל תַּאֲוָה רָעָה
הַזֹּאת, כִּי בַּעֲוֹנוֹתֵינוּ הָרַבִּים אֵין אָנוּ יוֹדְעִים לְהַשִּׂיג עֲצוֹתֶיךָ
הַקְּדוֹשׁוֹת אֵיךְ לְהִנָּצֵל מִתַּאֲוָה הַזֹּאת. כִּי אַתָּה גָּלִיתָ לָנוּ
עַל-יְדֵי צַדִּיקֶיךָ הָאֲמִתִּיִּים, שֶׁעַל-יְדֵי שְׁלֵמוּת לְשׁוֹן הַקֹּדֶשׁ
זוֹכִין לְהַכְנִיעַ תַּאֲוָה רָעָה זוֹ. וְגַם אַתָּה הוֹדַעְתָּ לָנוּ שֶׁאִי
אֶפְשָׁר לִזְכּוֹת לִשְׁלֵמוּת לְשׁוֹן הַקֹּדֶשׁ כִּי-אִם עַל יְדֵי שֶׁמְּשַׁבְּרִים
תַּאֲוָה זוֹ וְזוֹכִין לִשְׁמִירַת הַבְּרִית. וַאֲנִי בַּעַר וְלֹא אֵדַע, מֵהֵיכָן
אַתְחִיל לִזְכּוֹת לְמַעֲלוֹת קְדוֹשׁוֹת הָאֵלּוּ שֶׁהֵם שְׁלֵמוּת לְשׁוֹן
הַקֹּדֶשׁ וּשְׁמִירַת הַבְּרִית, מֵאַחַר שֶׁשְּׁנֵיהֶם תְּלוּיִים זֶה בָּזֶה.

עַל-כֵּן בָּאתִי לְשַׁחֵר פָּנֶיךָ יְיָ אֱלֹהַי "הוֹדִיעֵנִי נָא אֶת דְּרָכֶיךָ",
וְאֵדְעָה בְּאֵיזֶה דֶּרֶךְ אֶזְכֶּה לַמַּעֲלוֹת הָאֵלּוּ לִשְׁלֵמוּת לְשׁוֹן
הַקֹּדֶשׁ וְלִשְׁמִירַת הַבְּרִית, בְּאֹפֶן שֶׁאֶזְכֶּה לְהִתְקָרֵב אֵלֶיךָ
בֶּאֱמֶת, כִּי אַתָּה יָדַעְתָּ כִּי אִי אֶפְשָׁר לְהִתְקָרֵב אֵלֶיךָ בֶּאֱמֶת,
כִּי אִם עַל יְדֵי שֶׁמְּשַׁבְּרִין תַּאֲוָה הַזֹּאת לְגַמְרֵי, אֲשֶׁר הִיא
הָרַע הַכּוֹלֵל שֶׁל כָּל הַשִּׁבְעִין אֻמּוֹת. וַאֲנַחְנוּ בְּנֵי יִשְׂרָאֵל עַם
קָדוֹשׁ, אֲנַחְנוּ בְּשָׁרְשֵׁנוּ אָנוּ רְחוֹקִים לְגַמְרֵי מִתַּאֲוָה רָעָה

able to follow — in order to escape this blazing furnace. Save me from this crazy, evil impulse. Because my sins have left me confused, and I don't know how to actually practice the holy teachings You have given us about the way to escape this desire. Through Your true Tzaddikim You have revealed to us that by attaining perfect mastery of the Holy Language we can conquer this evil desire. But You have also taught us that it is impossible to attain perfect mastery of the Holy Language except by breaking our sexual lust and observing the Covenant. I do not understand where to start in order to attain these holy levels — mastery of the Holy Language and observance of the Covenant — since each depends on the other.

HaShem, my God, I beg You: "Please, teach me Your ways," and help me understand which pathway I should follow to attain perfect mastery of the Holy Lanugage and observe the Covenant, so that I will be able to come genuinely close to You. You know that it is impossible to come close to You except by completely breaking this instinct, which is the comprehensive evil of the seventy nations. As Jews, members of the Holy Nation, we are at root totally removed from

הַזֹּאת, וְאֵין הַתַּאֲוָה הַזֹּאת שַׁיֶּכֶת לָנוּ כְּלָל כִּי אִם לָהֶם וּלְחֶלְקָם וְלֹא לָנוּ:

רִבּוֹנוֹ שֶׁל עוֹלָם, חוּסָה עַל כְּבוֹדְךָ, וּרְאֵה שִׁפְלוּתֵנוּ וּבִזְיוֹנֵנוּ אֲשֶׁר יָרַדְנוּ מַטָּה מַטָּה, וְנָפַלְנוּ בְּגָלוּת שֶׁל שִׁבְעִין אֻמּוֹת עַל יְדֵי תַּאֲוָה רָעָה הַזֹּאת, אֲשֶׁר הִיא גָּרְמָה לָנוּ כָּל הַצָּרוֹת וְכָל הַגָּלִיּוֹת בִּכְלָל וּבִפְרָט שֶׁעָבְרוּ עָלֵינוּ כְּבָר, וַאֲשֶׁר עֲדַיִן לֹא נִצַּלְנוּ מֵהֶם. וְאִם אָמְנָם אֲנַחְנוּ בְּעַצְמֵנוּ יוֹדְעִים מִכָּל זֶה, וְאַף-עַל-פִּי-כֵן לֹא הָיִינוּ נִשְׁמָרִים לְגָרֵשׁ הָרוּחַ שְׁטוּת שֶׁל תַּאֲוָה זוֹ מִקִּרְבֵּנוּ, הֲלֹא אַתָּה יָדַעְתָּ כִּי בָּשָׂר וָדָם אֲנַחְנוּ, וְאַתָּה יָדַעְתָּ יִצְרֵנוּ כִּי מֵחֹמֶר קֹרַצְנוּ. "הֵן בְּעָווֹן חוֹלָלְתִּי וּבְחֵטְא יֶחֱמַתְנִי אִמִּי",

אֲבָל אַתָּה גִּבּוֹר וְרַב לְהוֹשִׁיעַ, "גְּדוֹל הָעֵצָה וְרַב הָעֲלִילִיָּה" וְאַתָּה מְסַבֵּב מְסִבּוֹת מִתְהַפֵּךְ, "וּבְיָדְךָ כֹּחַ וּגְבוּרָה וּבְיָדְךָ לְגַדֵּל וּלְחַזֵּק לַכֹּל", וְאַתָּה יָכוֹל לִמְצֹא בִּי גַם כֵּן נְקֻדּוֹת טוֹבוֹת, וּלְהָאִיר וּלְהַשְׁפִּיעַ עֲלֵיהֶם בְּאֹפֶן שֶׁיִּתְגַּבֵּר הַטּוֹב שֶׁבִּי עַל הָרַע

this evil desire. We have no connection with it at all. It is their share, not ours.

Master of the Universe, protect Your honor. See how low we've come and how despised we are. We have fallen into exile among the seventy nations because of this evil desire. It has been the cause of all the troubles and exiles, collective and individual, that we have suffered right up until the present, and we've still not been saved. True: we ourselves are well aware that this foolish desire has been the cause of our troubles, yet we've failed to guard against it or make an effort to drive it out. Even so, You know that we are only flesh and blood. You know our evil urge: we are physical creatures. "I was conceived in transgression and my mother was heated with sin."

But You are almighty and have complete power to save. You have all the ways and means at Your command, and You have the power to turn things in any direction You want. "Power and might are in Your hand, and it is in Your hand to make anyone great or strong." You can find the good points even in me, and You have the power to make them shine, until the good in me will be strong enough to overcome the bad,

שֶׁבִּי, עַד שֶׁכָּל הָרַע הַנֶּאֱחָז וְהַנִּדְבָּק בִּי יִפֹּל וְיִתְבַּטֵּל לְגַמְרֵי, וְהַטּוֹב יִתְבָּרֵר וְיִתְנַשֵּׂא וְיַעֲלֶה וְיַשְׁלִים אֶת הַלָּשׁוֹן הַקֹּדֶשׁ.

עַד שֶׁאֶזְכֶּה בְּרַחֲמֶיךָ לְבָרֵר כָּל הַטּוֹב שֶׁבְּעֶץ הַדַּעַת טוֹב וָרַע, שֶׁהוּא לְשׁוֹן תַּרְגּוּם. וּלְהַכְנִיעַ וּלְהַפִּיל וּלְבַטֵּל אֶת הָרַע שֶׁבּוֹ עַד שֶׁלֹּא יִהְיֶה שׁוּם כֹּחַ לְהַסִּטְרָא אַחֲרָא וּלְכָל הַקְּלִפּוֹת הַנִּמְשָׁכִין מִזֻּהֲמַת הַנָּחָשׁ הַקַּדְמוֹנִי לַעֲלוֹת דֶּרֶךְ לְשׁוֹן תַּרְגּוּם לְהָסִית וּלְפַתּוֹת אוֹתָנוּ, חַס וְשָׁלוֹם. רַק תִּהְיֶה בְּעֶזְרֵנוּ תָּמִיד, וְתַשְׁפִּיעַ עָלֵינוּ בְּרַחֲמֶיךָ חָכְמָה וָדַעַת וְשֵׂכֶל דִּקְדֻשָּׁה, בְּאֹפֶן שֶׁלֹּא יִהְיֶה לָהֶם שׁוּם כֹּחַ לְפַתּוֹת אוֹתָנוּ, חַס וְשָׁלוֹם. וְנִזְכֶּה לְגָרֵשׁ לְגַמְרֵי רוּחַ שְׁטוּת שֶׁל תַּאֲוָה הַזֹּאת מִקִּרְבֵּנוּ.

וְנִזְכֶּה בְּרַחֲמֶיךָ הָרַבִּים לִשְׁלֵמוּת לְשׁוֹן הַקֹּדֶשׁ עַל יְדֵי לְשׁוֹן תַּרְגּוּם. וְתַמְשִׁיךְ עָלֵינוּ קְדֻשָּׁה וְטַהֲרָה. וְנִזְכֶּה תָּמִיד לְקַדֵּשׁ אֶת הַלָּשׁוֹן שֶׁלֹּא נְדַבֵּר שׁוּם דִּבּוּר הַפּוֹגֵם אֶת הַלָּשׁוֹן רַק כָּל

and all the evil that clings to me will fall away and disappear. The good will be refined and elevated, enabling me to develop my power of speech to perfection and master the Holy Language.

The language of everyday life

I will then be able to sift out the good in the "Tree of Knowledge of Good and Evil" — namely the vernacular, the language of everyday conversations — and overcome and remove all the bad in it. The forces of evil and the husks deriving from the primordial serpent will then be powerless to gain entry through my everyday conversations so as to tempt and sway me, God forbid. Just help me at all times: inspire me with holy wisdom, knowledge and understanding, so as to destroy their power to tempt me and enable me to drive this reckless desire from me completely.

Let me develop my power of holy speech — the Holy Language — to perfection by purifying the language I use in my everyday life. Send me a spirit of holiness and purity, so that I will always be able to sanctify my speech and never say anything unbecoming. Let me only speak

דְּבוּרֵנוּ יִהְיוּ תָּמִיד בְּתוֹרָה וּבִתְפִלָּה וּבַקָּשׁוֹת וְתַחֲנוּנִים וּבְיִרְאַת שָׁמַיִם וּבְכָל עִנְיְנֵי הַקֹּדֶשׁ הַמְקַדְּשִׁין אֶת הַלָּשׁוֹן, עַד שֶׁנִּזְכֶּה מְהֵרָה לִשְׁלֵמוּת לְשׁוֹן הַקֹּדֶשׁ וְלִשְׁמִירַת הַבְּרִית בֶּאֱמֶת:

השמטה השייך כאן מספר "ליקוטי תפילות ותחנונים" אות יב

אָנָּא נוֹרָא וְקָדוֹשׁ, זַכֵּנוּ לְמִדַּת הַיִּרְאָה בִּשְׁלֵמוּת, וְנִזְכֶּה לְהִתְיָרֵא וּלְהִתְפַּחֵד מִפָּנֶיךָ תָּמִיד בֶּאֱמֶת וּבְלֵב שָׁלֵם. וְנִזְכֶּה לְקַיֵּם מִקְרָא שֶׁכָּתוּב: "אֶת יְיָ אֱלֹהֶיךָ תִּירָא" וְכוּ'. וְעַל יְדֵי זֶה נִזְכֶּה לְתַקֵּן בִּשְׁלֵמוּת אֶת הַדִּבּוּר, עַד שֶׁכָּל דְּבוּרֵנוּ יִהְיֶה בִּקְדֻשָּׁה שְׁלֵמָה בִּבְחִינַת שְׁלֵימוּת לְשׁוֹן הַקֹּדֶשׁ, כַּאֲשֶׁר הוֹדַעְתָּנוּ עַל יְדֵי חֲכָמֶיךָ הַקְּדוֹשִׁים זִכְרוֹנָם לִבְרָכָה, שֶׁעִקַּר הַתִּקּוּן שֶׁל לְשׁוֹן הַקֹּדֶשׁ תּוֹלֶה בְּיִרְאַת יְיָ הִיא אוֹצָרוֹ.

רִבּוֹנוֹ שֶׁל עוֹלָם, אַתָּה הוֹדַעְתָּנוּ, שֶׁעִקַּר כָּל הַחֲרָפוֹת וּבִזְיוֹנוֹת וּבוּשׁוֹת נִמְשָׁכִין רַק מִפְּגַם הַבְּרִית, כִּי זֶהוּ הַחֲרָפָּה הַגְּדוֹלָה שֶׁבְּכָל הַחֲרָפוֹת, וּכְמוֹ שֶׁאָמְרוּ חֲכָמֵינוּ, זִכְרוֹנָם לִבְרָכָה: 'אֵין בֹּשֶׁת אֶלָּא בִּמְקוֹם עֲרָיִין'. עַל כֵּן חוּס וַחֲמֹל נָא עָלֵינוּ וְזַכֵּנוּ מֵעַתָּה עַל כָּל פָּנִים לְהִנָּצֵל מֵהַחֶרְפָּה וּבוּשָׁה הַזֹּאת, וְזַכֵּנִי לִכְבוֹד דִּקְדֻשָׁה וְלִשְׁלֵימוּת לְשׁוֹן הַקֹּדֶשׁ, עַד שֶׁנִּזְכֶּה שֶׁיִּתְרַבֶּה

words of Torah, prayer, requests and entreaties, and talk only about devotion to God and other holy topics that enhance and sanctify the tongue. Give me complete mastery of the Holy Language very soon and bring me to true observance of the Covenant.

Awe of Heaven

Awesome, holy God: please help me attain perfect awe of Heaven and always fear and revere You with all my heart, so as to fulfil the injunction to "fear the Lord your God." And through this, help me refine and purify my speech until I sanctify myself in everything I say and attain complete mastery of the Holy Language — for Your holy Sages have informed us that "the awe of HaShem, His precious treasure" is the key to being able to sanctify one's speech.

Master of the Universe: You have taught us that the root cause of all the shame and abuse people suffer is sexual immorality, which is the worst disgrace of all, as our Sages said: "Where there is nakedness there is shame." Have pity on me and help me escape this shame and disgrace, at least from now on. Let me conduct myself with self-respect and holiness, and bring me to perfect

וְיִתְגַּדֵּל כְּבוֹדְךָ הַגָּדוֹל, עַל יְדֵי הַדִּבּוּרִים שֶׁלָּנוּ שֶׁיִּהְיוּ בִּבְחִינַת שְׁלֵמוּת לְשׁוֹן הַקֹּדֶשׁ:

וְזַכֵּנִי בְּרַחֲמֶיךָ הָרַבִּים לְקָרֵר כָּל חֲמִימוּתִי בְּהַדִּבּוּר שֶׁל לְשׁוֹן הַקֹּדֶשׁ. כְּמוֹ שֶׁכָּתוּב: "חַם לִבִּי בְּקִרְבִּי בַּהֲגִיגִי תִבְעַר אֵשׁ. דִּבַּרְתִּי בִּלְשׁוֹנִי". שֶׁתִּהְיֶה בְּעֶזְרִי וּתְזַכֵּנִי לְדַבֵּר כָּל דִּבּוּרִים הַקְּדוֹשִׁים בַּחֲמִימוּת גָּדוֹל דִּקְדֻשָּׁה וְהִתְלַהֲבוּת הַלֵּב בֶּאֱמֶת. וְאֶזְכֶּה לְעוֹרֵר רִשְׁפֵּי שַׁלְהֶבֶת יָהּ הַמֻּשְׁרָשׁ בְּקִרְבִּי בְּשֹׁרֶשׁ נַפְשִׁי וְרוּחִי וְנִשְׁמָתִי. הַבּוֹעֵר וְלוֹהֵט לְהִתְקָרֵב לְהַשֵּׁם יִתְבָּרֵךְ, עַד שֶׁאֶזְכֶּה לַעֲסֹק תָּמִיד בַּתּוֹרָה וּבְיִרְאַת שָׁמַיִם וּבִתְפִלּוֹת וּתְחִנּוֹת וּבַקָּשׁוֹת וְשִׁירוֹת וְתִשְׁבָּחוֹת לְהַשֵּׁם יִתְבָּרֵךְ, וְכֻלָּם יִהְיוּ בְּדִבּוּרִים חַמִּים מֵעֹמֶק הַלֵּב, בִּקְדֻשָּׁה וּבְטָהֳרָה

בְּדִבּוּרִים בּוֹעֲרִים כְּאֵשׁ לוֹהֵט, וְכָל דְּבָרַי יִהְיוּ כְּגַחֲלֵי אֵשׁ בְּאֵימָה וּבְיִרְאָה גְדוֹלָה מִפָּנֶיךָ. וְנִזְכֶּה לְהַמְלִיכְךָ עָלֵינוּ עַל כָּל רַמַ"ח אֵבָרֵינוּ וּשְׁסָ"ה גִּידֵינוּ בְּפַחַד וּבְרַעַד בְּרֶתֶת וָזִיעַ, עַד שֶׁאֶזְכֶּה שֶׁיִּהְיוּ כָּל דִּבּוּרֵי הַיּוֹצְאִים מִפִּי בִּבְחִינַת שְׁלֵמוּת לְשׁוֹן הַקֹּדֶשׁ וְיִתְקָרֵר כָּל חֲמִימוּתִי בְּהַדִּבּוּר שֶׁל לְשׁוֹן הַקֹּדֶשׁ. וְעַל יְדֵי אֵשׁ הַקְּדוֹשָׁה הַזֹּאת שֶׁל לְשׁוֹן הַקֹּדֶשׁ אֶזְכֶּה לִשְׂרֹף

mastery of the Holy Language, so as to enhance and magnify Your great glory through always speaking in a language of perfect holiness.

Loving God: grant that I should be able to cool the heat of my physical desires through speaking words of holiness, as it is written: "My heart is hot within me, my panting is burning fire. I speak with my tongue." Help me say the holy words of the Torah and the prayers with fervent heat and heartfelt passion. Let me stir up the flames of the Godly fire rooted in the *nefesh, ru'ach* and *neshamah* within me, blazing and burning to come close to God, until I am able to devote myself constantly to Torah, devotion, prayers, supplications, entreaties, songs and praises of God, all with a heat flowing from the depths of the heart in holiness and purity.

Let my words burn with blazing fire. Let my words be like coals of fire, let them pour forth in Godly fear and awe. Let me make You king over all of my two hundred and forty-eight limbs and three hundred and sixty-five sinews in fear, dread and trembling, until all the words flowing from my mouth will be words of perfect holiness, so that the heat of my physical passions will be cooled by the words of the Holy Language. With

וּלְהַכְנִיעַ וּלְהַפִּיל אֶת כָּל הָאֵשׁ הָרַע שֶׁל תַּבְעֵרַת הַמְּדוּרָה שֶׁל שִׁבְעִין כּוֹכְבִין, שֶׁהוּא הָאֵשׁ הָרַע שֶׁל חֲמִימוּת תַּאֲוַת נִאוּף, בְּאֹפֶן שֶׁיִּתְבַּטֵּל מִמֶּנִּי תַּאֲוָה רָעָה הַזֹּאת לְגַמְרֵי מֵעַתָּה וְעַד עוֹלָם.

וִיקֻיַּם מִקְרָא שֶׁכָּתוּב: "מֵהָאֵשׁ יָצָאוּ וְהָאֵשׁ תֹּאכְלֵם. רֹאשׁ מְסִבַּי עֲמַל שְׂפָתֵימוֹ יְכַסֵּמוֹ. יָמוֹטוּ עֲלֵיהֶם גֶּחָלִים בָּאֵשׁ יַפִּלֵם בְּמַהֲמֹרוֹת בַּל יָקוּמוּ". וְאֶזְכֶּה לִהְיוֹת קָדוֹשׁ וּפָרוּשׁ לְגַמְרֵי. וְאֶזְכֶּה לִבְלִי לְהִזְדַּקֵּק לָזֶה כִּי אִם בִּשְׁבִיל קִיּוּם הָעוֹלָם לְבַד, בִּקְדֻשָּׁה וּבְטָהֳרָה בֶּאֱמֶת, כִּרְצוֹנְךָ הַטּוֹב:

וְתַצִּילֵנִי בְּרַחֲמֶיךָ הָרַבִּים מֵהִרְהוּרִים רָעִים וּמֵחֲלוֹמוֹת רָעִים, וּתְהֵא מִטָּתִי שְׁלֵמָה לְפָנֶיךָ. וּתְזַכֵּנִי לְמַעֵט בְּשֵׁנָה וְתַרְדֵּמָה. וַאֲפִלּוּ מְעַט מִזְעֵיר הַשֵּׁנָה שֶׁאֲנִי מֻכְרָח לִישֹׁן בִּשְׁבִיל קִיּוּם הַגּוּף, אֶזְכֶּה שֶׁיִּהְיֶה בִּקְדֻשָּׁה וּבְטָהֳרָה וּשְׁנָתִי תֶּעֱרַב לִי. וְאֶזְכֶּה לִישֹׁן תָּמִיד מִתּוֹךְ מַחֲשָׁבוֹת וְהִרְהוּרֵי תוֹרָה וּמִתּוֹךְ שִׂמְחָה.

the holy fire of the Holy Language let me burn and destroy all the evil fire of the burning furnace of the seventy stars — the heat of sexual lust — so that this evil lust is completely removed from me from now on and for ever.

Fulfil the verse: "From the fire they came forth, and the fire will consume them." "The falsehood of their own mouths will cover the heads of those surrounding me and plotting against me. Burning coals will pour down upon them; with fire they will cast them down into the depths so that they will not be able to rise up." Let me be holy and completely separated from desire. Bring me to a level where I feel no need at all and my only motive will be for the sake of having children in true holiness and purity in accordance with Your will.

Sleep and dreams

Loving God: save me from evil thoughts and bad dreams, and let my bed be a place of perfect holiness. Help me sleep only the minimum necessary for the health of my body, and even that in holiness and purity. Let my sleep be sweet. As I go to sleep, let it be with thoughts of Torah in my mind and with feelings of joy. Let

וְאֶזְכֶּה לִקְרוֹת קְרִיאַת שְׁמַע שֶׁעַל הַמִּטָּה בִּקְדֻשָּׁה גְדוֹלָה
וּבִמְסִירַת נֶפֶשׁ וּבְכַוָּנַת הַלֵּב בֶּאֱמֶת כָּרָאוּי, בְּאֹפֶן שֶׁאֶזְכֶּה
לַהֲרֹג כָּל הַמְחַבְּלִים וּמַזִּיקִין וְכָל הַסִּטְרִין אוֹחֲרָנִין עַל יְדֵי
קְרִיאַת שְׁמַע שֶׁעַל הַמִּטָּה.

וְאֶזְכֶּה שֶׁתִּכָּלֵל נַפְשִׁי וְרוּחִי וְנִשְׁמָתִי בְּתוֹךְ כְּלָלִיּוּת נַפְשׁוֹת
הַקְּדוֹשִׁים שֶׁל בְּנֵי יִשְׂרָאֵל, וּבְתוֹכָם תַּעֲלֶה נַפְשִׁי עִמָּהֶם אֵלֶיךָ
בִּשְׁעַת שְׁנָתִי. וְתִהְיֶה נַפְשִׁי פְּקוּדָה וּמְסוּרָה בְּיָדְךָ לְבַד. כְּמוֹ
שֶׁכָּתוּב: "בְּיָדְךָ אַפְקִיד רוּחִי פָּדִיתָה אוֹתִי יְיָ אֵל אֱמֶת".
וּבְרַחֲמֶיךָ הָרַבִּים תְּגָרֵשׁ מִנַּפְשִׁי כָּל מִינֵי מְחַבְּלִים וְסִטְרִין
אוֹחֲרָנִין הַחֲפֵצִים לְהִתְאַחֵז בָּהּ, חַס וְשָׁלוֹם. וְתַחְמֹל עַל נַפְשִׁי
הָאֻמְלָלָה וְהָעֲלוּבָה, וְתִהְיֶה בְּעֶזְרָהּ שֶׁתּוּכַל לַעֲלוֹת בְּשָׁלוֹם
אֵלֶיךָ בִּשְׁעַת שֵׁנָה, וְלָשׁוּב בְּשָׁלוֹם לְתוֹךְ גּוּפִי בְּעֵת הִתְעוֹרְרוּת
הַשֵּׁנָה, בְּאֹפֶן שֶׁאֶזְכֶּה לְשֵׁנָה דִּקְדֻשָּׁה, שֵׁנָה טוֹבָה וּמְתוּקָה
וַעֲרֵבָה, שֵׁנָה שֶׁל חַיִּים, וּתְזַכֵּנִי לַחֲלוֹמוֹת טוֹבִים, חֲלוֹמוֹת
צוֹדְקִים וַאֲמִתִּיִּים, חֲלוֹמוֹת קְדוֹשִׁים הַבָּאִים עַל יְדֵי מַלְאָכִים
קְדוֹשִׁים אֲמִתִּיִּים. וְתַצִּילֵנִי בְּרַחֲמֶיךָ הָרַבִּים מֵחֲלוֹמוֹת שֶׁל
שֶׁקֶר, מֵחֲלוֹמוֹת הַבָּאִים עַל-יְדֵי שֵׁדִים, חַס וְשָׁלוֹם. מֵחֲלוֹמוֹת
מְעֻרְבָּבִים, מֵחֲלוֹמוֹת שֶׁל שָׁוְא וָהֶבֶל:

וּבְכֵן תְּרַחֵם עָלַי בְּחֶמְלָתְךָ הַגְּדוֹלָה, וְתִשְׁמְרֵנִי וְתַצִּילֵנִי
בַּחֲסָדֶיךָ הַגְּדוֹלִים מִמִּקְרֵה לַיְלָה, חַס וְשָׁלוֹם, שֶׁלֹּא יֶאֱרַע
לִי שׁוּם מִקְרֶה לֹא בַּיּוֹם וְלֹא בַּלַּיְלָה. רַק אֶזְכֶּה לִישֹׁן בִּקְדֻשָּׁה
וּבְטָהֳרָה, בְּטוֹב אָלִין אָקִיץ בְּרַחֲמִים:

me recite the bedtime *Shema* with great holiness and surrender, with deep concentration and heartfelt intensity, so as to kill all impure and destructive spirits and all unholy forces.

Let my *nefesh*, my *ru'ach* and my *neshamah* be joined in unity with all the holy souls of the Jewish People. Let my soul ascend with them to You as I sleep, and let my soul be delivered into Your hand alone, as it is written: "Into Your hand I entrust my spirit: You have redeemed me, Ha-Shem, God of truth." Loving God: banish all the different kinds of evil spirits and unholy forces wanting to take hold of my soul. Have mercy on my poor soul and help her ascend to You in peace while I sleep and return in peace to my body when I wake up. Let me enjoy good, sweet, holy sleep — the sleep of *life*! Send me good, true, holy dreams through true, holy angels, and save me from false, vain and confused dreams caused by unholy spirits.

Kind and merciful God: guard me and save me from the vain emission of seed at night. Let me never have a vain emission either during the day or at night. Let me always sleep in holiness and purity: let me lie down to rest in goodness and purity, and awaken to Your love.

אָבִינוּ אָב הָרַחֲמָן, מָלֵא רַחֲמִים רַבִּים וַחֲסָדִים גְּדוֹלִים
וַעֲצוּמִים תָּמִיד, צוֹפֶה מֵרָחוֹק לְהֵטִיב אַחֲרִיתֵנוּ, חוּס וַחֲמָל
נָא עָלֵינוּ, הֲמוֹן מֵעֶיךָ וְרַחֲמֶיךָ יֶעֱרוּרוּ עָלֵינוּ, חֲמָל עָלֵינוּ
וְעַל עוֹלָלֵנוּ וְטַפֵּנוּ, וְהַצֵּל אוֹתִי וְאֶת כָּל עַמְּךָ בֵּית יִשְׂרָאֵל
מִמִּקְרֵה לַיְלָה. כִּי אַתָּה יָדַעְתָּ אֶת עֹצֶם הַפְּגַם הַגָּדוֹל וְהַנּוֹרָא
הַנּוֹגֵעַ בְּכָל הָעוֹלָמוֹת לְמַעְלָה לְמַעְלָה, עַל יְדֵי מִקְרֵה לַיְלָה,
חַס וְשָׁלוֹם. אֲשֶׁר עַל יְדֵי זֶה חָרְבָה עִירֵנוּ וְשָׁמֵם בֵּית מִקְדָּשֵׁנוּ,
וְנִטַּל כָּבוֹד מִבֵּית חַיֵּינוּ, וְנִתְרַחַקְנוּ מֵעַל אַדְמָתֵנוּ, וְנִתְפַּזַּרְנוּ
בֵּין הַגּוֹיִים, וְנִדַּחְנוּ בְּאַרְבַּע כַּנְפוֹת הָאָרֶץ.

חֲמָל עַל שְׁאֵרִית עַמְּךָ בֵּית יִשְׂרָאֵל, חֲמָל עַל עֲנִיֵּי הַצֹּאן.
צֹאן נִדָּח וְאֵין מְקַבֵּץ. מֶלֶךְ רַחֲמָן רַחֵם עָלֵינוּ, טוֹב וּמֵטִיב
הִדָּרֵשׁ לָנוּ, שׁוּבָה אֵלֵינוּ בַּהֲמוֹן רַחֲמֶיךָ בִּגְלַל אָבוֹת שֶׁעָשׂוּ
רְצוֹנֶךָ, וֶאֱמֹר לְצָרוֹתֵינוּ דַּי, וְזַכֵּנוּ בְּרַחֲמֶיךָ הָרַבִּים, וְתִשְׁמְרֵנוּ
וְתַצִּילֵנוּ מֵעַתָּה מִמִּקְרֵה לַיְלָה, וּשְׁמֹר צֵאתֵנוּ וּבוֹאֵנוּ לְחַיִּים
וּלְשָׁלוֹם מֵעַתָּה וְעַד עוֹלָם. וְנִזְכֶּה לִהְיוֹת נִשְׁמָרִים מִכָּל דָּבָר

Kind, ever-loving, merciful Father: You watch over us from afar, planning everything for our ultimate benefit. Have pity on us and on our little ones, and save me and all the Jewish People from vain emissions. You know the terrible damage this causes in all the worlds, up to the very highest. Because of this our city was destroyed, our Holy Temple was made desolate, the glory was taken from the House of our life, and we were exiled from our land, dispersed among the nations and scattered to the four corners of the earth.

Have pity on the remnant of Your people, the House of Israel. Have pity on Your poor, scattered flock — for there is no one to gather us in. Loving King: have pity on us. Good and beneficent God, give us success in our search for You. Return to us in love for the sake of the patriarchs, who carried out Your will. Say "Enough!" to our troubles. Loving God: purify us, guard us and save us from night-time emissions from now on, and guard us in life and peace when we go out and when we come in, from now and for ever. Protect us from all evil. Let us never harbor evil thoughts by day, so that we won't

רָע, שֶׁלֹּא נְהַרְהֵר בַּיּוֹם, וְלֹא נָבוֹא לִידֵי טֻמְאָה בַּלַּיְלָה, חַס
וְשָׁלוֹם, וְנִזְכֶּה שֶׁתִּהְיֶה מַחֲשַׁבְתֵּנוּ קְדוֹשָׁה וּטְהוֹרָה תָּמִיד:

וּבְכֵן תְּזַכֵּנוּ בְּרַחֲמֶיךָ הָרַבִּים, שֶׁתִּהְיֶה אֲכִילָתֵנוּ בִּקְדֻשָּׁה
וּבְטָהֳרָה בְּלִי שׁוּם תַּאֲוָה גַּשְׁמִיּוּת כְּלָל. וְתִתֵּן לָנוּ כֹּחַ לְעוֹרֵר
הִתְנוֹצְצוּת הָאוֹתִיּוֹת הַקְּדוֹשִׁים שֶׁל כ״ח אַתְוָן דְּמַעֲשֵׂה
בְרֵאשִׁית שֶׁמְּלֻבָּשׁ בְּכָל דָּבָר שֶׁבָּעוֹלָם, עַד שֶׁכָּל אֲכִילָתֵנוּ
וּשְׁתִיָּתֵנוּ וְכָל סְעֻדָּתֵנוּ וְתַעֲנוּגֵנוּ יִהְיֶה רַק מֵהִתְנוֹצְצוּת
הָאוֹתִיּוֹת הַקְּדוֹשִׁים לְבַד שֶׁיֵּשׁ בְּאוֹתוֹ הַדָּבָר, שֶׁאָנוּ אוֹכְלִים
וְשׁוֹתִים אוֹ מִתְעַנְּגִים מִמֶּנּוּ, וְעַל-יְדֵי-זֶה נִזְכֶּה לְלֵב טוֹב,
שֶׁלִּבִּי יִהְיֶה מֵאִיר בִּקְדֻשָּׁה גְּדוֹלָה עַל-יְדֵי שֶׁיִּזְכֶּה לֵהָנוֹת
וְלָזוֹן רַק מֵהִתְנוֹצְצוּת הָאוֹתִיּוֹת שֶׁל כֹּחַ מַעֲשֵׂה בְּרֵאשִׁית
שֶׁיֵּשׁ בְּכָל דָּבָר.

וְתִהְיֶה בְּעֶזְרִי וְתִשְׁמְרֵנִי וְתַצִּילֵנִי תָּמִיד, שֶׁלֹּא אֵהָנֶה מֵהָעוֹלָם
הַזֶּה בְּלֹא בְּרָכָה וְנִזְכֶּה לְבָרֵךְ עַל כָּל דָּבָר שֶׁנֹּאכַל וְנֵהָנֶה
בְּרָכָה תְּחִלָּה וָסוֹף בְּכַוָּנָה עֲצוּמָה בְּכַוָּנָה בִּקְדֻשָּׁה וּטְהוֹרָה
לְשִׁמְךָ הַגָּדוֹל וְהַקָּדוֹשׁ יִתְבָּרַךְ לָעַד, וְכָל הַבְּרָכוֹת וְהַהוֹדָאוֹת

come to impurity at night, God forbid. Let all our thoughts be pure and holy at all times.

Eating

Loving God: bring me to eat in holiness and purity, with no physical desire whatever. Give me the power to arouse the light of the twenty-eight holy letters of creation which are clothed in everything in the world, until all my enjoyment of everything I eat or drink comes only from the light of the holy letters contained in it. Through this, give me a good heart: let my heart radiate with great holiness through enjoying and being nourished only by the light of the letters that powered the act of creation and are contained in all things.

Help me and guard me from ever benefiting from this world without saying a blessing. Let me recite the appropriate blessings before and after everything I eat and drink with intense concentration and with the sole intention of blessing Your great and holy Name in holiness and purity. Let all my blessings and thanks, songs and praises flow forth in words of perfect holiness — words of the Holy Language, as com-

וְשִׁירוֹת וְתִשְׁבָּחוֹת שֶׁלָּנוּ כֻּלָּם יִהְיוּ בִּשְׁלֵמוּת בִּבְחִינַת שְׁלֵמוּת
לְשׁוֹן הַקֹּדֶשׁ עַל-יְדֵי לְשׁוֹן תַּרְגּוּם,

בְּאֹפֶן שֶׁנִּזְכֶּה לְעוֹרֵר כֹּחַ מַעֲשֵׂי יְיָ שֶׁהֵם הַל״ב אֱלֹהִים שֶׁל
מַעֲשֵׂה בְרֵאשִׁית, שֶׁהֵם הָאוֹתִיּוֹת הַמִּלְבָּשִׁין בְּכָל דָּבָר
שֶׁבָּעוֹלָם אֲשֶׁר עַל יָדָם בָּרָאתָ בִּרְצוֹנְךָ הַטּוֹב כָּל הַדְּבָרִים
שֶׁבָּעוֹלָם מִגָּדוֹל וְעַד קָטָן. וּבָרָאתָ כָּל דָּבָר מִשֻּׁנֶּה מֵחֲבֵרוֹ
בְּמַרְאֶה וָטַעַם וּתְמוּנָה אַחֶרֶת, כְּפִי אוֹתִיּוֹת הַתּוֹרָה הַקְּדוֹשָׁה
שֶׁהִכְנַסְתָּ בְּכָל דָּבָר כְּפִי רְצוֹנְךָ הַטּוֹב, כַּאֲשֶׁר שִׁעַרְתָּ וּמָדַדְתָּ
וְשָׁקַלְתָּ בְּחָכְמָתְךָ הַקְּדוֹשָׁה. ״מָה רַבּוּ מַעֲשֶׂיךָ יְיָ כֻּלָּם בְּחָכְמָה
עָשִׂיתָ מָלְאָה הָאָרֶץ קִנְיָנֶךָ, וְעַתָּה יִגְדַּל נָא כֹּחַ אֲדֹנָי כַּאֲשֶׁר
דִּבַּרְתָּ לֵאמֹר״

עֲשֵׂה לְמַעַנְךָ וּלְמַעַן כְּבוֹדֶךָ וּלְמַעַן אוֹתִיּוֹת הַקְּדוֹשִׁים שֶׁלְּךָ
הַמִּלְבָּשִׁין בְּכָל דָּבָר, שֶׁתִּתֶּן לָנוּ כֹּחַ בְּרַחֲמֶיךָ הָרַבִּים לְעוֹרֵר
תָּמִיד כֹּחַ הָאוֹתִיּוֹת שֶׁל מַעֲשֵׂה בְרֵאשִׁית שֶׁמְּלֻבָּשׁ בְּכָל דָּבָר
שֶׁבָּעוֹלָם, וְלֹא נֵלֵךְ אַחַר שְׁרִירוּת לִבֵּנוּ, וְנִמְעַט תַּאֲוַת טִבְעֵנוּ
שֶׁלֹּא יִהְיֶה לָנוּ שׁוּם תַּאֲוָה גַּשְׁמִיּוּת שֶׁל הַגּוּף לְשׁוּם דָּבָר
שֶׁבָּעוֹלָם כְּלָל, וְכָל אֲכִילָתֵנוּ וּשְׁתִיָּתֵנוּ וְכָל הֲנָאָתֵנוּ וְתַעֲנוּגֵנוּ

plemented and completed by the language of everyday conversation.

Let me thereby arouse the power of the thirty-two names of God that appear in the account of the creation, which are the force underlying all God's works, the force powering the letters clothed in everything in the world. Through them You created everything in the world according to Your will, from the largest to the smallest. You created everything with its own unique appearance, taste and form, corresponding to the letters of the holy Torah that You put into it according to Your will, as weighed, measured and determined in Your holy wisdom. "How many are Your works, HaShem, You made them all in wisdom, the world is full of Your possessions." "And now, let the power of my Lord be magnified, as You *spoke* saying..."

For Your sake, for the sake of Your glory, and for the sake of Your holy letters clothed in all things, give me the power to always be able to arouse the letters of creation clothed in all things. Don't let me follow the stubbornness of my heart. Let me reduce my material desires to a minimum and have no physical craving for anything in the world. Let all my enjoyment of food,

יִהְיֶה רַק מֵהִתְנוֹצְצוּת הָאוֹתִיּוֹת שֶׁיֵּשׁ בְּכָל דָּבָר שֶׁבָּעוֹלָם בְּלִי שׁוּם תַּאֲוַת הַגּוּף כְּלָל.

וְעַל-יְדֵי-זֶה תִּשְׁלַח בְּרָכָה בִּמְזוֹנֵנוּ, וְנִזְכֶּה לִשְׁבִיעָה דִּקְדֻשָּׁה שֶׁיִּהְיֶה שְׂבִיעָה בְּמֵעֵינוּ לֶאֱכֹל מְעַט וְלִשְׂבֹּעַ רַק מֵהִתְנוֹצְצוּת הָאוֹתִיּוֹת הַקְּדוֹשִׁים שֶׁל אוֹתוֹ הַדָּבָר שֶׁאֹכַל וְאֶשְׁתֶּה בִּקְדֻשָּׁה וּבְטָהֳרָה גְדוֹלָה. וִיקֻיַּם בָּנוּ מִקְרָא שֶׁכָּתוּב: "וַאֲכַלְתֶּם אָכוֹל וְשָׂבוֹעַ וְהִלַּלְתֶּם אֶת שֵׁם יְיָ אֱלֹהֵיכֶם אֲשֶׁר עָשָׂה עִמָּכֶם לְהַפְלִיא וְלֹא יֵבֹשׁוּ עַמִּי לְעוֹלָם",

עַד שֶׁנִּזְכֶּה לְלֵב טוֹב וּמֵאִיר לְלֵב שָׂמֵחַ עַל-יְדֵי אֲכִילָתֵנוּ וּשְׁתִיָּתֵנוּ וְעַל-יְדֵי הָאָרַת הַלֵּב נִזְכֶּה לְפָנִים מְאִירוֹת דִּקְדֻשָּׁה. בָּרְכֵנוּ אָבִינוּ כֻּלָּנוּ יַחַד בְּאוֹר פָּנֶיךָ, שֶׁנִּזְכֶּה לְפָנִים דִּקְדֻשָּׁה, פָּנִים מְאִירוֹת, פָּנִים שֶׁל שִׂמְחָה. שֶׁיִּהְיֶה אוֹר פְּנֵי יְיָ חוֹפֵף עַל פָּנֵינוּ תָּמִיד. וִיקֻיַּם בָּנוּ וּבְזַרְעֵנוּ מִקְרָא שֶׁכָּתוּב: "זֶה דוֹר דּוֹרְשָׁיו מְבַקְשֵׁי פָנֶיךָ יַעֲקֹב סֶלָה". וּתְזַכֵּנוּ שֶׁיִּהְיֶה פָּנֵינוּ מְאִירוֹת כָּל כָּךְ עַד שֶׁיִּהְיֶה לָנוּ כֹּחַ לְהַחֲזִיר כָּל הָעוֹלָם בִּתְשׁוּבָה שְׁלֵמָה עַל יְדֵי רְאִיַּת פָּנֵינוּ לְבַד. שֶׁיִּהְיוּ פָּנֵינוּ מְאִירוֹת בְּאוֹר פְּנֵי יְיָ כְּמוֹ אַסְפַּקְלַרְיָא הַמְּאִירָה עַד שֶׁכָּל אֶחָד וְאֶחָד יִסְתַּכֵּל אֶת עַצְמוֹ וְיִרְאֶה אֶת עַצְמוֹ בְּתוֹךְ פָּנֵינוּ הַמְּאִירוֹת

drink and other pleasures come only from the radiance of the letters they contain and not from the gratification of bodily desire.

Send blessing into my food, and let me be genuinely satisfied. Let me feel physical satisfaction even after eating just a little. Let my satisfaction come from the radiance of the holy letters contained in what I eat and drink in holiness and purity, and fulfil in me the verse: "And you shall eat with full satisfaction and praise the Name of HaShem your God, who has done wonders with you, and My people will never be ashamed."

Through eating and drinking in holiness, let my heart shine with goodness and joy, and let the radiance of my heart light up my face with holiness and joy until my face is constantly bathed in the light of HaShem's countenance. Fulfil in me and my offspring the verse: "This is the generation of those who search for Him, seeking Your countenance — Yaakov, Selah." Let my face be so radiant that I will be able to bring people to complete repentance just by their seeing my face. Let my face shine with the light of God's countenance like a bright mirror that people will look into and see themselves in, and realize how their own faces are sunk in darkness.

כְּמוֹ בְּמַרְאָה וְאַסְפַּקְלַרְיָא. וְיִרְאֶה אֵיךְ פָּנָיו מֻשְׁקָע בַּחֹשֶׁךְ,
וִיחַדֵּשׁ כַּנֶּשֶׁר נְעוּרָיו וְיָשׁוּב בִּתְשׁוּבָה שְׁלֵמָה בֶּאֱמֶת לְפָנֶיךָ:

וְחָנֵּנִי בְּרַחֲמֶיךָ הָרַבִּים, שֶׁאֶזְכֶּה לְהִתְקָרֵב לַצַּדִּיק הָאֱמֶת
שֶׁבַּדּוֹר הַזֶּה, וְאֶזְכֶּה לִשְׁמֹעַ מִפִּיו הַקָּדוֹשׁ בְּעַצְמוֹ, דִּבְרֵי
אֱלֹהִים חַיִּים אֲשֶׁר הוּא זוֹכֶה עַל-יְדֵי מַעֲשָׂיו הַטּוֹבִים לִשְׁמֹעַ
מִפִּיךְ. וְתַשְׁפִּיעַ עָלַי יִרְאָתְךָ הַקְּדוֹשָׁה יִרְאָה עִלָּאָה יִרְאַת
הָרוֹמְמוּת, וְאֶזְכֶּה לִשְׁמֹעַ הַדִּבּוּר הַקָּדוֹשׁ מִפִּי הַצַּדִּיק הָאֱמֶת
בְּאֵימָה וּבְיִרְאָה גְדוֹלָה, בְּאֹפֶן שֶׁאֲקַבֵּל דִּבּוּר לְשׁוֹן הַקֹּדֶשׁ
בִּשְׁלֵמוּת גָּמוּר

וְאֶזְכֶּה לִשְׁמִירַת הַבְּרִית בֶּאֱמֶת בִּקְדֻשָּׁה גְדוֹלָה, כָּרָאוּי לְזֶרַע
יִשְׂרָאֵל עֲבָדֶיךָ אֲשֶׁר בָּהֶם בָּחָרְתָּ. וְחָנֵּנִי בְּרַחֲמֶיךָ הָרַבִּים
שֶׁאֶזְכֶּה לְתַקֵּן בְּחַיַּי אֶת כָּל הַחֲטָאִים וַעֲוֹנוֹת וּפְשָׁעִים וְכָל
הַפְּגָמִים שֶׁפָּגַמְתִּי לְפָנֶיךָ מִנְּעוּרַי עַד הַיּוֹם הַזֶּה. וַאֲפִילוּ כָּל
הַחֲטָאִים שֶׁחָטָאתִי בְּשׁוֹגֵג אוֹ בְּאֹנֶס, כֻּלָּם אֶזְכֶּה לְתַקֵּן בְּחַיַּי

Let them be inspired to renew their youth like the eagle and come back to You in true, perfect teshuvah.

Kind and loving God: Grant me that I should come close to the true Tzaddik of this generation and hear the Torah of the Living God directly from his holy mouth, just as he hears it from Your mouth through the merit of his good deeds. Inspire me with awe of Heaven — awe at Your supreme exaltedness. Let me listen to the holy words coming from the lips of the true Tzaddik with reverence and awe, so that I too will be able to receive the full benefit of the Holy Language.

Bring me to true observance of the Covenant in great holiness as befits a member of Your chosen people of Israel. Be gracious to me, and grant that I should be able to make amends for all my sins and transgressions in my lifetime. Let me make up for everything I've done wrong from my earliest years until today, including even the sins I have committed unknowingly or under compulsion. Let me rectify everything quickly and easily in my lifetime, and from now on let me come genuinely close to You in holiness and purity, gain perfect mastery of the Holy

חִישׁ קַל מְהֵרָה. וּמֵעַתָּה תְזַכֵּנִי לְהִתְקָרֵב אֵלֶיךָ בֶּאֱמֶת בִּקְדֻשָּׁה וּבְטָהֳרָה, וְאֶזְכֶּה לִשְׁלֵמוּת לְשׁוֹן הַקֹּדֶשׁ וְלִקְדֻשַּׁת הַבְּרִית:

לשבת

וּבְכֵן יְהִי רָצוֹן מִלְּפָנֶיךָ יְיָ אֱלֹהֵינוּ וֵאלֹהֵי אֲבוֹתֵינוּ, מָלֵא רַחֲמִים מָלֵא רָצוֹן, עָזְרֵנִי וְהוֹשִׁיעֵנִי וְזַכֵּנִי בְּרַחֲמֶיךָ הָרַבִּים וּבַחֲסָדֶיךָ הָעֲצוּמִים לְקַבֵּל שַׁבָּתוֹת בְּשִׂמְחָה גְדוֹלָה וּבְחֶדְוָה רַבָּה וַעֲצוּמָה וּבְיִרְאָה וְאַהֲבָה, וּתְזַכֵּנִי לִטְרֹחַ בְּעַצְמִי לַעֲשׂוֹת צָרְכֵי-שַׁבָּת בְּעַצְמִי בְּכֹחַ גָּדוֹל וּבִזְרִיזוּת נִמְרָץ. וְתַעַזְרֵנוּ תָּמִיד לְהַשְׁלִים כָּל פָּרְשִׁיּוֹתֵינוּ עִם הַצִּבּוּר. שֶׁנִּזְכֶּה לִקְרוֹת הַפָּרָשָׁה שֶׁל הַשָּׁבוּעַ בְּכָל עֶרֶב שַׁבָּת שְׁנַיִם מִקְרָא וְאֶחָד תַּרְגּוּם בְּכַוָּנָה גְדוֹלָה וַעֲצוּמָה בִּקְדֻשָּׁה וּבְטָהֳרָה, בְּאֹפֶן שֶׁנִּזְכֶּה עַל-יְדֵי-זֶה לִשְׁלֵמוּת לְשׁוֹן הַקֹּדֶשׁ עַל-יְדֵי לְשׁוֹן תַּרְגּוּם.

וְנִזְכֶּה בְּרַחֲמֶיךָ הָרַבִּים שֶׁיִּהְיֶה נִמְשָׁךְ עָלֵינוּ קְדֻשַּׁת שַׁבַּת קֹדֶשׁ עַל-יְדֵי רְחִיצַת חַמִּין וְהַטְבִילָה שֶׁל עֶרֶב שַׁבָּת קֹדֶשׁ. וְתִהְיֶה בְּעֶזְרִי שֶׁלֹּא אֲבַטֵּל לְעוֹלָם הָרְחִיצָה וְהַטְבִילָה שֶׁל עֶרֶב שַׁבָּת. וּכְשֵׁם שֶׁאֲנִי רוֹחֵץ וְטוֹבֵל עַצְמִי בָּעוֹלָם הַזֶּה, כֵּן תְּטַהֵר וּתְקַדֵּשׁ אֶת גּוּפִי וְנַפְשִׁי וְרוּחִי וְנִשְׁמָתִי בִּקְדֻשָּׁתְךָ הָעֶלְיוֹנָה וְתַמְשִׁיךְ רִשְׁפֵּי שַׁלְהֶבֶת יָהּ מֵאֵשׁ הַקְּדוֹשָׁה שֶׁלְּמַעְלָה, הָאוֹכֶלֶת וְשׂוֹרֶפֶת כָּל מִינֵי אֵשׁ. וְעַל-יְדֵי-זֶה תְּבַעֵר

Language and faithfully observe the holy Covenant.

Shabbat

HaShem my God and God of my fathers! God of love and favor: Help me and bring me to celebrate Shabbat with tremendous joy and delight, with awe and love. Let me take an active part in preparing for Shabbat and do so eagerly and energetically. Help me to always keep up to date with my study of the weekly Torah reading: let me read the portion of the week each Friday, twice in the Hebrew and once in the Aramaic Targum, with full concentration, in holiness and purity, and thereby bring me to gain perfect mastery of the Holy Language through the language of the Targum.

Let me bring the holiness of Shabbat into me through washing in hot water and immersing in the mikveh on Shabbat eve. Help me never to miss washing and immersing prior to Shabbat. And just as I wash and immerse myself in this world, so purify and sanctify my body, my *nefesh*, my *ru'ach* and my *neshamah* with Your supreme holiness. Send down flames of the holy, Godly fire that burns above and consumes and

וְתִשְׂרֹף וּתְבַטֵּל מִמֶּנִּי וּמִכָּל עַמְּךָ בֵּית יִשְׂרָאֵל אֶת כָּל תַּעֲרוֹבוֹת הָרַע שֶׁנִּתְעָרֵב וְנֶאֱחַז בָּנוּ עַל יְדֵי פְּגַם עֵץ הַדַּעַת טוֹב וָרָע וְעַל־יְדֵי חֲטָאֵינוּ וַעֲוֹנוֹתֵינוּ וּפְשָׁעֵינוּ, בְּאֹפֶן שֶׁיִּשָּׂרֵף וְיִפֹּל וְיִתְבַּטֵּל כָּל הָרַע שֶׁנִּתְאַחַז בָּנוּ. וְהַטּוֹב יִתְבָּרֵר וְיַעֲלֶה וְיִכָּלֵל לְמַעְלָה לְמַעְלָה בַּטּוֹב, הָעֶלְיוֹן בְּטוּבְךָ הַגָּדוֹל שֶׁהוּא טוֹב הַנִּצְחִי:

אָנָּא יְיָ, אַתָּה יָדַעְתָּ כִּי אֵין בִּי כֹּחַ לְהַמְשִׁיךְ עָלַי בְּעַצְמִי קְדֻשַּׁת שַׁבָּת קֹדֶשׁ. חוּס וַחֲמֹל עָלַי, יֶהֱמוּ נָא וְיִכְמְרוּ רַחֲמֶיךָ עָלַי, כִּי אַתָּה יָדַעְתָּ כַּמָּה אֲנִי רָחוֹק מִקְּדֻשַּׁת שַׁבָּת בֶּאֱמֶת. חוּס וְחָנֵּנִי בְּמַתְּנַת חִנָּם, וְתַשְׁפִּיעַ עָלַי בְּרַחֲמֶיךָ קְדֻשַּׁת שַׁבָּת בֶּאֱמֶת. וְאֶזְכֶּה לְהוֹסִיף מֵחֹל עַל הַקֹּדֶשׁ בִּכְנִיסָתוֹ וּבִיצִיאָתוֹ. וְתַעֲזְרֵנוּ לְהַמְשִׁיךְ קְדֻשַּׁת שַׁבָּת עַל יְמֵי הַחֹל, עַד שֶׁכָּל שֵׁשֶׁת יְמֵי הַמַּעֲשֶׂה יִהְיוּ טְהוֹרִים וּקְדוֹשִׁים בִּקְדֻשָּׁה גְדוֹלָה בִּקְדֻשַּׁת שַׁבָּת קֹדֶשׁ, עַד שֶׁיִּהְיוּ נִכְלָלִים כָּל שֵׁשֶׁת יְמֵי הַמַּעֲשֶׂה בְּשֹׁרֶשׁ חִיּוּתָם שֶׁבְּבִקְדֻשָּׁה שֶׁהוּא שַׁבָּת קֹדֶשׁ. שֶׁהוּא מְחַיֶּה וּמְקַיֵּם כָּל שֵׁשֶׁת הַיָּמִים וְכָל הַנֶּאֱצָלִים וְכָל הַנִּבְרָאִים וְהַנּוֹצָרִים

destroys all kinds of fire, so as to burn and destroy all the evil that has come into me personally and the Jewish People as a whole as a result of eating the fruit of the Tree of Knowledge of Good and Evil and all our sins and transgressions. Let all the evil that has taken hold of us be burned and fall away, and let the good be purified so as to ascend and become unified with the Supreme good — Your great goodness that will endure for ever.

Please, HaShem: You know that I don't have the power to bring the holiness of Shabbat into me by myself. Have pity on me and arouse Your love for me. You know how far I am from experiencing the true holiness of Shabbat. Be kind to me and grant me the true holiness of Shabbat as an outright gift. Let me add to the Shabbat at its beginning and end, and help me draw the holiness of Shabbat into the other days of the week, until all the six working days will have the purity and holiness of Shabbat. Let the six working days then become reunited with their holy vital source — Shabbat, which gives life and sustenance to the other six days of the week, to the entire array of different creatures of every kind and on every level, spiritual and physical,

וְהַנַּעֲשִׂים וְכָל הָעוֹלָמוֹת כֻּלָּם מֵרֵאשִׁית נְקֻדַּת הַבְּרִיאָה עַד סוֹף נְקֻדַּת הַמֶּרְכָּז שֶׁל עוֹלָם הַגַּשְׁמִי אֲשֶׁר כָּל חִיּוּתָם וְקִיּוּמָם הוּא שַׁבַּת קֹדֶשׁ:

רִבּוֹנוֹ שֶׁל עוֹלָם, אַתָּה בְּרַחֲמֶיךָ נָתַתָּ לָנוּ מַתָּנָה טוֹבָה הַזֹּאת, שֶׁהָיְתָה בְּבֵית גְּנָזֶיךָ וְשַׁבָּת שְׁמָהּ. עַל כֵּן בָּאתִי לְהַפִּיל תְּפִלָּתִי וּתְחִנָּתִי וּבַקָּשָׁתִי לְפָנֶיךָ יְיָ אֱלֹהַי וֵאלֹהֵי אֲבוֹתַי, כְּשֵׁם שֶׁגָּבְרוּ רַחֲמֶיךָ וַחֲסָדֶיךָ לִתֵּן לָנוּ מַתָּנָה טוֹבָה קְדוֹשָׁה הַזֹּאת, כֵּן תַּעֲנִיקֵנוּ מִטּוּבְךָ הַגָּדוֹל, וְתַשְׁפִּיעַ עָלֵינוּ מִמְּעוֹן קָדְשָׁתְךָ וְתַעַזְרֵנוּ לְקַבֵּל מַתָּנָה טוֹבָה קְדוֹשָׁה הַזֹּאת, שֶׁנִּזְכֶּה לְקַבֵּל שַׁבָּת בִּקְדֻשָּׁה גְּדוֹלָה וּבְשִׂמְחָה וְחֶדְוָה רַבָּה וַעֲצוּמָה. וְנַמְשִׁיךְ עָלֵינוּ קְדֻשַּׁת שַׁבָּת תָּמִיד, וְנִזְכֶּה לְשַׁבֵּר וּלְבַטֵּל הָרַע הַנֶּאֱחָז בָּנוּ וּלְבָרֵר וּלְהַעֲלוֹת הַטּוֹב שֶׁבָּנוּ בִּבְחִינַת שְׁלֵמוּת לְשׁוֹן הַקֹּדֶשׁ עַל יְדֵי לְשׁוֹן תַּרְגּוּם. וְנִזְכֶּה לִקְדֻשַּׁת הַבְּרִית בֶּאֱמֶת, וְנָשׁוּב אֵלֶיךָ בֶּאֱמֶת, וְנִזְכֶּה תָּמִיד לֵילֵךְ וְלַעֲלוֹת מִדַּרְגָּא לְדַרְגָּא וּמִמַּעֲלָה לְמַעֲלָה בִּקְדֻשָּׁה גְּדוֹלָה כִּרְצוֹנְךָ הַטּוֹב

and to all the worlds, from the first point from which the creation emanated down to the central point of the material world. All their life and sustenance come from the Shabbat.

Master of the Universe: In Your love and kindness You gave us this good gift called Shabbat that was hidden in Your treasure-house. I have therefore come to pour out my prayer and plead and beg You, HaShem my God and God of my fathers: just as You gave us this good, holy gift with such overwhelming love and mercy, so now shower me with goodness, inspire me and help me to *receive* this good and holy gift and celebrate Shabbat with the utmost holiness, joy and delight. Inspire me with the holiness of Shabbat at all times so that I can break and destroy the evil that has taken hold of me and sift out and elevate the good in me by mastering the Holy Language through refining the language of everyday conversation. Bring me to the true holiness of the Covenant and let me come back to You with all my heart and constantly rise from level to level with ever greater holiness, just as You want, until I will ascend and become merged in the supreme Shabbat and You will

בֶּאֱמֶת, עַד שֶׁנִּזְכֶּה לַעֲלוֹת לְהִכָּלֵל בְּשַׁבָּת הָעֶלְיוֹן. וּתְחָנֵּנוּ בַּחֲסָדֶיךָ לְיוֹם שֶׁכֻּלּוֹ שַׁבָּת וּמְנוּחָה לְחַיֵּי הָעוֹלָמִים, "יִהְיוּ לְרָצוֹן אִמְרֵי פִי וְהֶגְיוֹן לִבִּי לְפָנֶיךָ יְיָ צוּרִי וְגוֹאֲלִי":

mercifully grant me the day that is all Shabbat and rest and eternal life.

Let the words of my mouth and the meditation of my heart find favor before You, HaShem, my Rock and Redeemer.

20

The Land of Israel / Spiritual advance from level to level / Fervent, passionate prayer / Original Torah insights / The Covenant — Purity / Da'at — Spiritual awareness and attachment to God / Pesach / Overcoming obstacles and barriers

---

The essence of being a Jew is to make constant efforts to advance from one spiritual level to the next. This is only possible through the holiness of Eretz Israel — the Land of Israel. However Eretz Israel is one of the things that is attained through suffering (*Berachot* 5a). The main suffering is caused by those who slander the land. The slander of the Ten Spies (Numbers 13:27-33) is the prototype of all the malicious lies and misconceptions spread by the opponents of the Tzaddikim and of the Torah path in general. These lies create the major barriers confronting those trying to enter and follow the spiritual path.

The power to break these barriers and overcome the slanderers derives from original Torah insights — *chidushey Torah* — both those we develop ourselves and especially those of the true Tzaddik. The only way

to attain true insight is through pouring out our hearts in fervent prayer and pleading with God until the "Supreme Heart," which is the ultimate source of all Torah ideas, is aroused. In approaching God, even the outstanding Tzaddik and Sage may not rely on his own merits: he must plead with God for insight as a free gift. Spiritual insight and connection with God — *da'at* — must be founded on perfect observance of the Covenant, which entails moral purity in all of one's thoughts, feelings, speech and actions.

The words of original Torah teachings create holy angels that have the power to take the "sword of punishment" from Edom, to whom it is entrusted, and with it crush those who slander the land and create barriers for those wanting to follow the spiritual path. However exile weakens the power of holiness, making it impossible to receive the sword from Edom and wield it ourselves, and the only way to overcome the slanderers is by bringing them to justice under the laws of the nations of the world.

"מִן הַמֵּצַר קָרָאתִי יָהּ עָנָנִי בַמֶּרְחָב יָהּ. מִקְצֵה הָאָרֶץ אֵלֶיךָ
אֶקְרָא בַּעֲטֹף לִבִּי בְּצוּר יָרוּם מִמֶּנִּי תַנְחֵנִי",

חוּס וַחֲמֹל עָלַי, יֶעֱרְרוּ רַחֲמֶיךָ וַחֲסָדֶיךָ הַגְּדוֹלִים עָלַי, וְעָזְרֵנִי
וְזַכֵּנִי לֵילֵךְ וְלָבֹא מְהֵרָה לָאָרֶץ הַקְּדוֹשָׁה, אֲשֶׁר הִיא מְקוֹר
קְדֻשָׁתֵנוּ, כַּאֲשֶׁר אַתָּה יָדַעְתָּ כִּי אֱלֹהֵינוּ שֶׁכָּל קְדֻשָׁתֵנוּ
וְטָהֳרָתֵנוּ וְכָל יַהֲדוּתֵנוּ תָלוּי בְּאֶרֶץ יִשְׂרָאֵל, וְאִי אֶפְשָׁר לִהְיוֹת
אִישׁ יִשְׂרְאֵלִי בֶּאֱמֶת, וְלֵילֵךְ וְלַעֲלוֹת מִדַּרְגָּא לְדַרְגָּא, כִּי אִם
עַל יְדֵי שֶׁזּוֹכִין לָבֹא לְאֶרֶץ יִשְׂרָאֵל מְקוֹם קְדֻשָׁתֵנוּ, הָאָרֶץ
אֲשֶׁר בָּחַרְתָּ בָּהּ מִכָּל הָאֲרָצוֹת וְנָתַתָּ אוֹתָהּ לְעַמְּךָ יִשְׂרָאֵל
הַנִּבְחָר מִכָּל הָעַמִּים לְנַחֲלָה. אֶרֶץ אֲשֶׁר אַתָּה דּוֹרֵשׁ אוֹתָהּ
תָּמִיד כְּמָה שֶׁכָּתוּב: "אֶרֶץ אֲשֶׁר יְיָ אֱלֹהֶיךָ דֹּרֵשׁ אוֹתָהּ תָּמִיד
עֵינֵי יְיָ אֱלֹהֶיךָ בָּהּ מֵרֵאשִׁית הַשָּׁנָה וְעַד אַחֲרִית שָׁנָה".

וְאַתָּה יָדַעְתָּ עֹצֶם רִבּוּי הַמְּנִיעוֹת וְהָעִרְבּוּבִים וְהַבִּלְבּוּלִים
הַמּוֹנְעִים אוֹתָנוּ מִזֶּה אֲשֶׁר עַל יָדָם אֵין אָנוּ יְכוֹלִים לֵילֵךְ
וְלָבוֹא לְאֶרֶץ יִשְׂרָאֵל, וּכְבָר כָּלִינוּ יָמֵינוּ וּשְׁנוֹתֵינוּ בַּחוּץ

From the narrow straits I called on God; God answered me with wide expansion. From the end of the earth I call out to You as my heart faints: bring me up to a rock that is too high for me.

Eretz Israel

Have mercy on me! Arouse Your great love and kindness for me and help me go to the Holy Land soon. Eretz Israel is the very source of our holiness, as You know, HaShem. All our holiness, our purity and our very identity as Jews depend on Eretz Israel. It is impossible to be a true Jew and rise spiritually from level to level except through coming to Eretz Israel, the place of our holiness, the land You chose from all other lands and gave as an inheritance to Your people Israel, choicest of all the nations — the land You watch over constantly, as it is written: "A land that HaShem your God watches over; the eyes of HaShem your God are upon it constantly from the beginning of the year until the end of the year."

You know the terrible array of obstacles, blocks and distractions holding us back and preventing us from reaching Eretz Israel. Our

לָאָרֶץ וְאָנוּ מְגֹרָשִׁים מֵאֶרֶץ הַחַיִּים. מֵאֶרֶץ הַקְּדוֹשָׁה מֵהִסְתַּפֵּחַ בְּנַחֲלַת יְיָ, אֲשֶׁר הִיא חַיֵּינוּ וְאֹרֶךְ יָמֵינוּ, לָשֶׁבֶת עַל הָאֲדָמָה אֲשֶׁר נָתַן לָנוּ יְיָ.

רִבּוֹנוֹ שֶׁל עוֹלָם, רַחֵם עָלֵינוּ בְּרַחֲמֶיךָ הָרַבִּים וּתְעוֹרֵר אֶת לְבָבֵנוּ וְאֶת לְבַב זַרְעֵנוּ וּלְבַב כָּל עַמְּךָ בֵּית יִשְׂרָאֵל שֶׁיִּהְיוּ לָנוּ כִּסּוּפִין וְגַעְגּוּעִים גְּדוֹלִים וְהִשְׁתּוֹקְקוּת נִמְרָץ לְאֶרֶץ יִשְׂרָאֵל. וְנִכְסֹף וְנִשְׁתּוֹקֵק תָּמִיד בֶּאֱמֶת לָבוֹא לְאֶרֶץ יִשְׂרָאֵל עַד אֲשֶׁר תְּזַכֵּנוּ בְּרַחֲמֶיךָ לָבוֹא לָאָרֶץ הַקְּדוֹשָׁה בִּמְהֵרָה, לְמַעַן נִזְכֶּה עַל יְדֵי זֶה לְהִתְעוֹרֵר בֶּאֱמֶת לַעֲבוֹדָתְךָ וּלְיִרְאָתְךָ.

חוּס וַחֲמוֹל נָא עָלֵינוּ מָלֵא רַחֲמִים, שֶׁלֹּא נִכָּלֶה יָמֵינוּ, חַס וְשָׁלוֹם, בְּחוּץ לָאָרֶץ, כִּי אַתָּה יָדַעְתָּ אֶת כָּל תְּלָאוֹתֵינוּ וַחֲלִישׁוּתֵינוּ בָּעֵת הַזֹּאת, וְאֵין אָנוּ יְכוֹלִים לְשַׁבֵּר רִבּוּי הַמְּנִיעוֹת הָעֲצוּמוֹת הַמּוֹנְעִים מֵאֶרֶץ יִשְׂרָאֵל, אַלְפֵי אֲלָפִים וּרְבָבוֹת מְנִיעוֹת וְעִכּוּבִים אֲשֶׁר קָצְרָה יָדֵינוּ לְשַׁבְּרָם, כִּי אִם בְּכֹחֲךָ הַגָּדוֹל וּבַחֲסָדֶיךָ הָעֲצוּמִים וְאֵין לָנוּ עַל מִי לְהִשָּׁעֵן כִּי אִם עָלֶיךָ אָבִינוּ שֶׁבַּשָּׁמַיִם. חֲמֹל עַל עַמְּךָ יִשְׂרָאֵל, וּמַהֵר לַהֲבִיאֵנוּ לְאֶרֶץ יִשְׂרָאֵל חִישׁ קַל מְהֵרָה, וְתִתֶּן לָנוּ כֹחַ בְּרַחֲמֶיךָ הָרַבִּים לְנַצֵּחַ אֶת הַמִּלְחָמָה לְשַׁבֵּר וּלְגָרֵשׁ וּלְבַטֵּל

days and years have been wasted in exile. We have been banished from the land of the living, the Holy Land. We've been kept from attaching ourselves to God's portion, which is the source of our very life and length of days, and from dwelling in the land HaShem has given us.

Master of the Universe, loving God: have pity on us! Open our hearts, the hearts of our children and of all Your People, the House of Israel, and fill us with the most powerful longing, yearning and desire for Eretz Israel. Let us constantly yearn and long to come to the Land, until You actually bring us there soon, so that we will be truly inspired to serve You and fear You.

Loving God: have mercy on us! Don't let us waste our days in exile. You know our suffering and weakness at this time. It is impossible for us to break the tremendous array of barriers keeping us from Eretz Israel. We do not have the strength to break so many thousands and thousands of obstacles and barriers except through Your power and mercy. We have no-one to depend upon except You, our Father in Heaven. Have pity on Your People and bring us to Eretz Israel quickly and easily. Give us the strength to win the war and break, drive out and

אֶת כָּל מוֹצִיאֵי דִבַּת הָאָרֶץ רָעָה, אֲשֶׁר מֵהֶם נִמְשָׁכִים כָּל מִינֵי מְנִיעוֹת וּבִלְבּוּלִים מִלָבוֹא לְאֶרֶץ יִשְׂרָאֵל, בְּאֹפֶן שֶׁנִּזְכֶּה לְשַׁבֵּר וּלְבַטֵּל כָּל הַמּוֹנְעִים וְהַמְעַכְּבִים, וְנִזְכֶּה לָבֹא לְשָׁלוֹם לְאֶרֶץ יִשְׂרָאֵל חִישׁ קַל מְהֵרָה:

וְתַשְׁפִּיעַ עָלֵינוּ בְּרַחֲמֶיךָ הָרַבִּים, וְתִפְתַּח אֶת לִבֵּנוּ, שֶׁנּוּכַל לְהִתְפַּלֵּל לְפָנֶיךָ יְיָ אֱלֹהֵינוּ בְּכָל לֵב וָנֶפֶשׁ. וְנִזְכֶּה לִשְׁפֹּךְ אֶת לִבֵּנוּ כַּמַּיִם נֹכַח פְּנֵי יְיָ, שֶׁנִּשְׁפֹּךְ שִׂיחֵנוּ וּתְפִלָּתֵנוּ לְפָנֶיךָ תָּמִיד בֶּאֱמֶת בְּרַחֲמִים וְתַחֲנוּנִים, עַד שֶׁנְּעוֹרֵר רַחֲמֶיךָ עָלֵינוּ. וְיֶהֱמוּ וְיִכְמְרוּ רַחֲמֵי לִבְּךָ עָלֵינוּ עַד אֲשֶׁר נִזְכֶּה שֶׁתַּשְׁפִּיעַ עָלֵינוּ מִלֵּב הָעֶלְיוֹן דִּבּוּרִים חַמִּים כְּגַחֲלֵי אֵשׁ. כְּמוֹ שֶׁכָּתוּב: "חַם לִבִּי בְּקִרְבִּי בַּהֲגִיגִי תִבְעַר אֵשׁ דִּבַּרְתִּי בִּלְשׁוֹנִי".

וְנִזְכֶּה לְדַבֵּר תָּמִיד דִּבּוּרִים קְדוֹשִׁים בַּחֲמִימוּת וּבְהִתְלַהֲבוּת גָּדוֹל דִּקְדֻשָּׁה, וְכָל דְּבָרֵינוּ יִהְיוּ כְּגַחֲלֵי אֵשׁ. וְעַל יְדֵי זֶה נִזְכֶּה לְהַמְשִׁיךְ בֶּאוּרֵי הַתּוֹרָה מִלֵּב הָעֶלְיוֹן. וּתְזַכֵּנוּ לְחַדֵּשׁ בַּתּוֹרָה תָּמִיד חִדּוּשִׁין דְּאוֹרַיְתָא חִדּוּשִׁין אֲמִתִּיִּים דִּקְדֻשָּׁה, חִדּוּשִׁין שֶׁיִּהְיוּ לְךָ לְנַחַת וּלְרָצוֹן לִפְנֵי כִסֵּא כְבוֹדֶךָ חִדּוּשִׁין שֶׁתִּתְפָּאֵר בָּהֶם בְּכָל הָעוֹלָמוֹת:

remove all those who say bad things about the country, creating all kinds of obstacles to prevent us from reaching there. Help us break and destroy all the barriers and come to Eretz Israel peacefully, quickly and easily.

Words hot as burning coals

Loving God: inspire me and open my heart until I pray to You with all my heart and soul. Let me pour out my heart to You like water, and constantly vent my innermost feelings and offer You my prayers with perfect sincerity, pleading and supplicating until Your love for me will be stirred and Your compassionate heart aroused, and You will send words hot as burning coals from the Supreme Heart, as it is written: "My heart is hot within me as I ponder, with burning fire I speak with my tongue."

Let me always pray with holy fervor and passion, and let all my words be like coals of fire. And through this, help me draw Torah teachings from the Supreme Heart. Let me constantly develop new Torah ideas and interpretations — true, holy ideas that will arouse delight and favor before Your Throne of Glory, ideas in which You will take pride in all the worlds.

רִבּוֹנוֹ שֶׁל עוֹלָם, רִבּוֹנוֹ דְּעָלְמָא כֻּלָּא, אֲדוֹן כָּל, אַתָּה יָדַעְתָּ אֶת גֹּדֶל יְקַר תִּפְאֶרֶת קְדֻשַּׁת נִשְׁמָתֵנוּ בְּשָׁרְשֵׁנוּ, אֲשֶׁר לְפִי עֹצֶם קְדֻשַּׁת נִשְׁמָתֵנוּ בְּשָׁרְשָׁהּ הָיָה רָאוּי לָנוּ לְחַדֵּשׁ תָּמִיד חִדּוּשִׁין דְּאוֹרַיְתָא אֲמִתִּיִּים, כִּי לְכָךְ נוֹצַרְנוּ. וּבַעֲוֹנוֹתֵי הָרַבִּים נִתְרַחַקְתִּי מִמְּךָ כָּל כָּךְ, עַד אֲשֶׁר כָּבֵד עָלַי אֲפִלּוּ לְבַקֵּשׁ עַל זֶה כִּי מַסְוֶה הַבּוּשָׁה עַל פָּנַי לְהִתְפַּלֵּל לִזְכּוֹת לְחִדּוּשֵׁי תּוֹרָה אֲמִתִּיִּים.

כִּי אֵינִי יוֹדֵעַ עַל מַה לְּבַקֵּשׁ קֹדֶם. כִּי פָּגַמְתִּי בְּהַדַּעַת מְאֹד עַל יְדֵי פְּגַם הַבְּרִית, עַד אֲשֶׁר אֵינִי יוֹדֵעַ אֵיךְ לְהַתְחִיל וּלְבַקֵּשׁ עַל תִּקּוּן פְּגַם הַבְּרִית. אִם לְבַקֵּשׁ עַל הֶעָבָר לְתַקֵּן מַה שֶּׁכְּבָר פָּגַמְתִּי מִנְּעוּרַי עַד הַיּוֹם הַזֶּה, בְּמַחֲשָׁבָה דִּבּוּר וּמַעֲשֶׂה, בִּרְאִיַּת הָעַיִן וּבִשְׁמִיעַת הָאֹזֶן וּבִשְׁאָר חוּשִׁים, בְּשׁוֹגֵג וּבְמֵזִיד

Master of the World, Master of the entire
Universe, Lord over Everything: You know the
precious beauty of my holy soul at its root. So
holy is my soul at its root that I should be con-
stantly inspired with new Torah ideas and inter-
pretations. This was what I was created for. But
because of my many sins I have become so dis-
tant from You that it is hard for me even to ask
You to help me in this. My face is covered with
a veil of shame that stops me even praying that
I should be able to develop true Torah ideas.

The Covenant: Foundation of Spiritual Awareness

I don't know what to ask for first. I've done
so much damage to my mind with immoral
thoughts and behavior that I don't know where
to begin and ask You to help me do something
about it. Should I ask You to help me make
amends for my past and for all the damage I've
done from my youngest days until today — with
my thoughts, words and actions, with my eyes,
my ears and other senses, whether deliberately
or through carelessness, wilfully or under
duress? Or should I pray to You about the future

בְּאֹנֶס וּבְרָצוֹן. אִם לְבַקֵשׁ עַל הֶעָתִיד שֶׁאֶזְכֶּה מֵעַתָּה לִבְלִי לִפְגֹּם עוֹד כְּלָל, אֲפִלּוּ בְּמַחֲשָׁבָה בְּעָלְמָא.

מָלֵא רַחֲמִים, חֲמֹל עַל מָלֵא בּוּשָׁה וּכְלִמָּה, עַל לֵב עָקֹשׁ וּפְתַלְתֹּל. כִּי אַתָּה יָדַעְתָּ אֶת כָּל הַתְּלָאָה אֲשֶׁר מְצָאָתְנִי, כִּי רְשָׁתוֹת פְּרוּסִים עָלֵינוּ מִכָּל צַד וּמִצְּדֵי צְדָדִים, וְאֵינִי יוֹדֵעַ אֵיךְ לִבְרֹחַ מֵהֶם. וַאֲפִלּוּ לִצְעֹק אֵלֶיךָ נִמְנַע מִמֶּנִּי, כִּי אֵין לִי עוֹד דִּבּוּרִים וְקוֹל לִצְעֹק אֵלֶיךָ, כִּי פָגַמְנוּ בְּקוֹל וְדִבּוּר, וּבְכָל הָרְמַ״ח אֵיבָרִים וְשַׁסָּ״ה גִידִים, וְקִלְקַלְנוּ כָּל שְׁבִילֵי הַדַּעַת, וּפָגַמְנוּ בְּכָל הַנְּתִיבוֹת שֶׁל הַקְּדֻשָּׁה, עַד אֲשֶׁר נֶעְלָם מִדַּעְתֵּנוּ, וְאֵין אָנוּ יוֹדְעִין שׁוּם דֶּרֶךְ וְנָתִיב אֵיךְ לִזְכּוֹת לְהִתְקָרֵב אֵלֶיךָ בֶּאֱמֶת לַאֲמִתּוֹ,

אֲבָל עֲדַיִן לֹא כָלוּ רַחֲמֶיךָ וְאָנוּ סְמוּכִים וּבְטוּחִים עַל כֹּחָם שֶׁל זְקֵנִים דִּקְדֻשָּׁה שֶׁהֵם הַצַּדִּיקִים אֲמִתִּיִּים אֲשֶׁר עֲלֵיהֶם כָּל בֵּית יִשְׂרָאֵל נִשְׁעָן, וְעַל כֹּחָם לְבַד אָנוּ נִשְׁעָנִים, אֲשֶׁר יֵשׁ לָהֶם כֹּחַ לִמְשֹׁךְ וּלְהוֹצִיא אֶת כָּל יִשְׂרָאֵל מֵרְשׁוּת דְּסִטְרָא אָחֳרָא וּלְהַכְנִיסָם בִּרְשׁוּת דִּקְדֻשָּׁה.

עַל כֵּן בָּאתִי לְפָנֶיךָ יְיָ אֱלֹהַי וֵאלֹהֵי אֲבוֹתַי, בְּלֵב נִשְׁבָּר וְנִדְכָּא בְּלֵב נֶאֱנָח מְמֻשָּׁךְ וּמְמֹרָט, שׁוֹאֵל וּמְבַקֵּשׁ כְּעָנִי בַּפֶּתַח, דַּל

— that I should never do any more damage from now on, not even with so much as a thought?

Loving God: have pity on one filled with shame and embarrassment, on a stubborn, twisted heart. You know the extreme difficulties confronting me. I'm surrounded by traps on every side and I have no idea how to escape them. I can't even cry out to You, because I have no words or voice any more. I've damaged my voice, my power of speech and every one of my two hundred and forty-eight limbs and three hundred and sixty-five sinews. I've corrupted all the pathways of wisdom and holiness, and I have no idea of any way I can possibly come truly and genuinely close to You.

But Your compassion is still not exhausted, and I trust in the power of the holy elders, the true Tzaddikim, on whom the entire Jewish People depends. On their power alone we rely, knowing that they have the strength to release the entire Jewish People from the dominion of unholy forces and bring them to holiness.

I have therefore come before You, HaShem my God and God of my fathers, with a broken, crushed heart, a sighing, torn heart, asking and pleading like a beggar at the door, lowly and

וָרָשׁ וְאֶבְיוֹן פּוֹרֵשׂ כַּפָּיו, נוֹשֵׂא עֵינָיו לַשָּׁמַיִם כְּעֵינֵי עֲבָדִים
אֶל יַד אֲדוֹנֵיהֶם, כְּעֵין הַחַיָּב וְהַמּוֹרֵד הַבָּא לְרַצּוֹת וּלְפַיֵּס אֶת
אֲדוֹנָיו, שׁוֹאֵל וּמְבַקֵּשׁ וּמִתְחַנֵּן מַתְּנַת חִנָּם.

חָנֵּנִי, חָנֵּנִי, וְתַמְשִׁיךְ עָלַי דַּעַת דִּקְדֻשָּׁה שֶׁבִּקְדֻשָּׁה.
וּתְזַכֵּנִי מֵעַתָּה לְהִנָּצֵל מִכָּל מִינֵי פְּגַם הַבְּרִית. וְתִשְׁמְרֵנִי
וְתַצִּילֵנִי בְּרַחֲמֶיךָ הָרַבִּים מִכָּל מִינֵי מַחֲשָׁבוֹת רָעוֹת וְהִרְהוּרִים
רָעִים, וּמִכָּל מִינֵי פְּגַם הַדַּעַת, וְאֶזְכֶּה לְתַקֵּן מְהֵרָה אֶת כָּל
מִינֵי פְּגַם הַבְּרִית שֶׁפָּגַמְתִּי עַד עַתָּה, בְּאֹפֶן שֶׁאֶזְכֶּה לְתַקֵּן
הַבְּרִית בִּשְׁלֵמוּת כִּרְצוֹנְךָ הַטּוֹב:

וְעָזְרֵנִי וְהוֹשִׁיעֵנִי שֶׁאֶזְכֶּה לְעוֹרֵר קוֹלִי בִּקְדֻשָּׁה גְדוֹלָה, וְהַקּוֹל
יְעוֹרֵר הַכַּוָּנָה עַד שֶׁאֶזְכֶּה לְתַקֵּן דַּעְתִּי בִּשְׁלֵמוּת עַל יְדֵי זֶה.
אָנָּא יְיָ, חוּס וַחֲמֹל עָלֵינוּ, וְזַכֵּנוּ לְתַקֵּן הַבְּרִית שֶׁהוּא תִּקּוּן
הַדַּעַת בִּשְׁלֵמוּת בִּקְדֻשָּׁה וּבְטָהֳרָה, בְּלִי שׁוּם פְּגַם כְּלָל.

impoverished, stretching out his hands and lifting up his eyes to Heaven like the eyes of a servant hanging on his master's hands, like the eye of a guilty rebel seeking to placate his master, asking, begging and pleading for a gift of pure kindness.

Have pity on me! Be kind to me! Fill me with the wisdom and spiritual awareness revealed by the holy elders, and help me keep clear of any kind of immoral thought or behavior from now on. Loving God: guard and save me from all evil thoughts and feelings and anything that detracts from spiritual insight and awareness. Help me make amends for all my immorality until now, so that I can fully observe the Covenant the way You want.

HaShem, help me: give me the ability to raise my voice in holiness so that the sound of my own voice will arouse my powers of concentration and I will be able to develop my spiritual awareness and insight to the full. Please, HaShem, have pity on me and help me fully observe the Covenant in holiness and purity, because this is the foundation of true spiritual awareness and insight.

וּכְשֵׁם שֶׁהוֹצֵאתָ אֶת אֲבוֹתֵינוּ מִגָּלוּת מִצְרַיִם בְּגַשְׁמִיּוּת וּבְרוּחָנִיּוּת, וְהוֹצֵאתָ אוֹתָם מֵחֲמִשִּׁים שַׁעֲרֵי טֻמְאָה, מִפְּגַם הַבְּרִית, מִפְּגַם הַדַּעַת, אֲשֶׁר זֶה הָיָה עִקַּר גָּלוּת מִצְרַיִם, וְהִכְנַסְתָּם בַּחֲמִשִּׁים שַׁעֲרֵי קְדֻשָּׁה, וְזִכִּיתָ אוֹתָם לְתִקּוּן הַבְּרִית, לְתִקּוּן הַדַּעַת, וְנָתַתָּ לָהֶם תּוֹרָתְךָ הַקְּדוֹשָׁה, וְהִכְנַסְתָּ אוֹתָם לְאֶרֶץ יִשְׂרָאֵל,

כֵּן תַּעֲשֶׂה עִמָּנוּ נִסִּים וְנִפְלָאוֹת גְּדוֹלוֹת וְנוֹרָאוֹת וְתוֹצִיא אוֹתָנוּ מִן הַגָּלוּת הַמַּר הַזֶּה בְּגַשְׁמִיּוּת וּבְרוּחָנִיּוּת, מִגָּלוּת הַגּוּף וּמִגָּלוּת הַנֶּפֶשׁ. וּתְמַהֵר לְהוֹצִיאֵנִי מִכָּל הַחֲמִשִּׁים שַׁעֲרֵי טֻמְאָה. וְתִפְדֵּנוּ וְתִגְאָלֵנוּ וְתַצִּילֵנוּ מִכָּל מִינֵי פְּגַם הַבְּרִית, מִפְּגַם הַדַּעַת, וְתַכְנִיסֵנוּ בְּרַחֲמֶיךָ מְהֵרָה לְכָל הַחֲמִשִּׁים שַׁעֲרֵי קְדֻשָּׁה, וּתְזַכֵּנוּ בְּרַחֲמֶיךָ הָרַבִּים חִישׁ קַל מְהֵרָה לְתִקּוּן הַבְּרִית לְתִקּוּן הַדַּעַת בֶּאֱמֶת כָּרָאוּי לְיִשְׂרָאֵל עַם קָדְשֶׁךָ וְקַיֵּם לָנוּ מִקְרָא שֶׁכָּתוּב: "כִּימֵי צֵאתְךָ מֵאֶרֶץ מִצְרַיִם אַרְאֶנּוּ נִפְלָאוֹת":

You took our ancestors out of exile, physical and spiritual, in Egypt. You released them from the Fifty Gates of Impurity, and from the immorality and corrupt mentality that were the essence of the exile in Egypt. You brought them to the Fifty Gates of Holiness, helping them come to full observance of the Covenant and to spiritual awareness and wisdom. You gave them Your holy Torah and brought them into the Land of Israel.

In the same way, do great and awesome miracles and wonders for us. Release us from this bitter physical and spiritual exile, this exile of body and soul. Quickly remove us from all the Fifty Gates of Impurity. Redeem us and save us from every kind of immorality and every corrupt idea and attitude, and bring us quickly to all the Fifty Gates of Holiness. Loving God: help us come to full observance of the Covenant and achieve genuine spiritual awareness and insight as befits the holy Jewish People. Fulfil in us the verse: "As in the days of your going out of the land of Egypt I will show you wonders."

לפסח

וְתִהְיֶה בְּעֶזְרֵנוּ. שֶׁנִּזְכֶּה לְקַבֵּל עָלֵינוּ קְדֻשַּׁת חַג הַפֶּסַח בִּקְדֻשָּׁה נוֹרָאָה וַעֲצוּמָה וּבְשִׂמְחָה וְחֶדְוָה גְּדוֹלָה, וְנִזְכֶּה לְקַיֵּם מִצְוַת אַרְבַּע כּוֹסוֹת שֶׁל יַיִן שֶׁל פֶּסַח בִּשְׁלֵמוּת הָרָאוּי, בִּקְדֻשָּׁה וּבְטָהֳרָה גְּדוֹלָה. וְתִפְתַּח לָנוּ אוֹר הַדַּעַת, וְתַשְׁפִּיעַ עָלֵינוּ אוֹר קְדֻשַּׁת הַמּוֹחִין הָעֶלְיוֹנִים, שֶׁנִּזְכֶּה שֶׁיִּהְיוּ נִמְשָׁכִין עָלֵינוּ בְּפֶסַח כָּל הַמּוֹחִין הַקְּדוֹשִׁים, מֹחִין דְּגַדְלוּת וּמֹחִין דְּקַטְנוּת.

וְנִזְכֶּה לְסַדֵּר הַסֵּדֶר שֶׁל פֶּסַח בִּקְדֻשָּׁה גְּדוֹלָה כָּרָאוּי. וְתַעַזְרֵנוּ לוֹמַר הַהַגָּדָה בְּקוֹל רָם בְּכַוָּנָה גְּדוֹלָה וְנוֹרָאָה וּבְשִׂמְחָה וְחֶדְוָה רַבָּה וַעֲצוּמָה, וּבְהִתְעוֹרְרוּת גָּדוֹל וּבְהִתְלַהֲבוּת נִמְרָץ, בִּקְדֻשָּׁה וּבְטָהֳרָה גְּדוֹלָה, עַד שֶׁהַקּוֹל יְעוֹרֵר הַכַּוָּנָה. עַד שֶׁאֶזְכֶּה עַל יְדֵי זֶה לְתִקּוּן הַבְּרִית וּלְתִקּוּן הַדַּעַת בִּשְׁלֵמוּת בֶּאֱמֶת. עַד שֶׁאֶזְכֶּה לָבוֹא לְחִדּוּשֵׁי תוֹרָה אֲמִתִּיִּים,

וְאֶזְכֶּה לְהַמְשִׁיךְ תָּמִיד דִּבּוּרִים חַמִּים כְּגַחֲלֵי אֵשׁ עַל יְדֵי תְּפִלָּה וְתַחֲנוּנִים. וּתְזַכֵּנִי לְהִתְפַּלֵּל אֵלֶיךָ בְּהִתְקַשְּׁרוּת נִשְׁמוֹת

Pesach

Help me celebrate the holy festival of Pesach with extreme holiness, joy and delight. Let me carry out the mitzvah of the four cups of wine on Pesach in all its details and with the utmost holiness and purity. Open up to me the light of Godly awareness and inspire me with the holy light of the Supreme Wisdom, so that I will be able to experience all the levels of spiritual insight and awareness that radiate on Pesach, "expanded consciousness" and "restricted consciousness."

Help me conduct the Pesach *Seder* properly and with great holiness. Help me recite the *Hagadah* in a loud voice with intense concentration, extreme joy and delight, fervor and passion, holiness and purity, until my voice will arouse my powers of concentration and I will come to observe the Covenant perfectly, achieve genuine spiritual awareness and insight, and be able to develop true and original Torah ideas.

Torah insights

Let me always be able to pray and plead with You until words hot as burning coals come pouring out of me. When I pray to You, let me bind

יִשְׂרָאֵל. שֶׁתִּהְיֶה תְּפִלָּתֵנוּ תְּפִלַּת רַבִּים. וְלֹא תִּמְאַס אֶת
תְּפִלָּתֵנוּ. כְּמוֹ שֶׁכָּתוּב: "הֶן אֵל כַּבִּיר וְלֹא יִמְאָס". וְיִתּוֹסֵף
וְיִתְגַּדֵּל לְמַעְלָה תּוֹסָפוֹת קְדֻשָּׁה רַבָּה וַעֲצוּמָה עַל יְדֵי
תְּפִלָּתֵנוּ. וְעַל יְדֵי זֶה נִזְכֶּה לְהַמְשִׁיךְ בֵּאוּרֵי הַתּוֹרָה מִלֵּב
הָעֶלְיוֹן. אֲשֶׁר שָׁם כְּתוּבִים כָּל בֵּאוּרֵי הַתּוֹרָה.

וּתְזַכֵּנוּ שֶׁנֵּלֵךְ בְּדַרְכָּהּ שֶׁל תּוֹרָה. וְנִזְכֶּה לְקַיֵּם דִּבְרֵי רַבּוֹתֵינוּ,
זִכְרוֹנָם לִבְרָכָה. אֲשֶׁר גִּלּוּ לָנוּ דַּרְכָּהּ שֶׁל תּוֹרָה. לֶאֱכֹל פַּת
בַּמֶּלַח וּמַיִם בַּמְּשׂוּרָה נִשְׁתֶּה וּבַתּוֹרָה נִהְיֶה עֲמֵלִים תָּמִיד.
וְעַל יְדֵי זֶה נִזְכֶּה לְהַמְשִׁיךְ בֵּאוּרֵי הַתּוֹרָה מֵהַנְּשָׁמָה הַקְּדוֹשָׁה
הַסּוֹבֶלֶת מְרִירוּת עַל שֶׁעֲבוּד הַתּוֹרָה. אֲשֶׁר מִשָּׁם נִמְשָׁכִין
כָּל הַחִדּוּשִׁין וְכָל הַבֵּאוּרִים שֶׁל הַתּוֹרָה. וְנִזְכֶּה לְהַמְשִׁיךְ
בֵּאוּרֵי הַתּוֹרָה מִשָּׁם בְּרַחֲמִים וְתַחֲנוּנִים עַד שֶׁאֶזְכֶּה לְחַדֵּשׁ
תָּמִיד חִדּוּשִׁין דְּאוֹרַיְתָא אֲמִתִּים. חִדּוּשִׁין דְּקֻדְשָׁה חִדּוּשִׁין
הַנִּמְשָׁכִין מִתְּלֵיסַר תִּקּוּנָא דִּיקָנָא קַדִּישָׁא. שֶׁהֵם שְׁלֹשׁ עֶשְׂרֵה
מִדּוֹת שֶׁהַתּוֹרָה נִדְרֶשֶׁת בָּהֶן.

וְתִשְׁמְרֵנוּ וְתַצִּילֵנוּ מִכָּל מִינֵי מְרִיבוֹת וּמַחֲלֹקֶת. וּתְבַטֵּל
שִׂנְאַת חִנָּם מֵעָלֵינוּ וּמֵעַל כָּל עַמְּךָ בֵּית יִשְׂרָאֵל. וְתֵן בְּלֵב

myself to the souls of Israel, so that my prayer will be a collective prayer that You will not reject, for "Even though God is mighty, He will not despise [the weak]."Let my prayers bring about a tremendous increase in holiness in the higher realms, so that I can draw Torah ideas and explanations from the Supreme Heart, where they are all written.

Help me follow the Torah path and fulfil the teaching of our Rabbis of blessed memory, who revealed to us that the way of the Torah is to "eat bread dipped in salt and drink water by measure." Let me constantly labor in the Torah and draw Torah explanations from the holy soul that suffers so bitterly over the exile of the Torah — the soul that is the source of all original Torah insights and explanations. Let me draw Torah explanations from there through my prayers and supplications, until I will constantly be developing true, holy original Torah insights derived from the Thirteen Perfect Features of the Holy Beard, namely the Thirteen Rules for Interpreting the Torah.

Guard and protect me from all kinds of conflicts and arguments and save me and the entire Jewish People from all causeless hatred. Put it

כָּל הַחוֹלְקִים עָלֵינוּ שֶׁיָּשׁוּבוּ מִשִּׂנְאָתָם וּמִמַּחֲלֻקוֹתָם. וְהָט
לִבָּם אֶל הָאֱמֶת וְלֹא יְעוֹרְרוּ עוֹד מְרִיבָה עָלֵינוּ בְּחִנָּם.
וְתָשִׂים שָׁלוֹם בֵּין עַמְּךָ יִשְׂרָאֵל לְעוֹלָם:

הַשְׁמָטָה הַשַּׁיָּךְ כָּאן מִסֵּפֶר ״לִיקּוּטֵי תְּפִלּוֹת וְתַחֲנוּנִים״ אוֹת יג

רִבּוֹנוֹ שֶׁל עוֹלָם, זַכֵּנוּ לְהִתְקָרֵב לְהַצַּדִּיק הָאֱמֶת וְהֶחָכָם
הָאֱמֶת שֶׁבַּדּוֹר, שֶׁהוּא בְּחִינַת זָקֵן הַיּוֹשֵׁב בִּישִׁיבָה וְדוֹרֵשׁ
בָּרַבִּים, וְזוֹכֶה לְהַמְשִׁיךְ בְּכָל פַּעַם חִדּוּשֵׁי תוֹרָה אֲמִתִּיִּים
מֵהַלֵּב הָעֶלְיוֹן עִם כָּל הַתִּקּוּנִים הַנִּצְרָכִים לָזֶה, וְקֹדֶם הַדְּרוּשׁ
הוּא מְקַשֵּׁר עַצְמוֹ עִם הַנְּפָשׁוֹת שֶׁל כָּל הָעוֹמְדִים שָׁם וּבָאִים
לִשְׁמֹעַ מִמֶּנּוּ דְּבַר יְיָ, וְשׁוֹפֵךְ לִבּוֹ כַּמַּיִם נֹכַח פְּנֵי יְיָ,
בְּהִתְקַשְּׁרוּת עִם נִשְׁמוֹתֵיהֶם, וּבְרַחֲמִים וְתַחֲנוּנִים דַּיְקָא,

וְאַף עַל פִּי שֶׁנִּתְעוֹרֵר אָז הַמַּטֶּה עֹז וְהַכֹּחַ וּזְכוּת הַנִּפְלָא
שֶׁיֵּשׁ לוֹ לְהֶחָכָם הַנִּזְכָּר לְעֵיל, עַל יְדֵי מִצְווֹת וּמַעֲשִׂים טוֹבִים
שֶׁלּוֹ וּזְכוּת עֲבוֹדָתוֹ הַקְּדוֹשָׁה שֶׁעוֹבֵד יְיָ כָּל יָמָיו בְּיִרְאָה
וְאַהֲבָה אֲמִתִּית וּבְהִתְלַהֲבוּת נִפְלָא וּבִזְרִיזוּת גָּדוֹל וּבְחֵשֶׁק
נִמְרָץ וְנִפְלָא, אַף עַל פִּי כֵן, כָּל זֶה אֵינוֹ מְעוֹרֵר, כִּי אִם
לְהַכְנִיעַ הָרַע שֶׁבָּעֵדָה וּלְהוֹצִיא אוֹתָם מִתַּחַת רְשׁוּת דְּסִטְרָא

into the hearts of all our opponents to repent and give up their hatred and opposition. Turn their hearts to the truth and let us never again suffer from gratuitous opposition. Let peace dwell amongst Your people Israel for ever.

Torah Revelations of the true Tzaddik-Sage

Master of the Universe: Grant that I should come close to the true Tzaddik and Sage of this generation — the elder who sits in the assembly of scholars teaching publicly. He is constantly able to draw new, true Torah insights from the Supreme Heart by making all the necessary preparations — binding himself before the discourse to all the souls of those present, who have come to hear the word of God, and pouring out his heart like water before God while bound to their souls. In his prayers he relies on nothing but pleas and entreaties.

He certainly has the power to wield a "rod of strength" through the outstanding power and merit he possesses as a result of his mitzvot, his good deeds and his unremittingly reverential, loving, fervent, zealous, passionate service of God. Even so, the only use he makes of this "rod of strength" is to quash the evil in the community

אַחֲרָא וּלְהַכְנִיס אוֹתָם תַּחַת רְשׁוּת הַקְּדֻשָּׁה, אֲבָל לִפְנֵי הַשֵּׁם
יִתְבָּרַךְ עוֹמֵד בִּשְׁעַת תְּפִלָּתוֹ כְּדַל וְכָרָשׁ וְאֵינוֹ תוֹלֶה בִּזְכוּת
עַצְמוֹ כְּלָל, וּמְבַקֵּשׁ רַק בְּרַחֲמִים וְתַחֲנוּנִים וּבְהִתְקַשְּׁרוּת עִם
נִשְׁמוֹת הַשּׁוֹמְעִים, כְּדֵי שֶׁיִּהְיֶה תְּפִלָּתוֹ בְּחִינַת תְּפִלַּת הָרַבִּים
וְאָז לֹא יִמָּאֲסוּ בִּתְפִלָּתוֹ, כְּמוֹ שֶׁכָּתוּב: "הֶן אֵל כַּבִּיר וְלֹא
יִמְאָס". וְעַל יְדֵי תְּפִלָּה כָּזֹאת שֶׁהִיא בְּחִינַת תְּפִלַּת רַבִּים,
עַל יְדֵי זֶה נִתּוֹסָף קְדֻשָּׁה יְתֵרָה לְמַעֲלָה גַּם כֵּן, וְעַל יְדֵי זֶה
מַשְׁפִּיעַ הַלֵּב הָעֶלְיוֹן חִדּוּשֵׁי תוֹרָה בְּיוֹתֵר:

רִבּוֹנוֹ שֶׁל עוֹלָם, וְזַכֵּנִי שֶׁאֶהְיֶה גַּם כֵּן בִּכְלָל הַקִּבּוּץ הַקָּדוֹשׁ
שֶׁל אוֹתָם הָאֲנָשִׁים הַמִּתְקַבְּצִים לִשְׁמֹעַ חִדּוּשֵׁי תוֹרָה מִפִּי
חָכָם וְזָקֵן יוֹשֵׁב בִּישִׁיבָה כָּזֶה. וְעַל יְדֵי זֶה לֹא דַי שֶׁאֶזְכֶּה
שֶׁיִּכָּנַע וְיִתְבַּטֵּל הָרִשְׁעוּת וְהָרַע שֶׁבִּי עַל יְדֵי הַטּוֹב שֶׁבְּחָכָם
הַדּוֹרֵשׁ, אַף גַּם שֶׁיִּהְיֶה גַּם לִי חֵלֶק בְּהַחִדּוּשֵׁי תוֹרָה שֶׁיַּמְשִׁיךְ
אָז, מֵאַחַר שֶׁיְּקַשֵּׁר עַצְמוֹ בִּתְפִלָּתוֹ קֹדֶם הַדְּרוּשׁ עִם נִשְׁמוֹת
הַשּׁוֹמְעִים, וּמִמֵּילָא תִּכְלַל גַּם נִשְׁמָתִי עִמָּהֶם וְיִהְיֶה גַּם לִי
חֵלֶק בְּהַקְּדֻשָּׁה יְתֵרָה שֶׁיִּתּוֹסַף אָז לְמַעֲלָה עַל יְדֵי תְּפִלַת

and release them from the power of unholy for-
ces in order to bring them into the domain of
holiness. But before God he stands in prayer like
a poor beggar without relying on his merit in the
least. He only pleads and entreats, binding him-
self to the souls of his listeners so that his prayer
will be a communal prayer that will not be
rejected, as it is written: "Even though God is
mighty, He will not despise [the weak]." A
prayer like this, which is in fact a communal
prayer, causes a great gathering of additional
holiness above, through which the Supreme
Heart pours forth original Torah insights more
than ever.

Master of the Universe: Grant that I too
should be part of the holy gathering of those who
have come together to hear original Torah in-
sights from the lips of the sage and elder sitting
in such an assembly. Not only will the evil in me
be crushed and removed through the good in the
sage who is teaching, but I will also have a part
in the original Torah teachings that he brings
down, since in his prayer before his discourse he
will have bound himself with the souls of his
listeners, and my soul will be included among
them. In this way I too will have a part in the

הֶחָכָם הַזֶּה. כַּאֲשֶׁר גִּלִּיתָ לָנוּ, שֶׁכָּל מַה שֶּׁהַתְּפִלָּה הִיא בְּהִתְקַשְּׁרוּת עִם נְפָשׁוֹת רַבּוֹת בְּיוֹתֵר, עַל יְדֵי זֶה נִתּוֹסֵף הַקְּדֻשָּׁה לְמַעְלָה בְּיוֹתֵר, כְּמוֹ שֶׁכָּתוּב: "וְאַתָּה קָדוֹשׁ יוֹשֵׁב תְּהִלּוֹת יִשְׂרָאֵל" . וְעַל יְדֵי זֶה נִתְעוֹרֵר הַלֵּב הָעֶלְיוֹן לְהַשְׁפִּיעַ חִדּוּשֵׁי תוֹרָה בְּיוֹתֵר:

רִבּוֹנוֹ שֶׁל עוֹלָם, חוּס וַחֲמוֹל עָלֵינוּ וְזַכֵּנוּ לָבוֹא לְכָל מַה שֶּׁבִּקַּשְׁנוּ מִלְּפָנֶיךָ, וְזַכֵּנוּ לְהִתְקָרֵב לְהַזָּקֵן יוֹשֵׁב בִּישִׁיבָה, שֶׁעוֹסֵק לְהַמְשִׁיךְ חִדּוּשֵׁי תוֹרָה בְּכָל הַתִּקּוּנִים הַנִּפְלָאִים הַנִּצְרָכִים לָזֶה, עַד שֶׁנִּזְכֶּה עַל יְדֵי זֶה בְּעַצְמֵנוּ גַּם כֵּן לְדִבּוּרִים חַמִּים דִּקְדֻשָּׁה וּלְחִדּוּשִׁין דְּאוֹרַיְתָא אֲמִתִּיִּים:

רִבּוֹנוֹ שֶׁל עוֹלָם, חוּס וַחֲמֹל עָלֵינוּ, וְזַכֵּנוּ לָבוֹא לְכָל מַה שֶּׁבִּקַּשְׁנוּ מִלְּפָנֶיךָ. שֶׁנִּזְכֶּה לְדִבּוּרִים חַמִּים דִּקְדֻשָּׁה וּלְחִדּוּשִׁין דְּאוֹרַיְתָא אֲמִתִּיִּים, וְנִזְכֶּה שֶׁיִּהְיוּ נִבְרָאִין מַלְאָכִים קְדוֹשִׁים מִכָּל דִּבּוּר וְדִבּוּר שֶׁל חִדּוּשֵׁי תוֹרָתֵנוּ בִּקְדֻשָּׁה וּבְטָהֳרָה, וְאִלּוּ הַמַּלְאָכִים הַקְּדוֹשִׁים יִצְטָרְפוּ וְיִתְחַבְּרוּ עִם כָּל הַמַּלְאָכִים הַנִּבְרָאִים תָּמִיד עַל יְדֵי חִדּוּשֵׁי תוֹרָה שֶׁל צַדִּיקִים אֲמִתִּיִּים. וְכָל אֵלּוּ הַמַּלְאָכִים הַקְּדוֹשִׁים יְקַבְּלוּ כֹּחַ מֵאֲדוֹם הַמְמֻנֶּה עַל הַחֶרֶב לַעֲנשׁ אֶת הָרְשָׁעִים בְּחַרְבָּא וְקַטְלָא, כְּדֵי לְהַכְנִיעַ

extra holiness gathered above through the prayer of this sage. For You have revealed to us that the greater the number of souls with which the prayer is bound, the greater the holiness above, as it is written: "And You are holy, enthroned upon the praises of Israel." This arouses the Supreme Heart to pour forth more Torah insights than ever.

Master of the Universe, have mercy on me and bring me to everything I have asked of You. Let me draw close to the elder seated in the assembly of scholars, laboring to bring down new Torah insights through all the amazing preparations this requires, so that I too will flow with passionate words of holiness and have true and original Torah insights.

Let holy angels do battle against the enemies of the truth

Let every single word of the Torah insights that come to me in holiness and purity create holy angels that will join all the angels constantly being created through the Torah teachings of the true Tzaddikim. Let all these angels derive strength from Edom, who is in charge of the sword used to punish the wicked, so as to defeat,

וּלְשַׁבֵּר וּלְבַעֵר אֶת כָּל מוֹצִיאֵי דִּבַּת הָאָרֶץ רָעָה שֶׁהֵם כְּלָל
כָּל הַמּוֹנְעִים וְהַמַּפְסִיקִים וְהַמְעַכְּבִים מִלָּבוֹא לְאֶרֶץ יִשְׂרָאֵל,
אוֹ שֶׁתָּבִיא מֹרֶךְ בִּלְבָבָם, לְבַל יִהְיֶה לָהֶם כֹּחַ לְעַכֵּב וְלִמְנֹעַ
אוֹתָנוּ, חַס וְשָׁלוֹם, מֵאֶרֶץ יִשְׂרָאֵל אוֹ מִשְּׁאָר כָּל הַדְּבָרִים
שֶׁבִּקְדֻשָּׁה.

מָלֵא רַחֲמִים, חוּס וַחֲמֹל עָלֵינוּ, וְתֵן לָנוּ כֹּחַ בְּרַחֲמֶיךָ הָרַבִּים,
לְהַכְנִיעַ וּלְשַׁבֵּר וּלְבַטֵּל כָּל הַמְעַכְּבִים וְהַמּוֹנְעִים מִן הַקְּדֻשָּׁה
הַקָּמִים עָלֵינוּ בְּכָל עֵת, וְרוֹצִים לְהִתְגַּבֵּר, חַס וְשָׁלוֹם, לְבַלְבֵּל
אוֹתָנוּ חַס וְשָׁלוֹם מֵעֲבוֹדָתְךָ בֶּאֱמֶת, רִבּוֹנוֹ שֶׁל עוֹלָם, אַתָּה
יָדַעְתָּ אֶת לְבָבָם, חוּסָה עָלֵינוּ בְּרַחֲמֶיךָ הָרַבִּים, וֶהְיֵה בְּעֶזְרֵנוּ
וְהוֹשִׁיעֵנוּ וְהַצִּילֵנוּ מֵהֶם, וּשְׁבֹר זְרוֹעָם וְכֹחָם, שֶׁלֹּא יִהְיֶה
לָהֶם שׁוּם כֹּחַ לִמְנֹעַ אוֹתָנוּ, חַס וְשָׁלוֹם, מִשּׁוּם דָּבָר
שֶׁבִּקְדֻשָּׁה, וְלֹא יוּכְלוּ לְבַלְבֵּל אוֹתָנוּ וְכָל הַנִּלְוִים אֵלֵינוּ
כְּלָל.

וְעָזְרֵנוּ אוֹתָנוּ וְאֶת כָּל עַמְּךָ בֵּית יִשְׂרָאֵל, הַחֲפֵצִים בַּעֲבוֹדָתְךָ
לְהִתְקָרֵב אֵלֶיךָ בֶּאֱמֶת, שֶׁיִּהְיֶה לָנוּ כֹּחַ לְהַכְנִיעַ אֶת הָרְשָׁעִים
הַמִּתְנַגְּדִים וְחוֹלְקִים עַל הָאֱמֶת, הָרוֹצִים לְרַחֵק אוֹתָנוּ
מֵעֲבוֹדָתְךָ בֶּאֱמֶת. וְתִתֶּן לָנוּ כֹּחַ לְעוֹרֵר עֲלֵיהֶם מִשְׁפְּטֵי
הָאֻמּוֹת. וְנִזְכֶּה לָדוּן אוֹתָם וּלְהַכְנִיעַ אוֹתָם בְּמִשְׁפְּטֵיהֶם.
וְעָזְרֵנוּ שֶׁנַּצְלִיחַ בְּמִשְׁפָּטָם, וְכָל הַחוֹלְקִים וְהַמּוֹנְעִים מִדַּרְכֵי

crush and destroy all those who speak evil about the land. These are the people causing all the obstacles and barriers preventing us from coming to Eretz Israel. Or put weakness into their hearts, so that they will be powerless to keep us from Eretz Israel or any other holy goals.

Loving God, have mercy on us and give us the strength to conquer, break and destroy all those who are constantly attacking us and attempting to keep us from holiness, trying to dominate us and distract us from truly serving You. Master of the Universe: You know what is in their hearts. Have pity on us, loving God. Help us and save us from them. Break their strength and completely undermine their power to hold us back from our holy goals. Make it impossible for them to distract any of us from anything holy.

Help me and all those Jews who want to serve You to come genuinely close to You. Give us the power to overcome these wicked enemies of the truth, who want to keep us from truly serving You. Give us the power to stir up the judgment of the nations against them, so as to have them judged and humiliated under their laws. Grant us success in getting them brought to justice, and let all who are opposed to the

הַקְּדֻשָּׁה הָאֲמִתִּיִים כֻּלָּם יֵצְאוּ חַיָּבִים בְּדִינֵיהֶם, וְנַשְׁפִּיל אוֹתָם עֲדֵי אֶרֶץ עַל-יְדֵי מִשְׁפָּטֵיהֶם, וְנוֹצִיא בִּלְעָם מִפִּיהֶם.

כִּי אַתָּה יָדַעְתָּ אֶת לְבָבֵנוּ שֶׁכַּוָּנָתֵנוּ לְטוֹבָה כְּדֵי לְהַעֲמִיד הַדָּת הַקָּדוֹשׁ עַל תִּלּוֹ, כְּדֵי שֶׁנִּזְכֶּה לֵילֵךְ בְּדֶרֶךְ הַקֹּדֶשׁ בְּדֶרֶךְ מַלְכוּ שֶׁל עוֹלָם וְאֵין לָנוּ כֹּחַ לַעֲנֹשׁ אֶת הָרְשָׁעִים כִּי אִם בְּדִינֵיהֶם. עַל כֵּן חֲמֹל עָלֵינוּ, וְעַל כָּל עַמְּךָ בֵּית יִשְׂרָאֵל, הַמְקַנְאִים קִנְאַת יְיָ צְבָאוֹת, וְעוֹמְדִים לָדִין וּבָאִים בְּמִשְׁפְּטֵי הָעַכּוּ"ם, כְּדֵי לְהַכְנִיעַ הָרְשָׁעִים הַחוֹלְקִים עַל הָאֱמֶת. וְתִתֶּן לָנוּ כֹּחַ שֶׁנַּצְלִיחַ בְּמִשְׁפָּטָם, בְּאֹפֶן שֶׁנִּזְכֶּה לְהַשְׁפִּילָם וּלְשַׁבְּרָם וּלְהַכְנִיעָם עַד עָפָר. כֻּלָּם יִכְרְעוּ וְיִפֹּלוּ בְּמִשְׁפָּטָם, יִפֹּלוּ וְלֹא יָקוּמוּ, וְלֹא יִהְיֶה לָהֶם עוֹד כֹּחַ לְבַטֵּל וְלִמְנֹעַ אוֹ לְבַלְבֵּל אוֹתָנוּ חַס וְשָׁלוֹם מֵעֲבוֹדַת הַבּוֹרֵא יִתְבָּרַךְ שְׁמוֹ,

וְנִזְכֶּה עַל יְדֵי זֶה לְהַעֲלוֹת מִשְׁפָּט דִּקְדֻשָּׁה מִבֵּין הַקְּלִפּוֹת. וְעָזְרֵנוּ בְּרַחֲמֶיךָ שֶׁלֹּא יִהְיֶה לָהֶם פֶּה לְדַבֵּר עָתָק עַל צַדִּיקֵי

pathways of true holiness emerge from their trials guilty. Let us pull them down to the ground through the laws of the nations, in order to extract their prey from their mouths.

You know our hearts. You know that our only intention is for good — to establish the holy religion on its firm foundation so that we can follow the path of holiness, the path of the King of the Universe. We are powerless to punish the wicked except under the laws of the nations. Have pity on us and on all Jews who are zealous for the Lord of Hosts and seek justice, endeavoring to have the wicked opponents of the truth judged and defeated under the laws of the nations. Give us strength and help us succeed in the trials against them, so that we will be able to throw them down, break them and grind them into the dust. Let them all bend and fall in their cases — fall and never get up. Don't let them ever again have the slightest power to hold us back or distract us in any way from serving the Creator, blessed be His Name.

Let us thereby raise holy Justice out of its exile amid the forces of evil. Loving God, help us, and stop them from ever again opening their mouths to speak out arrogantly against the true

הָאֱמֶת וְעַל אֲנָשִׁים כְּשֵׁרִים בֶּאֱמֶת. וְתִסְכֹּר אֶת פִּיהֶם, שֶׁלֹּא יְדַבְּרוּ שָׂרָה בִּפְנֵי הֶהָמוֹן עָם, וְלֹא יַחֲלִישׁוּ דַעְתָּם, חַס וְשָׁלוֹם. כִּי יִסָּכֵר פִּי כָל דּוֹבְרֵי שָׁקֶר, בְּאֹפֶן שֶׁתְּזַכֶּה אוֹתָנוּ לְבַטֵּל וּלְשַׁבֵּר כָּל מִינֵי מְנִיעוֹת וּמְסָכִים וּמַפְסִיקִים הַמּוֹנְעִים אוֹתָנוּ מִלָּבוֹא לְאֶרֶץ יִשְׂרָאֵל וּמִשְׁאָר כָּל הַדְּבָרִים שֶׁבִּקְדֻשָּׁה, וְנִזְכֶּה לָבוֹא לְאֶרֶץ יִשְׂרָאֵל מְהֵרָה וּלְהִתְקָרֵב אֵלֶיךָ בֶּאֱמֶת:

רִבּוֹנוֹ שֶׁל עוֹלָם, אַתָּה יָדַעְתָּ אֶת חֲלִישׁוּת כֹּחֵנוּ בָּעֵת הַזֹּאת, שֶׁאֵין לָנוּ שׁוּם כֹּחַ לְשַׁבֵּר הַמּוֹנְעִים וְהַמְעַכְּבִים מֵאֶרֶץ יִשְׂרָאֵל וּמִכָּל הַדְּבָרִים שֶׁבִּקְדֻשָּׁה בְּשׁוּם דֶּרֶךְ מִכָּל הַדְּרָכִים הָאֵלּוּ שֶׁהִזְכַּרְתִּי לְפָנֶיךָ, כִּי אִם בְּשִׁמְךָ הַגָּדוֹל לְבַד בָּטָחְנוּ, וְעַל חַסְדְּךָ אָנוּ נִשְׁעָנִים. שֶׁתּוֹשִׁיעֵנוּ בְּגֹדֶל רַחֲמֶיךָ וַחֲנִינוֹתֶיךָ וּבְעֹצֶם חֶמְלָתְךָ, וּבִזְכוּת וְכֹחַ צַדִּיקֵי אֱמֶת, שֶׁכְּבָר זָכוּ לְשַׁבֵּר כָּל הַמְּנִיעוֹת וְעָבְרוּ בְּשָׁלוֹם וּבָאוּ לְאֶרֶץ-יִשְׂרָאֵל – בִּזְכוּתָם וְכֹחָם לְבַד נִשְׁעַנְתִּי וּבְחַסְדְּךָ הַגָּדוֹל תָּמַכְתִּי יְתֵדוֹתַי, שֶׁתְּחָנְּנֵנִי גַּם כֵּן לִנְסֹעַ וְלָבוֹא לְאֶרֶץ-יִשְׂרָאֵל מְהֵרָה, אַף עַל פִּי שֶׁאֵינִי כְדַאי וְהָגוּן לְהַזְכִּיר בְּפִי שֵׁם אֶרֶץ יִשְׂרָאֵל הַקְּדוֹשָׁה, וַאֲנִי רָחוֹק מְאֹד מְאֹד מִקְּדֻשַּׁת אֶרֶץ יִשְׂרָאֵל בְּתַכְלִית הָרִחוּק,

Tzaddik and genuinely pious Jews. Close up their mouths and stop them spreading slander amongst the mass of people, so as not to demoralize them, God forbid. For "the mouths of all liars will be stopped up." Help us break and remove all the obstacles and barriers preventing us from coming to Eretz Israel and all other holy goals, and let us come to Eretz Israel quickly and draw genuinely close to You.

Master of the Universe, You know our weakness at this time. We are totally powerless to break those holding us back from Eretz Israel and all other holy goals through any of the methods I have mentioned. We trust only in Your great Name and rely entirely on Your mercy. Help us and save us in Your tender mercy and compassion, and in the merit and power of the true Tzaddikim, who succeeded in breaking all the barriers and reached Eretz Israel. I am relying on their merit and strength alone, and staking my hopes on Your great compassion: grant that I too should travel to Israel soon, even though I am hardly worthy of even mentioning the name of the holy Land of Israel on my lips and I am so totally remote from the holiness of Eretz Israel.

אַף עַל פִּי כֵן אַתָּה מְקָרֵב רְחוֹקִים. חוּס וַחֲמֹל עָלַי, חוּס
וַחֲמֹל עָלַי, חוּס וְחָנֵּנִי בְּמַתְּנַת חִנָּם, שֶׁאֶזְכֶּה לָבוֹא לְאֶרֶץ
יִשְׂרָאֵל מְהֵרָה לְמַעַן אֶזְכֶּה לִכְנֹס בְּדַרְכֵי הַקְּדֻשָּׁה בֶּאֱמֶת,
וְאֶזְכֶּה לַעֲלוֹת בְּכָל פַּעַם מִדַּרְגָּא לְדַרְגָּא בִּקְדֻשָּׁה וּבְטָהֳרָה
בֶּאֱמֶת חִישׁ קַל מְהֵרָה, בְּאֹפֶן שֶׁאֶזְכֶּה לְהִתְקָרֵב אֵלֶיךָ בֶּאֱמֶת
וּבְתָמִים מֵעַתָּה וְעַד עוֹלָם. וְלֹא אֵבוֹשׁ בָּעוֹלָם הַזֶּה וְלֹא אֶכָּלֵם
לָעוֹלָם הַבָּא. "וְאֶתְהַלֵּךְ לִפְנֵי יְיָ בְּאַרְצוֹת הַחַיִּים, אֶעֱבְרָה
נָּא וְאֶרְאֶה אֶת הָאָרֶץ הַטּוֹבָה הַזֹּאת הָהָר הַטּוֹב הַזֶּה וְהַלְּבָנוֹן".
תִּיקַר נָא נַפְשִׁי הָאֻמְלָלָה בְּעֵינֶיךָ, וּמַלֵּא מִשְׁאֲלוֹתַי בְּרַחֲמִים,
וַהֲבִיאֵנוּ לְשָׁלוֹם לְאֶרֶץ יִשְׂרָאֵל בִּמְהֵרוּת גָּדוֹל מִיָּד, וְאֶזְכֶּה
לִדְרֹךְ וּלְהִשְׁתַּטֵּחַ עַל עֲפַר אַדְמַת הַקֹּדֶשׁ, וְלִרְצוֹת אֶת אֲבָנֶיהָ
וּלְנַשֵּׁק רְגָבוֹתֶיהָ.

יִגֹּלוּ רַחֲמֶיךָ עַל מִדּוֹתֶיךָ, וְתַעֲשֶׂה עִמִּי לִפְנִים מִשּׁוּרַת הַדִּין.
וְאַל תָּבוֹא בְּמִשְׁפָּט עִמִּי כְּלָל, כִּי לֹא עַל צִדְקוֹתַי אֲנִי מַפִּיל
תְּחִנָּתִי לְפָנֶיךָ כִּי אִם עַל רַחֲמֶיךָ הָרַבִּים. מִתְרַצֶּה בְּרַחֲמִים
וּמִתְפַּיֵּס בְּתַחֲנוּנִים, עָזְרֵנִי וְהוֹשִׁיעֵנִי שֶׁלֹּא אֶתֵּן דֳּמִי לָךְ, וְלֹא
אַחֲרִישׁ וְלֹא אֶשְׁקֹט וְלֹא אַפְסִיק מִלְהִתְפַּלֵּל עַל זֶה תָּמִיד,

Even so, You show favor even to those who are very far away. Have pity on me! Have mercy on me! Have pity and grant me my request out of pure kindness! Bring me to Eretz Israel soon, so that I will be able to enter the pathways of holiness and constantly rise from level to level in genuine holiness and purity, quickly and easily, and draw closer and closer to You, genuinely and sincerely, from now and for ever. Then I will not be ashamed either in this world or the next. I will walk before HaShem in the lands of the living. Let me cross over and see this good land, the goodly mountain and Lebanon. Let my poor soul be precious in Your eyes and fulfil my requests in love. Bring me quickly and peacefully to Israel so that I can walk and prostrate myself on the dust of the Holy Land and delight in its stones and kiss the very clods of earth.

Be swayed by Your tender mercy, and treat me leniently. Do not judge me at all, because I am not appealing to You because of my own merits; I'm relying on Your abundant mercy. Your favor is aroused through compassion and You are appeased through supplications: help me and save me. I will not give You peace, I will not keep quiet, I will not be silent, and I will not

רַק אֶזְכֶּה לְהַעְתִּיר וּלְהַרְבּוֹת בִּתְפִלָּה וְתַחֲנוּנִים עַל זֶה תָּמִיד,
עַד שֶׁאֶזְכֶּה לִפְעֹל בְּבַקָּשָׁתִי בְּרַחֲמִים אֶצְלְךָ, שֶׁאֶזְכֶּה לָבוֹא
בַּחַיִּים חִיּוּתִי חִישׁ קַל מְהֵרָה לְאֶרֶץ יִשְׂרָאֵל, וִיקֻיַּם בִּי מִקְרָא
שֶׁכָּתוּב: "כִּי הִצַּלְתָּ נַפְשִׁי מִמָּוֶת הֲלֹא רַגְלַי מִדֶּחִי לְהִתְהַלֵּךְ
לִפְנֵי אֱלֹהִים בְּאוֹר הַחַיִּים" אָמֵן וְאָמֵן:

stop praying to You about this constantly. Let me only plead, pray and entreat You over and over again, until I succeed in my request and have the merit of reaching Eretz Israel in this lifetime, quickly and easily, and the verse will be fufilled in me: "You have saved my soul from death and my feet from slipping, to walk before God in the light of life." Amen. Amen.